U0581476

全 世 界 无 产 者，联 合 起 来！

列宁全集

第二版增订版

第十四卷

1906年9月—1907年2月

中共中央　马克思　恩格斯　著作编译局编译
　　　　　列　宁　斯大林

人民出版社

《列宁全集》第二版是根据中国共产党中央委员会的决定，由中共中央马克思恩格斯列宁斯大林著作编译局编译的。

凡　例

1. 正文和附录中的文献分别按写作或发表时间编排。在个别情况下,为了保持一部著作或一组文献的完整性和有机联系,编排顺序则作变通处理。

2. 每篇文献标题下括号内的写作或发表日期是编者加的。文献本身在开头已注明日期的,标题下不另列日期。

3. 1918 年 2 月 14 日以前俄国通用俄历,这以后改用公历。两种历法所标日期,在 1900 年 2 月以前相差 12 天(如俄历为 1 日,公历为 13 日),从 1900 年 3 月起相差 13 天。编者加的日期,公历和俄历并用时,俄历在前,公历在后。

4. 目录中凡标有星花 * 的标题,都是编者加的。

5. 在引文中尖括号〈　〉内的文字和标点符号是列宁加的。

6. 未说明是编者加的脚注为列宁的原注。

7.《人名索引》、《文献索引》条目按汉语拼音字母顺序排列。在《人名索引》条头括号内用黑体字排的是真姓名;在《文献索引》中,带方括号[　]的作者名、篇名、日期、地点等等,是编者加的。

目　　录

1907 年

插　　图

前　言

本卷收载列宁在1906年9月至1907年2月期间的著作。

1906年7月,沙皇政府解散了第一届国家杜马,镇压了发生在斯维亚堡、喀琅施塔得和雷瓦尔等地的水兵和士兵的起义。沙皇政府、地主和资本家向工人和农民发动猖狂进攻。在这一时期,尽管革命运动局部活跃,但总的说来却是走向低潮。在1906年的第四季度,无论是工人的斗争或农民的斗争,其规模都比以前小多了。布尔什维克党在革命处于低潮的复杂形势下,在沙皇政府进行残酷迫害的情况下,继续顽强进行斗争。它总结了抵制第一届国家杜马的经验,改变自己的策略,决定参加1907年2月召开的第二届国家杜马。

本卷第一篇文章《游击战争》用马克思主义观点全面考察了俄国革命运动中出现的游击战争这一新的斗争形式。列宁首先提出了马克思主义者在考察斗争形式问题时应该遵循的两个原则:第一,反对一切抽象公式和学理主义方法,必须估计到群众斗争随着运动的发展、群众觉悟的提高、经济危机和政治危机的加剧,会产生越来越多的防御和攻击的方式,必须向群众的实践学习;第二,要历史地来考察斗争形式的问题。"脱离历史的具体环境来谈这个问题,就是不懂得辩证唯物主义的起码常识。"(见本卷第2页)在经济演进的各个不同时期,由于政治、民族文化、风俗习惯等等条件各不相同,会有各种不同的斗争形式成为主要的斗争形式。孟什维克把游击战争说成无政府主义、布朗基主义、旧时的恐怖手段、脱离群众的个人行动,认为这会瓦解运动、危害革命。列宁驳斥这种观点说,不把游击战争同武装起义的环境联系起来的分析方法,是完全不正确的。他指出:游击战争这种新的斗争形式是同1905年12月发生过而且后来又在酝酿的起义有联系的,它在12月以后才开展起来,这不仅同经济危机尖锐化有联系,而且同政治危机尖锐化有联系。列宁进一步指出:革命运动受到破坏,并不是由于游击活动,而是由于党软弱无力,不善于掌握这种活动;使风纪败坏的,不是游击战争,而是游击行动缺乏组织性,缺乏秩序,缺乏党性。列宁认为,在阶级斗争已经尖锐到发生国内战争这个时代,社会民主党不仅应当参加这场国内战争,而且应当在这场国内战争中起领导作用。列宁指出,社会民主党应当尽量帮助大家从理论上正确估计实际生活所提出的新的斗争形式,应该毫不留情地反对各种死板公式和偏见。

俄国的许多政党都是在俄国第一次资产阶级民主革命中产生的,俄国的无产阶级政党无论在公开的革命斗争中还是在新的杜马选举运动中都必须确定自己对不同政党的态度。本卷收载的《俄国政党分类尝试》一文,运用马克思主义的理论和方法阐明了俄国的不同政党的形成过程,并对它们进行阶级分析。列宁把它们分成五种基本类型:一、社会民主党,它是无产阶级的政党;二、劳动派,它是非常庞大的小资产阶级政党,包括劳动人民社会党、社会革命党本身以及最高纲领派,它的极右翼(劳动人民社会党)同立宪民主党差别很小,它的极左翼(最高纲领派)同无政府主义者差别也不多;典型的劳动派是一些有觉悟的农民,他们有同君主制搞交易的愿望,有在资产阶级制度范围内在自己的一小块土地上安居乐业的愿望,但是现在他们的主要力量是用来同地主争土地、同农奴制国家争民主,他们的理想是消灭剥削,但并不是反对一切剥削,而只是反对地主和大金融资本的剥削;三、立宪民主党,它的成员是典型的资产阶级知识分子,一部分甚至是自由派地主,其右翼为民主改革党,其左翼为自由思想派、激进派等等,他们的主要愿望是同君主制搞交易、制止革命,他们的理想是通过有秩序的、文明的、议会的形式使资产阶级的剥削永世长存;四、十月党,它的成员是大资产者,他们不是资产阶级社会的思想家,而是资产阶级社会的真正主人,他们最关心资本主义剥削,他们把立宪民主党人对"民主制"的一切要求统统加以抛弃,想用少数人物或巨头和宫廷恶徒达成协议的办法同君主制搞交易,以便使昏聩的亚洲式俄国赃官直接服从当权的资产阶级;五、黑帮,它连沙皇的"10月17日宪法"都不要,而要保持和正式恢复专制制度。列宁在本文之后写的《告选民书草案》是把对政党的分类、对政党的阶级分析运用于杜马选举中的宣传鼓动,而传单《把谁选入国家杜马?》则以简明的表格形式对杜马选举中互相斗争的各个政党作出评定,说明它们分别维护谁的利益、它们所要达到的目的是什么、它们想要给人民什么样的自由等。

　　本卷中的大部分文献都是直接有关布尔什维克党在第二届国家杜马选举运动中的策略的。列宁在《社会民主党和选举协议》这本小册子中阐明了社会民主党参加议会活动的指导思想,指出:社会民主党认为议会制度(参加代表会议)是启发、教育和组织无产阶级建立独立的阶级政党的手段之一,是争取工人解放的政治斗争的手段之一;社会民主党使自己的全部议会活动"服从工人运动的总利益和无产阶级在当前资产阶级民主革命中的特殊任务"（见本卷第73页）。列宁论述了社会民主党参加议会运动与其他政党的本质区别：它根本不承认这个运动具有任何独立自在的甚至主导的意义，它要使这个运动服从阶级斗争的利益，它在这个运动中提出的口号不是为进行议会改良而实行议会制度，而是为召开立宪会议进行革命斗争。列宁告诫社会民主党人，要坚决地彻底地捍卫社会主义无产阶级的观点和俄国资产阶级民主革命取得完全胜利的利益；应当利用选举运动来组织革命，即组织无产阶级和真正革命的资产阶级民主派。列宁强调俄国社会民主党在整个杜马选举运动中必须保持阶级独立性："保持革命无产阶级的阶级政党的完全独立性，应当是社会民主党的选举总策略的出发点。"（见本卷第91页）列宁认为，在革命的两个基本问题即自由问题和土地问题上，既应当强调纯社会主义的宣传，分清小业主的观点和无产阶级的观点，又应当强调为影响人民而斗争的各政党的区别。列宁论述了农民在革命中的作用，指出：革命只有在无产阶级得到一部分最先进最觉悟的农民群众的支持下才能取得胜利；在确定杜马选举结果方面具有政治上的决定意义的是农民；因此，在选举过程中，社会民主党要同农民民主派建立联盟，达成协议。以上这些思想在本卷的许多文献里都作了阐述。

在杜马选举运动中，1906年11月3—7日（16—20日）在塔墨尔福斯举行了俄国社会民主工党第二次代表会议（第一次全国代表会议）。载入本卷的列宁关于这次代表会议的文献共有5件，其中列宁以14名代表的名义提出的《特别意见》（即《以波兰社会民主党、拉脱维亚边疆区社会民主党、圣彼得堡、莫斯科、中部工业地区和伏尔加河流域的代表名义向俄国社会民主工党全国代表会议提出的特别意见》），阐明了布尔什维克在杜马选举运动中的纲领。列宁说，社会民主党应当在杜马外和杜马内进行斗争，以便提高无产阶级的阶级意识，以便向全体人民进一步揭露立宪幻想并发展革命，因此，它全力以赴地参与当前的杜马运动。列宁提出社会民主党在杜马选举运动中的基本任务之一是向人民说明：只要实权还掌握在沙皇政府手里，要想通过议会道路来实现政治自由是办不到的；必须举行武装起义，成立临时革命政府，在普遍、直接、平等和无记名投票的基础上召开立宪会议。

　　列宁关于俄国社会民主工党在第二届国家杜马选举时期实行"左派联盟"的策略思想，除见于上述《特别意见》外，还见于列宁在此以前写的《马尔托夫和切列万宁在资产阶级报刊上的言论》以及已经提到的《社会民主党和选举协议》等一系列文献。所谓"左派联盟"指社会民主党在选举时和在杜马中同劳动派、社会革命党人这些党派达成临时协议，因为当时怀有革命情绪的农民和城市小资产阶级的广大阶层是跟着劳动派、社会革命党人走的，布尔什维克只有实行"左派联盟"，才能使农村和城市的民主分子摆脱自由派资产阶级的影响，也才能使自己成为群众性人民运动的领导者。而关于在杜马选举的过程中如何实行"左派联盟"的策略，列宁认为：在选举的第一阶段，同任何其他政党结成任何联盟和达成任何协议都是绝对不能允许的，社会民主党应当独立地在群众中进行活动；在选举的第二阶段（即在初选人大会和复选人大会上），在分配代表席位时才允许仅仅同那些承认武装起义的必要性并为民主共和国而斗争的政党达成协议。

　　在本卷中，列宁猛烈抨击孟什维克关于在选举运动中同立宪民主党结成联盟的策略。孟什维克的代表在俄国社会民主工党第二次代表会议上以占多数的优势,把他们的一项容许同立宪民主党联盟的决议强加给了代表会议。列宁的上述《特别意见》就是对抗孟什维克的这项决议的。此外,载入本卷的列宁在代表会议以后写的《论同立宪民主党的联盟》、《同立宪民主党化的社会民主党人的斗争和党的纪律》、《谈谈崩得机关报上的一篇文章》、《政府伪造杜马和社会民主党的任务》、《威·李卜克内西的小册子〈不要任何妥协,不要任何选举协议!〉的俄译本序言》、《各资产阶级政党和工人政党是怎样对待杜马选举的?》等文章都谈到这个问题。列宁认为布尔什维克同孟什维克在这个问题上争论的实质在于:在资产阶级革命中,社会主义的无产阶级应当跟在自由主义君主派资产阶级的后面呢,还是应当走在革命民主派资产阶级的前面。孟什维克以黑帮的危险在增加为借口、主张在选举运动中同立宪民主党结成联盟的理由是不能成立的。列宁说:同反动派作斗争首先要使群众从思想上脱离反动派,而反动派对群众的思想影响,决不在于黑帮,而恰恰在于立宪民主党;不消除立宪民主党的言论和思想对天真的庄稼汉和小市民的影响,就不能使他们确信有必要进行认真的斗争;谁要是说应当同反动派作斗争,而不是同立宪民主党作斗争,谁就是不懂得斗争的思想任务;要想真正打倒反动派,就必须使群众摆脱立宪民主党的思想影响,因为立宪民主党虚假地向这些群众说明同反动派斗争的任务和实质。

俄国社会民主工党彼得堡组织为解决是否同立宪民主党达成协议的问题而于1907年1月6日(19日)召开了代表会议。列宁在代表会议上作了《就第二届国家杜马选举中达成选举协议问题的报告》,本卷收载了这个报告的简要报道。孟什维克的代表由于自己的同立宪民主党结成联盟的策略遭到拒绝而退出了代表会议。代表会议在讨论了列宁的报告之后，批准列宁在俄国社会民主工党第二次代表会议上提出的《特别意见》，通过向社会革命党和劳动派建议在选举期间签订协议的决议，条件是他们要拒绝同立宪民主党的任何联合。本卷中的《彼得堡工人政党的选举运动》、《社会民主党和杜马选举》、《"你会听到蠢人的评判……"》、《彼得堡社会民主党的选举运动》、《31个孟什维克的抗议书》、《彼得堡的选举和31个孟什维克的伪善面目》、《彼得堡的选举和机会主义的危机》等文献详尽阐述了这次会议的工作。列宁在揭露孟什维克的分裂行动时指出，孟什维克想方设法要同立宪民主党达成协议，为此，企图用分裂来达到自己的目的。列宁认为孟什维克是工人政党中的小资产阶级部分，他们动摇不定，从一方投向另一方，宁肯同立宪民主党勾结，而不进行原则的斗争。

　　本卷中的《彼得堡工人选民团的选举》、《彼得堡选举的意义》、《彼得堡选举的总结》等文对1906—1907年彼得堡的选举运动进行了总结。在这次选举运动中，布尔什维克排除立宪民主党人的影响，争取了较多的选民；只是由于孟什维克的工贼行为，才使得彼得堡的"左派联盟"没有取得彻底胜利。列宁高度评价这次选举运动，认为它是"俄国革命史上一个重大的独立阶段"（见本卷第367页）。列宁指出，革命在彼得堡竞选运动中取得的不可磨灭的成果，首先在于弄清楚了各个政党的相互关系和各个阶级的情绪（从而也弄清楚了各个阶级的利益和整个政治形势），其次，在重大的公开的群众性事件中，对社会民主党在俄国资产阶级民主革命中的基本策略问题的各种答案作了实际的检验。列宁认为布尔什维克的革命策略是正确的，它的具体表现是：左派联盟成了事实，革命的无产阶级领导权成了事实，革命的无产阶级领导了所有的劳动派和大部分孟什维克,甚至领导了知识分子;在彼得堡的选举中已经树起了革命的无产阶级的旗帜,这面旗帜将在杜马斗争以及引导革命走向胜利的其他一切形式的斗争中迎风飘扬。列宁在总结彼得堡的竞选运动时还指出,在工人选民团的选举中,在最大的一些工厂中,在孟什维克所控制的地区中,由于孟什维克投靠立宪民主党而遭到工人的摒弃,工人宁愿选社会革命党人,也不选孟什维克。上述《彼得堡工人选民团的选举》一文,还有《社会民主党和社会革命党在圣彼得堡工人选民团选举中的斗争》、《彼得堡工人选民团的选举总结》等文都对这一事实作了评述。列宁说,社会革命党人战胜的并不是社会民主党,而是社会民主党中的孟什维克,是把社会民主党庸俗化的机会主义者。在《第二届杜马和第二次革命浪潮》一文中,列宁高度评价了左派力量在第二届杜马选举中取得的积极成果,分析了俄国出现的新的革命形势。列宁认为,随着第二届杜马中左派力量的壮大,必然会出现"新的更剧烈更明显的**革命**危机";"新的搏斗肯定逼近了:或者是革命的人民取得胜利,或者是第二届杜马像第一届一样不光彩地夭折,随后是选举法被取消,黑帮专制制度卷土重来"(见本卷第 385 页)。列宁要求帮助无产阶级和农民作好战斗准备,"使他们看清即将来临的风暴的意义,帮助他们组织起来,像视死如归的勇士那样沉着迎敌,像伏在战壕里的士兵那样等枪声一响就马上去冲锋陷阵"(见本卷第387 页)。

孟什维克在策略问题上的机会主义同他们在组织问题上的机会主义之间有必然联系。列宁揭露孟什维克提出的为建立广泛的"非党的党"而召开有社会民主党人、社会革命党人和无政府主义者参加的所谓"工人代表大会"的打算,以捍卫无产阶级政党的纯洁性和党的队伍的统一。散见于本卷前后的一些文献,如《评〈社会民主党人报〉第 1 号》、《革命界的小市民习气》、《孟什维主义的危机》、《工人代表大会和同社会革命党的合并》等文都涉及这一问题。列宁认为工人代表大会的实质就是想修改党纲,使党从"保守的"秘密活动、革命性、地下状态转向"进步的"宪法规定的合法性,使党只用合法手段进行斗争。他指出,召开"工人代表大会"的思想模糊了无产者和小资产者的观点的差别,想把无产阶级政党融化到小资产阶级中去;这样做会使无产阶级从执行独立的革命政策的先进战士变成最引人注目、最想代表"全民族"意愿的那个资产阶级民主派的附属品。列宁说:"我们的口号是:**扩大社会民主工党**,反对非党的工人代表大会和非党的党!"(见本卷第 165 页)

为了批判孟什维克关于同立宪民主党结成联盟的策略,列宁写了《无产阶级及其在俄国革命中的同盟者》和《卡·考茨基的小册子〈俄国革命的动力和前途〉的俄译本序言》,推荐卡·考茨基的《俄国革命的动力和前途》。考茨基的这篇著作回答了格·普列汉诺夫所提的三个问题:一、关于俄国革命的性质;二、关于社会民主党对资产阶级民主派的态度;三、关于社会民主党在杜马选举中对各反对派政党的支持。列宁认为,考茨基出色地探讨了社会民主党在俄国资产阶级革命中的整个策略的基础,论证了俄国社会民主党革命的一翼即布尔什维克的策略的正确;考茨基的论证的宝贵之处在于他撇开具体的实际的问题,集中全力系统地说明俄国革命中社会主义策略的一般原理。列宁还专门谈到马克思主义者关于"权威"的观点,认为"不要任何权威"的说法不对,工人阶级为了在全世界进行艰巨而顽强的斗争以取得彻底解放,是需要权威的；社会民主党为了阐明自己的纲领和策略，也需要全世界的社会民主主义运动的理论权威。列宁称赞当时的考茨基是工人阶级的著作家，不仅善于论证和阐明革命的马克思主义理论学说，并且善于用这一学说来阐明错综复杂的俄国革命问题。列宁认为普列汉诺夫曾经是理论权威。他的主要是批判民粹派和机会主义者的理论著作仍然是全俄国社会民主党的优秀理论成果；但是，他作为俄国资产阶级革命中俄国社会民主党的政治领袖，作为一个策略家，却不值一评；他在这方面表现出的机会主义给俄国社会民主主义的工人带来的危害，要比伯恩施坦的机会主义给德国工人带来的危害大百倍。

本卷载有《卡·马克思致路·库格曼书信集俄译本序言》。列宁在这篇序言中指出，俄国正处于大变革的时代，马克思在相当动荡的19世纪60年代所采取的政策，在很多情况下是社会民主党人在目前俄国革命中采取的政策的直接榜样。列宁认为，应当学习马克思坚定的革命信念，学习他动员和组织工人阶级坚持革命斗争的本领，学习他决不因革命暂时失利而灰心丧气的坚韧不拔的精神。列宁着重介绍了马克思对1871年巴黎公社的评价，认为这是马克思给库格曼的书信中的精华。列宁指出，如果拿马克思对巴黎公社的评价来和孟什维克对俄国1905年革命的态度对照一下，是特别有益的。马克思在巴黎公社成立半年以前曾直接警告过法国工人，说实行起义是蠢举，而当他看见人民的群众运动已经起来的时候，他就以参加者的态度，对这个标志着具有世界历史意义的革命运动前进一大步的伟大事变表示莫大的关切。而普列汉诺夫这位孟什维克的领袖人物在1905年11月，即第一次俄国革命高潮的一个月以前，不但没有坚决警告过无产阶级，反而公开说必须学会掌握武器、必须武装起来,而一个月以后,当斗争已经爆发的时候,却又毫不分析这次斗争的意义、分析这次斗争在整个事变进程中的作用以及同以前斗争形式的联系,就马上扮做一个悔罪的知识分子说道:"本来就用不着拿起武器。"列宁说:"马克思最重视的是群众的**历史主动性**。要是我们俄国社会民主党人从马克思身上学到怎样来估计俄国工人和农民在 1905 年 10 月和 12 月所表现的**历史主动性**,那该多好啊!"(见本卷第 379 页)

　　在《列宁全集》第 2 版中,本卷文献比《列宁全集》第 1 版相应时期的文献增加 6 篇。关于俄国社会民主工党第二次代表会议(第一次全俄代表会议)的 5 篇文献中,有 4 篇为新文献(《关于第二届国家杜马选举运动的报告》、《关于第二届国家杜马选举运动的报告的总结发言》、《在讨论孟什维克选举纲领时的发言》、《关于召开"工人代表大会"问题的发言》)。另外两篇新文献是《工人代表大会和同社会革命党的合并》、《在俄国社会民主工党彼得堡组织代表会议上关于第二届国家杜马选举中达成选举协议问题的报告》。

弗·伊·列宁

（1900 年）

游 击 战 争

(1906 年 9 月 30 日〔10 月 13 日〕)

游击活动问题引起我们党和工人群众的极大兴趣。我们已经不止一次顺便谈到这个问题，现在打算把我们的观点作一次比较完整的叙述，这是我们曾经说过的①。

一

让我们从头说起吧。每个马克思主义者对于考察斗争形式问题，应当提出些什么基本要求呢？第一，马克思主义同一切原始形式的社会主义不同，它不把运动限于某一种固定的斗争形式。它承认各种各样的斗争形式，并且不是"臆造"这些形式，而只是对运动进程中自然而然产生的革命阶级的斗争形式加以概括、组织，并使其带有自觉性。马克思主义同任何抽象公式、任何学理主义方法是绝对不相容的，它要求细心对待进行中的**群众**斗争，因为群众斗争随着运动的发展，随着群众觉悟的提高，随着经济危机和政治危机的加剧，会产生愈来愈新和愈来愈多的防御和攻击的方式。因此，马克思主义决不拒绝任何斗争形式。马克思主义决不局限

---

① 见本版全集第 13 卷第 361 页。——编者注

于只是在当前可能的和已有的斗争形式,它认为,随着当前社会局势的变化,**必然**会出现新的、为这个时期的活动家所不知道的斗争形式。马克思主义在这方面可以说是向群众的实践**学习**的,决不奢望用书斋里的"分类学家"臆造的斗争形式来**教导**群众。例如,考茨基在考察社会革命的形式时说:我们知道,即将到来的危机会给我们带来我们现在还预见不到的新的斗争形式。

第二,马克思主义要求我们一定要**历史地**来考察斗争形式的问题。脱离历史的具体环境来谈这个问题,就是不懂得辩证唯物主义的起码常识。在经济演进的各个不同时期,由于政治、民族文化、风俗习惯等等条件各不相同,也就有各种不同的斗争形式提到首位,成为主要的斗争形式,而各种次要的附带的斗争形式,也就随之发生变化。不详细考察某个运动在它的某一发展阶段的具体环境,要想对一定的斗争手段问题作肯定或否定的回答,就等于完全抛弃马克思主义的立脚点。

这就是我们应当遵守的两个基本理论原理。在西欧,马克思主义的历史给我们提供了无数证实上述原理的例证。欧洲社会民主党人认为议会制度和工会运动是目前主要的斗争形式,但是,他们同俄国立宪民主党人[1]和无题派[2]之类的自由派资产者的意见相反,过去承认过起义,并且在将来局势发生变化的时候,还是完全准备承认起义的。70年代,社会民主党不承认总罢工是解决社会问题的万应灵丹,不承认它是通过非政治途径能立即推翻资产阶级的手段,但是,社会民主党现在完全承认群众性的政治罢工(特别是有了1905年俄国革命的经验以后)是**一种**在**一定**条件下必要的斗争手段。社会民主党承认过19世纪40年代的街垒斗争,以后又根据19世纪末的一定情况把它否定了,而在有了莫斯科的经验以后，又表示完全愿意修改这种否定街垒斗争的观点，承认这种斗争是适当的，因为莫斯科的经验，用考茨基的话来说，提供了新的街垒战术。

二

我们既已确定了马克思主义的一般原理，现在就来考察一下俄国革命。我们先回忆一下俄国革命所提出的各种斗争形式的历史发展。起初是工人的经济罢工（1896—1900 年），接着是工人和学生的政治示威（1901—1902 年），农民骚乱（1902 年），以各种形式同游行示威结合在一起的群众性政治罢工的兴起（1902 年罗斯托夫的罢工，1903 年夏季罢工，1905 年 1 月 9 日事件）。全俄政治罢工连同局部的街垒斗争（1905 年 10 月），群众性的街垒斗争和武装起义（1905 年 12 月），和平的议会斗争（1906 年 4—6 月），军队的局部起义（1905 年 6 月—1906 年 7 月），农民的局部起义（1905 年秋—1906 年秋）。

从一般斗争形式来看，截至 1906 年秋天为止，情况就是这样。专制制度采取的"报复"斗争形式，就是从 1903 年春天的基什尼奥夫事件起到 1906 年秋天的谢德尔采事件[3]止的黑帮大暴行。在这整个时期，策划黑帮大暴行和屠杀犹太人、大学生、革命者以及觉悟工人的办法变本加厉，日益精巧，除了收买无知之徒施行暴力而外，还动用了黑帮军队，甚至在农村和城镇使用大炮，派遣讨伐队和讨伐列车等等。

这就是情况的基本背景。在这个背景上也就呈现出本文所要研究和评价的那一现象，当然这是一种局部的、次要的、附带的现象。这一现象究竟是什么呢？它具有哪些形式？它产生的原因是什么？是在什么时候产生的，扩展到了什么程度？它在革命总进程中有什么意义？它同社会民主党所组织所领导的工人阶级斗争的关系怎样？这就是现在我们勾画了这种情况的一般背景以后所要分析的一些问题。

我们所关心的这一现象是一种**武装**斗争。这个斗争是由个别人和一小群人进行的。其中一部分人参加了革命组织，一部分人（在俄国某些地方是**大部分人**）没有参加任何革命组织。武装斗争有两种**不同的**、必须加以**严格**区分的目的：第一，这种斗争的目的，是要刺杀个别人物，军警长官和他们的下属；第二，是要没收政府的和私人的钱财。没收来的钱财一部分交给党，一部分专门购置武器和准备起义，还有一部分用来维持进行上述斗争的人的生活。剥夺来的大笔款项（高加索 20 多万卢布，莫斯科 875 000 卢布）[4]，首先交给革命政党；剥夺来的小笔款项，首先，有时甚至完全用来维持"剥夺者"的生活。这种斗争形式，显然只是在 1906 年，即十二月起义以后，才广泛地发展和流行起来。尖锐到发生武装斗争程度的政治危机，特别是农村和城市的贫困、饥饿和失业的加剧，是引起这种斗争的重要原因之一。无业游民、流氓分子和无政府主义者集团，把这种斗争形式看做是主要的，甚至是**唯一的**社会斗争形式。专制制度采取的"报复"斗争形式，就是宣布戒严状态，动员新的部队，施行黑帮大暴行（谢德尔采事件），设立战地法庭[5]。

三

通常对这种斗争的评价可以归结如下：这是无政府主义、布朗基主义[6]、旧时的恐怖手段，是脱离群众的个人行动，这种行动会使工人风纪败坏，使广大居民同工人疏远，瓦解运动，危害革命。人们可以从报纸上每天报道的事件中随便找出一些例子，来证实这种评价。

但是这些例子有说服力吗？为了检验这一点，我们不妨看看这种斗争形式**最**发展的地方，即拉脱维亚边疆区。请看，《新时报》[7]（9 月 9 日和 12 日）对拉脱维亚社会民主党人的活动是怎样发泄不满的吧。拉脱维亚社会民主工党[8]（它是俄国社会民主工党的一部分）所办的报纸[9]，通常发行 3 万份。在通告栏内，公布了每个正直的人都有责任加以消灭的奸细的名单。帮助警察局的人被宣布为"革命的敌人"，应当处以死刑，并没收其财产。居民向社会民主党捐款必须索取盖有印章的收条。党的最近账目中载明，在全年 48 000 卢布收入中，有 5 600 卢布是利巴瓦支部用剥夺手段得来购置武器的。《新时报》自然暴跳如雷，反对这种"革命立法"，反对这个"可怕的政府"。

谁也不敢贸然把拉脱维亚社会民主党人的这种活动，说成是一种无政府主义、布朗基主义、恐怖主义。为什么不敢呢？因为这里**显然**可以看出，新的斗争形式是同 12 月发生过而且现在又在酝酿的起义有联系的。就整个俄国来说，这种联系还不十分明显，但是这种联系是存在的。至于"游击"斗争是在 12 月以后才开展起来,这种斗争不仅同经济危机尖锐化有联系,而且同政治危机尖锐化有联系,这些都是没有疑问的。旧时的俄国恐怖主义是知识分子密谋家所干的事情;现在的游击斗争通常是由工人战斗队员或者就是失业工人进行的。布朗基主义和无政府主义是那些喜欢死板公式的人容易想到的,但是在像拉脱维亚边疆区这样明显的起义环境里,这种用滥了的标签显然是不适用的。

从拉脱维亚社会民主党人的例子显然可以看出,在我国如此常用的、不把游击战争同起义环境联系起来的分析方法,是完全不正确的、非科学的、非历史的。应该注意到这个环境,考虑到两次大规模起义行动之间的间隔时期的种种特点,应当了解这时必然会产生怎样的斗争形式,而不是用立宪民主党人和新时报派惯用的无政府主义、抢掠、游民行为等这套字眼来敷衍了事!

有人说,游击活动会破坏我们的工作。我们不妨把这种议论拿来同1905年12月以后的环境,同黑帮大暴行和戒严状态的时代对照一下。在**这样的**时代,究竟是什么最能破坏运动呢?是不抵抗,还是进行有组织的游击斗争?我们可以把俄国中部同俄国西部边区即波兰和拉脱维亚边疆区比较一下。毫无疑问,游击斗争在西部边区开展得更广泛,发展得更迅速。同样毫无疑问,革命运动,特别是社会民主运动,在俄国中部要比俄国西部边区一带**受到的破坏更大**。当然,我们决不想由此得出结论说,波兰和拉脱维亚的社会民主运动所受到的破坏较小是**因为**进行了游击战争。不是的。由此只应得出结论说,1906年俄国社会民主工人运动受到破坏的事实不能归咎于游击战争。

人们谈到这一点的时候,往往以民族条件的特点为借口,但是这种借口特别明显地暴露了目前流行的论据的不足。既然问题在于民族条件,那就是说,问题不在于无政府主义、布朗基主义、恐怖主义这些全俄范围和甚至专门是俄罗斯范围的过失,而在于某种别的缘故。先生们,请你们**具体地**分析一下这个某种别的缘故吧!那时你们就会知道,民族压迫或民族对抗是说明不了什么问题的,因为这在西部边区一带始终都是存在的,而游击斗争只是当前历史时期的产物。有许多地方,虽有民族压迫和民族对抗,但是没有游击斗争,而游击斗争有时是在没有任何民族压迫的情况下发展起来的。只要具体分析问题,就会知道问题不在于民族压迫,而在于起义的条件。游击斗争是群众运动事实上已经达到起义地步,以及国内战争中两"大战役"间的一段较长的间隔时期内不可避免的一种斗争形式。

运动受到破坏,并不是由于游击活动,而是由于党软弱无力,不善于**掌握**这种活动。所以我们俄罗斯人通常一方面咒骂游击行动,一方面又去进行确实使党受到破坏的那种秘密的偶然的没有组织的游击活动。我们不能了解产生这种斗争的历史条件,也就不能消除它的不好的方面。然而斗争却在进行着。这种斗争是由强大的经济原因和政治原因引起的。我们不能排除这些原因,也就不能排除这种斗争。我们埋怨游击斗争,其实就是埋怨我们党在起义方面的软弱无力。

以上我们关于运动受到破坏的问题所谈的一切,也适用于风纪败坏的问题。使风纪败坏的,不是游击战争,而是游击行动**缺乏组织性**,缺乏秩序,缺乏党性。对游击行动的斥责和诅咒,丝毫也不能使我们摆脱这种**极明显**的风纪败坏,因为这种斥责和诅咒绝对不能阻止深刻的经济原因和政治原因所引起的现象。有人会反驳说,我们不能阻止反常的、会败坏风纪的现象,但这也不能成为

党应该采取反常的、会败坏风纪的斗争手段的理由。但是这种反
驳纯属自由派资产阶级的说法，而不是马克思主义的说法，因为马
克思主义者决不能把国内战争，或者作为国内战争形式之一的游
击战争，**笼统地**看成反常的、会败坏风纪的现象。马克思主义者是
主张阶级斗争的，而不是主张社会和平的。在尖锐的经济危机和
政治危机的一定时期，阶级斗争就会径直发展成为国内战争，即两
部分人之间的武装斗争。在这样的时期，马克思主义者**应该**坚持
国内战争的观点。从马克思主义的观点来看，对国内战争作任何
道义上的谴责，都是完全不能容许的。

　　在国内战争时代，无产阶级政党的理想，就是要成为**战斗的
党**。这是绝对无疑的。我们完全可以假定，就国内战争而言，可以
证明而且也可能证明国内战争的某种形式在某个时候**是不适当
的**。我们完全承认可以根据**军事上的适当与否**来批评国内战争的
各种不同形式，而且我们绝对同意在**这种**问题上的最后发言权属
于各个地方的社会民主党的实际工作者。可是我们根据马克思主
义的原则，绝对主张不要用一些什么无政府主义、布朗基主义和
恐怖主义的老生常谈来回避对国内战争条件的分析，绝对主张
在讨论社会民主党应否参加游击战争问题时，不要拿某个波兰
社会党组织在某个时候采用过的毫无意义的游击活动方式来吓
唬人[10]。

　　对于所谓游击战争会使运动受到破坏的借口，我们应该批判
地对待。采用**任何**一种新的斗争形式，都会遇到新的危险，遭到新
的牺牲，因而不免会使对这种新的斗争形式准备不足的组织受到
"破坏"。我们以前的宣传员小组曾因转向鼓动而受到破坏。后
来，我们的委员会也因转向游行示威而受到破坏。任何战争中的

任何一次军事行动,都会使作战队伍受到某种破坏。但是决不能由此得出结论说,不应当作战。由此应当得出的结论是,应该**学会**作战。如此而已。

某些社会民主党人骄傲自满地说,我们不是无政府主义者,不是小偷,不是土匪,我们高于这一切,我们反对游击战争。当我听到这类话的时候,我便自问道:这些人明白他们说的是什么吗? 现在黑帮政府正在全国各地同居民展开武装冲突和搏斗。这种现象在目前的革命发展阶段上,是绝对不可避免的。居民自发地、无组织地——因此也就往往采取不能奏效的**坏**形式——同样用武装冲突和袭击来对付这种现象。我明白,由于我们组织的软弱无力和准备不足,在某个地方和某个时候,我们可能放弃党对**这种**自发斗争的领导。我明白,这个问题应当由当地的实际工作者来解决,改造软弱无力的和准备不足的组织是一件不容易的事情。可是,社会民主党的理论家或政论家不但不对这种准备不足感到痛心,反而用一种骄傲自满的态度、纳尔苏修斯[11]式的得意神情重复他在少年时代背诵的那些关于无政府主义、布朗基主义和恐怖主义的词句。当我看到这种情形的时候,我就不禁要为世界上最革命的学说遭到诋毁而难过。

有人说,游击战争会使觉悟的无产阶级堕落到不可救药的无赖流氓的地步。这是对的。但是由此得出的结论只能是:无产阶级的政党无论什么时候都不能把游击战争当做唯一的、甚至是主要的斗争手段;这种手段应当服从于其他的斗争手段,应当配合主要的斗争手段;应当经过社会主义的教育影响和组织影响变成一种高尚的手段。没有**后面**这个条件,在资产阶级社会里进行斗争的**一切**手段,确实是一切手段,都会把无产阶级弄到那些高于或低于它的非无产者阶层的地步,如果听其自然发展下去,那就会散漫放荡,腐化堕落。听其自然发展的罢工,往往会堕落为工人同厂主相妥协**以对付**消费者的"同盟"。议会会堕落为妓院,由一伙资产阶级政客拿"人民自由"、"自由主义"、"民主"、共和主义、反教权主义、社会主义以及其他种种畅销货来做批发和零售的交易。报纸会堕落为廉价的皮条客,堕落为腐蚀群众、无耻迎合群氓卑鄙本能的工具,等等,等等。社会民主党不知道有什么万能的斗争手段,不知道有什么能用万里长城把无产阶级同稍高于或稍低于它的各个阶层隔绝起来的手段。社会民主党在不同的时代采用不同的手段,并且**始终**为采用这种手段规定了**严格**确定的思想上和组织上的条件。①

四

俄国革命同欧洲资产阶级革命相比,特点是斗争形式繁多。考茨基在一定程度上预见到了这一点,他在 1902 年说过,将来的革命(他补充说,**也许俄国例外**),与其说是人民和政府之间的斗

---

① 有人往往责备社会民主党内的布尔什维克对游击行动持轻率偏颇的态度。因此,在这里不妨指出,在关于游击活动的决议草案(见《党内消息报》**12**第 2 号和列宁的关于代表大会的报告**13**)里,拥护游击活动的那**部分**布尔什维克曾经提出他们承认游击活动的如下条件:决不容许"剥夺"私有财产;不提倡"剥夺"官家财产,而只在**受党监督**并把款项**用于起义**需要的条件下,才**容许这样做**。对政府暴吏和**活跃的**黑帮提倡用恐怖式的游击活动,然而必须遵守下列条件:(1)要顾及到广大群众的情绪;(2)要注意到当地工人运动的条件;(3)要设法使无产阶级不要无谓地耗费力量。统一代表大会通过的决议和这个草案实际不同的地方,只在于不容许"剥夺"官家财产。

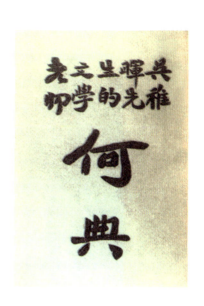

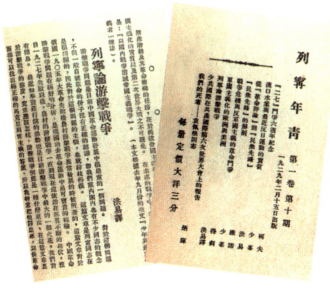

1929 年 2 月上海《列宁青年》杂志第 1 卷第 10 期
封面（以《何典》伪装）、目录和该刊所载的
列宁《游击战争》一文的中译文

争,不如说是两部分人之间的斗争。我们看到,在俄国,这**第二种**斗争显然要比在西方的资产阶级革命中发展得更广。我国革命的敌人在人民中间为数不多,但是随着斗争的尖锐化,他们日益组织起来,并且得到了资产阶级中反动阶层的支持。因此,在**这样的**时代,在发生全民政治罢工的时代,**起义**也就不能采取那种只适用于间隔时期很短和地区很小的单独行动的旧形式,这是十分自然的,也是不可避免的。因此,起义采取遍及全国的长期的国内战争这种更高的更复杂的形式,即采取两部分人之间的武装斗争形式,这也是十分自然的和不可避免的。这样的战争,只能是连续发生的几次间隔时期较长的大战役和大量的、在这些间隔时期内发生的小冲突。既然这样——而这是确定无疑的——社会民主党也就绝对应该提出自己的任务:建立能够在这些大战役中也能够尽量在这些小冲突中最大限度地领导群众的组织。在阶级斗争已经尖锐到发生国内战争这个时代,社会民主党的任务就是不仅应当参加**这场国内战争**,而且应当在**这场国内战争**中起领导作用。社会民主党应当培养和训练自己的组织,使它们能够真正成为**交战的一方**,不错过任何一个打击敌人力量的机会。

不用说,这是一个困难的任务。它不是一下子就能完成的。正如在国内战争进程中全体人民都在斗争中重新受到教育和进行学习一样,我们的各级组织也应当受到教育,应当根据实际经验进行改造,以适应这个任务。

我们一点也不想硬要实际工作者接受什么杜撰的斗争形式,甚至也不想在书斋里解决某种游击战争形式在俄国国内战争的总进程中的作用问题。我们决不想把具体估计某种游击行动的问题,看做是社会民主党的**方针**问题。但是,我们认为自己的任务就是尽量帮助大家**从理论上**正确估计实际生活所提出的新的斗争形式,就是毫不留情地反对各种死板公式和偏见,因为它们妨碍觉悟工人正确地提出这一新的困难问题并正确地解决这一问题。

载于1906年9月30日《无产者报》
第5号

译自《列宁全集》俄文第5版
第14卷第1—12页

新的政变在酝酿中！

(1906 年 9 月 30 日〔10 月 13 日〕)

古契柯夫给特鲁别茨科伊的信[14]，我国政治报刊——如果御用报纸和少数幸存的自由派报纸可以叫做政治报刊的话——已经议论得很久了，而且有一部分报刊还在继续议论。这封信的确有一定的意义。它标志着反革命倾向在俄国大资产阶级的广泛阶层中间向前发展了一大步。对这些阶层来说，十月政治罢工[15]就已经起了决定性的转折点的作用。在 10 月 17 日[16]以后，大资产者立刻说："够了！"因此，俄国革命的一个非常突出而且非常典型的特点表现在，那些在沙皇政府着手使新宪法适用于专制制度的时候站到政府方面去的大资产阶级分子，用立宪宣言公布的日子为党命名。10 月，是俄国革命至今唯一取得部分胜利的日子。叫做十月党[17]的，却是我国反革命大资产阶级的政党。

俄国革命的阶级矛盾突出体现在这种矛盾的对照上。用马克思主义的观点来观察俄国的当前革命，这种矛盾的对照就能得到解释。当前的革命是资产阶级革命。这个革命不管怎么说都是在为资本主义更加广泛而迅速的发展清扫基地。把革命农民在争取土地的斗争中的完全胜利看做是"劳动原则"的胜利，看做是向"社会化"过渡，这完全是小资产阶级的幻想。但是，不可避免地为资本主义清扫基地，可以沿着两大路线进行。既可以在保证农民和无产阶级群众在资本主义制度下能够得到最大福利的条件下把农奴制的俄国改造成资产阶级的俄国，也可以在首先保证地主和资本家这两个有产阶级利益的条件下实行这种改造。我国革命至今走的还是后一条道路。如果我国革命不能再赢得一次比较大的胜利，那么，反革命资产者十月党人无疑将成为俄国革命的遗嘱执行人，正像容克俾斯麦成为不彻底的德国1848年革命的遗嘱执行人一样。

古契柯夫先生不是大傻瓜。他已经在预先享受革命彻底失败以后执掌政权的乐趣了，在预先享受既推行讲求实惠、唯利是图的资产阶级的"自由主义"，又用军警残酷镇压心怀不满的"下层群众"的乐趣了。古契柯夫先生虽然是一个讲求实惠、思想贫乏的资产阶级市侩，但是他比我国资产阶级知识分子中的许多哲学家和空谈家更好地领会了实际政治形势。（L'ignorance est moins éloignée de la vérité que le préjugé!——无知比偏见离真理还近一些。）古契柯夫先生要把立宪民主党人的资产阶级理想付诸实现。这方面特别值得注意的是他信中下面这段没有引起我国奴仆报刊重视的话：

古契柯夫给特鲁别茨科伊写道："现在，革命的胜利或者即使是革命危机的重新尖锐化，无疑会把我国新兴的政治自由和我们所余无几的文化和福利统统葬送掉。"

从资本家和地主的利益来看，这是对当前政治形势的一种非常准确和非常中肯的估价。古契柯夫先生抓住了要害。当前政治形势的整个关键的确在于**革命危机**会不会**重新尖锐化**。古契柯夫先生，我们感谢您的坦率！我们完全知道，《言语报》[18]的资产阶级教授们和外交家们是不喜欢您的果断、直率、迅速和勇猛的，是不喜欢您的——请原谅我用一个粗俗的字眼——"捅娄子"的本领的，但是我们社会党人却非常赞赏您这种本领。它对我们有利。

总之，谁想认真提出当前政治形势问题，谁就应当十分明确地确定自己对待**革命危机重新尖锐化**的态度。古契柯夫先生就是这样做的。他那整封信都在声明："我持反对态度。"我把一切都服从于同这种尖锐化作斗争的利益，服从于压制一切导致这种尖锐化的因素的利益。原因很清楚。革命危机的重新尖锐化有可能使**革命获胜**，而革命获胜又会使古契柯夫之流、罗曼诺夫之流、斯托雷平之流先生们以及其他一帮大暴行制造者的地主们"所余无几"的田产……受到威胁，会使能够防备无产阶级进一步斗争的资产阶级"所余无几"的特权受到威胁，一句话，会使**我们的**〈古契柯夫之流、罗曼诺夫之流、斯托雷平之流的〉所余无几的福利"受到威胁。

古契柯夫先生说得很正确，比现在拼命反对他的立宪民主党人要正确得多，彻底得多。这些以形形色色的维诺格拉多夫之流、司徒卢威之流、伊兹哥耶夫之流、别尔嘉耶夫之流、米留可夫之流为代表的立宪民主党人已经千百次地为"自由和文化"在"疯狂的自发势力"的胜利下行将寿终正寝而痛哭流涕。

革命者也不妨向反动派学习学习应该怎样彻底地提出当前政治形势的问题，即"革命危机重新尖锐化"的问题。这种尖锐化必将意味着为俄国大革命的伟大一年的经验所丰富了的群众发动会比以前更多。而这一年的经验，从十月罢工开始，经过十二月起义[19]，经过和平杜马和解散杜马[20]，正在导向以罢工作为斗争的从属辅助手段的进攻性的全俄武装起义。

政府已经使它的全部政策适应这种大家所预期的革命危机的

重新尖锐化。它故意不规定选举新杜马的日期，这无疑是想使自己腾出手来，在全民斗争大大尖锐化的情况下，用突然规定选举日期的办法来粉碎这个斗争。现在政府正在专心致志地研究是否要召开新杜马和**是否要保留旧选举法**这个问题，无疑也是从同一观点出发的。因此，社会民主党对这个问题漠不关心是最没有道理的。

政府现在势必二者择一：或者是在加紧迫害、对选举施加压力、组织黑帮的条件下，根据现行选举法再召开一次杜马；或者是**在第二届杜马召开前修改选举法**，以确保有一个"有工作能力的"，即黑帮的杜马。地主阶级中反动势力的抬头、黑帮地主在地方自治机关中的胜利、人民不满情绪的显著增长，——所有这些都直接提示政府要立即废除现行选举法，要用从维特杜马回到布里根杜马[21]的办法来限制选举权，要不然就采取更糟的办法，或者干脆把地方自治机关选出的代表召集到第二届杜马里来。我国报刊的御用记者已经无意中泄露了"上层人士"即宫廷党羽的这种计划，并且正在找根据来证明专制政府"有权"越过杜马颁布新的选举法。

现在我们来看一看，政府政策的这些"方针"，哪一种是可能被采取的。从立宪的"合法性"、政治上的谨慎和忠诚来说应保留12月11日选举法[22]。很明显，这都是些"理想的"理由，而这些理由罗曼诺夫之流和波别多诺斯采夫之流一向没有把它们放在眼里。如果认为，那些在最后的、绝望的斗争中保护自己农奴占有权的、从头到脚沾满了血污的人会考虑这类理由，实在是太可笑了。如果认为，沙皇匪帮会因"合法性"感到为难，那是可笑的，因为这伙匪帮既没有因颁布12月11日法令、2月20日法令[23]等等而感到为难，也没有因现在"法令"一味遭到嘲弄而感到为难。不，所有这些理由都是不足信的！

欧洲的意见呢？需要取得借款吗？这个需要倒是最迫切的。可是欧洲资本只有在"秩序"有了保障的时候才肯出钱。至于这是什么样的"秩序"，资本是无所谓的，即使是墓地的秩序，它也是喜欢的。可是要知道，第二届立宪民主党的杜马（老天保佑别来一个左的杜马！）是准备在财政上作出新的揭发，搞成新的"无秩序"状态的呀！不，正是着眼于得到欧洲借款，政府才竭力打算废除现行选举法，以便保证成立黑帮杜马，保证杜马接受各种借款。

当然，决不能忘记，专制政府同自由主义君主派资产阶级之间达成协议之所以**必要**，其实是有极其深刻的经济原因和政治原因的。通过第一届杜马谋求协议的第一次尝试失败，还绝对证明不了也不可能证明所有这类尝试都会失败，而今后这类尝试还会很多很多。但是，现在决不能认为（专制政府也不会认为），恰恰通过立宪民主党的杜马达成协议的可能就特别大。

革命者学习革命经验，而专制政府也学习这种经验，而且学习得很用心。根据现行选举法组成更右的杜马的希望渺茫，这一点大家都看到了。第二届杜马召开的时间正值冬末，广大人民群众的饥饿、失业和贫困等现象在冬末通常会达到异常尖锐的程度。那些比立宪民主党左的政党，现在无疑比以前更不愿意听命于自由主义君主派资产阶级，它们将更能进行独立的、坚决的和积极的政治活动。不！我们不应当抱有幻想，不应当把敌人想象得全都是那么愚蠢，那么迟钝，那么轻率。我们不应当怀疑，黑帮政府的"思想和行动的勇士们"现在正在竭尽全力使立宪民主党杜马的经验不致重复。

解散杜马向政府表明，广泛的、全民的起义没有立即发生。"上层人士"对偷偷摸摸搞起的政变（coup d'état）很中意。他们觉得对革命的袭击是成功的和大胆的，这给他们留下了强烈的印象。他们现在不会不打算**预先**再来一次这样的袭击，以防止"革命危机的重新尖锐化"。沙皇的廷臣都是军人。转入攻势，掌握军事行动的主动权，这种策略的好处他们是很清楚的。害怕起义吗？但是从某种程度上说，起义是不可避免的——在整整一年的时间里，工人的罢工、军人和农民的起义**已经证明了**这一点。第二届立宪民主党的杜马将给人民造成更有利的起义形势，因为"战地法庭自由派"的政策已经彻底破产，居民已经被整得疲惫不堪，等等，等等。既然"革命危机重新尖锐化"是不可避免的，那**我们**就应该先发制人，——伊格纳季耶夫是这么想的，他十之八九会这么想。他一定会先发动，——沙皇将在选举前夕废除12月11日选举法，并且将颁布新法令，以**保证**杜马的黑帮成分。

我们无意于当先知，也不想估计当前很复杂的政治形势的种种可能的结局。但是，社会民主党必须慎重权衡一切在政治中起作用的力量的倾向，以便合理地调整自己的策略。这种权衡将会得出一个确定不移的结论：工人们！你们要准备对付政府在选举前制定黑帮选举法！农民们！知道吧，政府正在想方设法修改选举制，使农民代表，使劳动派**不能**进入杜马！

我们不应当让政府打我们个措手不及。我们应当向群众进行最有力的鼓动，向他们说明日益逼近的危险。我们应当打消人们天真的信念，使他们不再相信选举法这一"立宪"制度会永久不变。我们应当打破人们的立宪幻想。我们应当提醒人们注意欧洲革命及其时常更改选举法的例子。我们应当全力提高人们的觉悟，使他们认识到现在日益尖锐的危机不是议会危机，也不是立宪危机，而是革命危机，这个危机只有靠实力来解决，只有靠胜利的武装起义来消除。

载于 1906 年 9 月 30 日《无产者报》
第 5 号

译自《列宁全集》俄文第 5 版
第 14 卷第 13—19 页

关于游击战争的问题[24]

(1906 年 9 月 30 日〔10 月 13 日〕)

　　我们认为这个决议在原则上是正确的,并且注意到这个决议同我们在《游击战争》这篇文章中所发挥的原理是一致的。对决议正文,我们只建议作一些不重要的修改和补充。决议中说明理由部分的第 3 点,我们拟改为:"革命虽然**在目前**没有力量成为……"决议的结论部分,我们拟根据代表大会的决定加上否定"剥夺"这一点,然后指出,游击行动必须同广大群众的情绪和工人运动的条件相适应。其实很明显,莫斯科的同志们认为这是不言而喻的。

载于 1906 年 9 月 30 日《无产者报》第 5 号

译自《列宁全集》俄文第 5 版第 14 卷第 20 页

俄国政党分类尝试

(1906 年 9 月 30 日〔10 月 13 日〕)

大家知道,俄国社会民主工党统一代表大会回避了对俄国各政党进行阶级分析并确定无产阶级对待这些政党的态度这个任务。笼统地承认阿姆斯特丹决议[25],无非是回避的一种形式。然而,革命却要求我们愈来愈坚定地运用马克思主义方法和马克思主义理论来阐明各政党既深刻又耐人寻味的形成过程,这个过程,由于显而易见的原因,在俄国比在别的任何国家都要更加迅速,更加突出。

当然,这个过程还远远没有完结,也还没有得出任何十分稳定的结果。但是要知道,在资本主义社会里,这个过程**任何时候**也不会完结,而它的结果,只有在急剧摧毁全部旧的政治上层建筑的革命处于停滞状态时才可能是"稳定的"。因此,我们无论如何不能把对各资产阶级政党进行分析的任务再搁置起来了,何况十月自由时期,第一届杜马时期,无疑已从两个方面提供了不能不加以考虑的**重大**结果。无论是罢工、起义等等形式的公开革命斗争,还是新的选举运动,都要求我们党清楚明晰地确定自己对待各种政党的态度,而这只有根据对它们所作的科学分析,即阶级分析才能做到。

我们先按照自"右"到"左"的顺序把一些比较重要的政党(或

者说是政党的**类型**①)罗列出来。(1)俄罗斯人民同盟[29],君主派[30]等等。(2)法制党。(3)十月党。(4)和平革新党[31]。(5)民主改革党[32]。(6)立宪民主党。(7)自由思想派[33],激进派[34],无题派等等。(8)劳动人民社会党[35]。(9)社会革命党[36]。(10)最高纲领派[37]。(11)社会民主党——孟什维克和布尔什维克。我们没有算无政府主义者,因为把他们(也许还有最高纲领派)叫做政党就太冒失了。

从这一串五花八门的政党中,可以清楚地分出我国政党的**五种基本类型**:(1)黑帮;(2)十月党;(3)立宪民主党;(4)劳动派和(5)社会民主党。根据对这个或那个政党的阶级性质的分析来看,这样的划分证明是正确的。

把社会民主党划为单独一类的必要性,是不容置疑的。这是全欧型的政党。在俄国这是唯一的**工人政党**,无论按它的成分或它一贯严格坚持的无产阶级观点来说,它都是**无产阶级**的政党。

其次,把**劳动派**划为单独一类的必要性,也是同样显而易见的。这里包括"劳动人民社会党",社会革命党本身以及最高纲领派。它们都坚持"劳动原则"这个根本观点。它们都竭力想把无产者同小生产者团结和融合在一个"劳动团"内。它们企图依靠的主要是农民。国家杜马把大部分农民代表划入劳动团,从而实际证明了上述这些派别确实已经(在某种程度上)为农民的政治组织奠定了基础。

---

① 我们所以说政党的**类型**,是因为第一,不可能把一切细小的划分都一一罗列,而且这些细小的划分也是无关紧要的(例如,某某进步工业党[26]或立宪民主同盟[27]同法制党[28]的差别就微乎其微);第二,只算正式出现的政党,而忽视业已形成的政治派别,是错误的。只要政治气氛稍有变化,这些派别不出几个星期就会具备**政党**的形式。

诚然，同社会民主党相比，这类政党还很不定型，还没有最后形成。最高纲领派这样一个政党在名义上并不存在，虽然它同社会革命党的分裂是既成事实，并且已经由他们独立的报刊言论和恐怖行动所证明。社会革命党在国家杜马中没有组成自己的党团，只是凭借**一部分**劳动派在背后进行活动。"劳动人民社会党"也只是准备出笼，虽然它在报刊上已经不只是同纯粹的社会革命党人联合行动，而且也完全独立行动；杜马中的劳动人民社会党的首领们也部分地同社会革命党人一起行动，部分地独立行动。《社会革命党第一次代表大会记录》(1906年巴黎版)也表明这些劳动人民社会党人是作为一个不受社会革命党所左右的单独"**集团**"行动的。总之，在这个阵营里我们看到有：(1)秘密政党(社会革命党)，它完全无力建立一个比较稳定的和比较具有群众性的组织，——既不能在国家杜马中，也不能在自由时期的书刊上打出自己的旗帜独立活动；(2)**即将**出笼的合法政党(劳动人民社会党)，它是作为一个集团参加了社会革命党的代表大会(1905年12月)的，直到现在它甚至还未能开始组成一个群众性的组织，因而在报刊上和国家杜马中大都是同社会革命党联合行动的。

经过两个相对自由的时期("十月"时期和"杜马"时期)，劳动派在政治上仍然没有定型，这当然不能说是偶然的事情。毫无疑问，这是由于小资产阶级(特别是农村的小资产阶级)的组织能力比无产阶级差。毫无疑问，劳动派的思想涣散也反映出小生产者在现代社会中的地位极不稳定：劳动派的极右翼(以彼舍霍诺夫之流的先生们为首的"劳动人民社会党")同立宪民主党差别很小，因为他们的纲领中取消了共和制和对全部土地的要求；劳动派的极左翼即最高纲领派同无政府主义者差别也不多。

这两个极端的派别可以说标志着劳动小资产阶级政治动摇的幅度。从经济上完全可以解释，恰恰是小资产阶级才能表现出这种不稳定性。无疑地，俄国革命在最近的将来，不会削弱而会加强这种不稳定性。但是，在断定和说明这种不稳定性时，我们当然不应当忘记劳动派这类政党的重大政治影响。真正的政治自由**最能**加强的**正是这类**政党，因为在缺乏政治自由的条件下，它们的组织能力要比资产阶级差，也比无产阶级差。另一方面，在像俄国这样的小资产阶级和农民占优势的国家里，形成思想上动摇、政治上不稳定、但非常庞大的小资产阶级政党或"劳动派"政党，是完全不可避免的。

在像俄国这样的国家里，资产阶级革命的结局首先取决于小生产者的政治态度。至于大资产阶级将会叛变，这是无疑的（它已经三分之二叛变了）。至于无产阶级将是最忠诚的战士，这一点在10月和12月以后，对俄国工人甚至无须证明。而小资产阶级正是那个足以决定结局的变数。因此，社会民主党应当特别注意观察小资产阶级目前在立宪民主党的区区忠心和大胆无情的革命斗争两者之间的政治动摇。当然，不仅要观察这个过程，而且还要用无产阶级的精神尽力影响这个过程。

其次，把立宪民主党划为单独一类的必要性也是没有疑问的。民主改革党是它的右翼，自由思想派、激进派等等是它的左翼，它们只不过是微不足道的分支而已。在当前的政治时代，立宪民主党是一个独立的政治类型。它同劳动派的区别是清楚的。典型的劳动派是一些觉悟农民。他们不是没有同君主制搞交易的愿望，不是没有在资产阶级制度范围内在**自己的**一小块土地上安居乐业的愿望，但是现在他们的主要力量是用来同地主争土地、同农奴制国家争民主。他们的理想是消灭剥削；不过他们是按照小资产阶级方式来理解消灭剥削的，因此从这种愿望出发，他们**实际上**并不是反对一切剥削，而只是反对地主和大金融资本的剥削。立宪民主党人是典型的资产阶级知识分子，一部分甚至是自由派地主。同君主制搞交易，制止革命，是立宪民主党的基本愿望。根本没有斗争能力的立宪民主党人，是十足的掮客。他们的理想是通过有秩序的、文明的、议会的形式使资产阶级剥削永世长存。他们的政治力量在于广大资产阶级知识分子的联合，而资产阶级知识分子是任何资本主义社会所需要的，当然，他们绝对不能对这个社会制度的真正改变产生稍微重大的影响。

典型的十月党人不是资产阶级知识分子，而是大资产者。他们不是资产阶级社会的思想家，而是资产阶级社会的真正主人。他们最直接关心资本主义剥削，而鄙视一切理论，嫌弃知识分子，把立宪民主党人对"民主制"的一切要求统统加以抛弃。他们是资产者市侩。他们和立宪民主党人一样，也很想同君主制搞交易，但是他们所理解的这种交易不是搞某种政治制度，不是搞议会制度，而是少数人物或巨头同宫廷恶徒达成协议，以便使昏聩的亚洲式俄国赃官直接服从当权的资产阶级。十月党人就是把自己的资产阶级理论付诸实践的立宪民主党人。立宪民主党人就是在掠夺工农之余一心向往理想的资产阶级社会的十月党人。十月党人只须学会一点议会手腕和玩弄民主制的政治伪善。立宪民主党人只须学会一点资产阶级老练的钻营术，他们就会合流，而且不可避免地必定会合流，不管现在这个时候和现在这个"和平革新党"能不能办到这一点。

但是，我们不来谈将来。我们的任务是学会了解现在。在一伙宫廷恶徒把持大权的条件下，立宪民主党人发表一些民主言论，采取"议会"反对立场，这**实际上**已经非常有利于那些比他们站得左的人，这是十分自然的事情。因而同这些人直接敌对的十月党人气急败坏地推开立宪民主党人，而去支持（在选举第一届杜马时）当权的黑帮，这也是自然的事情。

我国政党中最后的一类是黑帮。黑帮和古契柯夫之流先生们一样，不要"10月17日宪法"，而要保持和正式恢复专制制度。在受人崇拜的君主的无限权力时代极其盛行的种种卑鄙行径、愚昧无知和贪赃枉法，都是对黑帮有利的。为保持宫廷奸党的特权，为能够照旧掠夺、压迫并封住全俄国的嘴巴而进行的疯狂挣扎，把黑帮纠合起来了。无论如何也要维护住沙皇现政府，这一意图往往把黑帮同十月党纠合在一起，因此，在谈到某些法制党人的时候，就很难区别他们是黑帮，还是十月党人。

由此可见，俄国革命在极短的时间内，就把那些同俄国社会各主要阶级相适应的大型政党勾画出来了。我国有：觉悟的社会主义的无产阶级的政党，激进的或激进化的小资产阶级的、首先是农村小资产阶级即农民的政党，自由派资产阶级的政党，反动资产阶级的政党。政治构成同经济划分即阶级划分不相称之处，仅仅在于同后两个集团相对应的不是两类政党，而是三类政党，即立宪民主党，十月党和黑帮。但是，这种不相称完全是由当前形势的暂时特点造成的，因为现在革命斗争已经非常尖锐化了，实际上极难把保卫专制制度同无论如何要保卫君主制区别开来，依照经济特征的划分（赞成进步的资本主义和赞成反动的资本主义）自然同政治划分（赞成现政府和反对现政府）相互交错。但是，立宪民主党和十月党的血缘关系是太明显了，未必会有人怀疑一个"老练的"自由派资产阶级大政党形成的不可避免性。

结论:俄国各政党的形成过程最为光辉地证实了马克思主义的理论。

─────

附言:本文于"十月十七日同盟"分裂[38]之前写成。现在希波夫已退出同盟,温和自由主义政党即将形成(左派十月党人,和平革新党人和右派立宪民主党人),完全可以使人把俄国的所有政党归并为任何一个资本主义国家所有的四种基本类型。

载于 1906 年 9 月 30 日《无产者报》
第 5 号

译自《列宁全集》俄文第 5 版
第 14 卷第 21—27 页

评《社会民主党人报》第1号

(1906 年 10 月初)

我们刚刚收到的《社会民主党人报》[39]（俄国社会民主工党中央委员会的刊物）的第 1 号，其中《游击行动》一文，再好不过地证实了我们在《无产者报》[40]第 5 号上说过的话：在这个问题上流行的一些庸俗议论都是陈腐的和非历史的①。作者攻击了掠夺行为、无政府主义、布朗基主义、特卡乔夫主义[41]、拦路抢劫（从德文蹩脚地译为"拦路强盗"）。这种攻击和自由派的做法一模一样。自由派一贯借口"无政府状态"而拒绝同政府进行**任何**武装斗争。社会民主党人，口头上虽不否认武装斗争，但事实上却**不用这一观点**来分析问题，所以实际上是站到自由派的立场上去了。请看一个有代表性的例子："既然革命政党自己要庇护无政府状态，它们就会引起资产阶级和小资产阶级对自己的痛恨，从而也就帮助了反动派。"这样说来，要么庇护**无政府主义**的武装斗争，要么完全放弃武装斗争！在作者看来，别的出路是没有的。他排除了有组织、有计划、有思想性、起政治教育作用的武装斗争。他的选择是多么可怜啊！

"革命者游击行动的形式之一就是剥夺私有财产和官家财产，这已经被实际生活埋葬了。"同志，这简直是胡说！你不可能不知

---

① 见本卷第 1—12 页。——编者注

道,有一些**孟什维克的**组织**在**统一代表大会**以后**直接或间接地参
加了对官家财产的剥夺,**对战利品的"利用"**等等。社会民主党人
竟然言行不一,这就很不好了,这会变成虚伪。这或者是出于居心
不良(我们排除这种解释),或者是由于理论上考虑不周和自相
矛盾。

————

阿克雪里罗得同志在《社会民主党人报》上对我们在《无产者
报》第1号上发表的短评①,作了愤怒的回答。他在用小号字排的
一栏半的篇幅中,对我们说他"瞒着"党鼓动召开工人代表大会一
事,表示困惑和惊讶,对我们又作保证,又进行责备。阿克雪里罗
得根本不可能懂得这是怎么一回事。同时,他自己却说:"我在不
久的将来要**利用**它(我所能有的机会)把召开工人代表大会的问题
提到**政治**论坛上去讨论。"(黑体是我们用的)早就该这样!本来**开
头**就应当"把问题提到**政治**论坛上去讨论",而不是在小圈子里窃
窃私语。这样,你们的鼓动在党内就会是正当的,公开的,无愧于
革命阶级的。这样,资产阶级报刊就不可能对这种在小圈子的窃
窃私语发表耸人听闻的评论,就不会弄出许许多多的误会,从而使
社会民主党陷于混乱并败坏自己的声誉。最令人痛心的是,阿克
雪里罗得甚至现在在他那封不及时的,非常冗长的《给编辑部的
信》中,还在**回避**问题的实质,**只字**不谈他提议召开的是什么样的
代表大会,什么时候召开,按照什么原则召开,由谁召开,目的何
在。阿克雪里罗得用空话来搪塞,说什么代表大会的准备工作能
否使社会民主党活跃起来,"正是要看这一工作将有多少真正的社

————

① 见本版全集第13卷第364页。——编者注

会民主主义内容，也就是说，在进行这一工作时，要看小集团利益和派别打算能在多大程度上被与工人阶级切身利益关系最密切的社会政治问题和任务排挤掉"。

算了吧，同志！这全是冠冕堂皇的空话。代表大会的准备工作能否使社会民主党活跃起来，要看这一工作有多少真正社会民主主义的内容！多新鲜，多聪明。"派别打算"要被社会政治问题和任务排挤掉，可正是对这些问题和任务的不同理解才把党划分为派别的啊！真是没完没了的老一套。

普列汉诺夫则在一边拙劣地庸俗地诋毁为召开党代表大会而进行的斗争动机，同时又同样拙劣地赞扬阿克雪里罗得提出"**尽快**"召开工人代表大会⁴²是"好主意"。是的，是的……真正社会民主主义的工作会使社会民主党活跃起来，实际上怎么会有比这更好的主意呢？

————————

《社会民主党人报》的社论写道："现在，正像第二次代表大会⁴³以后那样，两个派别(布尔什维克和孟什维克)大概在人数方面力量相等。"稍后又提到："现在，正像第二次代表大会以后那样，两个派别在党内的影响相等。"作者的想法很清楚。这种想法发表在正式的"中央委员会刊物"的社论里，就具有重要的意义了。工人阶级的党应当确切地知道，党内的"派别"是由哪些人组成的，它们的力量有多大。认为两派势均力敌的根据究竟是什么呢？

二者必居其一：或者作者指的只是俄国部分(加上高加索)的党，或者他还把波兰社会民主党人、拉脱维亚社会民主党人和崩得分子⁴⁴都包括在内了。如果是第一种解释，那就是说，作者承认在

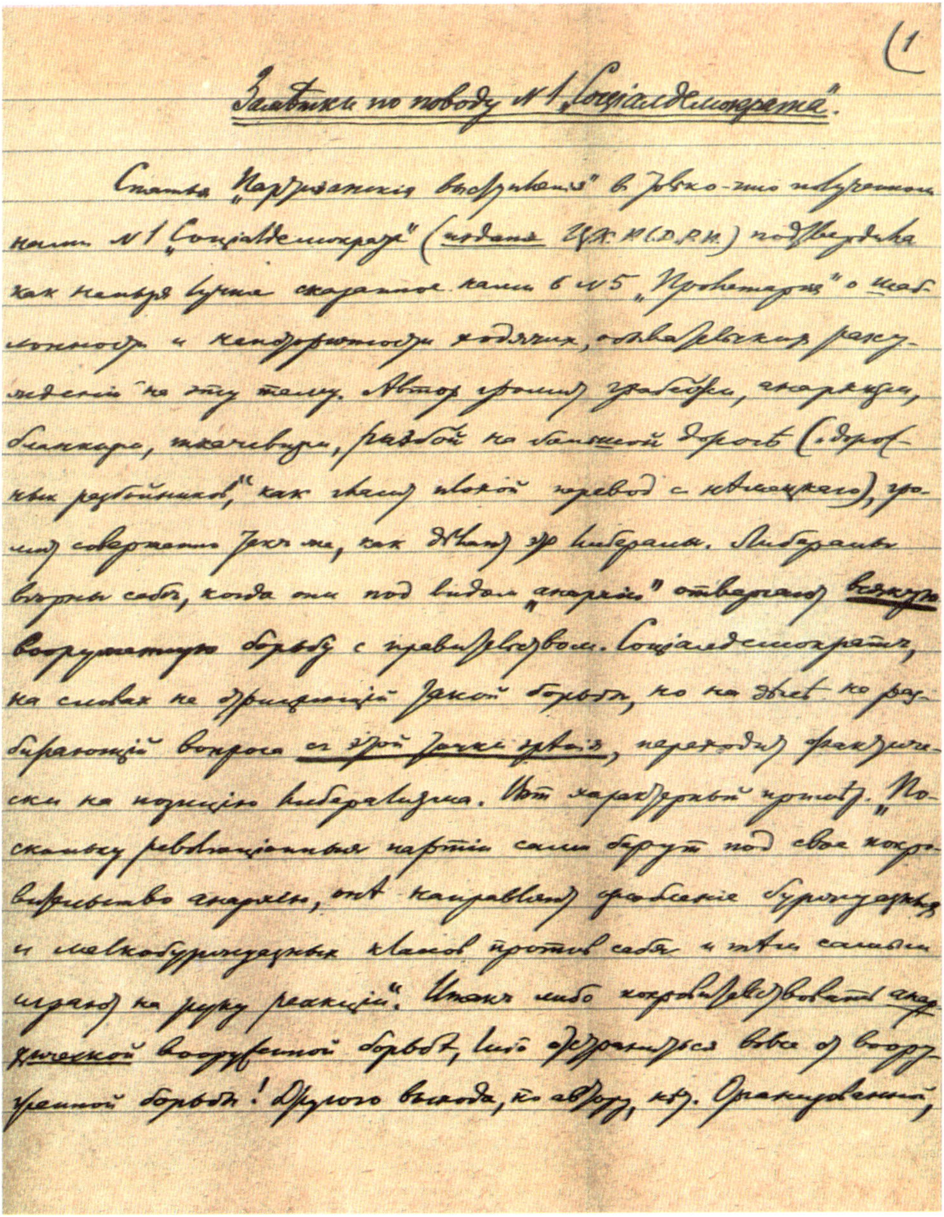

1

Заметки по поводу №1 „Социалдемократа“.

Статья „Партизанскія выступленія“ в только-что полученном нами №1 „Социалдемократа“ (изданіе Ц.К. Р.С.Д.Р.П.) подтверждает как нельзя лучше сказанное нами в №5 „Пролетарія“ о шаблонности и непродуманности ходячих, обывательских разсужденій на эту тему. Автор громит грабежи, экспропріаціи, бланкизм, пугачевщину, разбой на большой дорогѣ („дорожных разбойников,“ как гласит плохой перевод с нѣмецкаго), громит совершенно так же, как громят это либералы. Либералы вѣрны себѣ, когда они под видом „анархіи“ отвергают всякую вооруженную борьбу с правительством. Социалдемократ, на словах не отрицающій такой борьбы, но на дѣлѣ не разбирающій вопроса с этой точки зрѣнія, переходит фактически на позицію либерализма. Вот характерный пример. „Поскольку революціонныя партіи сами берут под свое покровительство анархію, они направляют озлобленіе буржуазных и мелкобуржуазных классов против себя и этим самым играют на руку реакціи“. Иначе либо покровительствовать анархической вооруженной борьбѣ, либо отказаться вовсе от вооруженной борьбы! Другого выхода, по автору, нѣт. Организованной,

1906 年列宁《评〈社会民主党人报〉第 1 号》一文手稿第 1 页

（按原稿缩小）

第四次（统一）代表大会以后，"多数派"的力量大增，而"少数派"的力量锐减，因为出席那次代表大会的代表大约代表着 13 000 个布尔什维克和 18 000 个孟什维克。但是，这种解释不足信，因为各民族的社会民主党在一个多月以前就已经全部同俄国社会民主工党合并了。这就是说，应当是第二种解释。那么，显然作者是把波兰社会民主党人和拉脱维亚社会民主党人划归布尔什维克，而把**崩得分子**划归**孟什维克**。根据各民族社会民主党最近的代表大会的资料，波兰社会民主党人和拉脱维亚社会民主党人约有 4 万人，崩得分子约有 33 000 人。这样，两个派别就真的大致相等了。

但是，把崩得分子算做孟什维克对吗？当然，如果中央委员会确认这一点，我们就应当相信它。但是搞清楚这种划分的意义是必要的。在策略方面，这种划分没有被崩得最近所有的决议所证实。因此必须在崩得的**组织**立场上去找解释。显然，中央委员会的刊物注意到崩得并不要求召开紧急代表大会是确凿的事实。谁想真正改变整个党的政策，即改变中央委员会的政策，谁就应当要求召开代表大会；谁不要求召开代表大会，谁就不想认真地改变整个党的政策，——这就是作者的想法的实质。

这个论据是驳不倒的，我们认为自己有责任促使我们党的所有组织都来弄清和正确评价这一论据。的确，在民主组织中保持中立几乎是不可能的，弃权往往等于行动。这种"行动"的效果已经表现出来。中央委员会的刊物宣传有关"召开工人代表大会"的各种极为糊涂的思想，在策略上明确而彻底地采取了孟什维克的立场。中央委员会在杜马时期和解散杜马以后提出的"口号"就足以证明，这种做法会使全党在选举运动中或者在提出新的发动号召时遭到什么后果。崩得现在"弃权",就真的使自己成为中央委员会的孟什维主义策略和政策的同谋者。

载于 1931 年《列宁文集》俄文版
第 16 卷

译自《列宁全集》俄文第 5 版
第 14 卷第 28—31 页

事后聪明的俄国激进派！

(1906 年 10 月 18 日〔31 日〕)

9 月 20 日的《同志报》**45** 登载了一位立宪民主党人同某个较左的政治家(劳动派?)的意味深长的"谈话"。这位政治家代表的是该报撰稿人瓦·瓦·希—科夫先生的观点。请看这位激进派是怎样斥责立宪民主党人的：

他责问这位大谈其只有确信自己的权利才能产生力量的立宪民主党人："难道不是相反吗?""不是有了力量才能确信权利的不可侵犯吗?""我认为你们党的活动……是政治上的唐·吉诃德精神…… 你们强调了虚幻的东西……""就怪你们的立宪幻想……你们说的话以及说话的方式使人太相信杜马万能了。而这并无助于聚集社会力量…… 当我听到你们在杜马以内和杜马以外的言论时,我总是希望你们不要再把杜马当做立宪机关,而只把它当做一种社会意志反对另一种意志的机关…… 当务之急,是把自己的力量组织起来…… 杜马应当竭尽全力自行建立法律不曾给予它的机构…… 你们暴露了自己的阿基里斯之踵——立宪幻想…… 我一向认为,立宪的虚构在你们党内是多么根深蒂固…… 我骂你们〈立宪民主党人〉,因为你们不再感到自己是斗争的一方,倒有点像斗争的取消派。其实你们提出的东西,在其他国家已经由于各方面的斗争而出现了。"

　　这不是发人深思的话吗？我们这位神气活现的伯恩施坦派[46]"搬出"一个十分愚蠢的立宪民主党人，以便在"谈话"中压倒他，这不过是枉费心机。比他聪明的人毕竟还是有的。密切注视着孟什维克的书刊，特别是注视着普列汉诺夫的大作的人，是有的。这样的立宪民主党人自然会用另外的方式来回答自己的对话人。

　　他会说，可爱的激进派啊！谁过多地证明，谁就什么也没有证明（Qui prouve trop, ne prouve rien）。显然您从您自己的立场上证明得**过**多了。您不是在杜马选举中支持过我们而反对过抵制派吗？要知道，选举是**要承担义务的**。这种选举**完全**是在您现在称之为"立宪幻想"的标志下进行的（呸！呸！您大概读了不少布尔什维克的著作吧？）。最可爱的激进派，我可以从您自己的《同志报》上指出这样的话（不止一处！），您（不一定是您本人，而是您的同道者）硬要轻信的俄国小市民相信，如果"人民自由"党在选举中取胜，坏大臣们就不得不辞职。怎么？我可爱的激进派，您忘记这点了吗？可我们是记得这点的，而且记得很清楚。最尊敬的先生，要是不许愿表示忠诚，不发誓只采用立宪的斗争方法，就无从进行选举。而我们，我们人民自由党，我们许了愿只是为了而且仅仅是为了还愿啊！

　　您不是说我们太相信杜马万能，说这无助于聚集"本身的"力量吗？看在上帝分上，请读一读无疑是你们心目中的权威作家普列汉诺夫写的文章吧。正是您和您的同道者们，而决不是立宪民主党人，喜欢在谈私房话时说自己简直就是地地道道的社会民主党人，如果……如果社会民主党完全拥护普列汉诺夫的观点，你们也会说自己是这样的人。不正是普列汉诺夫在俄国社会民主工党统一代表大会上说过，只有无政府主义者才会叫嚷立宪幻想吗？

不正是普列汉诺夫提出过一个决议案，不仅称杜马为**政权**（社会民主党统一代表大会竟确认了这个名称！！），而且称它为"沙皇亲自促成的、为法律所承认的"政权吗？[47] 不正是普列汉诺夫在受人尊敬的孟什维克机关报上写过文章（而你们，《我们的生活报》[48]的先生们，总是夸奖孟什维克的这种倾向！），说杜马的根本性工作具有莫大的鼓动意义吗？ 你们曾经对普列汉诺夫鼓掌，你们在报刊上赞赏他同"布朗基主义"作斗争的"英勇精神"（是的！ 是的！ 这正是你们的用语！）。从那时起，简直连一双鞋子还没有穿破[49]，你们自己就重蹈覆辙，走上了可悲的布朗基主义迷途！！

如果立宪民主党人这样起来自卫，他的自卫就会成为进攻，激进派就会被彻底击溃……

这位激进派用现在这种游击行动来反对立宪幻想，就像民间故事里的那个人物看到人家送葬竟高喊"但愿你们拉也拉不完"[50]一样。真的，请想一想，同立宪幻想作斗争究竟在什么时候才是重要的和迫切需要的呢？ 显然是在立宪幻想甚嚣尘上、能够带来而且实际上已经带来**流传甚广的**危害，并且把各种各样的"小人物"都迷惑住的时候。换句话说，就是在广大群众能够而且**必然**感到似乎有宪法存在，而实际上并不存在什么宪法的时候。第一届杜马选举期间和杜马会议期间，即1906年3—6月，就正是这样的时候。正是在那时候，立宪幻想带来了**流传甚广的**危害。但是，当时只有社会民主党的布尔什维克逆流而进，不断同立宪幻想作斗争。当时，希—科夫之流先生们和《我们的生活报》的其他著作家却都**支持**这种幻想，他们同布尔什维克"作战"，并骂布尔什维克不该尖锐地批评立宪民主党人。

现在，杜马被解散了，立宪民主党完蛋了，谁也不会认为有宪法存在了。现在,甚至连不那么高贵的动物都可以踢他立宪民主党人几脚了[51]("我骂他们"——见"谈话"),并且每说上四五句话就要骂一声立宪幻想。唉,激进派先生们！说话贵在适时啊！……

希—科夫先生及其同伙的例子是很有教益的,它说明:有些人自以为是有教养的政治家,甚至是自由思想派或激进派,却束手无策、毫无思想、优柔寡断、软弱无力、随波逐流。他们在1906年3—6月支持立宪幻想,把杜马称为政权,甘当立宪民主党人的尾巴,对这个风行一时的政党受到无情的批评则嗤之以鼻。1906年9月,他们却"骂"立宪民主党人,并且同立宪幻想"作战",岂不知自己又落后了,现在这样做已经不够了,而需要直接号召进行一定的(由过去的历史发展决定的)形式的革命斗争。

如果产生出大批这类无骨气的人的俄国知识界,能够从这些先生的实例中意识到机会主义的全部危害,那就好了。我们往往把机会主义当做"只是一个骂人的词儿",而不去深思它的意义,这是不对的。机会主义者不出卖自己的党,不背叛自己的党,不脱离自己的党。机会主义者诚心诚意,积极努力地继续为党服务。但是,机会主义者的典型特征就是:迁就一时的情绪,没有反时髦的能力,政治上近视和无骨气。机会主义就只顾党的短暂的、一时的、次要的利益而牺牲党的长远的根本的利益。工业稍有高涨,商业略呈繁荣,资产阶级自由派稍见活跃,机会主义者就大叫大嚷:不要吓住资产阶级,不要回避资产阶级,抛弃社会革命的"空谈"吧！杜马一召开,吹来一阵警察立宪的"春风",机会主义者就把杜马称为政权,赶紧咒骂"有害的"抵制,急忙提出支持成立杜马内阁即立宪民主党内阁要求的口号。浪潮一退,机会主义者又同样真诚地、同样莫名其妙地开始"骂"立宪民主党人和谴责立宪幻想。

当这种知识分子情绪占统治地位的时候,无愧于真正革命阶级的,经过一切微小偏差和动摇之后顽强地准备坚决勇敢、奋不顾身地同敌人决战的任何坚定的政策,都是不可能实现的。正因为如此,觉悟的无产阶级应当善于批判地对待站到无产阶级方面来的知识分子,应当学会同政治上的机会主义作无情的斗争。

载于 1906 年 10 月 18 日《生活通报》
杂志第 12 期

译自《列宁全集》俄文第 5 版
第 14 卷第 32—36 页

谈谈立宪民主党代表大会的结果

(1906 年 10 月 29 日〔11 月 11 日〕)

我们已经不止一次地阐明,专制制度同无产阶级-农民革命进行的斗争不可避免地也会波及自由主义反对派。一旦无产阶级沉默了,大暴行制造者的政府当然也不会放过掐死立宪民主党的机会。它现在掐住了和平革新党的脖子。它现在甚至对待十月党也不会特别仁慈。如果说由于实行战地法庭审判,甚至连勃朗宁手枪的啪啪声和炸弹的爆炸声都会暂时平静下来,"举起手来!"这种传统的喊声再也听不见了,——那么,这当然丝毫也保证不了立宪民主党和和平革新党终究会获得渴望已久的、进行合法的立宪斗争的宁静。

本来可以认为,疯狂的反动派会把自由主义反对派的领导集团远远地抛到左边去。解散杜马彻底打破了立宪幻想。没有一个《同志报》或《首都邮报》[52]的撰稿人现在不了解这一点。立宪民主党的报刊(地方全部,首都大部)被查禁,代表大会被取缔,党的合法化被拒绝,所有在维堡宣言[53]上签名的人都被送交法庭受审,看来,这一切一定会迫使立宪民主党打消组织社会舆论的主张,而最终采取组织社会力量的主张。其次可以认为,如果立宪民主党的领袖们不毅然决然地转入地下,那么地方的队伍就会立刻离开这些领袖。

立宪民主党的代表大会[54]表明，以上估计是错误的，起码现在是这样。代表大会批准了，诚然是不很乐意地批准了中央委员会向代表大会提出的"原地踏步"的政策，或者更确切些说，是"寸步不前"的政策。代表大会通过了组织社会力量的决议，然而是一项非常空洞的决议。这项决议决不会使任何人承担任何义务，甚至根本没有指出为了什么事业并通过什么事业这些力量能够而且应当组织起来。代表大会通过了，诚然只是以微弱的多数通过了著名的策略决议第4条，这一条提出，党要对人民基层中自发增长的、由维堡宣言号召的消极抵抗进行消极抵抗。代表大会是作为统一的不可分割的"人民自由党"的代表大会而结束的。

无疑地，情况本来就应当如此。立宪民主党分裂的时刻还未到来。如果说阶级矛盾已经无可挽回地使大资产阶级的广大阶层挤进了公开反革命的圈子，那么这些阶级矛盾还没有来得及分化在选举时投票拥护立宪民主党的中小资产阶级的广大阶层。目前还没有客观迹象表明，小市民的外省到处已经笼罩着古契柯夫型的"刽子手人道主义者"所无法摆脱的资产阶级对革命的恐惧心理。

这种分化正在飞速发展。立宪民主党的领袖们当然自己也不能肯定，他们建立的庞杂的"人民自由"**联盟**能经受得住日益尖锐的社会政治斗争的考验。

毫无疑问，俄国革命会有一个注定的极限，超越极限，这个联盟的分裂就绝对不可避免。当无产阶级-**农民**起义的漩涡把小资产阶级和部分城市**中等**资产阶级的最广大阶层彻底卷进来的时候，这个极限就会达到而且会被超越。那时，也只有那时，庞大的立宪民主党联盟中真正剩下的就只是有产的中等资产阶级了，毫无疑问，这些中等资产阶级最终注定要同古契柯夫先生一样产生资产阶级恐惧心理的。那时,民族革命的幽灵就会消逝,这个幽灵现在还相当强大,它妨碍很多人对俄国革命中阶级矛盾的真正巨大的创造性作用作出应有的评价。到达这一极限时,建立在组织社会**舆论**基础上的庞大的政党就会变成早就过时的不合时宜的东西,而所有真正参加群众运动的人,不论是右派还是左派,都会把那种不仅是破坏性的、而且是巨大的创造性的作用归结为一种力量,一种赤裸裸的物质力量。没有这种巨大的作用,要真正完成革命当然是不可设想的。但是,在物质力量占绝对优势的地方,立宪民主党的资产阶级的领导权就没有存在的余地了。我们斗争的整个历史都证明了这一点;不是预言家也可以正确无误地预言,待到我们经历新的革命高潮时,也会发生同样的情况。立宪民主党人是分享革命果实的"法定"参与者,仅此而已。

这就是为什么说一些立宪民主党的领袖在客观上是正确的,他们后来认为维堡宣言是头脑发热而犯的错误,因为这个宣言**直接**号召采取消极抵抗策略。因为在目前斗争激烈的情况下,没有而且也不可能有这种不直接转化为积极进攻的群众性的消极抵抗。司徒卢威先生说,这种文明的斗争方法(请看,同纯粹革命的进攻的方法完全相反)只能用来对付文明的立宪政府,这话他倒说得很对。只要群众性的抗税和群众性的拒绝当兵的迹象一露头,斯托雷平党徒就会出动自己的讨伐队,这一点谁也不会有丝毫的怀疑。而那时,居民拿起武器转入自卫,转入积极进攻,谁又能阻止得了呢?

维堡宣言即使按照在它签字时的纯粹立宪民主党的解释,最多也不过是用转入进攻来威胁一下政府,根本不是什么实际行动口号。外省的立宪民主党人竟把这个宣言当做实际行动口号,米留可夫之流和司徒卢威之流先生们在这个问题上对这些人政治上的幼稚是无须负责的。宣言在外省的遭遇证明了这一点。被吓倒的报刊对于这种遭遇谈得很少、很含糊，但是我们觉得，报刊所谈的情况表明，"人民自由"党作为一个政党，正在加紧运用这个宣言所宣布的消极抵抗的原则来反对宣言本身。既然如此，代表大会就只能巩固立宪民主党的这种立场。代表大会中少数反对这样做的人叫嚷一阵子之后终于也屈服了并且留在党内。

然而，从我国各地每天都传来消息，说消极抵抗的主张已经在人民群众中得到响应。抗税、拒绝当兵、抵制当局等开始成为真正实际行动口号了。谁也不会闭眼不看这个运动发展过程中在组织上存在着大漏洞。谁也不会否认运动中产生的混乱是不可避免的。但是，这种混乱将建立起秩序——革命秩序，而革命秩序是混乱的、自发的人民爆发的最高阶段。现在，在战地法庭宪制的高压之下，人民群众的满腔仇恨不会不爆发出来，而且确实此起彼伏地以公开的武装斗争形式爆发出来了。我们没有材料据以正确无误地预言，在招兵和征税时会爆发全民起义，哪怕是采取纯粹消极抵抗的形式，不过出现这种斗争将是不可避免的。而立宪民主党人及时地躲到一边去了。立宪民主党代表大会借他们党中央委员梯尔柯娃女士之口宣称："良心不允许作这种危险的实验。"

但是，拿良心作借口当然改变不了事情的本质。即使日益迫近的事变以数学般的精确性表明人民革命胜利在望，立宪民主党的领导集团也不会用另外的态度来对待这一问题。立宪民主党过去的一切都证明了这一点。而同大暴行制造者谈判大臣职位，则是立宪民主党历史上登峰造极的行为；这种谈判对立宪民主党来说，客观上要比维堡宣言典型得多。他们党的最权威的代表人物之一格列杰斯库尔教授最明确地向我们表明了这一点(《言语报》第180号),他说:"我们曾同我国人民在一起,我们参与了他们的疾风暴雨的行动。"但那是"蓬勃、热情的少年"时期,现在则是"顽强、坚毅的成熟"时期了。这个成熟时期的支柱就是选举运动,就是杜马用政纲形式提出来的对沙皇演说的答词。

立宪民主党从来没有参与过而且也不可能参与人民的"疾风暴雨的行动",尊敬的教授不过是信口开河,哗众取宠。但是,立宪民主党就其代表大会来说,还没有向右转。它原地未动。只是在革命危机有可能变成**纯议会**危机的情况下,它才仍旧打算参与目前的革命危机。

我们只能欢迎代表大会的决议在这方面表现的那种清楚明确的态度。立宪民主党代表大会当然只能使那些认为维堡宣言是立宪民主党"向左转的开始",是俄国革命具有全民族性质的明显标志的人大失所望了。

代表大会宣称,它认为革命仅仅是议会斗争,这就在广大民主派面前直截了当地提出公开争取政权的问题。俄国革命的全部进程表明,民主派将不会像立宪民主党人那样回答这个问题。社会民主党应当准备着一旦作出回答,就要使城市贫民和农村贫苦农民恰恰是把它,把社会民主党看做自己在革命时期中的当然领导者。

载于1906年10月29日《无产者报》第6号

译自《列宁全集》俄文第5版第14卷第37—42页

革命界的小市民习气

（1906 年 10 月 29 日〔11 月 11 日〕）

　　反革命时期的标志之一，就是反革命思想的扩散，不仅通过粗鲁的和直接的形式，而且通过比较巧妙的形式，即通过小市民情绪在革命政党中的滋长来扩散这种思想。马尔托夫同志在他的新著《俄国的政党》这一小册子中，就在革命政党这个名称下面，把社会民主党和社会革命党混在一起了。他以孟什维主义书刊中不常有的坦率明确态度批评了立宪民主党人，但同时又对我国各政党作了完全不正确的、非马克思主义的分类，并且把十月党这种类型的政党列为"中派"党，从而暴露了孟什维主义的基本错误。我们希望另找机会来谈马尔托夫这本独出心裁的小册子。

　　不过这一点只是顺便提一下。目前，使我们感兴趣的是，社会民主党和社会革命党书刊中另外一些新作品。我们想指出反革命情绪在这两个党内的最突出的表现，更确切些说，最突出的反映。十二月起义失败以后，反革命情绪在民主派中间的最突出的表现就是立宪民主党人的转向，他们抛弃了召开立宪会议的口号，并且在《北极星》杂志[55]等等的刊物上百般诽谤和诬蔑武装起义的参加者和倡导者。在解散杜马和七月人民运动[56]失败以后，某些反革命情绪在民主派中间的新表现就是，社会革命党右翼从社会革命党中彻底分离出来，成立了半立宪民主党的"人民社会"党。在第一次高潮即大高潮以后,也就是在 10—12 月以后,立宪民主党人脱离了富有战斗性和斗争性的民主派。在第二次高潮即小高潮以后,也就是在 5—6 月以后,人民社会党人也开始脱离富有战斗性和斗争性的民主派。

我们在《无产者报》第 4 号上描述过这些人民社会党人的思想政治面目的基本特征。① 从那时起,他们就完全正式出头露面,公布了"劳动(人民社会)"党的纲领,即把社会革命党的纲领从革命的纲领改变成机会主义的、小市民的合法的纲领,公布了新党的组织委员会的委员名单。诚然,在这个组织委员会的 17 名委员(安年斯基、叶尔帕季耶夫斯基、米雅柯金、彼舍霍诺夫等先生们)当中,只有**一位**"劳动团"的前杜马代表——实科中学教员兼政论作家克留柯夫先生。**真正**"劳动派"中的任何一位多少有些名望的人物,都没有进入新的劳动派政党创始人之列!怪不得有人把人民社会党人称为自封的劳动派。怪不得报纸上已经出现了关于其他一些劳动派政党的消息。《同志报》报道说,在杜马活动方面比无名之辈克留柯夫先生自然出众得多、知名得多的"劳动派"谢杰尔尼科夫先生建立了**人民劳动**党。在《同志报》谈到的那次人数众多的会议上,谢杰尔尼科夫先生坦率地为自己的思想辩护,他不奢求社会主义者的称号,而抛出了"民主君主制"的旗帜。同一篇报道说,这个来自人民的劳动派的坦率,引起了新闻界的一个劳动派、坚持人民社会党人观点进行反驳的米雅柯金先生的极大愤慨。

对这种家庭争吵的细节我们不感兴趣。对我们来说,重要的只是指出昨天的社会革命党人和某些"劳动派"中间机会主义倾向

---

① 见本版全集第 13 卷第 391—401 页。——编者注

的各种表现。彼舍霍诺夫先生在这方面（社会革命党人中比我们党内有大胆得多的"进步革新家"）比谁都"进步"。在《俄国财富》杂志⁵⁷9月这一期上，他沿着自己从革命者变成立宪民主党人的道路愈走愈远了。他竭力抹杀革命的"夺取"和立宪民主党的"取得"之间的差别。他在8月里"证明"全部自由和全部土地是不能夺取的，现在他又"证明""自由"是不能"从下面来夺取的"。Ce n'est que le premier pas qui coûte①，或者照俄国的说法是：头杯酒难以下咽，二杯酒有些苦口，再往后就一饮而尽。新立宪民主党的［政论家］在合法刊物上大骂武装起义的思想和成立临时革命政府的思想时，自然不会直言不讳，不会全文引证他们所"驳斥的"革命政党的宣言，而是把那些在秘密报刊上维护起义的思想、维护成立临时革命政府的思想的人的见解任意加以歪曲和简单化。其实，人民社会党人先生们使自己的党合法化是有所为的！当然，他们使自己的党合法化，不是为了维护起义的思想，而是为了驳斥它！

　　在社会民主党的书刊中，反映反革命情绪方面的突出的新表现，就是在莫斯科出版了《我们的事业》⁵⁸这个周刊。立宪民主党的报刊喋喋不休地在大谈孟什维克的这个新的大"进步"，——大家知道，他们是从革命者进步到立宪民主党人那儿去了。《言语报》刊登了一篇专门的祝词，《同志报》兴高采烈地重述了《我们的事业》杂志的主要思想，《言语报》又重复了《同志报》的反应，《同志报》则又引证《言语报》的话来证实自己的观点，——一句话，俄国革命的那批文明而有教养的叛徒们简直欣喜若狂，忘乎所以了。《言语报》甚至不知从谁那儿打听到，领导《我们的事业》杂志的是

————————

　　①　直译是：最难走的是头一步。——编者注

马斯洛夫、切列万宁、格罗曼、瓦连廷诺夫这几位大名鼎鼎的孟什维克先生。

我们不知道《言语报》的这些消息是否属实，虽然它通常总是以熟悉孟什维克的一切内幕而自居的。但是，我们知道《我们的事业》杂志第1期的社论是切列万宁写的。现在不妨引证几处使立宪民主党人高兴的话：

"正像有些人建议的那样，无产阶级要想和农民一起投入既反对政府又反对资产阶级的斗争，争取召开有全权的全民立宪会议，那是荒诞不经的。"（第4页）"必须坚持使新杜马得以召开。"内阁应由杜马中的多数组成。"在目前农民毫无组织而且极其愚昧的情况下，很难作更多的指望。"（第6页）你们看，这真是坦白到了……赤诚相见的地步。留在革命政党内的切列万宁同志，比建立了新的"合法政党"的彼舍霍诺夫先生向右走得更远了，后者**还没有放弃**召开立宪会议的口号，并且**至今还在**批评要求组织杜马内阁这一点是不够的。

为了不使我们的读者感到厌烦，我们就不去驳斥切列万宁的立场了。他本来已经成为不分派别的一切社会民主党人的"话柄"了。但是，我们请读者最认真地考虑一下，一个有名的、负责的孟什维克如此轻易地变成了一个自由派，其原因究竟何在。谴责和摈斥机会主义的引人注目的"极端做法"、"过火行为"并不困难。更重要的倒是揭示出使社会民主党人感到羞愧的错误根源。我们请读者考虑一下，切列万宁和我们中央之间的差别，真比谢杰尔尼科夫和彼舍霍诺夫之间的差别大吗？

这"四方面"各有倾向，背景却是一样的。小市民、小资产阶级之类的人已经厌倦革命。微不足道、平平淡淡、残缺不全但平安无事的合法性,比革命热潮和反革命狂暴的急剧交替好。在革命政党内部这种倾向表现为希望改造这些政党。让小市民作党的基本核心吧:"党应当是**群众性的**。"打倒秘密活动,打倒妨碍立宪"进步"的秘密工作! 必须使旧的革命政党合法化。为此就得从政治和经济这两个基本方面来根本改变它们的纲领。必须抛弃建立共和国和没收土地的要求,抛弃对社会主义目标所作的清楚明白、不折不扣、相当具体的阐述,必须把社会主义看做"遥远的远景",就像彼舍霍诺夫先生无比文雅地描述的那样。

我们上面提到的"四方面"的代表人物根据不同的理由用不同的形式表现出来的正是这些倾向。谢杰尔尼科夫的民主君主制;"人民社会"党从劳动派向立宪民主党人的"进步";切列万宁取消争取召开立宪会议的革命斗争;阿克雪里罗得和普列汉诺夫的工人代表大会;我们中央的"拥护杜马"的口号;我们中央委员会出版的《社会民主党人报》第 1 号上关于秘密工作和地下工作的保守性、关于过渡到"全民族的资产阶级革命"的进步性的议论——所有这一切都是一个共同的基本倾向的表现,所有这一切都是在革命政党中日益抬头的一股小市民习气的洪流[59]。

切列万宁从使党合法化、"接近"群众、同立宪民主党达成协议、接近全民族的资产阶级革命的观点出发,把争取召开立宪会议的斗争宣布为"荒诞不经",这是**完全合乎逻辑的**。我们在《无产者报》第 1 号上就已经指出[①]:我们的中央自相矛盾得惊人,它在自己的著名的《给各党组织的信》(第 4 封和第 5 封)中,一方面宣扬同中等资产阶级、军官等等结成联盟,另一方面又提出他们**不能接**

---

① 见本版全集第 13 卷第 344—360 页。——编者注

受的召开立宪会议的口号。切列万宁在这方面比彼舍霍诺夫之流的先生们或我们的中央更彻底,他的议论也更正确,或者说更真诚,更坦率。中央委员会的《社会民主党人报》不是耍滑头,就是表现出惊人的轻率,它一方面攻击"引导无产阶级远离全民族运动"、"使无产阶级陷于政治孤立的路线",另一方面又支持召开立宪会议的口号,并且说:"应当准备起义。"

就拿工人代表大会来说吧。不久以前(10 月 6 日),立宪民主党人的报纸《同志报》终于泄漏了这次代表大会的秘密。这家报纸报道说,"曾经提出工人代表大会问题的社会民主党的最老的领袖之一",在他前几天所作的报告中说:"他们〈"工人代表大会"的成员〉能够接受社会民主党的或许稍加修改的整个纲领,那时,党就能从地下组织状态中走出来。"事情非常明显。最老的领袖们不便直说他们想修改党纲,以便使党转入合法状态。比如说,放弃成立共和国,放弃召开立宪会议,不提无产阶级的社会主义专政,而补充以党只用合法手段进行斗争(像非常法颁布以前德国社会民主党纲领中所主张的那样[60])等等。"最老的领袖们"幻想:**"那时,党就能从地下组织状态中走出来"**,那时就能从"保守的"秘密活动、革命性、地下状态转向"进步的"宪法规定的合法性。这就是工人代表大会的有难言之隐的实质。工人代表大会就是最老的领袖们给"保守的"社会民主党人开的一剂哥罗仿,以便给社会民主党施行一次无痛手术,就像彼舍霍诺夫之流先生们曾经给社会革命党施行过的那样。所不同的,只是彼舍霍诺夫之流先生们精明干练,知道往哪儿走,而关于我们最老的领袖们就不好这么说了。他们不懂得,在目前政治形势下,召开工人代表大会不过是一句空话;一旦这种形势发生变化,革命高潮到来,工人代表大会所带来的决不是小市民的、可以苟且偷安的合法性的胜利，即使这个时候革命的社会民主党的扩大不会使工人代表大会成为多余的；而如果目前形势发生变化，反动派取得完全和巩固的胜利，那么工人代表大会就会**把社会民主党的纲领删节到**连阿克雪里罗得也会感到吃惊的地步。

至于立宪民主党的报刊全力支持召开工人代表大会的想法，这是完全可以理解的，因为它直感地嗅出了这种计谋的小市民的、机会主义的倾向。难怪波尔土加洛夫先生这位以非党社会主义者自居的立宪民主党人对阿克雪里罗得的"英明立场"欣喜若狂，对他蔑视党是"小组组织"（是一个拥有 10 万—15 万党员的"小组"，也就是说，就欧洲比例来说，它在选举中有 100 万—150 万张选票！）的言论随声附和，并且煞有介事地问道："是阶级为了党呢，还是党为了阶级?"[61] 我们对这个睿智的问题，想反问一下资产阶级著作家：是脑袋为了肚子呢，还是肚子为了脑袋？

最后，让我们看看中央委员会的《社会民主党人报》的议论吧。同一位波尔土加洛夫先生准确地抓住了这些声明的实质，引证了一段话，其著名的程度不亚于切列万宁的议论。"它〈孟什维克派〉竭力欢迎那种依靠无产阶级先进阶层的知识分子的地下革命斗争向全民族的资产阶级革命的必然转变。"波尔土加洛夫先生评论说："还在不久以前，这些威胁〈? 排错了? 该是这些思想?〉总是被宣布为来自'资产阶级民主的'异端。现在，'资产阶级民主派'对这些意见没有什么可补充的了。"

波尔土加洛夫先生说得对。无论是在不久以前，还是现在，或者将来，《社会民主党人报》社论作者的议论永远都要被宣布为资产阶级民主思想的产物。请切实考虑一下这种议论吧！地下斗争可以变成公开斗争;知识分子的斗争可以变成人民的或群众的斗争;一个阶级的先进阶层的斗争可以变成整个阶级的斗争;但是,说地下革命斗争可以变成全民族的资产阶级革命,简直是莫名其妙。这种议论的实际意义就是用资产阶级民主派的观点偷换无产阶级的观点。

《社会民主党人报》的社论作者写道:"两年的国内战争在我国形成了全民族的革命。这是事实……" 这不是事实,而是空话。严格说来,俄国的国内战争还不到两年。1904年9月末曾发生任何国内战争。过分夸大国内战争的概念,只会有利于那些忽视工人政党在**真正**国内战争时期的**特殊**任务的人。俄国革命在1905年10月17日以前要比现在更具有全民族性。只要指出地主转到反动派方面去就够了。只要回忆一下"十月党"这类反革命政党的建立,回忆一下1906年夏立宪民主党的反革命特性比1905年夏解放派的反革命特性无疑更为增强就够了。一年前,解放派没有说也不会说中止革命的话,司徒卢威还站到革命方面。而现在立宪民主党人则直言不讳,他们的目的是中止革命。

这样一来,这种把地下革命斗争转变为全民族的资产阶级革命,实际上会有什么结果呢? 这会使人们忽视或者模糊俄国革命进程已经揭示出来的阶级矛盾,会使无产阶级从执行**独立的**革命政策的先进战士变成最引人注目、最想代表"全民族"意愿的那个资产阶级民主派的附属品。由此可见,资产阶级自由派为什么要说:我们对这一点没有什么可补充的了,我们完全同意,我们所主张的正是把无产阶级斗争变为全民族的斗争。变为全民族的斗争(或者说变为全民族的革命,反正都一样),就意味着抓住立宪民主党和其他较左的政党的共同的东西,并承认这种共同的东西是必要的;而所有其余的东西都要当做"使无产阶级陷于政治孤立的"东西统统抛掉。换句话说,就是附和立宪民主党的要求,因为任何其他的要求都将不是"全民族的"。自然,由此便得出不彻底的社会民主党机会主义的口号:"拥护作为召开立宪会议的权力机关的杜马",或者拥护作为"争取立宪会议的杠杆的杜马"(《社会民主党人报》第 1 号)。由此也产生出彻底的社会民主党机会主义的口号:为召开立宪会议而斗争是荒诞不经的,因为要求召开立宪会议"必定会使无产阶级陷于政治孤立",超出"全民族的资产阶级革命"的范围,等等。

革命的社会民主党人应当有另外的见解。我们不应当谈论太一般的太容易遭到资产阶级歪曲的关于"全民族的资产阶级革命"的言论,而应当分析一定的阶级和政党在各个不同的革命时期的具体地位。在 1900 年和 1901 年,旧《火星报》[62] 和《曙光》杂志[63]完全有权说社会民主党是全民族的解放思想的体现者,是把所有的人乃至自由派贵族代表吸引到自己方面来的先进战士。那时这样说是正确的,因为在政府的政策中还没有,绝对没有一点点能够满足要求极低的资产阶级自由派的东西。十月全俄罢工证明了这种说法是对的,因为那时无产阶级斗争成了吸引形形色色资产阶级自由派,包括要求极低的资产阶级自由派的中心。

10 月 17 日以后,这种情况发生了变化,而且必定发生变化。自由主义君主派资产阶级(马尔托夫同志把它称为"自由主义民主派"[64]资产阶级是没有道理的)必定起来保护君主制和地主土地占有制,有的直接起来保护(十月党人),有的间接起来保护(立宪民主党人),因为革命的进一步胜利严重地和直接地威胁着这些可爱的制度。随着革命的进展,随着革命任务的增加,能够参加为实现这些任务而斗争的阶级和人的成分也在发生变化,谁忘记这一点,谁就要犯大错误。无产阶级通过资产阶级革命走向社会主义。因此,在资产阶级革命中,无产阶级应当唤起和吸引人民中愈来愈多的革命阶层参加革命斗争。在1901年,无产阶级唤起了地方自治自由派。现在,由于客观条件发生了变化,无产阶级的主要任务是唤醒、教育和吸引革命农民参加斗争,千方百计把他们不仅从纯粹立宪民主党人而且从彼舍霍诺夫这类劳动派的思想和政治监护下解放出来。如果革命能够取得胜利,那**仅仅**是由于无产阶级同真正革命的农民,而不是同机会主义的农民结成了联盟。因此,如果我们真谈我们主张革命(而不仅是主张立宪),真谈"新的革命高潮",那么,我们就必须同完全抛弃召开立宪会议这个口号或削弱这个口号的种种企图进行坚决的斗争,反对用务必参加杜马(作为召开立宪会议的权力机关的杜马,或者是作为争取立宪会议的杠杆的杜马等等)的办法,用将无产阶级的任务降低到立宪民主党人的或所谓全民族的资产阶级革命的范围的办法来实现这种种企图。在农民群众中,只有富裕农民和中等农民才必定能成为机会主义的乃至反动的农民。但这是农民中的少数。贫苦农民和无产阶级合在一起占人民、民族的绝大多数。**这个多数在资产阶级革命中能够取得胜利而且必定会取得胜利,也就是说能够夺取全部自由和全部土地**,实现工人和农民在资本主义社会里可能取得的最大限度的福利。如果想把民族的大多数人的这种革命称为全民族的资产阶级革命,也未尝不可,不过谁都明白,这几个字通常的意思完全是另一种意思,在目前这几个字的真正意思则是立宪民主党人所说的意思。

我们主张旧的革命策略,就这一点来说,我们是"保守的"社会民主党人。"无产阶级应当把民主革命进行到底,这就要把农民群众联合到自己方面来,以便用强力粉碎专制制度的反抗,并麻痹资产阶级的不稳定性。"(《两种策略》)①这是在1905年夏天写的。现在斗争的要求更大,任务更艰巨,战斗将更尖锐。应当麻痹任何资产阶级的不稳定性,其中包括知识分子资产阶级的和农民资产阶级的不稳定性。应当把能够进行坚决的革命斗争的贫苦农民群众联合到无产阶级方面来。不是我们凭愿望,而是客观条件将在"新的革命高潮"面前**提出的正是这些**崇高的任务。觉悟的无产阶级应当彻底履行自己的义务。

附言:我们在《同志报》上读到马尔托夫同志的信时,这篇文章已经付印了。尔·马尔托夫在同立宪民主党结成联盟的问题上抛弃了切列万宁的观点。这很好。但是令人惊讶和万分惋惜的是,尔·马尔托夫**没有抛弃**切列万宁的"为召开立宪会议而斗争是荒诞不经的"那个发现,虽然从他引证的《同志报》第73号上的话来看,他**不会不知道**这一发现。莫非马尔托夫也进步到切列万宁的地步了吗?

载于1906年10月29日《无产者报》
第6号

译自《列宁全集》俄文第5版
第14卷第43—54页

---

① 见本版全集第11卷第83页。——编者注

马尔托夫和切列万宁
在资产阶级报刊上的言论[65]

谈谈某些社会民主党人怎样利用资产阶级

立宪民主党报纸,如《同志报》,并且通过《同志报》和

《新路报》,散布关于革命社会民主党的

谣言。——驳斥。——评价。——结论

(1906 年 10 月)

尔·马尔托夫通过资产阶级
报刊散布谎言

在 10 月 12 日资产阶级立宪民主党报纸《同志报》(第 85 号)上,毫无保留地**转载了**另一家立宪民主党报纸《新路报》[66]的一段话:"我们《新路报》不能不承认,他们〈布尔什维克〉由于坚持同极左派结成固定联盟(关于这一点,我们是从马尔托夫先生的信中获悉的),所以他们比马尔托夫先生更彻底。"

总之,《新路报》直接援引了尔·马尔托夫的话来证实它关于布尔什维克的虚假的报道。

必须还事实以本来面目。

在"布尔什维克的"《无产者报》第 1 号《论抵制》一文中说道

（第3版）：“我们将召开党的第五次代表大会，我们将在这次代表大会上决定：**一旦举行选举**，就必须同劳动派达成几个星期的选举协议（不召开党的第五次代表大会，就不能同心协力地进行选举运动，而‘同其他政党结成’任何‘联盟’也是为第四次代表大会的决议所绝对禁止的）。那时我们就能彻底击溃立宪民主党人。”①

这就是在我们目前所知道的社会民主党的书刊中关于布尔什维克对待选举协议的态度的**全部**言论。显然，《新路报》被尔·马尔托夫引入迷途。布尔什维克不仅**从来**没有坚持，而且甚至没有提到过“同极左派结成固定联盟”。这是一。其次：对于**无论结成什么样的**“联盟”，布尔什维克都要求在新的代表大会上**重新审议**上届代表大会作出的决定。那些**害怕**召开社会民主工党新的代表大会的人对此默不作声是枉费心机的。某些资产阶级报纸对此默不作声，给自己的读者提供虚假的报道或者使人产生一种错觉，似乎社会民主党**没有**正式禁止**任何**联盟，这也是枉费心机的。

再次，在资产阶级报纸上舞文弄墨的尔·马尔托夫存心，或者是出于疏忽，或者是由于无知，通过立宪民主党的《同志报》给读者灌输这样一种看法，似乎布尔什维克认为也可以**在初级**选举阶段，也就是说，在**向群众**进行鼓动时达成协议，而他尔·马尔托夫本人认为只有“在我们多级选举制的高级阶段达成局部协议”才是适宜的。

尔·马尔托夫**拿不出任何**材料来证明这一点。尔·马尔托夫是在通过资产阶级报刊散布**谎言**，因为布尔什维克建议**只是在**高

---

① 见本版全集第13卷第340页。——编者注

级阶段达成协议,而且**只是**同劳动派,只是在几个星期内,**只是在第五次代表大会认可以后**。

为了散布这种**谎言**,尔·马尔托夫竟"**采用删节的办法**"来转述《无产者报》的观点。大家知道,立宪民主党的报纸倾向于同情孟什维克并且经常同情地转载孟什维克任意诽谤布尔什维克的一切言论,在这种情况下,谎言可以轻而易举地传播到群众中去。尽管《无产者报》的所有这些观点完全包含在上面完整地引过的五行文字中,然而,尔·马尔托夫仍然认为必须加以**删节**,而且还要**用自己的话来转述**一番。因此读者可以看出,尔·马尔托夫的经过删节的转述,无异于**完全歪曲**。

在《无产者报》的五行文字中,这个问题是顺便涉及的。那里既没有专门提到初级选举阶段,也没有专门提到高级选举阶段。可能有人会因此反驳我,说我也拿不出任何材料来肯定这五行文字不是谈的第一级选举时达成的协议呀?但是,只有喜欢在文字上吹毛求疵和歪曲别人言论的明确含义的人才会这样来反驳。

毫无疑问,用五行文字说明一个问题,是会有许多漏洞的,但是文章的总的精神和它的全部内容是否允许从引申的意义上(对待协议的态度),而不是从有限的意义上来解释没有讲到的东西呢?

就是从上段引文的"文字"来看(如果不经过尔·马尔托夫那样"删节"的话)也绝对不能从引申的意义来解释,因为任何一个稍微熟悉选举情况的人都懂得,在**第一级**选举时达成的协议,**不能**仅仅是"几个星期"的,而是要**几个月**的。为了说明这一点,只须指出以下的事实:在彼得堡,**现在就**有一些政党愿意在选举中同立宪民主党结成联盟,**现在就**有人在立宪民主党人和这些政党之间大致分配彼得堡市的代表席位。据说，选举预定在 12 月 17 日举行。两个月来，那些真正愿意在初级选举阶段达成协议的人已经开始直接地或者通过中间人在进行协商了。其次，再要考虑到选举本身占用的时间，再加上**党**决定问题的时间，把**党的**指示从中央传达到全俄的时间，那么你们就会看到，各政党之间在初级选举阶段达成的协议是要**几个月**的时间，而"几个星期"的协议恰恰只能在高级阶段达成，也就是说，竞选以后根据选民直接投票所表明的力量的估计来分配席位。

最后，既然有人逼我在刊物上就这个问题发表意见，我认为不说明我的个人意见是不适宜的。在目前政治形势下，我将在第五次代表大会上坚持以下意见：在初级选举阶段，同任何其他政党结成任何联盟和达成任何协议，对社会民主党来说，都是绝对不允许的。在选举中我们在群众面前开展活动应当是绝对独立的。在高级阶段，允许同劳动派仅就按比例分配代表席位达成协议，同时我们应当"**使**"非党的劳动派"**成为**"有党派的，使他们中间的机会主义者和半立宪民主党人（人民社会党人，"人民社会党"等等）同革命的资产阶级民主派对立起来。

马尔托夫和切列万宁

尔·马尔托夫在《同志报》上驳斥了谈及同立宪民主党达成协议的切列万宁。现在切列万宁也在同一个《同志报》上解释"误会"。从他的解释中可以得出结论说，在《我们的事业》杂志第 1 期上，切列万宁本来就没有完全肯定他是主张在初级阶段还是在高级阶段可以达成协议。其实,他是主张**无论在农村还是在城市的初级阶段都可以**达成协议的。切列万宁认为可以同哪些政党达成协议,这一点他倒没有说。在他看来(大概,马尔托夫的看法也一样),革命资产阶级同机会主义资产阶级之间,社会革命党人同立宪民主党人之间,杜马"33人"[67]之类的劳动派同"人民社会党人"之类的劳动派之间等等并不存在差别。切列万宁甚至认为即使**没有协议也可以在初级阶段投资产阶级候选人的票!**

这样,切列万宁的立场就完全清楚了。这位不仅有名(像资产阶级报刊所推举的那样)而且领导《我们的事业》周刊的身负重任的孟什维克竟赞成任何联盟,甚至赞成社会民主党人投资产阶级候选人的票。由此可见,布尔什维克说,孟什维克在把工人阶级变成自由主义君主派资产阶级的尾巴,把社会民主党降低到充当立宪民主党的应声虫的角色,这是完全和绝对正确的。

但愿现在谁也不要再对孟什维克提出的拥护作为革命的机关或杠杆或工具等等的**杜马**这个口号的真正意义发生误解了。为了支持革命,孟什维克支持整个"杜马"。而为了支持整个杜马,他们准备即使没有协议也要投一心想中止革命的立宪民主党候选人的票!

请回忆一下米勒兰、维维安尼、白里安之类的法国社会党人吧,他们现在在克列孟梭的领导下得心应手地控制着极端资产阶级化的法国,派军队去镇压罢工等等。为了支持社会主义,他们号召人们支持共和制,支持他们那样的共和制。为了支持共和制,他们不管有没有协议都投票拥护庸俗的资产阶级政客,拥护机会主义者。于是他们就这样逐步地、不断地连自己也完全变成同样庸俗的拥护资产阶级压迫的人了。

切列万宁和他的同伙走上康庄大道了!

而马尔托夫呢? 他反对在初级阶段达成协议。他驳斥了切列万宁。这很令人高兴。不过……不过请看他是**怎样**驳斥的吧。任何一个明智的政治家总是使自己的选举策略服从自己总的政治策略。多亏立宪民主党报纸效劳,切列万宁的策略现在已经尽人皆知了:"无产阶级要想(像有些人建议的那样)和农民一起投入既反对政府又反对资产阶级的斗争,争取召开有全权的全民立宪会议,那是荒诞不经的。"切列万宁的这个著名论点,也在尔·马尔托夫"作了答复"的那一号《同志报》上**被引用**了。可是尔·马尔托夫在驳斥切列万宁的选举策略时,对切列万宁的**整个**政治策略的这个基本论点却**不置一词**。

他们两个谁更彻底呢? 谁的脚跟站得更稳呢? 是拥护杜马呢,还是拥护革命? 拥护整个杜马,也就是拥护立宪民主党人,也就是反对召开立宪会议。拥护革命,也就是只在一定条件下拥护部分杜马,也就是反对立宪民主党人,也就是认为现在抛弃或者即使削弱召开立宪会议这个口号都是荒诞不经的。

社会民主党人
在资产阶级报纸上发表言论

是否允许社会民主党人参加资产阶级报纸的工作呢?

不允许。无论从理论考虑,还是从政治上是否得体或者从欧洲社会民主党的实践来看,都应该反对这样做。大家知道,在不久以前召开的一次德国社会民主党的代表大会[68]上,这个问题曾经提出来讨论过。大家知道,我们的德国同志**严厉谴责**了社会民主党人参加资产阶级报刊工作的做法,坚决主张革命无产阶级的政党就是在这方面也不允许结成任何联盟或达成任何协议,而应当保持独立性,坚决主张工人政党的著作家在**实际上**而不只是在口头上是有组织性的,是服从监督的,一句话,是有严格党性的。

在我们俄国,我们有没有权利违背这些准则呢?

有人会反驳我们说,准则总有例外。这是无可争辩的。不该谴责向任何一家报纸投稿的流放者。**有时**也很难谴责为了挣点钱在资产阶级报纸的某个次要栏目写点东西的社会民主党人。刊登一下紧急的事务性的反驳文章等等,也是情有可原的。

但是,看看我们这里的情况吧。尔·马尔托夫借口驳斥**社会民主党的**《我们的事业》杂志所引起的"误会",在立宪民主党的报纸上写了差不多两大栏,他泰然自若地阐述一些社会民主党人的观点,同另外一些社会民主党人论战,歪曲不合他心意的社会民主党人的观点,丝毫不考虑他在写作上同立宪民主党结成"联盟"会使无产阶级的一切敌人感到高兴。立宪民主党的报纸赞赏尔·马尔托夫在立宪民主党报刊上写的这篇文章,大肆宣扬,对他所散布的关于革命社会民主党人的谣言添油加醋,拍着马尔托夫的肩膀表示赞许(如《言语报》),等等。切列万宁也动心了。既然马尔托夫在《同志报》上驳斥了切列万宁的"误会",同时还说了许多别的事和别的话,那么,切列万宁为什么不能也在《同志报》上驳斥一下尔·马尔托夫的"误会"呢?而又为什么不能顺便利用这个机会,在立宪民主党的报刊上(在社会民主党的报刊上毕竟不太体面!)着手讨论社会党人该不该即使没有协议也投资产阶级候选人的票这个问题呢?①

　　于是,在立宪民主党的报纸上便辟了一个专栏,登载社会民主党的机会主义者的内部通信。既然通信的主题是准许同立宪民主党结成联盟,甚至准许投立宪民主党人的票,那么,立宪民主党人也就乐于给那些背弃革命社会民主党的"保守"准则而无处安身的"进步"社会民主党人腾出篇幅来。

　　孟什维克的文坛上的将军找到两处安身之地。他们明的一面和高尚的先生们谈论同立宪民主党结成联盟的问题,顺便还讲些革命社会民主党人的轶事。他们暗的一面又在某家工人报纸或社会民主党的出版物或什么小报上给工人端出"非党的工人代表大会",并开导他们要认识到争取召开立宪会议的斗争是荒诞不经的。工人们先稍微等待一下和忍耐一下吧:等社会民主党人关于社会党人同资产阶级结成联盟的争论在立宪民主党的报纸《同志报》上结束以后,工人们也就可以看出一些眉目来了……　而我们的工人代表大会的拥护者们正按照屠格涅夫笔下的一个人物的处世之道69,一封接一封地写信给《同志报》,并唠叨着:我们的党是知识分子的党……

　　难道工人社会民主党人不该进行干预来结束这件丑事? 难道我党全体党员可以对此无动于衷?

1906年10月由无产阶级事业　　　　　　译自《列宁全集》俄文第5版
出版社在彼得堡印成单行本　　　　　　第14卷第55—62页

---

　　① 费·唐恩在《同志报》上露面了,他倒不是为了驳斥"误会",而干脆是合伙凑热闹。

关于召开党的紧急代表大会

(1906 年 11 月 10 日〔23 日〕)

中央委员会出版的两号《社会民主党人报》，刊载了普列汉诺夫和马尔托夫的两篇反对召开非常代表大会的文章。文章的调子如此激动和恶毒，通篇都是恼恨、烦躁、对人的影射和猜疑，一下子就恢复了流亡者无谓争吵的不幸时代的气氛。我党中央委员会在**自己的**刊物上刊载了这两篇，而且**仅仅**是这两篇谈论代表大会的文章，这简直有失体面。请好好想一想，民主地组织起来的工人政党的责任内阁，竟在有关鼓动召开新的代表大会这个问题上完全失去了理智，丧失了自制力！同志们，这简直太不成体统了。正是由于你们对主张重新审查**你们的**代表资格和**你们的**策略一事大发雷霆和肆意谩骂，你们就对自己作出了最严厉的判决。从幸灾乐祸的观点来看，一个赞成召开代表大会的人的最大希望，莫过于转载并广泛传布普列汉诺夫和马尔托夫的文章了！

试问，为什么以中央的名义出来反对召开代表大会的人，只能用委屈的几乎是抽泣的声调说话呢？因为有两个非常清楚而简单的基本事实，使鼓动召开新的代表大会成了不可避免的事。一个事实就是党的构成，另一个事实就是党的策略。

在统一代表大会期间，我们党按其构成来说，有 13 000 个布尔什维克和 18 000 个孟什维克。中央委员会，尤其是中央机关报

编辑部,代表 18 000 个孟什维克的意志。现在党内增加了 14 000
个拉脱维亚社会民主党人,26 000 个波兰社会民主党人和 33 000
个崩得分子。[①]《社会民主党人报》第 1 号的社论两次断然承认,
现在党内两派人数大致相等。这种看法的根据,显然是把波兰社
会民主党人和拉脱维亚社会民主党人归做布尔什维克,而把崩得
分子归做孟什维克。我们就算把崩得分子列为孟什维克是正确
的。即使如此,孟什维克中央代表我们**全**党也是一种极其明显的
反常现象(中央委员会中有七个孟什维克,三个布尔什维克,一个
拉脱维亚社会民主党人,两个崩得分子;一个波兰社会民主党人被
承认具有中央机关报编委的权利;在讨论一切政治问题时,还有五
个有表决权的孟什维克即中央机关报的编辑参加)。

　　至于说到策略,党在代表大会闭幕后的 5—6 个月内经历了
我国革命的两大时期:杜马时期和"解散杜马后的内阁"时期。我
党中央委员会的杜马策略归结起来,就是支持整个(立宪民主党
的)杜马。这个策略的最高表现就是支持要求任命杜马(即立宪民
主党)内阁的口号。党内大多数都不承认这个策略和这个口号,这
是事实。在杜马时期,社会民主党同**自己的**中央委员会的策略作
了**斗争**。现在无须多谈这一事实,也无须说明它的意义了。

　　其次,解散杜马以后,中央委员会曾经赞成组织局部的群众性
抗议。总的策略口号就是:拥护杜马作为召开立宪会议的权力机
关。党内绝大多数党员既没有接受自己中央委员会的具体口号,

[①]　10 月 11 日的《同志报》根据似乎是中央委员会的材料提出了新的数字,但是
　　　这些数字并没有改变基本的比例。根据这些数字,我党现有党员约 15 万人。
　　　其中约有布尔什维克 33 000 人,孟什维克 43 000 人,拉脱维亚社会民主党人
　　　13 000 人,波兰社会民主党人 28 000 人,崩得分子 33 000 人。

也没有接受它的总的策略，这也是一个毋庸置疑的历史事实。可是谁仔细读一下《社会民主党人报》第1—2号，谁就不会不看到，这个总的策略在这两号报纸上得到了维护、辩护和论证（拥护作为召开立宪会议的杠杆的杜马；立宪民主党人是比农民进步的城市资产阶级，等等）。

由此可见，党在新的杜马运动中又要同中央委员会的杜马口号进行斗争；而在最近的革命发动中，由于中央委员会并不代表党内大多数人的意志而会分散力量，瓦解斗争。这就是说，对于召开新的党代表大会的任何拖延，现在不仅直接破坏党的民主组织的全部精神和全部意义，而且对无产阶级最近要进行的杜马斗争和总的革命斗争说来，也是最危险的障碍。

———

附言：这篇短评写好以后，《社会民主党人报》第3—5号又出版了，这三号报纸更加证实了上述的一切。孟什维克在选举协议问题上完全分裂了，他们的中央委员会从马尔托夫那儿动摇到切列万宁那儿去了。马尔托夫公开驳斥了切列万宁。普列汉诺夫为立宪民主党的报纸撰稿支持切列万宁。《社会民主党人报》第4号社论表明，中央委员会违反党的意志，又准备重新提出自己的支持整个杜马和支持要求任命杜马内阁的口号。

载于1906年11月10日《无产者报》第7号

译自《列宁全集》俄文第5版第14卷第63—65页

历史是怎样写的……

（1906 年 11 月 10 日〔23 日〕）

　　抵制国家杜马已经是过去的历史了。关于这段历史，一位孟什维克同志在《社会民主党人报》第 3 号上（《是形势还是立场?》一文）是这样写的：

　　"当历史向我们捧出布里根杜马方案的时候，我们从我们总的原则立场出发，曾经建议组织平行的自己发起的人民杜马的选举，以同我们无法参加的布里根杜马相对抗。在十二月起义以后，当我们……"

　　且慢，尊敬的历史学家！您越过了很多事实，从布里根方案径直跳到了十二月起义，——这倒还无所谓，这只是时间上的跳跃。但是您跳过了自己的策略和"原则立场"，——这就不同了，这至少是……玩弄手腕的跳跃。你们建议的**只是**"自己发起的选举"吗?你们对待布里根杜马的态度**只是**由于"无法参加"那个杜马吗?就是说，你们是为了自己的人民杜马才准备抵制布里根杜马，或者藐视布里根杜马吗?难道你们当时没有反对过某些抵制派吗?难道你们没有主张积极参加预期的"布里根"的选举运动吗?难道没有要求党在选举时支持左派自由派等等吗?你们怎么把这一切都忘记了呢?

　　"在十二月起义以后，当我们……"　且慢，您还漏了一件小事。全俄都抵制了布里根杜马，可是人民杜马至今也没有出现……　怎么，你们承认过你们当时的策略是错误的吗？没有，你们回答抵制派说，你们对付布里根杜马的策略是好的，只是革命妨碍了它放出全部光辉……　现在，您想起了**这一切**之后，继续写您的历史吧。

"在十二月起义以后，当我们面临着召开新的、维特杜马的事实的时候，我们主张参加第一级选举，因为考虑到有两种可能：或者是我们参加选举这一事实本身就会掀起革命的高潮，从而扫除维特杜马……"

且慢，尊敬的历史学家，您这是怎么了？"我们参加选举这一事实本身**就会掀起**革命高潮……"　不，您想必是开了个玩笑！你们一向责备布尔什维克天真地夸大我们的力量，而你们却认真地在说什么"由于我们参加选举这一事实"可能**掀起**革命高潮，而且"从而扫除……"等等。不，这当然很不认真。

总之："……或者是我们参加选举这一事实本身就会掀起革命高潮，从而扫除维特杜马，并会产生对我们较有利的代表机关；或者是革命高潮还不会直接到来，那时我们不仅有可能，而且迫于情势，我们将不得不参加杜马，就像莫斯科列福尔托沃区发生的情况一样。"

对不起，关于这第二个"或者是"，记得你们当时不是什么也没有谈吗？

我们的历史学家回答说：是的，没有谈。

"诚然，我们在联合编辑部出版的小册子中声明，我们不主张直接参加杜马选举。但是，我们做到了这一点，我们事先束缚住自己的手脚，那只是为了妥协，希望同抵制派达成某种协议，借以制定统一的策略。从我们这方面来说，这是'机会主义'，也就是说，有意迁就抵制派同志们的落后而近视的见解，而这正是我们所真心忏悔的。"

原来如此！你们说的是一套，而想的是另一套。你们是在无产阶级和全体革命人民面前说了的……　你们竟在这一点上"忏悔"了！你们可知道这样一句格言："撒了一次谎，谁还相信你？"你们这次"忏悔"如果也是出于"迁就"什么人的"落后的"或"近视的"见解可怎么办？你们的"机会主义"，你们的"妥协"，可有个完吗？既然你们亲自声称，你们在一个极重要的策略问题上的口号不是诚心诚意提出来的，那你们该让人怎样对待你们提出的任何一个口号呢？要知道，现在别人也许会认为，你们把自己称做社会民主党人，也只是为了"迁就"革命无产阶级的"落后的和近视的见解"。

不，我应当为你们鸣不平。你们在激烈的论战中把自己狠狠地诋毁了一通。你们在第三级选举时确是忠诚的抵制派，正像我们在各级选举时都是忠诚的抵制派一样。但是我们都曾是**抵制派**。既然同罪，就得同样被绞死(Nebst gefangen, nebst gehangen)。现在，你们想借口我们是抵制派而"绞死"我们。可是这样一来，亲爱的同志们，你们也得绞死自己，因为你们也犯了同样的罪。你们声明："但是我们忏悔了！"这倒确实可以减轻你们的罪过。不过这并不能宣告你们无罪和免于惩罚。好吧，就算不绞死你们，那也得比如说拷打一顿。你们希望的是这个吗？

至于我们，并没有表示忏悔。我们说过，现在还是这样说：抵制不抵制，这不是原则问题，而是是否适宜的问题。抵制第一届杜马是适宜的。抵制以生动的具体的形式向人民群众作出了对杜马的无产阶级评价，认为杜马是无力解决革命的根本问题的机关。现在杜马被解散以及以后发生的一切都证实了这种评价；人民群众清楚地看到：就是在这方面无产阶级也是他们在革命中的当然领袖，因为无产阶级事先就警告他们，抱立宪幻想是无益的。抵制分散了政府的注意和力量,从而帮助了资产阶级反对派在选举中取得胜利。抵制把广大的无产阶级群众在革命反抗的统一行动中团结了起来。它的鼓动意义和组织意义是巨大的。

抵制完成了一件大事,但是它也**已经**完成了自己的使命。对杜马作了评价,对杜马幻想给了致命的打击,因此没有必要再这样做了。现在,抵制不会分散政府的精力了,政府当然吸取了以往选举的教训。在参加选举的情况下进行鼓动工作和组织工作,不见得会比在抵制的情况下来得差,只要选举法还不致大大变坏。而一旦选举法变坏了,也许还要再进行抵制。如果大的革命搏斗又重新开始,那也就完全可能无暇顾及杜马选举了。

由此可见,对我们说来,抵制今后仍然是一个是否适宜的问题。只是我们**暂时**还看不到实行抵制的足够根据。

谁感到自己有罪,谁就可以去忏悔!但愿他把灰撒在自己的**头上**,扯碎**自己的衣裳**[70],可别牵连到旁人。在忏悔的冲动下歪曲历史和进行诋毁,即使是诋毁自己,也是决不应该的。

载于 1906 年 11 月 10 日《无产者报》　　　译自《列宁全集》俄文第 5 版
第 7 号　　　　　　　　　　　　　　　第 14 卷第 66—69 页

《社会民主党和选举运动》一文附言[71]

(1906 年 11 月 10 日〔23 日〕)

《同志报》上发表格·瓦·普列汉诺夫《给觉悟工人的一封公开信》的时候,本文已经写好。在这封信中,普列汉诺夫"周旋于"资产阶级的左翼和社会民主党的右翼之间,彻底背离了国际革命社会民主党的原则和党的统一代表大会的决议。党代表大会正式禁止同资产阶级政党结成任何联盟。有觉悟有组织的无产者在自己党的各种会议上把同资产阶级结成任何联盟都称之为"背叛无产阶级事业";尔·马尔托夫在《同志报》上发表的文章和给各级党组织的信中同意布尔什维克的观点,即彻底革命的观点,坚决反对在第一级选举时结成任何联盟。马尔托夫写道:"在第一个问题上〈在选举过程中结成"联盟"或达成协议〉,我建议**根据代表大会的决议**,在我们参加**第一级**选举时,即在我们向群众开展活动时,应保持**完全的独立性**。"在普列汉诺夫看来,这样提问题表明了对"不妥协的误解"。普列汉诺夫写道:"在我们没有把握使我们的候选人获胜的地方,**我们应该跟其他愿意同我国旧制度作斗争的政党达成协议**。"①由此可见,普列汉诺夫一方面违反代表大会的决议,允许同资产阶级政党达成协议,另一方面又以自己的"政治英明"预见到我们不需要达成协议的情况。他写道:"在我们肯定能够选

---

① 黑体是普列汉诺夫用的。

出自己候选人的地方①，我们可以而且应当不顾其他政党而**独立行动**。"真是了不得的"政治英明"！在我们有把握自己选出自己的候选人的地方，我们就自己选。在我们没有把握的地方，我们就求助于"……愿意同旧制度作斗争的政党"，或者帮助这些"愿意"作斗争的政党选出自己的候选人。可是在那些"愿意作斗争的"政党有把握自己选出自己候选人的地方，立宪民主党报纸的撰稿人普列汉诺夫，你以为他们会来同我们达成协议吗？要知道，谈到协议，那么，任何一个即使是政治上很幼稚的人也都明白，只有在党没有把握用自己的力量选出自己候选人的情况下，才需要协议。但是，我们即使在这种情况下也反对任何协议。而活像一个真正的自由骑士的格·瓦·普列汉诺夫，却在立宪民主党的《同志报》上敲起警钟，并且召集所有"愿意作斗争的"政党……　请响应吧，一切"愿意作斗争的"政党！无产阶级正在作斗争，而你们是"愿意"作斗争的！妙极了……　如果无产者对这还嫌不够，那他当然是"自由的敌人"了。

　　这位最得立宪民主党人欢心的孟什维克领袖，就这样渐渐地、逐步地堕落成为……切列万宁了……把自己在杜马被解散之后说过的话忘得一干二净。普列汉诺夫以他所特有的"快速度、冲击力和目测力"奔向我党右翼中的最右翼。马尔托夫已经远远落在后头了；《社会民主党人报》也不遗余力地紧跟自己的思想领袖。中央委员会的机关报，对我们选举运动的阶级性作了一番冗长的议论以后，还向我们提出了一整套复杂的协议，搭了一个梯子，社会民主党顺着这个梯子就一定能滑向立宪民主党。《社会民主党人

---

　　① 黑体是普列汉诺夫用的。

报》先是建议在我们有可能取得成功的地方，开展独立的即阶级的
活动；在没有可能取得成功的地方，则争取同"和我们一起希望召
开立宪会议的"资产阶级政党联合；要是这些政党不愿召开立宪会
议——那就更糟——（这是最后的、反阶级的、反民主的第三
级）——我们也应该同它们联合。至于代表大会选出来贯彻代表
大会决议的中央委员会如何行事来破坏这些决议，这是它的秘密。
事实是，现在在我们面前展现出一幅对社会民主党来说最丢人的
景象：在同一个指导性的中央机关报的编辑部里"虾向后退"……
而"天鹅冲云端"[72]；在选举策略这样一个对我们如此重要的问题
上，不仅在党内，甚至在"领导"集团内，既没有统一的思想，也没有
统一的行动。有哪一个国家的哪一个社会主义政党（除了最机会
主义的）能容许这样的政治腐化呢？妙就妙在正是这些虾、狗鱼和
天鹅，这些正在厮打着的马尔托夫和普列汉诺夫，正是他们在拼死
地发起运动，来反对召开我们目前比任何时候都更加迫切需要的
党的紧急代表大会。

载于 1906 年 11 月 10 日《无产者报》 译自《列宁全集》俄文第 5 版
第 7 号 第 14 卷第 70—72 页

社会民主党和选举协议[73]

（1906 年 11 月）

第二届杜马选举运动的问题，现在已引起工人政党的巨大兴趣。社会民主党在选举中同其他政党结成"联盟"，即达成长期性和临时性的选举协议的问题，尤其受到重视。资产阶级的、立宪民主党的报刊——无论是《言语报》、《同志报》、《新路报》、《眼睛报》[74]，或者是其他什么报，都在千方百计地说服工人，要他们相信社会民主党和立宪民主党结成"联盟"（达成选举协议）是必要的。社会民主党的孟什维克中有一部分赞成这种联盟（切列万宁在《我们的事业》杂志和《同志报》上），一部分反对这种联盟（马尔托夫在《同志报》上）。社会民主党的布尔什维克反对这种联盟，只容许在选举运动的高级阶段，根据革命政党和反对派政党在选民初选中的力量，就席位的分配达成局部协议。

我们想对这后一种观点的根据作一简短说明。

一

社会民主党认为议会制度（参加代表会议）是启发、教育和组织无产阶级建立独立的阶级政党的手段之一，是争取工人解放的政治斗争的手段之一。这个马克思主义观点一方面把社会民主党同资产阶级民主派根本区别开来，另一方面又把它同无政府主义根本区别开来。资产阶级自由派和激进派认为议会制度是管理整个国家事务的"自然的"和唯一正常的、唯一合法的方式，他们否认阶级斗争，否认现代议会制度的阶级性。资产阶级竭尽全力、千方百计寻找种种借口给工人戴上眼罩，使他们看不出议会制度是怎样成了资产阶级压迫的工具，使他们认识不到议会制度有限的历史意义。无政府主义者也不善于从议会制度一定的历史意义来对它作出评价，根本拒绝采用这一斗争手段。因此，俄国社会民主党人既坚决反对无政府主义，又坚决反对资产阶级在议会的基础上同旧政权相勾结来尽快**结束**革命的意图。社会民主党使自己的全部议会活动无保留无条件地服从工人运动的总利益和无产阶级在当前资产阶级民主革命中的特殊任务。

由此首先得出的结论是，社会民主党参加杜马运动，其性质完全不同于其他政党。我们不同于它们的是，我们根本不承认这个运动具有任何独立自在的甚至主导的意义。我们不同于它们的是，要使这个运动服从阶级斗争的利益。我们不同于它们的是，我们在这个运动中提出的口号不是为进行议会改良而实行议会制度，而是为召开立宪会议进行革命斗争，同时还要进行从近几年来斗争形式的历史发展中产生出来的高级形式的斗争。①

---

① 我们在这里没有涉及抵制问题，因为这不是这本小册子的主题。我们只是指出，不能撇开**具体的**历史环境来评价抵制。抵制布里根杜马是**成功的**。抵制维特杜马是必要的和**正确的**。革命的社会民主党应当**第一个**站在最坚决、最直接的斗争道路上，应当**最后一个**采取较为迂回的斗争方式。有了第一届杜马的经验，再用旧形式来抵制斯托雷平杜马是不可能的，也是不正确的。

二

从上述对待选举协议的情况中可以得出什么结论呢？首先我们主要的和基本的任务是：提高无产阶级的阶级意识和发展无产阶级的独立的阶级组织，因为无产阶级是唯一彻底革命的阶级，是唯一能够引导资产阶级民主革命取得胜利的领袖。因此，在整个选举运动和整个杜马运动中，保持阶级的独立性是我们最重要的总任务。这并不否定其他的局部任务，但是其他的局部任务始终应当服从这个总任务，适应这个总任务。这个总前提既为马克思主义理论所证实，也为国际社会民主党的全部经验所证实，无疑应当成为我们的出发点。

乍看起来，无产阶级在俄国革命中的特殊任务可能一下子打乱了这个总前提。也就是说，以十月党人为代表的大资产阶级已经背叛了革命，或者大资产阶级（立宪民主党）抱定了用立宪来阻止革命的目的；革命只有在无产阶级得到一部分最先进最觉悟的农民群众的支持下才能取得胜利，这一部分农民群众的客观地位推动他们去进行斗争，而不是去进行交易，推动他们去完成革命，而不是去削弱革命。由此可以得出结论说，在整个选举时期，社会民主党都必须同农民民主派达成协议。

但是，我国革命的完全胜利，只能是无产阶级和农民的革命民主专政，从这个完全正确的前提出发，是无论如何得不出上面那个结论的。除非能够证明：从当前的党派关系（现在在我国代表农民民主派的政党，已经不是一个，而是不同的几个）和当前的选举制度来看,在整个选举时期同农民民主派结成联盟是可能的,而且是有利的。除非能够证明:我们通过同这个或那个政党结成联盟,要比我们党在批评**某些**农民民主派政党时、在使农民民主派的一部分人**反对**另一部分人时保持完全的独立性,能够更好地表达和捍卫真正革命农民的利益。在目前的革命中,无产阶级同革命农民最接近,从这个前提中无疑可以引申出社会民主党的政治总"路线",即同农民民主派一起反对背叛的大资产阶级"民主派"(立宪民主党)。但是,能否由此得出结论说,**现在**要同人民社会党人或同社会革命党人结成选举联盟呢? 在没有弄清**这些**政党彼此之间的差别以及它们同立宪民主党的差别时,在没有弄清**现在的**多级选举制时,还不能这样说。由此可以直接和肯定地得出的结论**无疑**只有一个:在我们的选举运动中,我们无论如何不能只空洞地抽象地把无产阶级同整个资产阶级民主派对立起来。相反,我们应当集中全部注意力根据我国革命的**历史情况**准确地弄清自由主义君主派资产阶级和革命民主派资产阶级的差别,如果具体些说,就是应当集中全部注意力弄清立宪民主党、人民社会党和社会革命党之间的差别。只有根据这种差别,我们才能最正确地确定出自己最亲近的"同盟者"。同时我们不该忘记,第一,社会民主党应当像监视敌人那样监视资产阶级民主派中的**任何**同盟者;第二,我们还要专门分析一下什么对我们更有利:是同某些人民社会党人(举例说)结成**共同**联盟来束缚住自己的手脚呢,还是保持完全的独立性,以便在决定性关头随时有可能把非党的"劳动派"分裂成机会主义者(人民社会党人)和革命者(社会革命党人),使后者**反对**前者等等。

因此,关于我国革命具有无产阶级-农民性质的看法,还不能使人有理由作出结论说,第二届杜马选举的这一或那一阶段同这一或那一农民民主主义政党达成协议是必要的。这个看法甚至不足以作为限制无产阶级在整个选举中保持阶级独立性的理由,更不用说作为否定这种独立性的理由了。

三

为了进一步解决我们的任务,我们必须:第一,考察一下第二届杜马选举时的主要政党分类;第二,研究一下目前选举制度的特点。

政党之间往往会达成选举协议。在选举中将要进行斗争的是哪些主要类型的政党呢?黑帮无疑要比在选举第一届杜马时团结得更紧。十月党和和平革新党或者依附黑帮,或者依附立宪民主党,或者(最可能)摇摆于黑帮和立宪民主党之间。把十月党算做"中派党"(像尔·马尔托夫在他新写的《俄国的政党》这本小册子中所做的那样),那是根本错误的,因为在最终决定我国革命结局的**实际**斗争中,**中派**是**立宪民主党**。立宪民主党是一个有组织的党,它独立自主地进行选举,并且由于在第一届杜马选举中取得成功而沾沾自喜。但是,这个党纪律不严格,团结不牢固。左派立宪民主党人不甘心于赫尔辛福斯的失败[75],很生气。他们中间一部分人(不久前,莫斯科的阿列克辛斯基先生)投靠了人民社会党。在第一届杜马中有几个"很少有的"立宪民主党人甚至在关于废除任何土地私有制的33人法案上签了名(巴达姆申、祖勃琴科、洛日金)。这就是说,使这个"中派"里的哪怕是极少一部分人分裂出去,转向左派,并不是没有希望的。立宪民主党感到自己在人民群众中间没有力量(不久前,立宪民主党的《同志报》自己也不得不承认了这一点[76]),所以愿意同左派结成联盟。难怪立宪民主党的报纸那么热心地乐于给社会民主党人马尔托夫和切列万宁腾出几栏篇幅来讨论社会民主党同立宪民主党结成联盟的问题。当然,我们决不会忘记并且要在选举运动中向群众说明:立宪民主党人没有履行自己在第一届杜马中许下的诺言,他们干扰了劳动派,玩弄立宪把戏等等以及对四原则选举制[77]保持沉默和提出苦役法案,等等。

其次是"劳动派"。这一类型即小资产阶级的、主要是农民的政党划分为**非党的**"劳动团"(不久前召开过自己的代表大会)、人民社会党和社会革命党("波兰社会党"等等在某种程度上相当于社会革命党)。只有社会革命党人是多少彻底而坚决的革命者和共和派。人民社会党人是比我们的孟什维克更坏的机会主义者。严格说来,他们是半立宪民主党人。非党的"劳动团"在农民群众中的威信也许比上述两派要高些,但是要确定劳动团的民主主义的坚决程度是困难的,虽然他们无疑要比立宪民主党左得多,看来,他们属于革命民主派。

社会民主党是唯一在选举中纪律严明的党(尽管它内部有纠纷),是唯一有非常肯定的和严格的阶级基础的党,是唯一把俄国各民族的所有社会民主党都统一起来了的党。

但是,在劳动派具有上述**构成**的情况下,怎样去同这种类型的政党结成共同联盟呢?**非党的**劳动派的保证在哪里呢?党同非党的派别可能结成联盟吗?我们怎么知道阿列克辛斯基之流的先生们明天不会从人民社会党那里又回到立宪民主党那里去呢?

　　显然,同劳动派达成**真正政党间的协议是不可能的**。显然,我们决不能帮助人民社会党中的机会主义者同社会革命党中的革命者联合起来,而应当使他们分裂并对立起来。显然,在存在非党的劳动团的条件下,我们在各方面保持完全的独立性,用无疑是革命的精神影响他们,比束缚住自己的手脚和掩盖君主派和共和派之间的差别等等更有利。对社会民主党来说,掩盖这种差别**是绝对不能容许的**。单凭这一点,既然**现有的**政党划分能够把非党的劳动派、人民社会党和社会革命党联合在一起,那就无疑应当摒弃这种联盟。

　　它们确实能够联合起来和正在联合吗?毫无疑问,它们是能够联合的,因为它们有同一的小资产阶级的阶级基础。其实在第一届杜马中,在十月时期的报纸上,在杜马时期的报纸上,在大学生的投票选举中(si licet parva componere magnis——如果可以以小比大的话)它们就联合过。确实,这是一个小的,但是一个别具特色的征兆,当时在"自治的"大学生的投票选举中常常有三个名单相遇即立宪民主党的名单,劳动派、人民社会党、社会革命党和波兰社会党联盟的名单,以及社会民主党的名单。

　　从无产阶级观点来看,各政党明确的阶级划分是最重要的,而保持党对非党的(或者说正在从人民社会党动摇到社会革命党那里去的)劳动派的独立影响,显然要比党试图同非党的劳动派达成协议有利。根据**各政党**的材料,不由得令人得出这样的结论:在初级阶段,在向群众进行鼓动时,无疑不应达成任何协议;在高级阶段,应当竭力在席位的分配上通过社会民主党同劳动派达成的局部协议来击败立宪民主党;通过社会民主党同社会革命党达成的局部协议来击败人民社会党。

有人会反驳我们说：当你们这些不可救药的布尔什维克空想家妄想击败立宪民主党的时候，你们都会被黑帮击败，因为你们**分散了选票**！社会民主党、劳动派和立宪民主党联合起来，就一定能够彻底击溃黑帮，如果各行其是，你们就会使共同的敌人轻而易举地取胜。假定100张选票中，黑帮占26票，劳动派和立宪民主党各占25票，社会民主党占24票，那么，如果社会民主党、劳动派和立宪民主党不结成联盟，黑帮就会当选。

这种意见往往被认为很重要，因此应当认真加以探讨。要探讨这个意见，就必须研究俄国现行的**这一**选举制度。

四

我们的杜马选举不是直接选举而是多级选举。在多级选举的情况下，只有在初级阶段才有选票分散的危险。只有在初选选民进行选举的时候，我们才不知道选票会怎样分散；只有在向群众进行鼓动的阶段，我们是"盲目"行动的。在高级阶段，在当选人选举时，决战已经结束，剩下的只是各个政党在**知道**自己的候选人和选票的确切数目的情况下，根据达成的局部协议来分配席位。

初级选举阶段，就是在城市选举复选人，在农村选举十户代表，在工人选民团选举初选人。

在城市，我们在每个选举单位（选举区等）面对着的是大批选民群众。选票分散的危险无疑是存在的。无疑在城市里，**只是**由于没有"左派联盟"，只是由于比如说，社会民主党拉走立宪民主党的部分选票，黑帮复选人才可能在某些地方当选。记得在莫斯科，古契柯夫得了将近 900 票,立宪民主党得了将近 1 400 票。当时只要社会民主党从立宪民主党那里夺走 501 票,古契柯夫就会成为胜利者。毫无疑问,小市民公众会考虑到这种并不费解的手段,害怕选票分散,为此他们将宁愿投最温和的反对派的票。结果将会产生英国的所谓"三角"选举的情况,当时城市小资产阶级怕投社会党人的票,因为这会夺走自由党人的票,从而使保守党人当选。

用什么办法才能防止这种危险呢?办法只有一个,就是在初级阶段达成协议,即提出复选人的**共同名单**,名单上各政党候选人根据各政党**竞选前**的协议所确定的数目来选定。这样,达成协议的所有政党就号召所有选民群众都来投这个共同名单的票。

我们来探讨一下赞成和反对使用这种办法的论据。

赞成的论据是:这样可以进行严格的党的鼓动工作。社会民主党在群众面前尽可以批评立宪民主党,但也还须补充一句:立宪民主党终究比黑帮好些,所以我们同意提出共同名单。

反对的论据是:提出共同名单,将公然违反社会民主党的整个独立的阶级政策。我们向群众推荐立宪民主党和社会民主党的共同名单,这就不可避免地会把明确的阶级划分和政治划分彻底搞乱,我们就会为了自由派赢得杜马席位而损害我们选举运动的原则意义和整个革命意义!我们就会使阶级政策服从议会制度,而不是使议会制度服从阶级政策。我们就会使自己丧失估计**自己**力量的可能性。我们就会失去在历次选举中长期坚持的东西:提高社会主义无产阶级的觉悟和加强他们的团结。我们得到的就会是暂时的、有条件的和不可靠的东西:立宪民主党对十月党的优势。

我们为什么要使所坚持的社会主义教育工作遭到危险呢？是怕黑帮候选人的危险吗？但是，在524个杜马代表席位中，俄国全部城市总共只占35席（圣彼得堡6席，莫斯科4席，华沙和塔什干各2席，其余21个城市各1席）。这就是说，城市本身是决不能使杜马的面貌发生什么重大变化的。其次，也不能只从形式上来考虑选票在数目上分散的可能性。必须分析这在政治上有多大可能。分析表明：黑帮即使在第一届杜马选举时也只占微不足道的少数，像上面指出的"古契柯夫的"情况是个例外。根据《立宪民主党通报》[78]的材料（1906年4月19日第7期），在产生28个杜马代表的20个城市中，1 761个复选人中有1 468个立宪民主党人，32个进步党人和25个非党人士；有128个十月党人，32个工商党人和76个右派，就是说总共有236个右派，占复选人的15％弱。有10个城市右派复选人**连一个**都没有当选，有3个城市（共80个复选人）右派复选人当选的各不超过10人。在这种情况下，由于过分害怕黑帮而放弃为争取自己阶级的候选人的斗争，这是否明智呢？这种政策除原则上不坚定以外，即使是从狭隘的实用观点出发，是否会犯近视的毛病呢？

有人会反问我们，那么，同劳动派结成联盟反对立宪民主党怎样？但是，我们已经指出了劳动派中的党派关系的特点，由于这些特点，结成这样的联盟是不需要的，也是**不适当的**。在工人人口最集中的城市里，如果**没有极端必要**，我们决不应当放弃社会民主党的完全独立的候选人。现在没有这种极端必要。立宪民主党或劳动派（特别是人民社会党型的劳动派！）少一点或多一点，这没有什么重大的政治意义，因为杜马本身最多只能起附属的次要的作用。在确定杜马选举结果方面具有政治上的决定意义的是农民，是省

复选人大会,而不是城市。① 在省复选人大会上,我们在毫不违反
严格的原则性下,同劳动派结成共同政治联盟来对付立宪民主党,
这要比在农村的初级选举阶段结成联盟好得多,正确得多。我们
现在就来谈谈农村的选举。

五

　　大家知道,在大城市里,政党的组织性在某些地方排除了一个
选举阶段。根据法律,选举是二级的。而实际上选举有时成了直
接的或者几乎是直接的,因为选民清楚地知道各个竞选政党的性
质,甚至在某些情况下知道某个党打算把**哪些人**选进杜马。相反,
在农村中,选举分很多级,选民很分散,党公开开展活动的障碍很
大,因而第一届杜马的选举进行得非常"隐蔽",第二届杜马的选举
也会如此。换句话说,在农村党的鼓动工作常常是,甚至在大多数
场合下都只能笼统地提党,**故意**不提个人,因为畏惧警察。激进的
和革命的农民(而且不仅仅是一些农民)故意以非党为名把自己掩
护起来。十户代表的选举取决于对人的了解,取决于对某某个人
的信任和对**他的**社会民主党言论的同情。我们在农村里,有**当地**

---

① 当然,小城市也能通过城市代表大会来影响省选举大会的组成。立宪民主党
　　人和进步党人也在这里占了完全优势:例如,在城市代表大会的 571 个复选人
　　中,有 424 个立宪民主党人和进步党人,147 个右派(1906 年 3 月 28 日《立宪
　　民主党通报》第 5 期)。就各城市来看,波动幅度当然很大。在这种情况下,我
　　们在绝大多数场合大概都能对立宪民主党独立作战,不怕分散选票的偶然
　　性,不使自己依赖任何一个非社会民主党。工人选民团中大概没有一个社会
　　民主党人会认真地谈在初级选举阶段结成联盟的问题。在工人群众中,社会
　　民主党人保持完全的独立性尤其必要。

党组织为后盾的社会民主党人寥寥无几。但是,能吸引当地农村居民同情自己的社会民主党人,可能比根据我党基层组织的材料所能设想的要多得多。

像人民社会党人这样的小资产阶级浪漫主义者,一心想在现行制度下建立公开的社会主义政党,他们不懂得,一个秘密政党如果具有坚定的不妥协的战斗精神,同时它的组织(它远不是仅仅通过党员对群众产生影响的)又具有隐蔽性,那它就能得到更大的信任和同情。真正革命的、久经战火锻炼的秘密政党,在国内战争时期可能比其他的合法政党对群众发生更广泛的影响。因为秘密政党对普列韦之流先生们已经习以为常,并且不会因为斯托雷平之流先生们的任何严厉措施而无所适从,而合法政党只能"黄口小儿般幼稚地"走上"严格的立宪道路"。

已经入党的和没有入党的社会民主主义者在选举十户代表和初选人时,将有很多取胜的机会。同劳动派结成联盟或提出共同名单,对于能否在农村这些选举阶段获胜,根本无关紧要。一方面,这里的选举单位太小,另一方面,真正入党的或多少接近党的劳动派将为数很少。社会民主党人有严格的党性,他们绝对服从党,这个党能够年复一年地在秘密状态下坚持下来,并且发展到拥有各个民族党员 10 万—15 万人,它是在第一届杜马中派出党团的最左政党之一。在所有那些不是害怕进行坚决斗争,而是一心想进行坚决斗争、但又不完全相信自己本身的力量、害怕承担发起的责任、害怕公开开展活动的人的心目中,这种党性将是一种有力的说明和保证。我们应当千方百计利用这种严格的、"秘密的"党性的有利方面,我们根本不打算用任何一种固定的联盟来哪怕是削弱它一点点。在这里,我们唯一的、也是党的、而且也是坚决无情地革命的竞争者，只能是社会革命党。但是，只是作为一种例外，可以在真正保持党性的基础上在农村**第一级**选举时同他们结成联盟，因为只要实际地和具体地考虑一下农村的选举条件，就足以相信这一点。① 既然非党的革命农民将无意于只同一个政党联合行动，那对我们从各方面来说，还是以我们所希望的保持严格党性的方针去影响他们较为有利。联盟的非党性和鼓动工作的非党性不会束缚有党性的社会民主党人，因为革命的农民从来不会排除他们，而统一代表大会关于支持农民运动的专门决议又容许他们参加非党的革命联盟。由此可见，我们既能保持自己的党性、彻底坚持党性，并从党性中吸取全部巨大的道义上和政治上的益处，同时又能完全适应在非党的革命农民中进行工作，在非党的革命团体、小组、会议中进行工作，借助于非党的革命联系进行工作等等。如果不同在组织上只包括很少很少一部分革命农民的社会革命党结成一种会限制和束缚我们严格的党性的联盟，我们就能更广泛更自由地既利用我们党的立场，又利用在非党的"劳动派"中进行工作的一切好处。

　　由此得出的结论是：在农村选举运动的初级阶段，即在选举十户代表和初选人时（有时初选人的选举实际上大抵等于**第一级**选举），我们没有达成**任何**选举协议的必要。政治立场明确的、适于当十户代表和初选人的候选人，其百分比是很小的，因此得到农民信任和尊敬的（如果没有这个条件，任何真正的候选资格都是不能想象的）社会民主党人几乎**人人**都有希望当选十户代表和初选人，

---

① 社会革命党在第一届杜马中完全不能作为一个政党开展活动，他们不是不想，而是不能。这当然不是偶然的。杜马里的社会革命党人也和大学里的社会革命党人一样，认为假托**非党的**劳动派，或同他们联合起来较为有利。

根本不需要同其他政党达成任何协议。

而在初选人大会上，就已经可以根据初步的并能预先决定选举全局的确切战果来行动了。这时，可能而且必须缔结的……当然不是联盟，不是紧密的固定的协议，而是分配席位的局部协议。这时，尤其在选举杜马代表的复选人大会上，我们应当联合劳动派打垮立宪民主党，联合社会革命党打垮人民社会党，等等。

六

总之，对现行选举制度所作的研究表明，在城市，在初级选举阶段结成联盟尤其不合适，而且也没有必要。在农村，在初级阶段（即在选举十户代表和初选人时）结成联盟也既不合适，也完全没有必要。县初选人大会和省复选人大会则具有决定性的政治意义。这时，也就是说，在高级阶段，达成局部协议是必要的和可能的，这并不会造成我们所不希望的违反党性，因为争取群众的斗争已经结束，无需再为此在人民面前直接或间接地维护（或者哪怕是容许）非党性，不会因此而使无产阶级的严格的阶级独立政策有丝毫模糊的危险。①

现在我们先从形式方面，即所谓数目字方面来看一看在高级

---

①　值得指出的是，在国际社会民主党的实践中，也有区别初级阶段和高级阶段的协议的经验。法国的参议员选举是二级的：先由选民选举省复选人，再由复选人选举参议员。革命的法国社会民主党人，盖得派[79]从来不容许在初级阶段达成任何协议和提出任何共同名单，只容许在高级阶段，即在省复选人大会上分配席位时达成局部协议。机会主义者饶勒斯派[80]则主张在初级阶段也达成协议。

阶段的这些局部选举协议将是怎样一种协议。

我们就拿大略的百分比来说,即各政党在每 100 个复选人中能分配到多少复选人(和初选人,——在以后的叙述中也都意味着包括初选人)。要在复选人大会上当选,一个候选人必须在 100 票中至少得到 51 票。因此,社会民主党复选人的策略总规则是:必须竭力把这个数目的最接近社会民主党的或最受拥护的资产阶级民主派的复选人争取到自己这方面来,以便同他们一起战胜其他复选人,从而使一部分社会民主党的复选人和一部分**优秀的**资产阶级民主派复选人当选。①

我们用简单的例子来说明这个规则。假定 100 个复选人中,黑帮占 49 人,立宪民主党占 40 人,社会民主党占 11 人。社会民主党和立宪民主党为了全部通过杜马代表的共同名单,就必须达成局部协议。共同名单当然要根据复选人数目按比例分配杜马席位(也就是说,在这个例子中,社会民主党可能取得全省杜马代表名额的$\frac{1}{5}$,即 10 个名额中取得 2 个;立宪民主党可能取得$\frac{4}{5}$,即 10 个名额取得 8 个)。假定在复选人中,立宪民主党占 49 人,劳动派占 40 人,社会民主党占 11 人,那么我们就应当竭力同劳动派达成协议,以便打垮立宪民主党,使自己争得五分之一的代表名额,使劳动派争得五分之四的代表名额。在这种情况下,我们就很有可能检验劳动派的民主主义的彻底性和坚决性:他们是同意同立宪民主党完全断绝关系,并且同工人政党的复选人一起打垮立宪民

① 为了简便起见,我们谈的纯粹是各政党的而且仅仅是各政党的复选人的分配情况。实际上当然还会有许多非党复选人。因此,社会民主党复选人的任务就是要尽量弄清一切复选人,特别是资产阶级民主派复选人的政治面目,并且要善于团结社会民主党的"左派多数"和社会民主党最满意的资产阶级候选人。关于区分各政党倾向性的基本标志,我们将在下面来谈。

主党,还是想"挽救"某个立宪民主党人,甚至还可能不同社会民主党结成联盟,而同立宪民主党结成联盟。这样我们就能够并且应当用实际例子向全体人民证明和表明,某些小资产者倾向于君主派资产阶级或倾向于革命无产阶级的程度如何了。

在后一个例子中,对劳动派来说,有明显好处的是同社会民主党结成联盟,而不是同立宪民主党结成联盟,因为那样他们就能取得代表名额总数的⅘,而同立宪民主党结成联盟只能取得代表名额总数的⁴⁄₉。因此,更有趣的是相反的情况:立宪民主党占 11 人,劳动派占 40 人,社会民主党占 49 人。在这种情况下,明显的好处会推动劳动派同立宪民主党结成联盟,因为那时他们就会说:"我们"将为自己赢得更多的杜马席位。要在原则上忠实于民主主义,忠实于真正劳动群众的利益,就无疑应当同社会民主党结成联盟,哪怕牺牲几个杜马席位也在所不惜。无产阶级的代表应当精心考虑诸如此类的一切情况,向复选人和全体人民(必须公布初选人大会和复选人大会的协议结果,使大家都能知道)说明这些选举算术的**原则**意义。

其次,在后一个例子中,我们看到这样的情况:明显的好处和原则上的考虑,都促使社会民主党去分化劳动派。假定劳动派中有两个人是名副其实的社会革命党人,那我们就应当尽一切努力把他们争取过来,而以 51 票打垮所有立宪民主党人和所有其他**革命性较差的**劳动派。假定劳动派中有 2 个社会革命党人和 38 个人民社会党人,那我们就有可能检验社会革命党人对民主主义的利益和劳动群众的利益忠实到什么程度,我们会提出:拥护共和主义民主派,反对容许君主制的人民社会党人;拥护没收地主土地,反对容许赎买的人民社会党人;拥护主张全民武装的人,反对容许常备军的人民社会党人。然后我们就能看出社会革命党人选择谁:是选择社会立宪民主党人①呢,还是选择社会民主党人。

这样我们便触及到这种选举算术的原则政策方面和意义。在这里,我们的责任不是追求席位,而是极其坚决地彻底地捍卫社会主义无产阶级的观点,捍卫我国资产阶级民主革命取得完全胜利的利益。我们社会民主党的初选人和复选人不论在什么情况下,不论以什么借口,都不应当回避我们的**社会主义**目的,我们严格的阶级立场,即**无产阶级**政党的目的和立场。但是,要证明无产阶级在**当前**革命中的先锋作用,一味重复"阶级的"这个词是不够的。要证明无产阶级的先进作用,单只阐明我们的社会主义学说和马克思主义的一般理论是不够的。为此还必须善于在分析**当前**革命的迫切问题时能够**实际**证明:工人政党的党员比其他一切人更彻底、更正确、更坚决、更巧妙地维护**这个**革命的利益,维护这个革命取得**完全**胜利的利益。这不是一个轻而易举的任务,因此,为完成这个任务作好准备,是每一个参加选举运动的社会民主党人的基本的主要的义务。

在初选人大会和复选人大会上把各政党和各政党的细小差别区别开来(在整个选举运动中也这样做,这是不言而喻的),虽然是一件很小的,但并不是不无益处的实际工作。在这件工作上,生活也将检验社会民主工党所关心的许多有争议的问题。社会民主工党的右翼,从《我们的事业》杂志的极端机会主义者起,到《社会民

---

① 这是《觉悟的俄罗斯》文集[81]对人民社会党人的称呼。顺便说说,《觉悟的俄罗斯》文集的第1集和第2集使我们非常满意。切尔诺夫、瓦季莫夫等先生**出色地**既打垮了彼舍霍诺夫又打垮了塔格—因。特别好的是,以商品生产经过资本主义发展到社会主义的理论驳斥了塔格—因。

主党人报》的温和机会主义者止,异口同声地抹杀和歪曲劳动派和立宪民主党的差别,看来,他们没有觉察到一个新的极为重要的现象:劳动派分为人民社会党人、社会革命党人和倾向于这派或那派的人。当然,第一届杜马和第一届杜马被解散的历史已经提供了一些文献资料,无疑要求人们把立宪民主党和劳动派区别开来,并且证明后者的民主主义是比较彻底比较坚决的。第二届杜马的选举运动必定会更明显、更精确、更充分、更广泛地证明和表明这一点。正如我们力图举例说明的那样,选举运动**本身一定能教会**社会民主党人正确**区别**这些或那些资产阶级民主主义政党,并且将用事实驳倒,或者更确切些说,排除那种认为立宪民主党是我国整个资产阶级民主派的主要代表或者至少是它的重要代表的极端错误的见解。

还应当指出,在整个选举运动中以及在高级阶段达成选举协议时,社会民主党人应当善于用简单、明了、群众易懂的语言讲话,坚决抛弃难懂的术语,外来语,背得烂熟的、现成的但是群众还不懂、还不熟悉的口号,决定和结论等一系列重炮。在**解释**社会主义问题和当前俄国革命问题时,要善于运用掌握的事实和数字,不要讲空话,不要讲大话。

同时,当前俄国革命的两个基本问题——自由问题和土地问题就自然而然地会被提出来。在这两个为全体群众所关心的根本问题上,我们既应当强调纯社会主义的宣传,分清小业主的观点和无产阶级的观点,又应当强调为影响人民而斗争的各政党的区别。黑帮,包括十月党人,反对自由,反对把土地交给人民。他们想用**暴力**、贿赂和欺骗来**制止**革命。自由主义君主派资产阶级,即立宪民主党人,**也**竭力想通过一系列让步来**制止**革命。它既**不想**给人民全部自由，也**不想**给人民全部土地。它想通过赎买和不根据普遍、直接、平等和无记名投票成立地方土地委员会以**保持**地主土地占有制。劳动派，即小资产阶级，特别是农村小资产阶级，想取得全部土地和全部自由，但是他们在走向这一目的时不坚决，不自觉，缺乏信心，他们常常在社会立宪民主党人（人民社会党人）的机会主义（他们为自由派资产阶级对农民的领导权辩护，并把这种领导权上升为理论）和那种似乎能在商品生产条件下实行平均化的空想主义之间动摇不定。社会民主党应当彻底坚持无产阶级的观点，从农民的**革命**自觉中清除掉人民社会党人的机会主义，清除掉那种抹杀**当代**革命真正迫切的任务的空想主义。而工人阶级和全体人民一样，只有取得革命的**完全**胜利，才能**真正地**、迅速地、大胆地、自由地、普遍地**着手**解决整个文明人类的基本任务：把劳动从资本压迫下解放出来。

　　所以在选举运动中，在政党之间达成局部协议方面，我们也要注意到斗争**手段**的问题。我们要弄清楚什么是立宪会议，为什么立宪民主党人害怕立宪会议。我们要问自由派资产者立宪民主党人，他们打算坚持并**独立实行**哪些措施，以便使任何人都不能像"对待""第一届"代表那样对待人民代表。我们要提醒立宪民主党人他们对去年10月和**12月**的斗争形式采取了卑鄙的背叛态度，并且要向尽量广泛的群众说明这一点。我们要问所有一切的候选人：他们是不是打算使自己的全部杜马活动完全**服从杜马外**的斗争的利益，完全**服从**争取土地和争取自由的广泛的人民运动的利益。我们应当利用选举运动来**组织革命**，即组织无产阶级和**真正**革命的资产阶级民主派。

　　这就是应当设法纳入整个选举运动，包括纳入同其他政党达成局部协议的工作的**积极**内容。

<h1 style="text-align:center">七</h1>

我们来总结一下。

保持革命无产阶级的阶级政党的完全独立性，应当是社会民主党的选举总策略的出发点。

只有在极端必要和专门限定的条件下，才可以不按照这个总原则行事。

俄国选举制度的特点和绝大多数居民群众即农民中的政治划分的特点，不会在选举运动的初级阶段，即大城市选举复选人，农村选举十户代表和初选人时产生这种极端必要性。在大城市里没有这种必要，因为这里的选举重要的**完全**不是杜马代表的数目，而是社会民主党人在最广泛、最集中和按自己整个地位"最社会民主主义化的"居民阶层面前开展的活动。

在农村，群众在政治上的不开展，在政治上的不定型，居民的分散和稀少以及选举的外部条件，都使得非党的（和非党的革命的）组织、团体、小组、会议、观点和倾向得到特别的发展。在这种条件下，在初级阶段结成联盟是完全不需要的。最正确最合适的是社会民主党人在各方面都能保持严格的党性。

所以，无产阶级必须同革命农民结成联盟的这个总原则，要求我们承认只能在选举的高级阶段，即在初选人大会和复选人大会上达成局部协议（如同劳动派达成协议以对付立宪民主党）。劳动派内部的政治划分的特点也要求这样处理问题。

在达成所有这些局部协议的时候，社会民主党人应当严格根据各资产阶级民主主义政党的民主主义的彻底性和坚决性的程度来区别它们，弄清它们之间的细微差别。

阐明社会主义的学说和社会民主党在当前革命中的任务方面，以及在实现这些任务的方法和手段问题上的独立口号，将是选举运动和局部协议的思想政治内容。

———

这本小册子写于《社会民主党人报》第5号出版之前。在这号报纸以前，我们党有充分理由期待我们党的中央委员会决不会赞同在第一级选举时同资产阶级政党达成社会党人所不能容许的协议。我们应当这样考虑，因为像尔·马尔托夫同志这样有威信的孟什维克都**坚决**反对在第一级选举时达成**任何**协议，他不但在《同志报》上表示反对，而且在中央委员会就准备选举运动问题给各级组织的信（马尔托夫的信）中也表示反对。

现在看来，我们的中央委员会转到切列万宁那边去了，或者至少是动摇了。《社会民主党人报》第5号的社论**容许在第一级选举时结成联盟**，而且没有说清究竟可以同哪些资产阶级政党结成联盟！今天（10月31日），为了维护同立宪民主党的联盟而转到立宪民主党的《同志报》上去的普列汉诺夫写的一封信向大家表明，中央委员会是受了谁的影响而动摇了的。普列汉诺夫照例以先知的姿态来一番预言，放一通陈词滥调，完全回避社会主义无产阶级的阶级任务（大概是出于向庇护了他的资产阶级报纸讨好吧），他甚至不想触及一下具体的资料和论据。

难道来自日内瓦的这一声"吆喝"就足以使中央委员会从马尔托夫那边滚到……切列万宁那边去吗？

　　难道统一代表大会关于禁止同资产阶级政党达成任何协议的决定将要遭到它选出的中央委员会的破坏吗?

　　社会民主党的同心协力的选举运动面临着极大的危险。

　　在第一级选举时同资产阶级政党达成协议,会瓦解社会主义的工人政党和损害无产阶级的阶级独立性。社会主义的工人政党正在受到这种威胁。

　　愿一切革命的社会民主党人都团结起来,向机会主义的混乱和动摇无情地宣战!

1906 年 11 月由前进出版社　　　　　　译自《列宁全集》俄文第 5 版
在彼得堡印成单行本　　　　　　　　　第 14 卷第 73—96 页

俄国社会民主工党第二次代表会议 ("第一次全国代表会议")文献[82]

(1906年11月)

1

关于第二届国家杜马选举运动的报告

(11月4日〔17日〕)

彼得堡委员会、莫斯科委员会、波兰社会民主党和拉脱维亚社会民主党人的决议案[83]

1. 只是由于背叛的资产阶级的罪过,我们才不得不在杜马范围内进行斗争。

2. 应当把革命的斗争同"和平的"斗争的对比作为选举运动的基础,应当指出,让立宪民主党人掌握解放运动的领导权是多么危险。由此产生一个问题:是否能够容许同立宪民主党人结成联盟(在第一级选举时达成协议)。

3. 在第一级选举时社会民主党应当独立开展活动,这是总的规则;作为例外,在第一级选举时可以同承认立宪会议、武装起义等的各个政党达成协议。第二级选举时则是技术性的,只是为了按比例分配代表名额。最危险的事莫过于对群众说：和我们一起来投妥协分子的票吧。克鲁舍万的危险不是因为他坐在杜马的席位上，而是因为他在拼凑一个小小的支持政府的黑帮组织。你们为了一些个别的、微不足道的例外就拥护立宪民主党的领导权并破坏我们的整个原则立场（高加索、莫斯科、彼得堡、波兰不愿达成协议）。如果黑帮当选，那么杜马就只会更加轮廓分明。有人说，在选票分散的情况下当选的将是黑帮而不是立宪民主党，这要怪社会民主党，你们为什么相信这种说法呢？

译自《列宁全集》俄文第 5 版
第 14 卷第 99 页

2

关于第二届国家杜马选举运动的
报告的总结发言

(11 月 4 日〔17 日〕)

选举协议——这就是一种联盟(你们对群众说,我给你是为了你给我)。我们说:同革命的资产阶级我们有时可以走在一起,同机会主义的和背叛的资产阶级则从来不会走在一起。选举运动将在两个范围之间进行:在 400 名立宪民主党人＋100 名社会民主党人(通过协议)和 200 名黑帮＋250 名立宪民主党人＋20 名或 50 名社会民主党人(不要协议)之间进行。既搬出掮客,又搬出战士,这意味着打乱自己的阵脚。在达成协议的情况下,黑帮将被击败,但社会民主党人也将被击败(在道义上)。

译自《列宁全集》俄文第 5 版
第 14 卷第 100 页

3

在讨论孟什维克选举纲领时的发言

(11 月 6 日〔19 日〕)

我只是说过,纲领中有革命的方法同和平的方法的对比,仅此而已,其余的东西不能令人满意。没有像在社会民主党杜马党团的宣言⁸⁴中那样,指出社会民主党和其他一些"劳动人民"团体(社会革命党)有什么区别。没有把科学社会主义同庸俗社会主义加以对比。

没有说应当区别无产阶级的立场和小业主的立场。纲领没有维护联盟,但这个纲领就是一个联盟,因为小资产者也可以在这个纲领上签字。我们不能在纲领中避而不谈其他政党,而这里却什么也没有谈,只是含含糊糊地提到:"比较坚决的"等等。

译自《列宁全集》俄文第 5 版
第 14 卷第 101 页

4

以波兰社会民主党、拉脱维亚边疆区社会民主党、圣彼得堡、莫斯科、中部工业地区和伏尔加河流域的代表名义向俄国社会民主工党全国代表会议提出的特别意见

（11 月 6 日〔19 日〕）

崩得代表向代表会议提出了一项决议案，这项决议案几乎全部重复了崩得第七次代表大会的决议[85]，并对抵制杜马作了历史评价。下面署了名的代表会议的代表在表决这项决议案时弃了权，原因如下。把我们**为什么**要参加杜马的问题同我们**怎样**参加杜马的问题割裂开来，是不正确的，也是不可能的。承认抵制是正确的，这说明，我们整个策略的基本性质在当前参加选举时依然同在抵制第一届杜马时一模一样。承认立宪民主党在第一届杜马中占多数妨碍了革命分子的活动，同时又赞同立宪民主党和社会民主党在第一级选举时达成协议，这就以自己的实际政策破坏了自己的总前提。以提出共同名单来承认并支持立宪民主党在向群众进行鼓动中的领导权，然后又在特别补充决议中谴责这种领导权，这就大大败坏了革命的社会民主党的整个策略和全部原则的声誉。根据以上理由，我们向俄国社会民主工党全党提出以下特别

意见。

"抵制国家杜马的策略,有助于人民群众对这个机关的无权和不起独立作用作出正确的评价。国家杜马立法活动的滑稽剧和国家杜马的被解散充分证实了这个策略的正确性。

但是,资产阶级的反革命行为和俄国自由派的妥协策略,妨碍了抵制取得直接的成效,并迫使无产阶级也得在杜马运动的范围内同地主和资产阶级的反革命势力作斗争。

社会民主党应当在杜马外和杜马内进行这一斗争,以便提高无产阶级的阶级意识,以便向全体人民进一步揭露立宪幻想,并发展革命。

鉴于这种情况,为了达到上述目的,俄国社会民主工党应当全力以赴地参与当前的杜马运动。

社会民主党在杜马选举运动中的基本任务是:第一,要向人民说明,杜马完全不适于作实现无产阶级和革命小资产阶级,特别是农民的要求的工具;第二,要向人民说明,只要实权还掌握在沙皇政府手里,要想通过议会道路来实现政治自由是办不到的;要说明举行武装起义、成立临时革命政府并在普遍、直接、平等和无记名投票的基础上召开立宪会议的必要性;第三,批评第一届杜马,阐明俄国自由派的破产,特别是阐明,如果让自由主义君主派政党立宪民主党在解放运动中起首要的领导作用,那对革命事业有何等的致命危险。

作为无产阶级的阶级政党,社会民主党应当在整个杜马选举运动中保持绝对的独立性,这里无论如何不能把自己的口号、自己的策略同任何其他反对派政党或革命政党的口号和策略混淆起来。

因此，在选举运动的第一阶段，即在群众面前开展活动时，社会民主党应当按照总的规则绝对独立行动，只提出党的候选人。

只有在绝对必要的情况下，才允许作为例外不按照这个规则行事，而且也只能同那些完全接受我们进行直接政治斗争的基本口号的政党，即承认武装起义的必要性，并为民主共和国而斗争的政党达成协议。同时，这种协议只能限于提出共同的候选人名单，决不能限制社会民主党在政治鼓动方面的独立性。

社会民主党在工人选民团中要绝对独立行动，不同任何其他政党达成协议。

在高级选举阶段，也就是在城市的复选人大会、农村的初选人和复选人大会上，可以专就缔结了协议的政党所得票数按比例分配席位达成局部协议。同时，社会民主党应就民主的彻底性和坚决性把下列各基本类型的资产阶级政党区别开来：（1）社会革命党、波兰社会党以及类似它们的共和主义政党①；（2）人民社会党和同一类型的劳动派②；（3）立宪民主党。"

载于1906年11月23日《无产者报》
第8号

译自《列宁全集》俄文第5版
第14卷第103—105页

---

① 锡安社会党[86]可能也属于这一类。
② 某些犹太民主主义者也可能属于这一类。不听取犹太社会民主党人的意见，我们是没有资格判断这类问题的。

5

关于召开"工人代表大会"问题的发言

（11月7日〔20日〕）

（1）

列宁坚持，"工人代表大会"的问题是一个棘手的问题，应加以讨论！

（2）

列宁指出资产阶级报刊上发表了普列汉诺夫、马尔托夫等人的信件，还指出，比如说，科斯特罗夫没有把要求建立立宪民主党内阁的提案（由中央委员会提出）递交杜马党团，从而违反了党的纪律，然而他这样做是好的。有人用鼓动召开"工人代表大会"来干扰我们党的活动。我们有中央委员会的机关报，但没有中央机关报，为什么呢？钱是有的，中央委员会的机关报按期出版，但是没有组织起来，因此也就没有中央机关报。

译自《列宁全集》俄文第5版
第14卷第102页

告选民书草案

(1906 年 11 月 23 日〔12 月 6 日〕)

俄国的工人同志和全体公民们！选举国家杜马的日子临近了。工人阶级的政党社会民主党，号召你们大家都来参加选举，帮助把能够真正为自由而斗争的力量团结起来。

在我国革命中，人民群众正在为反对官吏和警察、地主和资本家的统治，而首先是为反对专制的沙皇政府而斗争。群众为土地和自由而斗争，为打倒那伙用贿赂、欺骗、残酷暴力、监狱和战地法庭来答复千百万人的要求的大暴行制造者和刽子手而斗争。

全国工人 1905 年的十月罢工，迫使沙皇许下自由和赋予杜马立法权的诺言。沙皇政府背弃了诺言。选举法削减了农民和工人的权利，而增强了地主和资本家的权利。杜马本身的权利几乎化为乌有。但这还不是主要的。主要的是：一切自由和权利不过是一纸空文，因为实权和实力依然全部掌握在沙皇政府手里。只要实权还掌握在扼杀自由的大暴行制造者和刽子手的手里，任何杜马都不可能而且也不会给人民土地和自由。

正因为如此，革命工人同人民其他阶层中争取自由的大多数有觉悟的战士一起抵制过杜马。抵制杜马是一次想把召集人民代表这件事从大暴行制造者手里夺过来的尝试。抵制杜马就是警告人民不要相信空文，就是号召人民夺取真正的权力。抵制没有成功,因为自由派资产阶级背叛了自由事业。"人民"自由党即立宪民主党这个自由派地主和"有教养的"资产阶级清谈家的政党,背离了无产阶级的英勇斗争,骂农民和一部分优秀部队举行的起义是蠢举,并参加了大暴行制造者安排的选举。由于立宪民主党资产阶级的背叛,全国人民对大暴行制造者所安排的、大暴行制造者所炮制的、大暴行制造者用来愚弄人民的法令和选举,眼下必须加以考虑。

然而,我们现在参加选举,能够而且应该使人民看清夺取政权的必要性,看清立宪民主党人玩弄立宪把戏是枉费心机。全国公民们!请好好想一想第一届杜马给我们的教训吧!

争取自由和为农民争取土地的战士被残杀,被流放,被投入监狱。在杜马中占多数的是立宪民主党人。这些自由派资产者害怕斗争,害怕人民,他们只会发表演说和请愿书,他们号召耐心等待,力图同大暴行制造者的政府达成协议,进行交易。沙皇看到面对他的不是战士,而是摇尾乞怜的资产者,就借口言论失当把他们赶跑了。

工人、农民和全体劳动者!别忘了这个重大教训!要记住1905年秋天,领导人民斗争的是革命工人,农民和觉悟的士兵的起义同工人的罢工、工人的起义汇合在一起,结果政府作了让步。而1906年春天和夏天,领导人民的是自由主义君主派资产阶级,即立宪民主党这个摇摆于人民政权和大暴行制造者政权之间的政党,结果代表们得到的不是让步,而是警察的拳打脚踢和杜马被解散。

杜马被解散向所有的人表明,立宪民主党人的请愿是多么枉费心机和没有成效,支持无产阶级的斗争是多么必要。工人阶级用十月罢工争得了对自由的许诺。现在工人阶级正在积聚力量,以便通过全民起义真正把自由从敌人手里夺过来,以便推翻沙皇政府,建立共和国,建立国家的一切政权的选举制度,并在普遍、直接、平等和无记名投票的基础上通过临时革命政府召开全民立宪会议。

工人阶级争取自由,为的是使自由为全体人民服务,而不是仅仅为达官显贵效劳。工人需要自由,为的是展开广泛的斗争,使劳动彻底摆脱资本的压迫,消灭一切人剥削人的现象,建立社会主义的社会制度。只要存在着资本的统治,任何平等,即使是小业主即农民使用全民土地的平等,都不会使人民摆脱贫困、失业和压迫。只有全体工人团结起来,在劳动者群众的支持下,才能打碎压迫各国工人的资本的枷锁。在社会主义社会,自由和平等不会是骗人的了;劳动者不会因小规模的单独经营而分散;共同劳动积累起来的财富将造福人民群众,而不是压迫人民群众;劳动者的统治将消灭任何民族、宗教或性别之间的任何压迫。

俄国的工人同志和全体公民们! 利用选举来加强为自由和为社会主义而斗争的真正战士的力量,使所有的人都能看清各政党的真正目的和它们的真正性质吧!

除了社会民主党以外,参加选举的政党,其主要类别有三:黑帮、立宪民主党、劳动派。

黑帮,这是一些支持政府的政党。它们拥护专制君主制,拥护警察政权,拥护保留地主的全部土地。它们是君主派政党,俄罗斯人民同盟,法制党,工商党,十月十七日同盟,和平革新党。所有这些都是人民的直接敌人,都是大暴行制造者的政府、解散杜马的政府、战地法庭的政府的直接保护者。

立宪民主党(或称"人民自由党")是自由主义君主派资产阶级

的主要政党。自由派资产者摇摆于人民和大暴行制造者之间。口头上，他们反对政府；实际上，他们最怕人民的斗争；实际上，他们想跟君主制即跟大暴行制造者勾结起来，反对人民。立宪民主党人在杜马中曾提出对付出版和对付集会的苦役法。立宪民主党人在杜马中曾反对将土地问题提交用普遍、直接、平等和无记名投票选出来的地方委员会。立宪民主党人，就是自由派地主，他们担心农民本身会用自己的方式来解决土地问题。凡是不希望人民代表可能被警察政权驱散的人，凡是不希望农民被迫接受1861年那种招致破产的赎买[87]的人，都要想想办法不要使第二届杜马再成为立宪民主党的杜马。

劳动派，这是代表小业主，主要是小农的利益和观点的政党和集团。这些政党中最胆小怕事的是"劳动人民社会党"，它比立宪民主党好不了多少。其次是杜马的"劳动团"，它的优秀成员如奥尼普科在杜马被解散以后曾经帮助过起义的人民。劳动派政党中最革命的是"社会革命党"。劳动派倾向于在争取土地和自由的斗争中坚决（有时甚至主张起义）维护农民群众的利益，但是他们在自己的全部活动中还远不是能够始终摆脱自由派资产者的影响和资产阶级的观点的。在劳动同资本所进行的世界性大斗争中小业主正站在十字路口上：是要像资产阶级那样"出人头地"，自己当老板，还是要帮助无产阶级推翻资产阶级的统治，他们还犹豫不定。我们社会民主党人要利用选举，告诉农民群众和农民的所有朋友：只有当农民不是去请愿，而是起来斗争的时候，只有当他们不是相信沙皇，不是相信自由派资产者的诺言，而是相信跟工人阶级手携手协同斗争的力量的时候，他们才能争得土地和自由。

社会民主党是觉悟的、进行斗争的无产阶级的政党。它不相信资产阶级的任何诺言,它不是用巩固小经济的办法,而是用全体劳动者争取社会主义的团结斗争,来寻求摆脱饥饿和贫困的道路。

工人同志们和你们所有受雇于资本的职员！你们大家都看到,当政府扼杀了自由的萌芽的时候,资产阶级就开始夺回工人取得的一切成果,又开始延长工作日,减少工资,增加罚款,加紧种种压迫,压制或开除觉悟的工人。工人和职员们只有争得自由,才能保证自己享有从资产阶级那里取得的成果,才能实行八小时工作制,才能取得较好的报酬和勉强过得去的生活条件。工人阶级只有领导全体劳动群众进行团结一致、同心协力和忘我无畏的斗争,才能给全体人民争得真正的自由。

俄国的工人同志和全体公民们！请投俄国社会民主工党候选人的票吧！俄国社会民主工党为充分的自由、为建立共和国、为建立人民选举官吏的制度而斗争。它为反对种种民族压迫而斗争。它为农民**不经任何赎买**取得**全部**土地而斗争。它支持觉悟的水兵和士兵们的一切要求,争取用普遍的人民武装代替常备军。

俄国的工人同志和全体公民们！请投俄国社会民主工党候选人的票吧！

载于 1906 年 11 月 23 日《无产者报》第 8 号

译自《列宁全集》俄文第 5 版
第 14 卷第 106—111 页

论同立宪民主党的联盟

(1906 年 11 月 23 日〔12 月 6 日〕)

孟什维克在崩得分子的帮助下,在俄国社会民主工党全国代表会议上通过了容许同立宪民主党联盟的决定。立宪民主党的报刊欣喜若狂,把这个好消息传遍世界各地,把孟什维克又向下轻轻推了一级,又向右推了一步。读者在别处可以找到代表会议的决定,找到革命的社会民主党人的特别意见和他们的告选民书草案①。而在这里我们想描绘一下同立宪民主党联盟的一般的和基本的政治意义。

《社会民主党人报》第 6 号,特别是编辑部文章《极左派的联盟》,为这种描绘提供了好素材。我们就从这篇文章中最有代表性的一段话谈起。

《社会民主党人报》写道:有人对我们说,"以推动整个杜马走上革命道路为己任的孟什维克,在杜马被解散以后,却放弃了自己的立场,同那些革命的政党和集团结成了联盟,这个联盟表现在:第一,发表了两个共同宣言,即告军队书和告农民书;第二,为了在即将举行的罢工中配合行动成立了一个委员会。这种援引先例的做法是由莫大的误会造成的。在上述情况下,我们党同其他革命的政党和集团缔结的**不是政治**联盟,而是**战斗**协议,这种协议我们

---

① 见本卷第 98—100、102—106 页。——编者注

一向认为是适宜的和必要的"。

　　黑体是《社会民主党人报》用的。

　　……不是**政治**联盟，而是**战斗**协议……　你们也不难为情，孟什维克同志们！要知道，这不仅有点荒谬，而且简直文理不通。二者必居其一：你们要么把联盟理解为仅仅是议会协议，要么就不仅仅是议会协议。如果是前者，那么联盟就是为了议会战斗而达成的战斗协议。如果是后者，那么战斗协议也就是政治联盟，因为没有政治意义的"战斗"，就不是战斗，只不过是打架。

　　中央委员会的同志们！你们对自己的编辑要看得紧一点，真的，要看得紧一点，否则会使社会民主党丢丑的。

　　——中央委员会机关报上奉献给读者的那些胡言乱语，只是由于单纯的失言吗？只是由于用词不当吗？

　　——完全不是。《社会民主党人报》的错误并不是由于它闹了笑话，恰恰相反，它所以闹笑话，是由于它的一切议论和它的整个立场的基础都是根本错误的。把"**不是政治联盟，而是战斗协议**"①这样的字眼荒谬地凑在一起，这不是偶然的事情，而是从孟什维主义那种根本的"荒谬性"中必然地不可避免地产生的结果。这种荒谬性就在于不懂得现在俄国的议会战斗完全服从，而且是最直接地服从议会外的战斗的条件和性质。换句话说，个别逻辑上的漏洞表明孟什维克对杜马在当前革命环境中的全部作用和全部意义一无所知。

　　当然，我们不会仿效孟什维克和他们的领袖普列汉诺夫在关于"战斗"和关于"政治"的问题上同我们进行论战的手法。我们不

---

　　①　看来真有这样的怪事：孟什维克总是责备我们把"**战斗**"和"**政治**"对立起来，而他们**自己**却恰恰把**自己的全部议论**建立在这种荒谬的对立上面！

会责备他们这些社会民主主义无产阶级的领袖能够去达成**非政治的战斗协议**。

我们注意的是下面这个问题：**为什么**在解散杜马以后我们的孟什维克就**只能同革命的**政党和集团结成联盟呢？这当然不是因为有那么一个无政府主义-布朗基主义者列宁早就鼓吹过（仅仅出于对孟什维克的憎恨）这一点。是客观条件**迫使**孟什维克违背他们的全部理论，去结成正是这样的一个革命的、反立宪民主党的联盟。是客观条件，不管孟什维克的意愿如何，**不管孟什维克是否意识到**，导致了这种结果：第一届杜马里的和平的议会战斗的辩证发展，**在几天之内**就把这一战斗变成了完全非和平的、非议会的战斗。孟什维克没有意识到的（由于立宪民主党用眼罩捂住了他们的眼睛）、没有正式结成的**政治联盟**，表现在愿望和最近政治倾向的一致性上，表现在为最近政治目标而采用的斗争手段的一致性上，——这个没有意识到的"政治联盟"**势所必然地**变成了"战斗协议"。而我们的那些聪明人一遇到普列汉诺夫在第一届杜马时期所写的书信[88]中没有料到的这种意外就张皇失措，以至大叫："这**不是政治联盟，而是战斗协议**！"

可爱的同志们，你们的政策所以毫不中用，正是因为你们要为**这种**不切实际的、虚构的、毫无决定意义的"战斗"达成协议，却忽略了进行**这种**"战斗"的条件。这种战斗已经由俄国革命的全部进程以不可遏止的力量推上了舞台，这种战斗甚至是由乍看起来最和平不过的、议会的、立宪的条件产生的，甚至是由杜马中的罗季切夫之流在关于受人崇敬的和无可指责的君主的演说中赞不绝口的那些条件产生的。

你们恰恰是犯了你们平白无故指责布尔什维克所犯的那种错

误。你们的政策不是战斗的政策。你们的战斗不是真正的政治战斗，而是儿戏式的立宪战斗，是议会迷。对于明天的条件可能要求进行的"战斗"，你们采取**一条**协议路线，对于"政治"，你们采取**另一条**协议路线。因此，你们既不适于进行"战斗"，也不适于搞"政治"，只适于充当立宪民主党应声虫的角色。

现在我们党内对"联盟"这个词的意义争论很多。一个说，联盟就是共同名单；另一个说，不，联盟就是共同纲领。所有这些争论都是愚蠢的、烦琐的。你们把比较紧密的协议或者把不大紧密的协议叫做联盟，问题的实质丝毫不会因此而改变。争论的实质根本不在于是容许达成紧密的协议，还是不紧密的协议。谁这样想，谁就陷在细小琐碎的议会技术中，而忘记这种技术的**政治内容**。争论的实质在于：在资产阶级革命中，社会主义的无产阶级同资产阶级达成一般说来是不可避免的协议时，应当**按照什么路线**。布尔什维克彼此之间可以在例如选举时是否需要同这个或那个革命的资产阶级的政党达成协议这样的局部问题上发生意见分歧，然而布尔什维克和孟什维克之间的争论的实质根本不在这上面。争论的实质仍然是：在资产阶级革命中，社会主义的无产阶级应当跟在自由主义君主派资产阶级的后面呢，还是应当走在革命民主派资产阶级的前面。

《极左派的联盟》一文提供了许多典型例子，说明孟什维克的思想是怎样迷失了方向，不去注意意见分歧的政治实质，而去注意无谓的琐事。文章作者自己把共同纲领和共同名单都称之为联盟的策略（见第2版第3栏）。同时，他还硬说我们拥护的是同劳动派和社会革命党结成"联盟"，而孟什维克拥护的不是同立宪民主党结成联盟，只是同他们达成"局部协议"。可爱的同志们，这可是儿戏,而不是论证!

你们可以拿全俄代表会议通过的孟什维克的决议同布尔什维克的决议比较一下。后者对于同社会革命党达成协议,比前者对于同立宪民主党达成协议,提出更严谨的条件。这是无可争辩的,因为第一,布尔什维克只是容许同为建立共和国而斗争并且承认武装起义的必要性的政党达成协议,而孟什维克则容许同一般"持反对派立场的民主主义政党"达成协议。这就是说,布尔什维克以明确的**政治**标志对革命资产阶级这个概念下了定义,而孟什维克则不下**政治**定义,只提出一个**技术性的议会**字眼。共和国和武装起义是明确的政治范畴。反对派只是议会术语。这个术语十分含混,它既可以包括十月党人,也可以包括和平革新党人,又可以包括一切对政府不满的人。不错,有一个附加语:"民主主义的"这个字眼具有政治因素,但并不明确。可以把它理解成立宪民主党人。但这恰恰是不对的。一个政党,它容许设立参议院,它提出对付集会和出版的苦役法,它把直接、平等和无记名投票从答词中删掉,它反对全民选举的土地委员会,把这样一个君主主义的政党称为"民主主义的"政党,这是**欺骗人民**。这个说法很尖锐,但却是公正的。孟什维克大谈立宪民主党的民主主义,就是欺骗人民。

第二,布尔什维克容许同资产阶级共和派达成协议只是作为一种"例外"。孟什维克不要求同立宪民主党结成联盟只是一种例外。

第三,布尔什维克绝对禁止在工人选民团中("**同任何其他政党**")达成任何协议。孟什维克**容许在工人选民团中也可以结成联盟**,因为在这里只是禁止同"不站在无产阶级的阶级斗争观点上"

的集团和政党达成协议。这不是偶然的,因为出席代表会议的有一些是具有无产阶级阶级嗅觉的孟什维克,他们驳斥了这种荒谬提法,但是被大多数孟什维克击败了。于是出现了一种完全不肯定的模糊提法,这给各种冒险主义留下了充分的余地。此外,也得出了一种在马克思主义者看来糟透了的看法,似乎在社会民主党之外,还有别的政党也**可以**被认为是"站在无产阶级的阶级斗争观点上"的政党。

既然如此,那么,想证明布尔什维克所认可的同共和派资产阶级即社会革命党的联盟,要比孟什维克所认可的同君主派资产阶级即立宪民主党的联盟**更为紧密**,这种企图不是至少应当称之为儿戏吗??

完全虚假地议论什么比较紧密和不大紧密的联盟,只会掩盖容许**同谁**联盟和**为什么**要联盟这个政治问题。就拿登在《社会民主党人报》第6号上的《选举纲领草案》来说吧。这个文件是证明孟什维克同立宪民主党人之间存在着**思想**联盟的许多反映孟什维克政策的文件之一。代表会议关于这个选举纲领草案有必要加以"修改"的决议清楚地指明了这一点。① 只要想一想:社会民主党的代表会议竟不得不提醒自己的中央委员会,在秘密的出版物中不能放弃建立共和国的口号,不能只使用请愿和斗争之类的笼统的含混不清的词句,必须从无产阶级观点来准确称呼和鉴别不同的政党;应当指出起义的必要性,强调社会民主党的阶级性质! 不得不提醒社会民主党中央委员会,在党的**第一个**选举宣言上必须强调党的阶级性质,——这只有在中央委员会的观点极其反常、根

---

① 参看《苏联共产党代表大会、代表会议和中央全会决议汇编》1964年人民出版社版第1分册第175页。——编者注

本错误的情况下，才不得不这样提醒它。

我们是否会同立宪民主党达成实际协议，这种协议的范围有多广，都还不得而知。然而思想上的协议，思想上的联盟已经有了，因为在选举纲领草案里，无产阶级的观点同自由主义君主派资产阶级的观点的区别被掩盖起来了。① 相反，我们可以看到，在布尔什维克的告选民书草案中不仅指出了这种区别，而且指出了无产阶级的观点同小业主阶级的观点的区别。

在选举联盟的问题上，应当提到首位的正是这个原则的、思想的方面。孟什维克企图辩解，说什么我们在整个选举鼓动中将是独立的，我们决不削弱这种鼓动，只是到了最后一分钟才把自己的候选人列入立宪民主党的名单，——所有这些辩解都是枉费心机的！

这是不符合事实的。 当然，我们确信，孟什维克当中的优秀分子是真心愿意这样做的。但是问题不在于他们的愿望，而在于当前政治斗争的客观条件。这些条件使孟什维克在他们选举运动中的**每个步骤都已沾染上了**立宪民主主义，都已带有模糊社会民主党的观点的特色。这一点我们已经以选举纲领草案为例作了说明，我们现在再举出一系列其他文件和议论来加以说明。

孟什维克的一个主要论据，就是黑帮危险。这个论据的第一个基本的虚伪之处，就在于黑帮危险决不能用立宪民主党的策略

---

① 孟什维克犯这个错误已经不是第一次了。在有名的俄国社会民主工党杜马宣言里，他们犯过同样的错误。他们指责布尔什维克有社会革命党的思想，而他们自己却抹杀了社会民主党的观点同劳动派的观点的区别，因此杜马时代的社会革命党报纸把社会民主党杜马宣言称为社会革命党思想的翻版！相反，在我们关于杜马宣言[89]的反草案里，则把我们同小资产者的区别说得清清楚楚。

和立宪民主党的政策来防止。立宪民主党政策的实质就是同沙皇制度**妥协**，即同黑帮危险**妥协**。第一届杜马充分表明，立宪民主党人没有同黑帮危险作斗争，只是无耻地大放厥词，说什么君主**这个人所共知的黑帮头子**没有罪过，没有责任。因此，孟什维克把立宪民主党人选入杜马，就不仅不是同黑帮危险作斗争，反而是捂住人民的眼睛，掩盖黑帮危险的真相。靠把立宪民主党人选进杜马的办法来同黑帮危险作斗争，无异于用"认为君主应对大暴行负责就是冒犯天威"这句奴才罗季切夫说的话[90]来同大暴行作斗争。

这个流行的论据的第二个毛病就在于社会民主党人不声不响地把民主斗争的领导权让给了立宪民主党人。在选票分散，会导致黑帮取胜的情况下，为什么**我们**不投立宪民主党人的票将是一种过错，而**立宪民主党人**不投我们的票却不算过错呢？

浸透了基督教驯顺精神的孟什维克回答说，我们占少数，立宪民主党人比我们多。况且立宪民主党人不可能宣布自己是革命者。

对呀！但是这并不能作为社会民主党人宣布自己是立宪民主党人的理由。在资产阶级革命半途而废的结局下，世界上任何地方都没有也不可能有社会民主党人比资产阶级民主派占多数的情形。而且，**在任何地方**，在一切国家，社会民主党在选举运动中**初次独立活动**，都遇到了自由派的大叫大嚷，**责骂社会党人是黑帮的帮凶**。

因此，我们对孟什维克惯常地叫嚣什么布尔什维克在使黑帮当选，是处之泰然的。**一切**自由派都对**一切**社会党人这样叫嚣过。你们拒绝同立宪民主党作斗争，就是要把那些能够跟着社会民主党走的广大无产阶级分子和半无产阶级分子置于立宪民主党的思想影响之下。①　今天或者明天,只要你们还是社会党人,那你们就得不顾黑帮危险去进行独立的战斗。而今天采取正确步骤比明天更容易更需要。在第三届杜马(如果它在第二届杜马以后还召集的话)中,你们废除同立宪民主党的联盟会更难些,你们陷入对革命背叛者的那种反常关系之中会更深些。然而**真正的**黑帮危险,我们再说一遍,根本不是杜马中的黑帮代表名额,而是大暴行和战地法庭。你们既然用立宪民主党的眼罩捂住人民的眼睛,那你们就妨碍了人民同这个真正的危险作斗争。

这个流行的论据的第三个虚伪之处就在于对杜马和它的作用作了不正确的评价。在《极左派的联盟》这篇妙不可言的文章中,孟什维克一反自己的惯常说法,不得不承认问题的实质不在于技术上的协议,而恰恰在于两个策略的根本政治区别。

我们在这篇文章里,读到这样一段话:

"'联盟'的策略,不管自觉不自觉,都指望在未来的杜马中形成一个抹去了社会民主党色彩的团结一致的革命少数派,跟杜马的多数派连续不断地作战,就像跟政府作战一样,并且在一定的时机推翻杜马,宣布自己为临时政府。采取局部协议的策略,是为了尽可能利用整个杜马,也就是说,利用杜马里的多数,来同专制制度作斗争,并在杜马中一直保持独立社会民主党党团的极端立场。"

说到"抹去了色彩",我们已经指出,孟什维克错就错在这一点,错在工人选民团中的选举,错在比较随便地容许结成联盟,也错在思想上用立宪民主主义来偷换社会民主主义。说到"宣布"临时政府,孟什维克的这一说法,也同样是可笑的,他们忘了问题不

---

①　立宪民主党人自己开始承认,在选举时威胁他们的是**从左面来的危险**(这是《言语报》在关于彼得堡省的报道中的原话)[91]立宪民主党人用黑帮危险的叫喊来愚弄孟什维克,以便摆脱从左面来的危险!!

在于宣布,而在于**起义**的整个进程和**起义**的成功。如果临时政府不是起义机关,那这就是说空话或者是无谓的冒险。

但是,按问题的实质来说,孟什维克在上段引文里无意中道出了神圣的真理。的确,一切正在于:我们**是否**应该为了"全盘的"自由派杜马("整个杜马")而**牺牲**社会民主党在选举运动中的**独立性**?的确,在布尔什维克看来,更重要的是在选举运动中保持完全的独立性,保持我们政策和我们党团的完全的(不是半立宪民主党的)社会民主主义性。而在孟什维克看来,更重要的是搞一个全盘的立宪民主党杜马,其中包括一大批作为半立宪民主党人当选的社会民主党人。有两种类型的杜马,一种是 200 个黑帮,280 个立宪民主党人,20 个社会民主党人;另一种是 400 个立宪民主党人和 100 个社会民主党人。我们宁肯要第一种类型的杜马,我们认为把从杜马中清除黑帮当做消除黑帮危险,这是一种幼稚的想法。

对我们说来,在任何场合,无论在选举的战斗中,或者在杜马的战斗和街头的战斗中,路线只有一条,就是拿起武器。无论在任何场合,社会民主党都要同革命资产阶级一起,反对立宪民主党叛徒。而孟什维克则同立宪民主党人一起进行"杜马的"战斗(支持整个杜马和立宪民主党内阁),而一碰到起义,他们就要改变政策,缔结"**不是政治联盟,而是**战斗协议"。因此,一位布尔什维克在代表会议上说得对:崩得分子支持同立宪民主党结成联盟,这就偷运了支持立宪民主党内阁的私货。

我们摘录的那一段引文最清楚不过地证明:同立宪民主党结成联盟怎样使孟什维克关于选举运动口号的决议中的一些动听的词句变成了空话,如:"在杜马内把革命力量组织起来"(这岂不成为把立宪民主党的附庸组织起来，瓦解真正的革命力量吗?)；"暴露杜马的无能"(这岂不成为向群众掩盖立宪民主党的无能吗?)；"向群众讲清楚希望斗争和平结束是一种幻想"(这岂不成为在群众中加强那个散布幻想的立宪民主党的影响吗?)。

立宪民主党的报刊也出色地估计到了孟什维克同立宪民主党联盟的**政治**意义。我们前面讲过，或者是跟在自由派的后面，或者是走在革命者的前面。我们可以引用我国的政治报刊来证明这一点。

你们能找到多少有分量的、足以证明布尔什维克是跟在资产阶级革命者的后面，以他们为转移的大量材料吗? 这一点连说起来也是可笑的。俄国的一切报刊都清楚地表明，连革命者的一切敌人也都承认，正是布尔什维克执行着独立的政治路线，并把资产阶级革命者的某些集团和优秀分子争取过来。

那么资产阶级机会主义者呢? 他们的报刊比社会民主党和社会革命党的报刊加起来还要多十倍。正是他们执行着一条独立的政治路线，把孟什维克和人民社会党人变成纯粹的应声虫。

立宪民主党的**全部**报刊都**只**引用了孟什维克的决议中关于联盟的部分，而把"杜马的无能"、"在杜马内组织革命力量"等等一类的话**略去了**。立宪民主党人则不但把这类话略去了，而且**直接斥责**这类话，一会儿说这是"空话"，一会儿说这是孟什维克的"不彻底性"，一会儿说这是"孟什维主义口号的不坚定性"，一会儿又说这是"布尔什维克对孟什维克的恶劣影响"。

这说明什么呢? 这说明，不以我们的意志为转移，与孟什维克中的优秀分子的愿望相反，政治生活所吸收的是孟什维克的**立宪民主党事业**，所抛弃的是他们的**革命词句**。

立宪民主党人把孟什维克的效劳装进自己的腰包,拍着普列汉诺夫的肩膀,赞赏他鼓吹联盟,同时却轻蔑地、粗暴地像一个商人大捞一把之后大声叫道:孟什维克先生们,这还不够! 还需要在思想上接近! (请看《同志报》上评论普列汉诺夫的信的文章[92])孟什维克先生们,这还不够,还得停止论战或者至少改变一下调子(请看**左派**立宪民主党人的《**世纪报**》关于我们代表会议的决议的社论[93])! 至于《言语报》,就更不用说了,它干脆打断那些一心思念立宪民主党人的孟什维克的话,宣称:"我们是到杜马去**立法**的",而不是去干革命的![94]

可怜的孟什维克,可怜的普列汉诺夫呀! 他们写给立宪民主党人的情书读是满意地读过了,但是,还是不准他们越过前厅一步。

请你们读读普列汉诺夫在资产阶级立宪民主党的《同志报》上的言论吧! 普列汉诺夫的言论受到普罗柯波维奇先生和库斯柯娃女士兴高采烈的欢迎,而恰恰就是他们在1900年因企图用资产阶级观点来腐蚀社会民主党而被普列汉诺夫赶出了党。现在,普列汉诺夫接受了普罗柯波维奇和库斯柯娃的著名《信条》[95]的策略,而这些伯恩施坦派竟厚颜无耻地给他频送飞吻,并叫嚷说:我们**资产阶级民主派**一向就是这样说的!

普列汉诺夫为了走进立宪民主党的前厅,只得在全体人民面前**放弃自己昨天的声明**。

请看下面的事实。

1906年7月,杜马被解散以后,普列汉诺夫在《日志》[96]第6期上写道,**参加**运动的政党应当取得谅解。为了合击,就得**事先有个商量**。"敌视我国旧制度的**政党**应当……就这种宣传的基本思想彼此达成协议。在解散杜马之后，这种基本思想只能是召集立宪会议的思想……"

"……**只能是**"召集立宪会议的思想。这就是普列汉诺夫在1906年7月提出的政治联盟和战斗协议的计划。

五个月之后，到1906年11月，普列汉诺夫改变了协议的路线。为什么呢？难道在这期间要求召集立宪会议的政党和不要求召集立宪会议的政党之间的相互关系改变了吗？

大家都承认，立宪民主党在这期间向右走得更远了。而普列汉诺夫却**走进**立宪民主党的报刊，**闭口不谈**立宪会议，因为这在自由派的前厅里是禁止谈论的。

这位社会民主党人滑倒了，这难道还不明显吗？

还不止于此。普列汉诺夫在《日志》第6期上，还**直接**谈到立宪民主党人。普列汉诺夫**那时**(这是多么久以前的事啊!)说明了立宪民主党对召集立宪会议的思想持不信任态度的自私的阶级性质。那时普列汉诺夫谈到立宪民主党的原话如下：

"谁用这样或那样的借口来拒绝宣传这一思想〈召集立宪会议的思想〉，谁就明白表示：他实质上并不打算对斯托雷平先生及其同伙的行动作出应有的回答，他尽管心里惴惴不安，也要**同这些行动妥协**;他起来反对这些行动，但**仅仅是在口头上，仅仅是装装样子**。"(黑体是我们用的)

普列汉诺夫现在走进了立宪民主党的报纸，从实现思想联盟开始，鼓吹起选举联盟来了。在立宪民主党的报纸上，普列汉诺夫不愿告诉人民：立宪民主党人同斯托雷平匪帮**妥协了**，他们起来反对**仅仅是装装样子**。

为什么普列汉诺夫在1906年11月不愿意把他在1906年7

月说过的话再重说一遍呢?

————

瞧! 这就是同立宪民主党结成"技术性"联盟的意义,也正因为如此,我们要同容许结成这种联盟的社会民主党人进行毫不留情的斗争。

立宪民主党人先生们,你们高兴得太早了吧? 在高加索和乌拉尔,在波兰和拉脱维亚边疆区,在莫斯科中部地区,也许还在彼得堡,社会民主党人在选举中将不结成联盟。

不同立宪民主党结成任何联盟! 不同那些跟斯托雷平匪帮妥协的人作任何妥协!

载于1906年11月23日《无产者报》第8号

译自《列宁全集》俄文第5版第14卷第112—124页

同立宪民主党化的
社会民主党人的斗争和党的纪律

(1906 年 11 月 23 日〔12 月 6 日〕)

容许同立宪民主党结成联盟,彻底暴露了孟什维克是工人政党中机会主义一翼的面目。为了反对同立宪民主党结成联盟,我们正在开展而且必定要开展最广泛、最无情的思想斗争。这个斗争将会最好地教育和团结革命的无产阶级群众,他们在我们**独立的**(不只是口头上,而是实际上,即不同立宪民主党结成联盟)选举运动中将会获得提高自己阶级自觉的新材料。

于是产生一个问题:怎样把这种无情的思想斗争同无产阶级政党的纪律结合起来。这个问题应当直截了当地提出来,并且立即透彻地加以阐明,才不致在革命社会民主党的实际政策中产生**任何**误解和任何动摇。

我们先研究这个问题的原则方面,然后再研究大家直接关心的实际方面。

我们已经不止一次从原则上明确地谈了我们对工人政党的纪律的意义和纪律的概念的看法。**行动一致,讨论和批评自由**——这就是我们明确的看法。只有这样的纪律才是先进阶级民主主义政党所应有的纪律。工人阶级的力量在于组织。不组织群众,无产阶级就一事无成。组织起来的无产阶级就无所不能。组织性就是行动一致，就是实际活动一致。当然，任何行动和任何活动，只有它们是在前进而不是在后退，是从思想上团结无产阶级，提高无产阶级，而不是降低、腐蚀、削弱无产阶级，它们才是有价值的。没有思想的组织性是毫无意义的，它实际上会把工人变成掌权的资产阶级的可怜仆从。因此，没有讨论和批评的自由，无产阶级就不承认行动的一致。因此，觉悟工人始终不应当忘记，对原则的严重违反必定会使一切组织关系遭到破坏。

　　为了避免某些不求甚解的文人曲解我的话，我将立即从一般地提出问题转为具体地提出问题。社会民主党人容许同立宪民主党结成联盟，这是不是要求组织关系的完全破坏，即实行分裂呢？我们认为**不是的**，而且所有的布尔什维克也都认为不是的。第一，孟什维克才刚刚成批走上实际机会主义的道路，并不坚定，也不坚决。马尔托夫写的与容许同立宪民主党结成联盟的切列万宁脱离关系的声明的墨迹未干，——这是在日内瓦尚未发出立宪民主党口令[97]时写的。第二，这是重要得多的原因，俄国无产阶级当前斗争的客观环境以不可阻挡之势迫使人们采取**明确的**断然措施。不管革命是大高涨（像我们想的那样）还是大低落（像某些社会民主党人想的那样，不过他们怕说出来），——在这**两种**情况下，同立宪民主党结成联盟的策略都不可避免地会遭到破产，而且为时也不会太久。因此，我们不能像知识分子那样神经质，我们现在**一定**要依靠革命无产阶级的坚毅精神，依靠无产阶级健全的阶级本能来维护党的统一。最后，第三，在目前的选举运动中，孟什维克和中央委员会主张结成联盟的决定，实际上束缚不了地方组织，也不能强制我们全党推行这种同立宪民主党结成联盟的可耻策略。

　　现在就来具体地提出问题。俄国社会民主工党全国代表会议的决定究竟有多大约束力？中央委员会的指示有多大约束力？党的地方组织能有多大的自治权？

　　这些问题如果代表会议本身没解决，无疑会在我们党内引起无休止的争论。代表会议的全体代表都同意代表会议的决定**是没有约束力的**，是谁也约束不了的，因为代表会议是咨议性机构而不是决策机构。代表会议的代表不是民主选举的，而是由中央委员会按自己指定的数目从自己指定的组织中选派的。**因此**，布尔什维克、拉脱维亚社会民主党人和波兰社会民主党人在代表会议上没有花费时间去修饰孟什维克关于联盟的决议，没有制定妥协办法（比如，**既**承认抵制是正确的，**又**容许同君主派资产阶级结成联盟！），而是**针锋相对地**直接**提出了**选举运动中的自己的纲领、自己的口号、自己的策略。在咨议性的代表会议上，布尔什维克的这种行动正是绝对必要的。代表会议不应该代替代表大会，而应该为代表大会作准备，不应该解决问题，而应该更清楚明确地提出问题；不应该掩盖和抹杀党内斗争，而应该指导斗争，使斗争更严谨，更有思想性。

　　其次，代表会议的决定成了（经过某些修改）中央委员会的指示。中央委员会的指示是对全党有约束力的。在这一问题上中央委员会的指示在什么范围内有约束力呢？

　　不言而喻，在代表大会的决定的范围内和在代表大会所承认的地方党组织自治权的范围内有约束力。如果代表会议没有通过一项得到**孟什维克、布尔什维克和中央委员**一致同意的伸缩性最小的决议，那么，关于这些范围的争论又可能是无休止的和无法解决的（因为统一代表大会的决议禁止在选举运动中同资产阶级政党结成任何联盟）。在表决**这个**决议时不分派别，这是工人政党的统一和有战斗力的重要保证之一。

这个决议的原文如下：

"代表会议确认，在同一个组织范围内，该组织的全体成员必须在中央委员会的**总的**指示范围内执行地方组织的主管机关所通过的一切有关选举运动的决定，**同时，中央委员会可以禁止地方组织提出非清一色的社会民主党的名单，但是不应当一定要地方组织提出非清一色的社会民主党的名单。"98

我们加上了着重标记的字可以消除无休止的争论，而且可以消除非我们所愿的危险冲突。中央委员会的总的指示不能超出**容许**同立宪民主党结成联盟的范围。同时，全体社会民主党人不分派别都宣布了：同立宪民主党结成联盟毕竟是一桩不太体面的事情，因为我们都曾要求中央委员会禁止这种联盟，而没有要求它下令结成这种联盟。

结论是清楚的。摆在党面前的有两个纲领。一个是代表会议的18个代表即孟什维克和崩得分子的纲领。另一个是14个代表即布尔什维克、波兰社会民主党人和拉脱维亚社会民主党人的纲领。地方组织的主管机关可以随意挑选、修改、补充乃至用新的纲领来代替这两个纲领。主管机关作出决定**以后**，我们**全体**党员就要**万众一心地行动起来**。一个敖德萨的布尔什维克，要把写有立宪民主党人名字的选票投进票箱，哪怕这会使他感到厌恶。一个莫斯科的孟什维克，要把只写有社会民主党人名字的选票投进票箱，哪怕他一心思念的是立宪民主党人。

但是，选举还不是明天就要举行。让所有革命的社会民主党人更紧密地团结起来，展开最广泛最无情的思想斗争，反对同立宪民主党结成阻碍革命、削弱无产阶级的阶级斗争、腐蚀群众的公民意识的联盟吧！

载于 1906 年 11 月 23 日《无产者报》
第 8 号

译自《列宁全集》俄文第 5 版
第 14 卷第 125—129 页

阿尔马维尔社会民主党人
是怎样进行选举运动的？

(1906 年 11 月 23 日〔12 月 6 日〕)

在选举第一届杜马时,阿尔马维尔社会民主党人曾同立宪民主党结成联盟[99]。《浪潮报》[100]当时曾就此事发表文章,严厉谴责了阿尔马维尔社会民主党人。我党中央委员会当时也就此事致信阿尔马维尔,严正指出当地的同志违背了统一代表大会的指示。

现在,阿尔马维尔的同志想必有了实际经验,懂得了同立宪民主党结成联盟意味着什么。至少,他们在最近的党的刊物上不仅没有鼓吹同立宪民主党结成联盟,反而把立宪民主党的**全部真实情况直接**端出来了。我们不想挑剔阿尔马维尔刊物的文章形式,否则就是小题大做。我们只引用突出地表明阿尔马维尔社会民主党人的策略的几段话。

我们手头有一份俄国社会民主工党阿尔马维尔委员会的刊物《阿尔马维尔无产者报》[101]第 1 号,1906 年 10 月出版,发行5 000 份。

在该号的社论中我们看到:

"让立宪民主党人、商人、官吏、地主、自由派去跟着政府的笛声跳舞吧,无产阶级是不会屈服和妥协的。"

随后的一篇专门号召准备选举的文章写道:

"团结起来吧,投票吧,把杜马拿过来! 立宪民主党老爷们在塔夫利达宫的天鹅绒安乐椅上已经坐够了。该是工人长满老茧的双手把这些空谈家和寄生虫扔出去的时候了!"

"赶快把无产阶级自己在杜马中的席位拿过来,以便使杜马从立宪民主党的清谈馆变成同屠杀人民的刽子手、同万恶的专制制度进行搏斗的革命战场。"

在 1906 年 11 月印发了 3 000 份的《告选民书》传单中,阿尔马维尔委员会写道:

"人民懂得了,只有用暴力和权力才能取得垂死的专制制度不情愿给他们的东西,才能取得无权的立宪民主党杜马没有给他们的东西…… 让我们通过它、通过这个杜马来进行我们的革命,让我们通过自己的代表把人民的威力带进塔夫利达宫,让我们用自己的代表的双手在新杜马中点燃革命的篝火,并且刮起整个无产阶级的和革命俄国的风暴,使它愈烧愈旺。到新杜马中去吧,到新杜马中去吧!!

……同志们,公民们! 我们未来的杜马不会是黑帮的,也不会是立宪民主党的,它将是无产阶级的和农民的,将是我们的全权的杜马。"

我们再说一遍,挑剔这种呼吁书的形式或细节,就是小题大做。

重要的是呼吁书的精神。重要的是阿尔马维尔社会民主党人的独立的政策,这些社会民主党人已经走过同清谈家和寄生虫结成联盟的涤罪所[102]了。

《言语报》和《同志报》的先生们,《世纪报》和《俄罗斯新闻》[103]的先生们,这就是你们对社会民主党人所抱的希望! 这就是《言语报》最近吐露的你们所说的"从左面来的危险"!

全体革命的社会民主党人,起来斗争吧! 为反对同立宪民主党结成联盟而斗争吧! 孟什维克同志们会像阿尔马维尔的同志们

一样,走过同资产阶级机会主义者结成联盟的涤罪所,回到革命的
社会民主党里来。

载于 1906 年 11 月 23 日《无产者报》
第 8 号

译自《列宁全集》俄文第 5 版
第 14 卷第 130—131 页

把谁选入国家杜马？[104]

(1906 年 11 月 23 日〔12 月 6 日〕)

公民们！你们要力求使全体人民清楚了解到，
有哪几个主要政党在圣彼得堡选举中进行斗争，
每个政党又力求得到什么！

有哪三个主要政党？

黑帮——这就是俄罗斯人民同盟，君主派，法制党，十月十七日同盟，工商党[105]，和平革新党。

立宪民主党——这就是"人民"自由党或立宪"民主"党(实际上是自由主义君主派政党)，"民主"改革党，激进派等等。

社会民主党。俄国社会民主工党。这是俄国各民族即俄罗斯人、拉脱维亚人、波兰人、犹太人、小俄罗斯人、亚美尼亚人、格鲁吉亚人、鞑靼人等等中的觉悟工人的政党。

三个主要政党维护谁的利益？

黑帮维护现在的沙皇政府，拥护地主、官吏、警察权力、战地法庭，赞成大暴行。

立宪民主党维护自由派资产者、自由派地主、商人和资本家的利益。立宪民主党是资产阶级的律师、报人、教授等等的政党。

社会民主党是工人阶级的政党，它维护全体被剥削的劳动者的利益。

三个主要政党力求得到什么？

黑帮力求保存旧的专制制度，人民的无权地位，以及地主、官吏、警察对人民的全面统治。

立宪民主党力求使政权转到自由派资产阶级手中。君主制保存警察和军队的权力，要维护资本家掠夺工农的权利。

社会民主党力求把全部政权转到人民手中，即建立民主共和国。社会民主党人需要充分自由，以便为争取社会主义，争取把劳动从资本压迫下解放出来而斗争。

三个主要政党想要给人民
什么样的自由？

黑帮不给人民任何自由、任何权力。全部权力归沙皇政府。人民的权利就是：纳税，为富人干活，坐牢。

立宪民主党所希望的"人民自由"，首先应当服从参议院，即服从地主和资本家；其次应当服从君主制，即服从拥有不承担责任的警察和军事力量的沙皇。三分之一的权力归人民，三分之一归资本家，另外三分之一归沙皇。

社会民主党想要把充分自由和全部权力都交给人民，全部官吏都要实行选举制，把士兵从兵营苦役中解放出来并建立自由的民兵制。

三个主要政党是怎样对待
农民的土地要求的？

黑帮维护地主-农奴主的利益。

立宪民主党想用让步的办法保存

社会民主党想要消灭我国的地主

不给农民任何土地。只准富人根据自愿协议向地主购买土地。

地主土地占有制。他们建议农民实行 1861 年曾经一度使农民遭到破产的赎买。立宪民主党不同意土地问题由通过普遍、直接、平等和无记名投票选出来的地方委员会解决。

土地占有制。全部土地应当立即不经赎买交给农民。土地问题应由通过普遍、直接、平等和无记名投票选出来的地方委员会解决。

三个主要政党在自己的全部斗争 获得胜利时能够争取到什么？

黑帮采取各种斗争手段，能够争取到：人民彻底破产，整个俄国由于战地法庭和大暴行而彻底野蛮化。

立宪民主党只采取"和平的"斗争手段，能够争取到：大暴行制造者的政府用小小的让步收买大资产阶级和农村富人，而自由派清谈家将被赶走，因为他们对受人崇敬的、不承担责任

社会民主党采取各种斗争手段，直至起义，能够在觉悟农民和城市贫民的帮助下争取到：充分自由并把全部土地交给农民。而在获得自由以及全欧觉悟工人帮助的情况下，俄国社会民主党

的、不可侵犯的、立宪的君主说了些不够奴颜婢膝的话。

就能够以快速的步伐走向社会主义。

公民们！选举时投俄国社会民主工党候选人的票吧！

社会民主党和劳动派政党

公民们！谁想自觉地参加国家杜马的选举，谁就应当首先弄清楚三个主要政党的基本区别。**黑帮**支持沙皇政府的大暴行和暴力。**立宪民主党人**维护自由派地主和自由派资本家的利益。**社会民主党人**维护工人阶级和全体被剥削的劳动者的利益。

谁想自觉地捍卫工人阶级和全体劳动者的利益，谁就应当知道，哪一个政党确实能够最彻底最坚决地维护这种利益。

哪些政党决心维护
工人阶级和全体劳动者的利益？

工人阶级的政党，即坚持无产阶级阶级斗争观点的俄国社会民主工党。

劳动派政党，即坚持小业主观点的政党：

社会革命党。

劳动派政党（人民社会党）和非党劳动派。

这些政党实际上维护谁的利益？

无产者的利益。无产者的生活条件使他们想变成老板的任何希望都破灭了，从而促使他们力求彻底改变资本主义社会制度的一切基础。

小业主的利益。小业主反对资本压迫，但是由于本身的生活条件，他们竭力想当老板，巩固自己的小经济，靠做买卖和雇用工人的办法来发财致富。

这些政党在劳动和资本的世界性大斗争中坚定程度如何？

社会民主党不能容许劳动和资本之间有任何妥协。它组织雇佣工人同资本进行无情的斗争，以消灭生产资料私有制和建立社会主义社会。

劳动派政党梦想消灭资本的统治，但是由于小业主的生活条件，它们不可避免地会动摇不定：一方面同雇佣工人一起反对资本，另一方面力求使全体劳动者成为平均分得土地或保证取得贷款等等的小业主，从而使工人和资本家妥协。

这些政党在彻底实现自己的最终目的时
能够争取到什么？

无产阶级获得政权，把资本主义的生产变为公有的、社会主义的大生产。

在小业主、小农之间平均分配全部土地，而在他们当中又不可避免地会发生斗争，会分化为富人和穷人，工人和资本家。

这些政党在当前革命中
为人民争取哪些自由？

为人民争取充分自由和全部权力，即建立民主共和国，选举官吏，以普遍的人民武装代替常备军。

为人民争取充分自由和全部权力，即建立民主共和国，选举官吏，以普遍的人民武装代替常备军。

把民主即人民的全部权力同君主制即沙皇、警察和官吏的权力结合起来。这种愿望是荒谬的，这种政策是背叛性的，就像自由派地主即立宪民主党人的愿望和政策一样。

这些政党是怎样对待农民的土地要求的？

社会民主党要求把地主的全部土地不经赎买交给农民。

社会革命党要求把地主的全部土地不经赎买交给农民。

劳动派要求把地主的全部土地交给农民，但是容许赎买。容许赎买将使农民破产。这是背叛性的政策，就像自由派地主即立宪民主党人的政策一样。

公民们！选举时投俄国社会民主工党候选人的票吧！

1906 年 11 月 23 日作为《无产者报》第 8 号的附刊印成传单

译自《列宁全集》俄文第 5 版第 14 卷第 132—138 页

新的参议院说明

(1906 年 12 月 7 日〔20 日〕)

在稍微公开的政治斗争环境中,生活会非常迅速非常鲜明地检验任何一个策略步骤。俄国社会民主工党全国代表会议的代表们大概还没有来得及全部回到自己的岗位并向党组织汇报,而同立宪民主党结成联盟这个有争议的问题就得到完全新的阐释了。这个问题现在已成为当前所有政治问题的中心。

在俄国社会民主工党代表会议上,无论哪一个代表,甚至连想也没有想到社会民主党人可以稍微削弱或者甚至根本改变自己在选举运动中的独立的策略口号。由党中央提出并以 18 票对 14 票(布尔什维克、波兰社会民主党人、拉脱维亚社会民主党人)通过的决议,把俄国社会民主工党的纲领和口号的完全独立性正式放到了首位。在任何"削弱"我党纲领的基础上同其他政党结成任何比较固定的联盟都是绝对不容许的。社会民主党右翼和左翼之间的争论完全在于:社会民主党右翼实际上是否坚持这种原则立场?他们容许同立宪民主党结成联盟,是否同这种立场相矛盾?他们对"技术性的"协议和思想性的协议的区分,是否是做作的,虚伪的,仅限于口头上的区分?

但是……在我们党内,即在党的实际"结构"内,想必也有参议院这类机构,也可能会通过参议院说明[106]把党的"法律"即党的正式机关的决定变成截然相反的东西。果然不出所料,对俄国社会民主工党的决定所作的新的参议院说明从日内瓦传来了。这个说明是用格·普列汉诺夫对《同志报》的一个"自称既不是资产者,也不是社会民主党人的"读者的《公开答复》[107](和拉萨尔的做法完全一样!)的方式,在这个报上发表的。我们党的这位准拉萨尔赶忙去帮助实际上是社会民主党叛徒们的机关报的读者。

《同志报》的这位读者问格·普列汉诺夫,"在他看来,左的和极左的政党的共同选举纲领可能是怎样的"。格·普列汉诺夫回答说:"除了**全权杜马**这几个字以外,对这个问题没有而且也不可能有其他的答案。"

"……没有而且也不可能有其他的答案。"我们的准拉萨尔的这句话看来注定要成为一句"故事性的"话,至少是在果戈理使用这个字眼的含义上。格·普列汉诺夫曾经赏脸听取了这样的报告:有那么一个俄国社会民主工党中央委员会,这个党正在召开一个什么全俄代表会议,这个中央委员会和这次代表会议,各自都在对那些不仅使格·普列汉诺夫的现在的同事库斯柯娃女士和普罗柯波维奇先生感兴趣、而且使俄国的社会主义工人感兴趣的问题作出答案。格·普列汉诺夫丝毫没有为此感到不安,他宣称:"除了我的答案以外,没有**而且也不可能有**其他的答案。"立宪民主党报纸发表这句极其宽厚的话时,恰恰是在俄国所有的读者都已经知道整个俄国社会民主工党的区域级机关和中央机关的**全体**代表作出了**另一种**答案的时候。

这"故事"的确和诺兹德列夫[108]不止一次地充当主人公的故事如出一辙。

不过还是谈谈我们无与伦比的格·普列汉诺夫的这个独一无

二的、无与伦比的答案的实质吧。

首先我们看到,他甚至不能想象:没有共同的选举纲领也可以在第一级选举时达成协议。我们布尔什维克却同意这个看法。格·普列汉诺夫承认了这一点,从而像熊那样给孟什维克帮了忙。**109**在代表会议上,在同孟什维克和崩得分子争论时,以及在《无产者报》第8号上①,我们不断指出过:在第一级选举时达成协议不能不影响我们党向群众开展活动,因此这种协议必然会违反我们的愿望和计划,带上某种思想上相互接近的色彩,会在一定程度上模糊、削弱和松懈社会民主党的政治独立性。格·普列汉诺夫由于他工于心计和掌握了党的灵活性,支持了我们对孟什维克的进攻。他公开承认的东西甚至超出了我们所坚持的东西,他承认**共同纲领**,即承认同立宪民主党结成直接的**思想**联盟。

看来,不仅在俄国,而且在俄国社会民主工党内,参议院说明正在使那个为了自己的利益而炮制说明的人名誉扫地。

其次,读者可以仔细考虑一下普列汉诺夫的"全权杜马"这个"立宪民主党—社会民主党的"口号的直接含义,不管不同政党对这个口号的态度如何。"全权杜马"的含义就是要求给杜马以全权。给什么样的杜马呢? 显然是给俄国公民们根据12月11日的法令和参议院说明即将选出代表去参加的那个杜马。格·普列汉诺夫为**这个**杜马要求全权。看来,他确信这个杜马不会是黑帮杜马,因为他不会为黑帮杜马要求全权的。在提出"全权杜马"这一口号的同时,又叫喊黑帮杜马的严重危险,这等于自己打自己的嘴巴。这等于证实布尔什维克的看法:黑帮杜马的严重危险实际上

---

① 见本卷第112—114页。——编者注

并不存在,立宪民主党在某些场合捏造或夸大这种危险是有其自私目的的,也就是为了动摇工人和整个革命民主派对自身力量的信心,为了使立宪民主党摆脱真正威胁着它的"**从左面来的危险**"。《言语报》这个立宪民主党的正式机关报,在立宪民主党关于彼得堡省选举运动情况的总结报告中自己也承认了**这一**危险。

现在来谈谈普列汉诺夫的口号的实际政治内容。口号制定人为提出这个口号而得意忘形。他写道:"这个代数式的总公式非常确切地表述了左派和极左派当前最迫切的政治任务",它可以使自己的其他一切要求统统保留下来,不作任何削减。"立宪民主党不能像社会民主党应当理解的那样来理解全权杜马。但是,它们两者都需要全权杜马,所以两者都必须为它而斗争。"

普列汉诺夫的这段话清楚地说明,他自己也意识到立宪民主党和社会民主党对这个口号不可避免地会有不同的理解。口号只有一个,是"共同的",但是立宪民主党**不能**像社会民主党那样来"理解"这个口号的含义。

那么试问,为什么还要提出共同的口号呢?为什么还要向群众提出口号和纲领呢?

是否为了保持一个漂亮的外表?为了掩盖某种无须向群众挑明的事情?为了背着人民玩弄标榜种种好处的议会把戏?或者是为了提高群众的阶级自觉和切实地向群众阐明他们当前的政治任务?

任何人都知道,资产阶级政客总是到处向人民提出种种口号、纲领和政纲来欺骗人民。资产阶级政客总是(特别是在选举前)自命为自由派呀,进步派呀,民主派呀,甚至"激进社会党人"呀,这**仅仅是为了**捞取选票和欺骗人民。这无疑是所有资本主义国家的普遍现象。所以,马克思和恩格斯在谈到资产阶级代表时甚至说,die das Volk vertreten und zertreten——他们代表人民并且用自己的代表资格镇压人民。①

可是现在"资格最老的"俄国社会民主党人、社会民主党的创始人却为第一次全党参加的选举运动提出了一个纲领,而这个纲领显然会被立宪民主党解释成一个意思,又会被社会民主党解释成另一个意思! 这是怎么回事? 为什么要这样做?

要知道,既然立宪民主党和社会民主党对全权杜马的理解不可能一致,那么广大人民群众对这种杜马的理解也不可能一致,因为立宪民主党和社会民主党都代表着这些或那些阶级的某种利益、某种意愿或偏见。显然,普列汉诺夫认为立宪民主党对全权杜马的理解是错误的,而对政治任务的任何错误理解对人民都是有害的。因此,普列汉诺夫提出这样一种口号,**显然**会给人民带来害处,使某种错误的理解无法澄清并被掩盖起来。说得直截了当一些,这就是为了立宪民主党和社会民主党表面上的统一而欺骗工人和全体人民。

立宪民主党对全权杜马的理解错在哪里呢? 普列汉诺夫对此保持沉默。这种沉默首先证明:普列汉诺夫利用选举运动(提出选举纲领就是参加选举运动的一个步骤)不是为了提高人民的意识,而是为了模糊人民的意识。其次,这种沉默使普列汉诺夫关于"立宪民主党和社会民主党都需要全权杜马"的结论失去了任何意义。说两个不同的政党需要同一个东西,而对同一个东西的理解又各不相同,这简直是用空洞的遁词来掩盖的谬论! 也就是说,并不是

---

① 参看《马克思恩格斯文集》第 3 卷第 156 页。——编者注

同一个东西。随便哪一个人都能抓住普列汉诺夫的逻辑失误。也许可以把专制君主国和民主共和国都叫做字母"α",然后说,不同的政党可以随意用不同的数值代入这个代数公式。这纯粹是普列汉诺夫的逻辑,或者确切些说,是普列汉诺夫的诡辩术。

其实,普列汉诺夫**简直是胡扯**,照他说来,似乎立宪民主党和社会民主党都需要全权杜马,或者更进一步,都需要全权的人民代表机关,像他在文章后半部一再提到的那样。全权人民代表机关就是立宪会议,而且不是同君主并存的立宪会议,而是**推翻**沙皇政府**以后**的立宪会议。如果普列汉诺夫忘记了这个简单的道理,我们建议他读一读俄国社会民主工党的纲领,特别是纲领的最后一段,这一段恰恰谈到了这个问题。

立宪民主党不需要这种真正的全权人民代表机关,这种代表机关对他们是危险的,对他们所代表的利益是有害的。这种代表机关要废除他们心爱的、对资产阶级钱包来说非常珍贵的君主制。这种代表机关会使立宪民主党争取赎买地主土地的希望落空。这是如此正确,**甚至**普列汉诺夫在自己的《日志》第6期上也谈到了立宪民主党对召集立宪会议的思想持不信任态度的自私的阶级性质,谈到了立宪民主党由于害怕立宪会议而同斯托雷平匪帮**和解了**。

我们在《无产者报》第8号上已经引用了普列汉诺夫在《日志》第6期上的这些话①,并且指出普列汉诺夫现在应当否定自己昨天的声明。他所说的"立宪民主党也需要全权杜马"这句话,正是对自己讲过的话的**否定**。

---

① 见本卷第118—119页。——编者注

普列汉诺夫的这个在基本问题上的**胡扯**从逻辑上不可避免地会产生一系列其他胡扯。"全权人民代表机关本身就是实现一切先进政党的所有其他……要求的先决条件","没有这个代表机关,这些要求一个也实现不了",左派和极左派的斗争将在"有了它〈全权人民代表机关〉"的时候才开始,这些说法都是**胡扯**。全权人民代表机关是完成革命,把革命进行到底的结果,是革命取得完全胜利的结果。而立宪民主党却想中止革命,想用一些小小的让步来制止革命,并且公然说出这一点。普列汉诺夫却要工人和全体人民相信立宪民主党能够为革命的完全胜利而斗争,这是再三地欺骗人民群众。

普列汉诺夫写道:"现在我们有的只是一个全权的斯托雷平先生。"我们不知道这是失言,还是模仿立宪民主党的话("全权杜马＝由沙皇从杜马的多数中任命大臣的沙皇杜马"),或者是为了躲避书报检查?斯托雷平不仅没有全权,而且简直是沙皇和沙皇宫廷黑帮的小奴才。如果杜马对大暴行的揭发还不能使普列汉诺夫相信这一点,那就请他读一读报道"俄罗斯人民同盟"的全能影响的自由派报纸吧。

普列汉诺夫说:"现在,左的和极左的政党应当一起反对那些不要全权人民代表机关、也许根本不要任何人民代表机关的人。"

因此,应当反对立宪民主党人,因为他们**不想要**全权人民代表机关。

普列汉诺夫打着反对学理主义的幌子,却向我们表明他就是一个最恶劣、最狡猾的学理主义的典型,他狠狠地打了自己一个嘴巴。就派别观点来说,布尔什维克可能会对普列汉诺夫的言论感到高兴,因为不能设想还有什么会比这更有力地打击孟什维克的策略了。可是作为统一的俄国社会民主工党的党员,我们为格·普列汉诺夫的言论感到羞耻。

立宪民主党的正式机关报《言语报》对普列汉诺夫所作的回答,使得最温和的社会民主党人现在大概也会丢掉自己的机会主义幻想了。《言语报》的第一个回答,即第 226 号(11 月 25 日)的社论,完全是对伸出手来的普列汉诺夫的嘲弄,而且这是来自自由派的嘲弄,因为自由派没有忘记普列汉诺夫及其《火星报》同事们对自由派的机会主义所进行的攻击。立宪民主党的机关报嘲笑普列汉诺夫:"在这种情况下,普列汉诺夫先生作了值得一切人尊敬和赞赏的努力,以便使自己的同志从他们最右的立场再向右移动一下。"但是……但是我们还得表示反对。

立宪民主党表示的反对,就像是厂主对一个离开了工人同志而向厂主提出请求的工人所作的典型答复,而工人同志们共同提出的要求是以罢工作后盾的。你有请求吗? 很好。但是,你的不明智的同伴们不照你的意思去做,你对我有什么用处呢? 你不把话说透,你对我有什么用处呢? 建立一个全权杜马吗? 那怎么行! 这样我在循规蹈矩的人的心目中岂不信誉扫地了。你应该说,由杜马的多数组成内阁。那样,我们就同意和社会民主党一起提出共同纲领!

《言语报》回答的内容就是这样。这个回答既巧妙地嘲笑了普列汉诺夫的幼稚的"代数学",也嘲笑了普列汉诺夫在 1904 年 11 月曾是拒绝同资产阶级民主派达成"著名的巴黎协议"[110]的社会民主党的领导集团的成员(普列汉诺夫当时是中央机关报编辑部成员和最高的俄国社会民主工党"总委员会"主席)。《言语报》讽刺说,当时恰恰有个"代数符号",这就是"民主制度"。我们把这个符号理解成立宪君主制。签订协议的社会革命党人却理解为民主共和制。格·瓦·普列汉诺夫，你当时是拒绝了协议的呀！你现在聪明起来了吗？我们立宪民主党人称赞你，但是**为了事业**，你还得向右走一走。

《言语报》也公开承认：提出"召开立宪会议"口号的立宪民主党人也是在愚弄人民。我们立宪民主党人希望召开的是"**保存君主特权**〈即权利〉**的**"立宪会议，而不是共和制的立宪会议。用这种欺骗来赢得群众的同情对我们是有利的，但是现在，对我们更重要的是赢得沙皇匪帮的同情。因此要打倒"全权杜马"这个"危险的"、"含糊的"、"无望的"、"迎合有害的革命幻想的"口号。我们要求社会民主党人坚持他们原来的、中央委员会提出的支持由杜马的多数组成内阁的口号以及由这一口号产生的"**后果**"。这些后果不是削弱而是**加强**（原文如此！）立宪民主党在杜马中的多数。

下一号《言语报》的编辑部文章专门向沙皇黑帮解释（用向普列汉诺夫解释问题作幌子）说，立宪民主党**不需要**"全权"杜马。宣布杜马是全权的，就等于政变。立宪民主党决不会这样做。"我们立宪民主党人丝毫不企求，而且也不应当企求全权杜马。""难道普列汉诺夫先生竟违反自己通常的洞察力，没有从事件的进程中吸取"这样的教训吗？

立宪民主党对普列汉诺夫的通常的洞察力的嘲笑，正击中了要害。从俄国革命事件的整个进程中，普列汉诺夫并没有学会了解立宪民主党。他罪有应得，活该让立宪民主党人鄙视地推开了一个离开自己的党和违反党的意志而独立行动的社会民主党人伸出来的手。

《言语报》对普列汉诺夫的回答同样具有普遍的政治意义。立宪民主党人不是逐日而是逐时地向右转。他们恬不知耻地说,他们将勾结黑帮君主制来粉碎"有害的革命幻想"。

我们深信,全俄工人会从这次教训中得益不少。他们不会同立宪民主党结成联盟,而会进行独立的选举运动,会把革命的资产阶级争取过来,并且会把那帮用"人民自由"这句空话欺骗人民的资产阶级政客最终投入政治叛徒的牢狱!

载于1906年12月7日《无产者报》第9号　　　　　　　　　译自《列宁全集》俄文第5版第14卷第139—148页

孟什维主义的危机

(1906 年 12 月 7 日〔20 日〕)

宣扬非党的工人代表大会以及同立宪民主党的联盟，无疑标志着孟什维克在策略上的某种危机。我们作为他们全部策略的原则上的反对者，当然自己解决不了这个危机就所谓外部表现来看究竟成熟到了什么程度的问题。尤·拉林同志新近写的《广泛的工人党和工人代表大会》(1906 年莫斯科版，新世界出版社经销书店)这本极有教益的小册子，却帮助了我们。

尤·拉林同志常常是以多数孟什维克的名义说话的。他自称是孟什维主义的负责代表，他这样称呼自己是当之无愧的。他在南方工作过，也在彼得堡，在"孟什维克的"维堡区工作过。他是出席统一代表大会的代表。他经常既给《劳动呼声报》[111]又给《现代评论》杂志[112]写稿。所有这些事实对于评价这本小册子极为重要，因为这本小册子的意义在于作者的真实，而不在于他的逻辑；在于他的报道，而不在于他的议论。

一

马克思主义者应当把对革命客观进程的估计作为谈论策略的

基础。大家知道,布尔什维克在提交统一代表大会的关于目前形势的决议案[113]中曾试图这样做。孟什维克自己撤回了他们关于这方面的决议案。看来,拉林同志觉得抹掉这些问题是不行的,于是就试图分析一下我国资产阶级革命的进程。

他是分两个时期谈的。第一个时期,包括整个1905年,是公开的群众运动时期。第二个时期,从1906年起,是为"自由事业实际胜利"、"人民意愿得以实现"而进行缓慢不堪的准备时期。在这个准备时期中,农村起着根本的作用,没有农村的帮助,"分离的城市会被摧毁"。我们正经历着"内在的、表面上看来是消极的革命发展时期"。

"被称为土地运动的东西,——没有变成积极进攻的普遍尝试的经常骚动,同地方官吏、地主进行的小规模斗争,拖交税款,讨伐,——所有这一切,从经济观点来说(如果不是从值得怀疑的经济力量来说,而是从经济后果来说),是一条对农村最有利的道路。这条道路不会把农村彻底榨干,一般说来,会使农村的负担有较大的减轻,而不致破产,它将大大瓦解旧政权的支柱,从而创造条件来使旧政权一旦受到严重考验,就必定投降或垮台。"作者还指出,在两三年内,警察和军队的人员构成将要发生变化,将由不满的农民来补充;正如一个农民告诉作者说,"我们的子弟要去当兵了"。

拉林同志的结论有两个方面:(1)我们的"农村不会平静下来。奥地利的1848年不会在我国重现";(2)"俄国革命不会像北美革命或波兰革命那样,走名副其实的全民武装起义的道路"。

我们就来谈谈这两个结论。第一个结论,作者的论证太杂文式了,而且提法太不确切。但是从实质上说,作者谈的却接近真情。我们革命的结局确实首先取决于千百万农民群众在斗争中的坚定性。我国大资产阶级害怕革命甚于害怕反动派。无产阶级单靠自己是不能取胜的。城市贫民同无产阶级和农民比较起来,既不代表独立的利益,也不代表力量的独立因素。农村的决定作用,不是指领导斗争(这一点根本谈不上),而是指保证胜利。

如果拉林同志仔细考虑一下他的结论,并且把这个结论同社会民主党关于我国资产阶级革命的思想发展的整个进程联系起来,那么他就会接触到他所憎恨的布尔什维主义的旧原理:俄国资产阶级革命的胜利结局,只能是无产阶级和农民的革命民主专政。实际上,拉林得出的正是这样的看法。只是他本人所痛斥的那种思想上犹豫不定和谨小慎微的孟什维克品质,妨碍他公开承认这一点。只要把拉林和中央委员会的《社会民主党人报》对上述问题的见解作一番比较,就可以确信拉林在这个问题上是接近布尔什维克的。要知道,《社会民主党人报》甚至说,立宪民主党人是城市的无等级的资产阶级,是进步的,而劳动派是农村的有等级的资产阶级,是不进步的!《社会民主党人报》没有看到立宪民主党人中间有地主和反革命资产者,没有看到劳动派中间有无等级的城市民主派(城市贫民的下层)!

其次,拉林说,农村不会平静下来。他证明了这一点吗? 没有。他根本没有考虑到不断被政府收买的农民资产阶级的作用。他也没有深入考虑到,农民所得到的"负担减轻"(减租,"减少"地主和警察等等)**正在加剧**农村向反革命财主和大量贫苦农民这两方面的分化。不应该根据这么少的材料就作出这么大的概括,这有死搬公式的味道。

但是一般说来,"农村不会平静下来"这一论点是否可以得到证明呢？又可以又不可以。说可以，是指对可能发生的后果作出有充分根据的分析。说不可以，是指这些后果对当前的资产阶级革命说来是完全不容怀疑的。至于农村中日益发展的、错综复杂的新的反革命力量和新的革命力量是否势均力敌，用药房的天平是衡量不出来的。**只有经验**才会彻底揭示出这一点。狭义的革命就是指尖锐的斗争，只有在斗争本身，在斗争结局中，各种利益、各种意愿和各种素质的实际力量才能表现出来并为人充分看清。

先进阶级在革命中的任务，就是认准斗争的**方向**和充分利用取得胜利的**一切**可能和**一切**机会。这个阶级应当**第一个**走上直接革命的道路，而在要走其他的更"日常的"、更"迂回的"道路时，它应当**最后一个**离开直接革命的道路。拉林同志根本不懂得这个真理，尽管他对自发的暴动和有计划的行动谈得很多（如下面我们将看到的），也谈得很不聪明。

我们再谈第二个结论——关于武装起义。这里拉林思想上谨小慎微的错误就更加严重了。他的思想奴隶式地遵循北美起义和波兰起义这些旧模式。除此以外，他不想了解还能有什么"名副其实的"起义。他甚至说，我国革命不走"形式上的"（！）和"定型的"（！！）武装起义的道路。

真滑稽，一个以反形式主义的骑士自居的孟什维克居然说起形式上的武装起义来了！拉林同志，如果你的思想竟这样被形式上的和定型的东西束缚住了，那只好怪你自己了。布尔什维克过去和现在都不是这样看问题的。早在起义以前，在第三次代表大会上，即在1905年春天，布尔什维克就在一项专门决议中强调指出**群众罢工同起义的关系**[114]。孟什维克爱用沉默来回避这一点。

这是徒劳的。第三次代表大会的决议,就是我们以最大可能的近似程度预见到1905年年底人民斗争特点的明证。然而我们所想象的起义完全不是北美"式"或波兰"式"的起义,因为在北美或波兰根本不曾有过群众罢工。

在12月以后,我们指出了(见提交统一代表大会的决议草案[115])罢工同起义关系的变化、农民和军队的作用、军事爆发的缺少以及同军队中革命民主分子达成协议的必要性。

杜马时期发生的事件,再一次证实了起义在俄国解放斗争中的不可避免性。

拉林关于形式上的起义的说法,是对目前革命的历史的无知或者是对这段历史及其起义的特殊形式的忽视,这对社会民主党人说来是最不体面的事情。拉林的"俄国革命不走起义的道路"的论点,是对事实的嘲笑,因为俄国的**两个**自由时期(十月时期和杜马时期)表明的正是**起义**的"道路",当然,不是美国的起义,也不是波兰的起义,而是20世纪这一时期的俄国的起义。拉林"泛泛"谈论历史上的在农村因素或城市因素占优势的国家里起义的例子,谈论美国和波兰,而根本不想研究或者哪怕指出俄国起义的特点,因而他就重犯了孟什维主义的思想上"犹豫不定和谨小慎微的"根本性错误。

深思一下他的"消极"革命的论调吧。无疑,新高潮、新攻击或新运动形式的准备时期完全可能是漫长的。但是,先生们,不要当学理主义者,请看一看,与农村的"经常骚动"**同时发生的**还有"小规模斗争"、"讨伐"以及警察和军队人员构成的**变化**,这是什么意思呢?其实您自己也不知道您在说些什么。您所描绘的情况,无非是一种持久的**游击战争**,这个战争被一系列日益广泛、日益团结起来的**士兵起义的爆发**所打断。您对"游击队员"、"无政府主义者"、"无政府主义的布朗基主义者布尔什维克"等等反复说了些骂人的气话,同时自己却在描绘一幅布尔什维克式的革命图景!军队的人员构成在变化,由"不满的农民"取代,这是什么意思呢?难道身穿水兵服和士兵装的农民的这种"不满"竟会不表现出来吗?难道当国内在士兵感到亲切的乡村发生"经常骚动",当国内一方面进行"小规模斗争",另一方面进行"讨伐"时,这种不满竟会不表现出来吗?在黑帮大暴行、政府镇压、警察横行的时代,能想象出士兵的这种不满除了搞军队起义之外,还有**别的**表现形式吗?

您既重弹立宪民主党的老调("我国革命不走起义的道路"这句话正是**立宪民主党人**在 1905 年年底的口头禅;见米留可夫的《人民自由报》[116]),同时自己又描绘出一幅新的起义不可避免的图景:"政权一旦受到严重考验就垮台。"您是否认为,在广泛的、错综复杂的人民运动中,没有一系列先前的并不严重的局部考验,就能给政权以严重考验呢?没有一系列局部罢工,就能有总罢工呢?没有一系列零星的、小规模的、分散的起义,就能有总起义呢?

如果军队中不满的农民日益增多,如果整个革命日益向前推进,那就是说,起义不可避免地要采取同黑帮军队进行**最残酷的**斗争形式(因为黑帮也在组织起来和进行训练,请别忘记这一点!请别忘记,怀有自觉的黑帮意识的社会人士是有的!),要采取既有人民又有部分军队参加的斗争形式。这就是说,应当作好准备,训练群众,训练自己去进行更有计划的、同心协力的进攻性的起义,这就是从拉林的前提,从他那种立宪民主党的**消极**(??)革命的神话中得出的结论。拉林承认,孟什维克"把自身的忧虑和颓丧都推到俄国革命的进程上面了"(第 58 页)。正是这样!消极,这是小资产阶级知识分子的品性,而不是革命的品性。消极的是这样一些人,他们承认不满的农民补充军队,承认经常骚动和小规模斗争不可避免,同时又怀着伊万·费多罗维奇·施邦卡[117]的好心肠安慰工人政党说:"俄国革命不走起义的道路。"

"小规模斗争"又是什么意思呢? 可敬的拉林,您认为它是"从后果来说对农村最有利的道路"吗? 虽然有讨伐,您仍支持这种见解,甚至把讨伐也归在最有利的道路里吗? 而您是否多少想过,小规模斗争和游击战争究竟有什么区别呢? 可敬的拉林同志,没有什么区别。

你只看到美国和波兰的糟糕例子,却看不到俄国起义所产生的特殊斗争形式,俄国的起义比旧式的起义更持久、更顽强,它在大的战役之间有更长的间歇时期。

拉林同志完全搞糊涂了,不能自圆其说了。如果革命在农村中有根基,如果革命日益扩大并吸取新生力量,如果不满的农民补充军队,如果经常骚动和小规模斗争在农村中进行并持续下去,那么这就是说,为反对回避起义问题而进行斗争的布尔什维克是正确的。我们根本不是宣传在任何时候、任何条件下都实行起义。但是我们要求,社会民主党人的思想不要犹豫不定和谨小慎微。既然你承认起义的**条件**,那就得承认起义本身,承认由于起义而产生的党的特殊任务。

既然把小规模斗争称做"**最有利的道路**",即在我国革命的特殊时期人民的最有利的斗争形式,同时又不承认在这个"最有利的道路"的基础上先进阶级政党的**积极的**任务,那就是不善于思考或者思考得不对头。

二

拉林的这种关于"消极"革命足以使"旧政权一旦受到严重考验就垮台"的论断,可以称之为"消极论"。而这种作为思想上谨小慎微的必然产物的"消极论",在我们这位忏悔的孟什维克的整个小册子中都打上了印记。他提出一个问题:为什么我们党的思想影响大,而组织上却这样弱呢? 拉林回答说,这并不是因为我们党是知识分子的党。孟什维克的这种旧的"公式化的"(拉林语)解释是讲不通的。因为在目前时代,客观上不需要另外一个党,也没有成立另外一个党的客观条件。因为对"自发爆发的政策"即无产阶级在革命初期的政策来说,本不需要党。需要的只是一个"为自发势力"和"自发情绪""服务"的、在两次爆发之间进行宣传鼓动工作的"技术机关"。这不是欧洲型的党,而是"一个青年工人秘密工作者的狭小团体(900万人中有12万人)";成家的工人很少;大多数都是准备在党外从事社会活动的工人。

目前,自发爆发的时刻即将过去。深谋远虑将代替单纯的感情用事。"有计划的行动的政策"将代替"自发爆发的政策"。需要"一个欧洲型的党","一个采取符合客观的、有计划的政治行动的党"。需要的不是"作为机关的党",而是"作为先锋队的党","这个党要把工人阶级自身所能提供的有利于积极的政治生活的一切东西都汇集起来"。这就是向"经过深谋远虑再来采取行动的欧洲型的党"过渡。用"欧洲社会民主党的健康的现实主义"来代替"实践上不彻底、不果断、意志消沉、不了解自己地位的正式的孟什维主义"。"普列汉诺夫和阿克雪里罗得（说实在的，他们是我们"野蛮"人中间仅有的欧洲人）两人十分响亮地喊出健康的现实主义的声音不是今天才开始的……"　以欧洲方式代替野蛮自然可以保证以成功代替失败。"哪里自发性成风，那里估计形势就必然错误，实践上就必然失败。""哪里有自发势力，那里就有空想主义；哪里有空想主义，那里就会遭到失败。"

在拉林的这些议论中，又使人一眼就能看出，虽不算新颖却还正确的思想的小内核同彻头彻尾的反动谬论的大外壳之间存在着惊人的不协调。蜂蜜只一小勺，焦油却一大桶。

毫无疑问和无可辩驳的事实是，各国的工人阶级（随着资本主义的发展，随着一次资产阶级革命或几次资产阶级革命，以及没有成功的社会主义革命的经验的积累）正在成长、发展、学习、受到教育并且组织起来。换句话说，工人阶级正在从自发性走向计划性，从仅仅领导各阶级的情绪走向领导各阶级的客观地位，从爆发走向持久斗争。这一切就是这样。这一切就像世界一样古老，早就这样。这一切适用于 20 世纪的俄国，就像适用于 17 世纪的英国、19 世纪 30 年代的法国和 19 世纪末的德国一样。

但是拉林的不幸就在于，他根本不能消化我国革命给社会民主党人提供的那些材料。把俄国野蛮的爆发和欧洲的计划性对立起来，使他完全入迷了，就像一张新画片使小孩子入迷了一样。他说了些一般涉及一切时代的老生常谈，却不懂得他把这种老生常谈天真地运用到直接革命斗争的时代，就变成了对革命的**叛变**。要是拉林的真诚使人不能消除任何怀疑，说他是**无意识地**附和革命的叛徒，那就令人啼笑皆非了。

野蛮人的自发爆发，欧洲人的有计划行动……　这纯粹是立宪民主党的公式,是立宪民主党的思想,是那些像穆罗姆采夫或奴才罗季切夫一样对"宪制"欣喜若狂的俄国革命叛徒的思想,穆罗姆采夫声称"杜马是政府的一部分",罗季切夫高喊:"认为君主应对大暴行负责就是冒犯天威。"立宪民主党炮制了咒骂**自发势力的疯狂行为**即咒骂革命的那些叛徒(伊兹哥耶夫之流、司徒卢威之流、普罗柯波维奇之流、波尔土加洛夫之流及其同伙)的一大批书刊。自由派资产者,像大家熟悉的寓言中的动物一样,眼睛不能往上看[118],也不能了解,只是由于人民的"爆发"才在我们这里保留了这么一点点自由。

而拉林天真地不加批判地紧跟着自由派。拉林不懂得,他所涉及的问题有两个方面:(1)自发的斗争和同样规模、同样形式的有计划的斗争的对比;(2)革命(狭义的革命)的时代和反革命的或"仅仅是宪制的"时代的对比。拉林的逻辑糟透了。他不是把自发的政治罢工同有计划的政治罢工对比,而是同有计划地参加比方说布里根杜马对比。不是把自发的起义同有计划的起义对比,而是同有计划的工会斗争对比。因此,他的马克思主义的分析就变成了小市民对反革命的庸俗吹捧。

拉林得意地嘟囔说,欧洲的社会民主党是"采取符合客观的、有计划的政治行动的党"。多么孩子气!他没有注意到,他特别赞赏的是欧洲人在没有直接革命斗争的时代只能不得不采取的狭隘的"**行动**"。他没有注意到,他赞赏的是**合法**斗争的计划性,他咒骂的是为决定"合法的"范围的**实力和政权**而斗争的自发性。他不是把俄国人 1905 年 12 月的自发起义同德国人 1849 年的"有计划的"起义[119]和法国人 1871 年的"有计划的"起义[120]相比,而是同德国工会发展的计划性相比。他不是把俄国人 1905 年 12 月的自发的和失败了的总罢工同比利时人 1902 年的"有计划的"和失败了的总罢工[121] 相比,而是同倍倍尔或王德威尔得在帝国国会里有计划的演说相比。

因此,1905 年 10 月的罢工和 1905 年 12 月的起义所标志的无产阶级群众斗争中那种具有全世界历史意义的进步,拉林是不理解的。他把表现在必须进行**合法的**准备行动(工会、选举等等)上的俄国革命的那种**退步**(按照他**本人**的看法,**是一时的退步**),看做是从自发性**进步**到计划性,从感情用事**进步**到深谋远虑等等。

因此,革命的马克思主义者的道德(不要自发的政治罢工,而要有计划的政治罢工;不要自发的起义,而要有计划的起义),就被叛徒立宪民主党人的道德(不要罢工、起义这种"自发势力的疯狂行为",而要有计划地服从斯托雷平的法律和有计划地同黑帮君主制搞交易)代替了。

不,拉林同志,要是你领会了马克思主义的精神,而不只是记住一些词句,那你就会了解革命的辩证唯物主义和"客观的"历史学家的机会主义之间的差别了。请回忆一下马克思谈论蒲鲁东的话[122]吧。马克思主义者并不禁忌合法斗争、和平的议会活动、"有计划地"服从俾斯麦之流和卞尼格先之流、斯托雷平之流和米留可夫之流所规定的历史工作范围。但是,马克思主义者在利用**任何基础**甚至反动的**基础**来为革命进行斗争的时候,都不会堕落到吹捧反动派的地步,都不会忘记为争取**最好的可能的活动基础**而斗争。因此,马克思主义者总是**第一个**预见到革命时代的到来,还在那些庸人做着甘当顺民的奴才梦时,马克思主义者就开始唤醒人民,敲响警钟。因此,马克思主义者总是**第一个**走上直接革命斗争的道路,走向直接的搏斗,揭露社会上和政治上形形色色的中间分子的调和幻想。因此,马克思主义者总是**最后一个**离开直接革命斗争的道路,只有当一切可能的办法都已用尽,当没有**一点**希望走比较短的道路,当发出准备群众罢工和起义等号召都显然失去基础的时候,才离开这条道路。因此,马克思主义者对那些无数的革命叛徒是鄙视的,这些叛徒竟对马克思主义者叫喊说:我们比你们"进步",我们早就不干革命了! 我们早就"服从"君主立宪制了!

二者必居其一,拉林同志。你是否认为,起义和狭义的革命的基础已经完全没有了呢? 那么你就直截了当地说出来,并且用马克思主义的方法,用经济分析,用对各阶级政治倾向的估计和对各种思潮作用的分析向我们作出证明吧。证明了吗? 如果证明了,我们就宣布关于起义的话是空谈。我们就说:我们这里**发生的**不是大革命,而只是把大拳头揣在兜里。工人们! 资产阶级和小市民(包括农民在内)背叛和离开了你们。但是我们还要在**他们**创造出的(尽管不是按照我们努力的方向)基础上顽强地、耐心地、坚定地干**社会主义**革命,社会主义革命不会像资产阶级革命那样半途而废,残缺不全,空话连篇,缺乏创造性!

或者是你当真相信你所说的话,拉林同志? 你相信革命正在发展,小规模的斗争和暗中骚动再过那么两三年就会酝酿出一支心怀不满的新军队和新的"严重考验"吗? 你相信"农村不会平静下来"吗? 那么你就应当承认,"爆发"所表现的是全民愤慨的力量,而不是落后野蛮的力量,我们的责任就是使自发的起义转变成为有计划的起义,在几个月,甚至几年的时间里,坚定而顽强地促成这种转变,而不是像形形色色的犹大所干的那样,放弃起义。

拉林同志,你现在的境况恰好是"忧虑和颓丧",思想上"犹豫不定和谨小慎微",把自己的消极情绪归咎于我们的革命。

你得意地把抵制说成是错误正意味着这一点,也仅仅意味着这一点。这是近视的庸俗的得意。如果说放弃抵制是"进步的",那么,那些反对抵制布里根杜马、号召大学生"要读书,而不是闹事"的《俄罗斯新闻》的右派立宪民主党人就比谁都进步了。我们并不羡慕叛徒们的这种进步性。我们认为,把抵制维特杜马(谁也不相信杜马会在这么三四个月内召开)说成是"错误",而对于那些号召参加布里根杜马的人的错误则**闭口不谈**,这就是用拜倒在反动派面前的教授的"客观主义"来代替革命战士的唯物主义。我们认为,那些在直接斗争的道路上真正试用了**一切办法**,而**最后一个**参加杜马、走上迂回道路的人的情况,要比那些在扫除了布里根杜马的人民起义前夜就第一个号召参加这届杜马的人的情况好一些。

就拉林来说,这种硬说抵制是错误的立宪民主党的论调是尤其不能容忍的,因为拉林**真实地**谈到,孟什维克"**想出了种种高明而又狡猾的把戏,从选举原则和地方自治运动开始,直到为抵制杜马而用参加选举的办法来聚集政党为止**"(第57页)。孟什维克号召工人参加杜马选举,自己却不相信可以参加杜马。有些人由于不相信这一点就抵制杜马;他们宣布称呼杜马为"政权"(孟什维克在统一代表大会的决议案中给予杜马这样的称呼要早于穆罗姆采夫)是欺骗人民;他们只有当资产阶级最终地背叛抵制的径直道路而迫使我们走迂回道路的时候,才参加杜马,但是其目的和方法都同立宪民主党人不一样,这些人的策略不是更正确些吗?

三

拉林把作为机关的党和作为先锋队的党加以对比,或者说把同警察作斗争的战士的党和自觉的政治战士的党加以对比,看来好像深刻而充满"纯粹无产阶级的"精神。其实,这完全是那种知识分子的机会主义,如同 1899 — 1901 年工人思想派和阿基莫夫派[123]所作的相应对比一样。

一方面,当群众举行直接革命进攻的客观条件具备的时候,"为自发势力服务"就是党的**最高**政治任务。把**这种**革命工作同"政治"加以对比,就是把政治降低到要政客手腕。这就是过分颂扬杜马斗争的政治,把它凌驾于群众在 10 月和 12 月的政治之上,也就是说,正是从无产阶级革命的观点滑到了知识分子机会主义的观点。

任何斗争形式都要求相应的技术和相应的机关。当议会斗争由于客观条件而成为主要斗争形式时,议会斗争机关的特点必然会在党内得到加强。相反,当客观条件引起了群众性政治罢工和起义形式的群众斗争时,无产阶级政党就**应当**拥有**正是**为**这些**斗争形式"服务"的"机关",不言而喻,这应当是不同于议会机关的特殊"机关"。一个有组织的无产阶级政党,如果承认人民起义的条件已经具备,而对建立相应的机关却漠不关心,那就是知识分子空谈家的政党;工人就会离开它而走向无政府主义,走向资产阶级的革命主义等等。

另一方面,每一个阶级(其中包括无产阶级)的担任政治领导的先锋队的构成,同样既取决于这个阶级的地位,也取决于它的主要斗争形式。拉林抱怨我们党内青年工人占优势,成家的工人少,并且正在离开党。俄国机会主义者的这种抱怨使我想起了恩格斯的一段话(好像是在《论住宅问题》——《Zur Wohnungs-frage》一书中说的)。恩格斯在反驳一位庸俗的资产阶级教授、德国的立宪民主党人时写道:在我们革命政党中青年占优势,这难道不自然吗? 我们是未来的党,而未来是属于青年的。我们是革新者的党,而总是青年更乐于跟着革新者走。我们是跟腐朽的旧事物进行忘我斗争的党,而总是青年首先投身到忘我斗争中去。

不,还是让立宪民主党去收容社会民主党那些年届30就"厌倦了的"老人、"变聪明了的"革命家和叛徒吧。我们将永远是先进阶级的青年人的党!

拉林本人常常直率地承认,他为什么那么怜悯厌倦斗争的成了家的人。何不把这些厌倦了的人尽量吸收到党内来,那样,党就会"比较难以发动,从而破坏政治冒险的基础"(第18页)。

这才好啊,好心的拉林! 何必耍手腕欺骗自己。你需要的不是作为先锋队的党,而是作为**后卫队的党**,使它比较难以发动。话应当这样直截了当地说出来!

"……破坏政治冒险的基础……" 革命在欧洲也有过失败,有过1848年的六月事件和1871年的五月事件,但是从来没有这样的社会民主党人、共产党人,认为自己的任务是把群众在革命中的发动说成是"冒险"。要是这样,就得把那些毫无骨气的、胆小怕事的、每当事件转向反动就丧失自信而灰心丧气的、竟然称为"知识分子"的俄国小市民,也算做(但愿是为时不久地)革命的马克思主义者了。

"……破坏冒险的基础"！但是，如果这样，那么头号**冒险家**该是拉林本人，因为他把"小规模斗争"说成是革命**最有利的**道路，因为他**让群众**相信**革命在发展**，相信两三年后不满的农民就会补充军队，相信"旧政权一旦受到严重考验"就会"垮台"！

而且从另一个更糟糕更狭隘的意义来讲，拉林也是一个冒险家。他是工人代表大会和"非党的党"（他的原话！）的捍卫者。不要社会民主党，而要"全俄工人的党"，所以说是"工人的"，因为这个党里应该包括小资产阶级革命者、社会革命党人、波兰社会党人、白俄罗斯格罗马达[124]等等。

拉林是阿克雪里罗得的崇拜者。但是拉林像熊那样给他帮了忙。拉林如此竭力颂扬他在争取召开工人代表大会的斗争中的"青春活力"和他的"真正的党的勇敢精神"，拉林如此热烈地拥抱他，以至……抱得他透不过气来！阿克雪里罗得关于工人代表大会的含糊"思想"，被他这位天真无邪的实践家彻底粉碎了，他把为了有效地宣传工人代表大会而必须掩饰的东西一下子和盘托出了。工人代表大会就是"摘掉招牌"（见拉林的小册子第 20 页，他认为社会民主主义只是一块招牌），就是同**社会革命党**以及同工会**合并**。

拉林同志，你说得对！多谢你的诚实！工人代表大会确实就是这样。工人代表大会必然会导致这样的结果，甚至是违反大会召集人的意志。正因为如此，工人代表大会现在成了机会主义的卑微的冒险。说它卑微，是因为这里面没有任何高大的思想，只有知识分子对进行保卫马克思主义的顽强斗争表示的厌倦。说它机会主义，也是同一个原因，还因为数以千计的远没有最后定型的小资产者会涌进工人政党。说它冒险，是因为在现实条件下这种尝试带来的不会是和平，不会是积极的工作，不会是社会革命党人和社会民主党人的合作（拉林殷勤地拉他们充当"广泛的政党内的宣传团体"（第40页）的角色），而只会是斗争、纠纷、分裂、思想混乱和实际工作中的涣散现象的无限扩大。

预言社会革命党的"中派"由于人民社会党和最高纲领派的脱离而**一定会接近社会民主党**①，这是一回事。上树去采刚刚成熟但还没有熟透的苹果，则是另一回事。最尊敬的先生，你要么就摔断脖子，要么就吃生果子伤了你的胃。

拉林拿"比利时"作论据，这同1899年尔·姆·（《工人思想报》编辑）和普罗柯波维奇先生（当时他正在经历着一个社会民主党人的"自发爆发"，还没有"聪明到"去当一个"有计划行动的"立宪民主党人）的说法一模一样。拉林的小册子认真地附有比利时工人党章程的认真的译文！好心的拉林却忘记把比利时的工业条件和历史搬到俄国来。**在几次资产阶级革命以后，在**同蒲鲁东的小资产阶级的假社会主义进行了几十年的斗争**以后，在**工业资本主义大规模的、几乎是世界上最高度发展的**情况下**，比利时的工人代表大会和工人党才从非无产阶级的社会主义过渡到无产阶级的社会主义。在俄国，正当**必然会**产生小资产阶级思想和小资产阶级思想家的资产阶级革命热火朝天的时候，在与农民和无产阶级相接近的阶层中存在着日益发展的"劳动派"思潮的情况下，在约有10年历史的**社会民主**工党存在的

<hr>
① 见本版全集第13卷第393—394页。——编者注

情况下,工人代表大会是一个糟糕的臆想,同社会革命党(拉林天真地说:谁知道? 也许他们有 3 万人,也许有 6 万人)合并,是知识分子的妄想。

是啊,历史是善于运用讽刺的! 孟什维克年复一年地叫嚷布尔什维克接近社会革命党的思想了。而布尔什维克所以摒弃工人代表大会,却**正是因为**工人代表大会模糊了无产者和小业主的观点的差别(见《无产者报》第 3 号上刊登的彼得堡委员会的决议[125])。而**孟什维克**现在却赞成**同社会革命党合并**,以捍卫工人代表大会。这真是妙不可言。

拉林辩解说:"我不想把党融化在阶级中,我只想把先锋队,把 900 万人中间的 90 万人联合起来。"(第 17 页和第 49 页)

让我们看一看 1903 年官方的工厂统计数字吧。工厂工人总共 1 640 406 人。其中 500 人以上的工厂的工人有 797 997 人;100 人以上的工厂的工人有 1 261 363 人。最大型工厂中的工人(80 万人)比拉林主张的跟社会革命党合并的工人政党的人数稍微低一些!

可见,拉林就是不相信,我们在俄国,在现在已经拥有 15 万—17 万社会民主党党员的情况下,能够在最大型工厂的 80 万工人中,在大型矿山企业中(未包括在这个总数之内),在商业、农业、运输业等等的大量纯粹无产阶级分子中,很快为社会民主党争取到 90 万**无产者**做党员?? 这是奇闻,但这是事实。

然而,拉林的不相信只不过是知识分子思想上的谨小慎微。

我们完全相信这个任务是可以实现的。同"工人代表大会"和"非党的党"的冒险行为相反,我们提出的口号是:把我们**社会民主党扩大到**五倍乃至十倍,但这主要是,而且几乎**仅仅**是靠吸收纯粹无产阶级分子,仅仅是在革命的马克思主义思想旗帜下进行扩大。①

现在,在大革命经过一年以后,在各个政党迅速发展的情况下,无产阶级形成为独立政党的速度也比以往任何时候都快。杜马的选举将有助于这一点(当然,要不跟立宪民主党结成机会主义联盟)。资产阶级的背叛,特别是小资产阶级(**人民社会党人**)的背叛,将加强革命的社会民主党。

我们一定能够达到拉林的"理想"(90万党员),我们甚至还要在原有的道路上用顽强的工作,而不是用冒险行为来超越这个理想。现在确实必须用**无产阶级**分子来扩大党了。在彼得堡只有6 000个党员(圣彼得堡省,在500人以上的工厂中有工人81 000人;工人总数是15万人);在中部工业区只有2万党员(在500人以上的工厂中有工人377 000人;工人总数是562 000人),这是不正常的。在这些中心区应当**善于**把工人五倍、十倍地吸收②到党内来。拉林在这一点上无疑是完全正确的。但是我们不应当陷入知识分子的畏首畏尾和知识分子的神经过敏。我们将通过我们**社会民主主义的**道路,而不是通过冒

---

① 拉林建议把工会吸收到党内来,这是不合理的。这样做就会缩小工人运动和它的基地。为了同业主作斗争,我们经常要团结比为社会民主主义的政治作斗争时多得多的工人。因此(同拉林所说的布尔什维克反对非党的工会这种**错误的论断相反**)我们是赞成非党的工会的,就像**早在1902年"雅各宾式的"**(机会主义者认为是雅各宾式的)小册子《怎么办?》的作者就已经赞成它一样。(见本版全集第6卷第106—107页。——编者注)

② 我们说"善于吸收",是因为在这些中心区,社会民主主义工人的数量无疑比党员的数量多好几倍。我们有一种保守思想,应当跟这种思想作斗争。应当在可能的地方善于利用松散的组织——更自由、更广泛、更易于参加的**无产阶级组织**。我们的口号是:**扩大社会民主工党**,反对非党的工人代表大会和非党的党!

险行为来达到这个目的。

四

　　拉林同志的小册子中,唯一"可喜的现象"就是他激烈反对同立宪民主党结成联盟。读者在我们这一号报纸的另一篇文章中,可以找到这方面的详细的引证,这是在对孟什维主义在这一重要问题上的各种动摇现象进行评述时引证的。

　　这里,我们感兴趣的,是孟什维克拉林这样一位"权威"见证人对孟什维主义所作的总的评述。正是在同立宪民主党结成联盟的问题上,拉林反对**"简单化的具有官场习气的孟什维主义"**。他写道,"具有官场习气的孟什维主义"可望"跟资产阶级营垒中的社会民主党的对手搞自杀性的联合"。我们不知道,拉林在坚持自己的反普列汉诺夫的观点时,能否表现出比马尔托夫更有骨气。但是,拉林反对"正式的"和"具有官场习气的"孟什维主义,不仅仅在同立宪民主党结成联盟的问题上。例如,拉林在谈到孟什维主义时说,"一切衰败的东西都带有官场习气的印记"(第65页)!!孟什维主义日趋衰败,正在让位给"欧洲式的现实主义"。"由此产生了孟什维主义的无穷忧虑、不彻底性和犹豫不定。"(第62页)在谈到有关工人代表大会的议论时,他写道:"所有这些议论给人的印象总是有点吞吞吐吐,思想上谨小慎微,也许连内部已经成熟的东西都不敢大声说出来"(第6页)等等。

　　我们已经看出孟什维主义这一危机的底蕴,看出它蜕变为官场习气的底蕴①：小资产阶级知识分子对进一步革命斗争的可能性毫无信心，害怕承认革命已告结束，害怕承认反动派终于胜利。拉林说："孟什维主义只是对党的一种本能的半自发的怀念。"我们则说，孟什维主义是知识分子对残缺不全的宪法以及和平的法制的一种自发的怀念。孟什维主义，似乎是一种来自革命界的对反动派的客观辩护。

布尔什维克从一开始，还在日内瓦出版的《前进报》**126**（1905年1—3月）上，还在《两种策略》这本小册子（1905年7月）中，就对问题有了完全不同的提法。他们对资产阶级革命中各阶级的利益和任务的矛盾一点没有看错，他们那时就公开声明：也许俄国的革命将以立宪流产结束。② 作为革命无产阶级的拥护者和思想家，我们要负责到底：我们不顾自由派的一切变节和卑劣行为，不顾小资产者的一切动摇，不顾他们的一切谨小慎微和犹豫不定，坚持我们的革命口号；我们要真正用尽**一切**革命可能性；我们将引以自豪的是，我们**第一个**走上了起义的道路，直到这条道路实在走不通的时候，**才最后一个**离开它。而在目前，我们还远远不承认一切

---

① 又是历史的讽刺！孟什维克从1903年起就叫嚷布尔什维克沾染了"形式主义"和"官僚主义"。从那时起，全党的"官僚主义的"和"形式主义的"特权一直掌握在他们手里。而现在，有个**孟什维克**确认孟什维主义蜕变为**具有官场习气**了。布尔什维克不能希望更好地给自己恢复名誉了。拉林没有在孟什维主义的官场习气真正扎根的地方去寻找它。官场习气的根源，就是阿克雪里罗得和普列汉诺夫借口欧洲方式而灌输给孟什维克的那种机会主义。在瑞士小市民所表现出来的意识形态和习惯中没有一点欧洲方式的痕迹。小市民的瑞士是现时欧洲，即富有革命传统和充满广大群众尖锐阶级斗争的欧洲的奴仆。而官场习气即使在普列汉诺夫关于工人代表大会（反对党代表大会的工人代表大会）这一问题的提法上（这一点也是拉林激烈地真心地反对的）也获得充分的表现。

② 见本版全集第11卷第20页。——编者注

革命的可能性和前景都已到了山穷水尽的地步。我们直截了当地公开宣传起义,宣传进行顽强的、坚定的、长期的起义准备。

当我们承认革命已告结束时,我们就会直截了当地公开说出这一点。我们会在全国人民面前取消我们纲领中的一切直接革命的口号(如召开立宪会议)。我们不会用狡猾的诡辩(如普列汉诺夫提出的**立宪民主党**的"全权杜马"①)来自欺欺人。我们不会替反动派辩护,把反动的立宪主义称为健康的现实主义的基础。我们要告诉无产阶级并向他们证明,资产阶级的变节和小业主的动摇葬送了资产阶级革命,而现在无产阶级自己将准备并进行新的、社会主义革命。因此,在革命低潮,即资产阶级完全变节的基础上,我们无论如何不仅不同机会主义的资产阶级,甚至也不同革命的资产阶级结成任何联盟,因为革命低潮标志着资产阶级革命主义变为空谈了。

正因为如此,当拉林叫嚷布尔什维主义面临危机,布尔什维主义已经完蛋,我们总是跟在孟什维克后头转等等的时候,我们丝毫也没有因为他对我们如此多次地口出恶言而感到不安。所有这些刺一下和拧一下的尝试只能引起我们轻蔑的一笑。

个别的人已经脱离和将会脱离布尔什维克,但是我们在方针上**不会发生**危机。因为我们从一开始(见《进一步,退两步》②)就声明:我们并不打算创立什么特别的"布尔什维克的"方针,我们随时随地只是坚持**革命社会民主党**的观点。而在社会民主党内,一直到社会革命,不可避免地会出现机会主义的一翼和革命的一翼。

只要翻翻"布尔什维主义"的历史,就足以确信这一点了。

---

① 见本卷第 138 页。——编者注
② 见本版全集第 8 卷第 197—425 页。——编者注

1903—1904 年。孟什维克宣传组织上的民主制。布尔什维克认为，这在政党公开活动以前是知识分子的空谈。孟什维克**一工人**在日内瓦出版的小册子**127**（1905 年）中**承认**，实际上孟什维克未曾有过任何民主制。孟什维克拉林**承认**，他们"关于选举原则的议论"是一种"臆想"，是企图"欺骗历史"，实际上在孟什维克的"圣彼得堡选举团里，到 1905 年秋天也还没有选举原则"（第 62 页）。而在十月革命以后，布尔什维克立即**率先**在《新生活报》**128**上宣布**实际上**向党内民主制过渡。①

1904 年年底。地方自治运动。孟什维克紧跟自由派。布尔什维克不否定（不顾甚嚣尘上的流言蜚语）在地方自治人士面前的"漂亮示威"，但驳斥"知识分子的拙劣议论"②，这些知识分子说什么在斗争舞台上有**两支**力量（沙皇和自由派），在地方自治人士面前的发动是最高类型的示威。现在，孟什维克拉林自己承认，当时的地方自治运动是一种"臆想"（第 62 页），是"一种高明而狡猾的把戏"（第 57 页）。

1905 年年初。布尔什维克公开地直接地提出了起义和准备起义的问题。在第三次代表大会的决议中，他们预言到**罢工和起义的结合**。孟什维克则躲躲闪闪，不担当起义的任务，空谈用自我武装的迫切要求来武装群众。

1905 年 8—9 月。孟什维克（帕尔乌斯在新《火星报》**129**上）号召参加布里根杜马。布尔什维克则号召积极抵制布里根杜马，

---

① 见本版全集第 12 卷第 77—87 页。——编者注
② 日内瓦出版的《前进报》第 1 号（1905 年 1 月）上刊登了一篇批评"地方自治运动计划"的小品文，标题是：《无产者的漂亮示威和某些知识分子的拙劣议论》。（见本版全集第 9 卷第 117—122 页。——编者注）

号召直接宣传起义。

1905年10—12月。表现为罢工和起义的人民斗争扫除了布里根杜马。孟什维克拉林在统一代表大会上的书面声明中承认，孟什维克在革命最高涨的时代是按布尔什维克的方式行事的。**130** 我们社会民主党人同革命资产阶级一起参加了临时政府的萌芽机关。

1906年年初。孟什维克处在苦恼中。既不相信杜马，也不相信革命。他们号召为了抵制杜马而参加杜马的选举（**拉林**的书，第57页）。布尔什维克则履行自己革命者的义务，尽一切可能来抵制革命界中**没有一个人信任**的第二个杜马。

1906年5—6月。杜马运动。由于资产阶级的变节，抵制没有成功。布尔什维克就在新的、虽则变糟了的基础上进行革命工作。在杜马时期，全体人民更加清楚地看出我们革命社会民主党人的策略同机会主义的区别：批判杜马中的立宪民主党，为劳动派摆脱立宪民主党的影响而斗争，批判杜马幻想，宣传杜马中左派团体按革命原则彼此靠拢。

1906年7月。杜马被解散。孟什维克急得团团转，主张立即举行罢工-示威并且主张局部发动。布尔什维克表示反对。**拉林在谈到这一点时，避而不谈为党员印发的三个中央委员的抗议书。**关于这一事件，拉林说得不实在。布尔什维克指出举行游行示威是荒谬的，主张**过一些时候**再举行起义①。孟什维克却签发了同革命资产阶级一起举行起义的号召书。

1906年年底。布尔什维克承认，资产阶级的变节迫使我们走

---

① 见本版全集第13卷第321—322页。——编者注

上迂回的道路,参加杜马。打倒各种联盟！特别要打倒同立宪民主党的联盟！孟什维克却赞成联盟。

　　不,拉林同志,对俄国社会民主党革命的一翼和机会主义的一翼的这一斗争进程,我们无须为此感到羞耻！

载于1906年12月7日《无产者报》
第9号

译自《列宁全集》俄文第5版
第14卷第149—172页

工人代表大会和同社会革命党的合并

（短　评）

（1906 年 12 月 20 日〔1907 年 1 月 2 日〕）

我们的读者从《无产者报》第 9 号上已经得知[131]，孟什维克尤·拉林在他的小册子里赞成召开非党的工人代表大会，赞成社会民主党同社会革命党、波兰社会党以及同所有的"社会主义"政党合并。同时，尤·拉林自己也指出，社会革命党的党员人数无从知道。照他的说法，社会革命党人认为他们党有五六万党员。尤·拉林说，这个数字即使有夸大，也不能认为社会革命党党员会少于三万人。

我们不知道，拉林是从哪里搞来五六万这个数字的。他没有说明出处。在社会革命党的书刊中，我们没有见到过这样的"资料"。仅有的全文发表的社会革命党第一次代表大会的记录（1905年 12 月）中并**没有任何**关于该党党员人数的资料。这种资料本来也不可能有，因为在俄国，除社会民主党外，其他任何政党从来没有由全体党员并按照党员的一定人数比例进行过党的代表大会代表的选举。只有社会民主党 1905 年 11 月在《新生活报》上以布尔什维克中央委员会的名义宣布了这一原则[132]，而且，1905 年 12 月举行的布尔什维克组织全俄代表会议[133]的代表，就是按每 300 名党员选出 1 名代表的比例产生的。在俄国社会民主工党统一（斯德哥尔摩)代表大会上第一次在全党采用了按上述原则选举代表的办法,而且,筹备召开代表大会的组织委员会是由布尔什维克和孟什维克这两个互相斗争的派别按对等的人数组成的,这是一种(在某种程度上)起监督作用的因素。

　　总之,拉林从哪里搞来了五六万这个最高数字,仍然是无从知道的。而他通过这个数字(约为俄国社会民主工党党员数字的$\frac{1}{3}$)想使读者相信两党合并后能够确保社会民主党人对社会革命党人的优势。《无产者报》第9号的那篇小品文就已经提到拉林的错误,而且指出,这种合并实际上并不能导致"和平和有效的工作",而只会扩大纠纷,更不用说合并在原则上是不容许的了。莱昂·雷米发表在1906年12月17日(公历)法国社会党的《人道报》[134]上的一篇文章,是对我们当时所说的话的有力证明。据社会革命党**正式的**国外机关报《俄国论坛报》[135]**报道**:莱昂·雷米写道,社会革命党"总委员会""认为社会革命党有大约15万加入组织的党员,如果按照某些区域委员会解释章程时对党员资格这个概念所作的更为广义的解释,则有20万人"。

　　为了使读者能够判断这个可笑的数字是怎样得来的,我们将雷米文章中关于各地区的**全部**数字列举如下。西北——21 000人;伏尔加河流域——14 000人("如果把所有承认党纲的人都计算在内,那就几乎要增加一倍");北高加索——21 000人;外高加索——17 900人;中部地区——26 000人(其中莫斯科5 000人。奇怪的是,这5 000人,直到现在我们莫斯科的同志连用放大镜也没能看见);北部——20 000人。

　　我们请读者解一道题:谁显得更轻率——(1)社会革命党人,(2)拉林,还是(3)普列汉诺夫和阿克雪里罗得?

即使后面这两个人在同社会革命党合并的问题上把自己的热心崇拜者尤·拉林遗弃了,情况也并不会因此而有丝毫改善。只要考虑一下把"全俄代表"同工业工人和农业工人、同雇工或日工以及同农民、同手艺人或手工业者以及同工人等等区分开来就行了。

载于1906年12月20日《无产者报》第10号

译自《列宁全集》俄文第5版第14卷第173—175页

无产阶级及其在俄国革命中的同盟者

(1906 年 12 月 20 日〔1907 年 1 月 2 日〕)

卡·考茨基给自己发表在最近几期《新时代》杂志[136]上的《俄国革命的动力和前途》一文[137]的最后一章加上了这个标题。像考茨基的其他著作一样,这篇文章无疑很快也会译成俄文。读一读这篇文章,对于所有的社会民主党人都是绝对必要的,这倒不是因为可以期望从**德国**这位马克思主义理论家那里得到对于**我们**策略中的迫切问题的答案(如果俄国社会民主党人期望从远方得到这样的答案,那他们就糟了),而是因为考茨基出色地合乎逻辑地探讨了社会民主党在俄国资产阶级革命中的整个策略的**基础**。所有那些忙于日常的细小工作、被无原则的自由派资产阶级下流文人的陈词滥调弄得晕头转向的我们党的党员和觉悟工人,读一读这些出自善于思考、有学识有经验的社会民主党人之手的著作是特别重要的,因为这些著作可使他们放眼日常事务之外,使他们钻研无产阶级策略的根本问题,使他们更加认清社会民主党内不同派别的原则倾向及其思想方法。

考茨基的新作在这方面特别重要,因为它使人有可能把普列汉诺夫向考茨基(他是被问及的其他外国社会党人之一)提出的问题的**性质**同考茨基对其中某些问题的答复的**方法**作一番比较。

被立宪民主党人梅利古诺夫今天(12 月 10 日)在《同志报》上

中肯地称之为"俄国社会民主党**前**领袖和理论家"的普列汉诺夫问考茨基:(1)俄国革命的"一般性质"是资产阶级革命,还是社会主义革命?(2)社会民主党对待资产阶级民主派的态度是怎样的?(3)社会民主党在杜马选举中的策略是怎样的?

俄国机会主义者的领袖想诱使考茨基说出赞成同立宪民主党结成联盟的话。德国革命社会民主党人的领袖识破了提问人暗示他回答在问题中没有直说的东西,因此就用平心静气的、周详的、宣传家的笔调回答了普列汉诺夫,**说明**了马克思主义者一般应当怎样**提出**关于资产阶级革命和资产阶级民主派的问题。让我们来仔细地探讨一下考茨基的这个说明。

如果把俄国革命看做是旨在推翻专制制度的运动,那就肤浅了。应当把俄国革命看做是广大人民群众觉醒起来进行独立的政治活动。这就是考茨基的基本前提。

而这就是说,如果对社会民主党的任务的分析只限于指出争取政治自由(推翻专制制度),指出各个不同阶级对于这一任务的"共同性",那就肤浅了。应当探讨一下**群众**的地位、他们生活的客观条件、他们内部的阶级差别、他们**真正**力争的自由的**实际内容**。不应当从泛泛的词句得出利益一致的结论,不应当从**一般**的争取"政治自由"得出各个不同阶级共同斗争的结论,相反,应当从确切分析各阶级的地位和利益来得出结论,看他们争取自由的斗争,他们对自由的向往究竟一致和吻合(还是不吻合?)到什么程度,表现在哪里。发表议论,不应当像立宪民主党人那样,不应当像自由派那样,不应当像普罗柯波维奇之流先生们及其同伙那样,而应当**根据马克思主义观点**。

其次,如果出发点是群众利益,那么俄国革命的关键就是**土地**

问题。判断革命的成败，不应当根据政府的暴力和"反动派"（它吸引了许多立宪民主党式的社会民主党人的全部注意力）的表现，而应当根据对群众在争取土地斗争中的地位的估计。

农业是俄国国民经济的基础。农业凋敝了，农民破产了。这一点，连自由派（考茨基引用了立宪民主党人彼特龙凯维奇和曼努伊洛夫的话）也意识到了。但是，考茨基在指出自由派和社会党人**这个**观点的共同性时并不就此为止。他没有从这里得出立宪民主党的如下结论："这就是说，社会民主党人应当支持立宪民主党人。"他立即转而分析**阶级利益**，并指出自由派在土地问题上的不彻底性是**不可避免的**。自由派一般承认农业凋敝，但是不懂得农业的资本主义性质以及由此产生的恰恰是阻碍资本主义演进而不是其他什么演进的特殊原因的问题。

考茨基接着详细分析了这些特殊原因中的一个原因，即俄国资本的不足。外国资本在我国起着特别突出的作用，这种情况阻碍农业的资本主义发展。考茨基的结论是："农业的凋敝以及工业无产阶级力量的成长，是当代俄国革命的主要原因。"

大家可以看到，考茨基仔细而谨慎地研究了俄国资产阶级革命的特殊性质，而不是回避这些特点，像立宪民主党人和立宪民主党式的社会民主党人那样，只教条式地谈论任何资产阶级革命的"一般性质"。

考茨基接着分析了土地问题的解决办法。他在这里也不满意自由派说的立宪民主党杜马也主张给农民以土地（见普列汉诺夫的大作[138]）这种陈词滥调。不。他指出，只增加份地，而不大力资助农民，是无济于事的。专制制度不可能真正帮助农民。那么自由派呢？自由派要求实行赎买。而赎买又不能不使农民破产。

"只有**没收**大地产"(黑体是考茨基用的)才能既大大增加农民的份地,又不致增加农民新的负担。然而自由派反对没收土地最坚决。

考茨基的这个见解值得谈一谈。谁比较详细地了解俄国革命界各党派的色彩,谁就知道,**两个**革命政党的机会主义者,恰恰在赎买问题上不仅沾染了自由派的观点,而且还歪曲了考茨基的话。在统一代表大会上和在彼得堡许多次集会上(例如,唐恩在夏天向彼得堡工人作的关于代表大会的汇报),我们的孟什维克都曾指出土地纲领中那一条在布尔什维克帮助下通过的条款是错误的,布尔什维克曾要求在那一条里必须把"转让"改为没收(参看马斯洛夫的草案初稿[139])。我们的孟什维克说,这是不对的,只有庸俗的革命派才主张没收,将来是否实行赎买,对于社会变革是无关紧要的。他们说这话时还拿考茨基的小册子《社会革命》[140]作依据,考茨基在这本小册子里说明赎买对于一般社会主义革命是容许的。此外,社会革命党的孟什维克,半立宪民主党的人民社会党,也对自己在赎买问题上转向自由派的行为进行了同样的辩护(在《人民社会党评论》文集的一个分册[141]上);并且也拿考茨基的话作依据。

考茨基大概不知道孟什维克在这个问题上的所作所为,也不知道人民社会党及其集团的政策的意义。但是他对俄国革命中赎买问题的**提法**,又一次很好地教训了我国一切机会主义者,让他们知道不应当怎样发议论。不应当根据不同革命中或者一般社会主义革命中赎买和没收的相互关系的**一般**前提,就给 **1905—1906年的俄国**的赎买下结论。应当相反。应当分析一下我们俄国哪些阶级决定了我们在赎买问题上的特殊提法,根据这些阶级的利益推断出这个问题在当前革命中的政治意义,从而评价各政党的观点是否正确。

不言而喻，考茨基采取了这样的方法，他不是**掩饰**自由派和革命派在赎买问题上的区别（普列汉诺夫分子和人民社会党人却总是这样做），而是揭示这一区别的**深度**。普列汉诺夫向考茨基提出自己的问题时，用回避具体问题的手法来掩盖"反政府"运动和"革命"运动的区别。考茨基揭下了普列汉诺夫的这些遮盖物，把赎买这个重要问题摆到光天化日之下，并向普列汉诺夫表明，"按照自己的方式"反对农民革命运动的不仅有黑帮，**而且有自由派**。

考茨基写道："如果不取消常备军，不停止建造军舰，不没收皇族和寺院的全部财产，不使国家破产，不没收还掌握在私人手中的大垄断企业如铁路、油井、矿山、铁工厂等等，就不可能得到俄国农业所必需的一大笔钱，使它摆脱严重的困境。"

请回想一下孟什维克常说的布尔什维克充满空想和幻想的言论吧，例如，普列汉诺夫在代表大会上针对有人要求把政治激进主义（取消常备军，由人民选举官吏等等）同土地要求的激进主义结合起来的问题所作的发言。普列汉诺夫竟对取消常备军和人民选举官吏嘲笑了一通！普列汉诺夫的《现代生活》杂志[142]赞同《我们的事业》杂志的方针，把政治上的机会主义称为"政治上的唯物主义"（??），同时把它同"革命浪漫主义"对立起来。

可见，小心谨慎的考茨基比最极端的布尔什维克**走得还要远**，他**在土地问题上**提出了更富有"空想主义"和"浪漫主义"色彩（从机会主义者的观点来看）的要求！

考茨基要求不仅没收地主土地，不仅取消常备军，而且**没收资本主义大垄断企业**！

考茨基紧接上面那段话又马上十分透彻地指出："显然，自由派被如此巨大的任务，被现存财产关系方面如此决定性的变化吓坏了。实质上，他们愿意继续奉行现行政策，而不触犯外国资本剥削俄国的基础。他们坚决维护常备军，在他们心目中只有这支军队能够保障秩序并由军队**保护他们的财产……**"

普列汉诺夫抗议说，他受到了不公正的对待；他问考茨基的，只是在杜马选举中能否支持反对派政党，但是给他的回答却文不对题！问的是杜马选举，答的是取消常备军！幻想家多么奇妙的无政府主义思想，多么革命的浪漫主义，取代了机会主义者所要求的"政治上的唯物主义"！

可是考茨基在回答杜马选举的问题时，继续在"不得体地"批判自由派。他责备他们想要照旧从俄国人民身上榨取数十亿卢布来支付军费和偿付借款。"他们〈自由派〉以为，只要成立杜马，就会奇迹般地从地底下弄到几十个亿。""在这一点上〈在满足俄国农民的要求上〉，自由派同沙皇制度一样无能为力。"考茨基专门写了一章来揭示自由派同社会民主党的关系。他指出，俄国没有旧模式的资产阶级民主派，即城市小资产阶级占首要地位的资产阶级民主派。俄国和西方不同，城市小资产阶级"永远成不了革命政党的可靠支柱"。

"俄国没有资产阶级民主派的牢固的骨架。"考茨基作出这个结论的根据，就是他既分析了城市小资产阶级的特殊地位，又估计到资本家和无产阶级之间的阶级对抗在俄国的发展程度，要比在"旧模式"的资产阶级革命时代强烈得多。这个结论，意义重大。考茨基对普列汉诺夫的问题提法所作的全部"修正"（等于根本改变的修正）的核心也就在这里。

普列汉诺夫在自己的问题中采用了资产阶级民主派的**旧模**

式,如此而已。他用了陈腐的字眼,完全忘记根据**俄国的**材料来确定现在俄国以资产阶级民主派身份出现的**各阶层**的民主主义**程度**如何,其**稳固性**如何等等。考茨基的功绩在于,他察觉了普列汉诺夫的这个基本错误,并且实际地向他说明了要真正了解俄国的资产阶级民主派必须采用的**方法**。经过考茨基的巧妙分析,从陈腐的旧模式中呈现出俄国**活跃的**社会力量的轮廓:城市小市民;在值一戈比的事上采取自由派的行动,在值一卢布的事上则支持黑帮反革命的地主阶级;害怕无产阶级甚于害怕火的资本家;最后,还有农民。

关于对待"资产阶级民主派"(是19世纪40年代法国式的吗?)的态度这个迷雾般的问题消失了。迷雾消散了。要知道,我们的普罗柯波维奇之流、库斯柯娃之流、伊兹哥耶夫之流、司徒卢威之流以及其他自由派,正是用这种迷雾遮蔽了人民的眼睛,而普列汉诺夫却在帮这些人的忙。与迷雾般的旧模式不同,真正马克思主义的分析向我们指出了俄国资产阶级各阶层和分子在民主运动中的完全特殊的相互关系。

考茨基用这种分析阐明了俄国自由主义和农民革命性之间被立宪民主党人故意掩盖的和许多社会民主党人由于盲目无知而看不出来的特殊关系!"农民愈革命,大土地占有者就愈反动,他们就愈加不像从前那样是自由派的台柱,**自由派政党也就愈不稳定**,城市里的**自由派教授和律师**也就愈加**向右转**,以便不失去同自己以前的支柱的最后联系。"这个过程"只会加速自由主义的破产"。

考茨基在揭示了当前俄国革命中这种**自由主义破产**的根源以后,才转而直接回答普列汉诺夫的问题。在回答要不要支持"反对派"这个问题以前,应当懂得(考茨基解释说),这个"反对派"(或者说俄国的自由派)的阶级支柱和阶级实质是怎样的,革命和革命阶级的发展同自由派的地位和利益有什么关系。考茨基首先揭示了**这一点**,他**先**谈了自由主义的破产,**而后就**向读者阐述了普列汉诺夫所关心的问题:在杜马选举中要不要支持反对派?怪不得普列汉诺夫向考茨基提出的问题有⅔根本不必回答了……

考茨基的回答虽然不能满足普列汉诺夫,却能够帮助广大俄国社会民主党人正确考虑问题。

(1)俄国革命是资产阶级革命,还是社会主义革命?

考茨基说,不能这样提问题。这是旧模式。俄国革命当然不是社会主义革命。根本谈不上无产阶级的社会主义专政(无产阶级的"独裁统治")。但是,这个革命也不是资产阶级革命,因为"**资产阶级不是现代俄国革命运动的动力**"。"只要无产阶级开展独立活动的地方,资产阶级就不再是革命的阶级了。"

考茨基以比布尔什维克通常"不得体地"反对自由派时还要高的热情宣称,我国资产阶级害怕革命甚于害怕反动派,它痛恨专制制度是因为专制制度产生了革命,它要得到政治自由是**为了制止革命**!(而普列汉诺夫在自己的问题中,把反对派同旧制度的斗争与反对政府蓄谋镇压革命运动的斗争天真地混为一谈了!)

考茨基对第一个问题的回答最为光辉地证实了布尔什维主义策略的**整个根本基础**。从日内瓦的《前进报》和《无产者报》到《两种策略》一书表明,俄国布尔什维克**一向**认为,自己同孟什维主义作斗争的基础是右翼社会民主党人歪曲了"资产阶级革命"这个概念。我们说过几百次并且拿孟什维克的无数声明为例来证明,如果把"资产阶级革命"这个范畴理解为承认资产阶级在俄国革命中的首要地位和领导作用,那就是把马克思主义庸俗化。**要不顾资**

产阶级的不稳定性,要用**麻痹**资产阶级的不稳定性的办法来进行资产阶级革命,这就是布尔什维克表述的社会民主党在革命中的基本任务。

考茨基的分析使我们极为满意。考茨基完全证明了我们的主张,即捍卫革命社会民主党的立场而反对机会主义,决不是制定什么"独特的"布尔什维克方针。考茨基的这种证明之所以更宝贵,是由于它是通过阐明**问题的实质**提出来的,并不是单纯以将军的口吻"赞同"这一派别或那一派别。

(2)考茨基不仅认为**"在革命进程中社会民主党取得胜利""是非常可能的"**,而且他还表示社会民主党人有责任**"使自己的拥护者满怀胜利信心**,因为尚未斗争就先抛弃胜利的信念,斗争是不可能获胜的。"

考茨基的这个结论是对布尔什维主义策略的第二个光辉的证明。谁对社会民主党内两个派别的书刊稍有接触,谁就应当知道,孟什维克**竭力**否认社会民主党在当前俄国革命中取得胜利是可能的和适宜的。1905年春天,孟什维克就在自己的代表会议(有普列汉诺夫、阿克雪里罗得等人参加)上通过一个决议,认为社会民主党**不**应当去夺取政权。从那时起,社会民主党不能在资产阶级革命中争取自己的**胜利**这一思想,就像一根**红**(还是**黑**?)线贯穿着孟什维主义的**全部书刊**和**整个政策**。

这种政策就是机会主义。社会民主党在当前俄国革命中取得**胜利是非常可能的**。我们有责任使工人政党的所有拥护者对**这一胜利**满怀信心。如果在斗争以前就没有取胜的信念,斗争是不可能成功的。

这些被普列汉诺夫的诡辩术和烦琐哲学弄模糊了的简单明了

的真理,我们全党都应当仔细考虑和领会。

(3)如果以为,"所有争取政治自由的阶级和政党,只须采取一致行动,就能获得政治自由",那就是**"只考虑到事态发展的政治上的表面现象"**。

这是对布尔什维主义的第三个证明。不能仅仅借口立宪民主党人是"按自己的方式为自由而斗争",就得出应同他们采取一致行动的结论。这是马克思主义的起码常识,只是暂时被普列汉诺夫和阿克雪里罗得以及他们的崇拜者弄模糊了。

(4)哪一个阶级能够帮助社会民主主义的无产阶级在当前革命中取得胜利,能够支持无产阶级确定立刻实行的变革的界限呢?考茨基认为这个阶级就是**农民**。只有农民"在**整个革命时期**"才有**"经济利益的牢固的共同性"**。"俄国社会民主党的革命力量和它取得胜利的可能性,就在于工业无产阶级和农民的利益有共同性,而这种共同性又确定这一胜利能被利用的界限。"

这就是说,不是无产阶级的社会主义专政,而是无产阶级和农民的民主专政。考茨基用另一种说法表述了既不同于机会主义者又不同于"着迷了的人"的革命社会民主党人早已提出的整个策略的基本前提。马克思说过,革命的任何真正的完全的胜利只能是专政[①],马克思指的当然是群众对一小撮人的专政(即不受任何限制的权力),而不是相反。但是,不言而喻,对于我们重要的不是布尔什维克这样或那样表述他们的策略,而是被考茨基**完全**证实了的这个策略的**实质**。

谁要想根据马克思主义而不是根据立宪民主主义考虑无产阶

---

① 参看《马克思恩格斯文集》第2卷第69页。——编者注

级在我国革命中的作用,考虑无产阶级的可能的和必然的"同盟者",谁就应当以革命的社会民主党的观点,而不是以机会主义的社会民主党的观点作为无产阶级策略的基础。

载于 1906 年 12 月 20 日《无产者报》
第 10 号

译自《列宁全集》俄文第 5 版
第 14 卷第 176—186 页

谈谈崩得机关报上的一篇文章

(1906年12月20日〔1907年1月2日〕)

我们的报纸是在秘密活动条件下创办的,不可能很正常地掌握那些不用俄文而用其他文字在俄国出版的社会民主党机关报的情况。可是,没有俄国各民族社会民主党人密切的和经常的交往,我们党就不可能成为真正全俄国的党。

因此,我们恳切地请求所有懂得拉脱维亚文、芬兰文、波兰文、依地文、亚美尼亚文、格鲁吉亚文和其他文字的同志,能收到用这些文字出版的社会民主党的报纸的同志,帮助我们使俄罗斯读者了解社会民主主义运动的情况和非俄罗斯社会民主党人的策略观点。可以把社会民主党书刊上对某个问题的讨论情况的评述(如《无产者报》刊载的关于波兰社会民主党同波兰社会党的论战和关于拉脱维亚社会民主党人对游击斗争的看法等文章[143])送来,也可以把某些文章或某篇文章最突出的地方译出寄来。

不久前,一位同志给我们寄来了刊载在崩得机关报《人民报》[144]第208号(11月16日)上署名麦·的《选举运动的纲领》一文的译文。我们没有材料可以判断这篇文章在多大程度上表达了整个编辑部的观点,但是它至少反映了犹太社会民主党人中的某种思潮。俄罗斯社会民主党人惯于把问题的提法看做不是布尔什维克的就是孟什维克的,因此他们有必要了解这些思潮。下面就是这篇文章的译文：

　　"我党在选举中能否扩大力量和影响，首先要看我们的立场和口号是否明确。摆在我们面前的是重要的国家问题和社会问题，我们的任务是提出这些问题要十分明确，使得对这些问题的答案只能是一个，并且恰恰就是我们的答案。如果我们的立场不够明确，那么任何完善的组织机关都是无能为力的。选举运动的纲领的意义完全取决于我们的立场是否明确。

　　崩得第七次代表大会大体上确定了我们的策略。这就是：解散杜马向广大居民阶层清楚地表明，用和平方法根本不可能取得土地和自由，唯一的出路是武装起义。这决不是说，参加新杜马的选举是把革命策略变成和平立宪的策略了，因为这一选举是在**认识到**革命策略的**必要性**的情况下进行的；选民会要求他们的代表把杜马变成人民群众的革命机关。我们在选举中的任务就是要向选民讲清这种形势，说明形势要求把选举本身变成动员革命的人民群众的斗争舞台。

　　在杜马开会期间，尤其是解散杜马以后，全国人民在提高自己的政治觉悟方面向前跨出了一大步，因此各革命政党在选举中可望获胜。在第一次选举时，小资产阶级的选民投了立宪民主党的票，以此表示对政府暴行的强烈抗议。这些选民仍然没有丢掉立宪幻想，相信立宪民主党会为他们争得土地和自由。杜马的策略粉碎了这种幻想，并使他们相信只有进行斗争才能获得土地和自由，用和平方法是根本不行的。于是在这些选民面前产生了怎样进行斗争和谁能够进行这种斗争的问题，是立宪民主党人用他们的外交议会主义，顶多用他们的'消极抵抗'的武器来进行斗争呢，还是革命政党用它们的斗争策略来进行斗争。显然，当怎样才能获得真正自由的问题提到这些选民面前时，他们会承认能够进行这种斗争的是革命的政党，而决不是立宪的政党。

　　立宪民主党人明白了这一点，所以他们拼命地要把生活给予他们的教训扔掉；他们竭力想使全国人民的政治觉悟降低到第一次选举前夕的程度。他们叫喊说：'一步也不要前进！要忘掉历史给予你们的教训。'他们写道：新的选举任务在于要创造第一届杜马进行工作时的那些政治条件。人民应该把以前的杜马多数派到杜马去，从而在全国造成这样一种政治局面：唯一的出路是建立杜马多数的责任内阁（《言语报》第189号）。《言语报》第196号写道：'如果俄国需要真正的宪法和真正的人民代表机关，那么人民一定会把这样一些代表派到杜马去，这些代表要能够重复第一届杜马在对沙皇演说的答词中所说的话，并能够把不让第一届杜马做的事情承担起来。'这样就产生一个问题,如果也不'让'第二届杜马做第一届杜马要做的事情,那又该怎样呢?立宪民主党人回答这个问题说,'政府不得不对选民和平地、合法地表达出来的坚强意志让步'(《言语报》第195号)。立宪民主党人很清楚,他们的力量是以立宪幻想为基础的,所以他们将用全力给选民灌输第一次选举前夕占统治地位的观点,使他们相信'选民和平地、合法地表达出来的坚强意志'具有万能的力量。革命政党的力量不在于选民相信'选民和平地、合法地表达出来的坚强意志具有万能的力量',恰恰相反,在于他们不相信这种力量,在于他们清楚了解进行革命斗争的必要性。

因此,我们对选民的任务就是要最坚决地向他们提出这样一个问题:他们是希望下届杜马的多数仍像过去那样执行什么也得不到的灵活的策略,希望下届杜马仅仅'重复'第一届杜马所说的话呢,还是希望它不要只是限于空谈,而要采取更实际的斗争手段。新的杜马是应该'造成'6—7月间那种毫无结果的'政治局面'呢,还是应该在人民的真正胜利的道路上前进一步。

这个问题应该成为我们选举斗争的纲领。必须在立宪民主党的周围造成一种完全不相信他们能够获得土地和自由的气氛;必须坚决无情地批判他们在赫尔辛福斯臆想出来的那种消极抵抗的斗争方法,并且在人民面前揭露他们的斗争方法的全部软弱性、全部不坚定性。

只有具备了这个必要条件,第二届杜马时期才会比第一届杜马时期前进一步。"

仔细读过这篇文章以后,我们看到这篇文章相当准确地反映了俄国社会民主工党最近这次全国代表会议上崩得代表团的观点。大家知道,这个代表团一方面同孟什维克一起投票赞成容许同立宪民主党结成联盟,而另一方面又同布尔什维克一起投票赞成从根本上修改中央委员会的"选举纲领草案"(把建立共和国、指出起义、正确地评价各政党等口号补充进去,修正案要求更明确地阐述社会民主党的阶级本质等等。见《无产者报》第8号刊载的代表会议关于纲领"修正案"的决议[145])。

我们上面引用的麦·同志的文章所以**看起来很像**布尔什维克的文章,是因为我们在这里只看到了崩得的一只左手,而右手则藏在那些为同立宪民主党结成联盟辩护的文章里面了。

不管怎么说，崩得分子对于同立宪民主党结成联盟的看法还是跟孟什维克不同的。他们的例子特别突出地证实了一句名言：Si duo faciunt idem, non est idem——"既然是两人做同一件事，那就不是同一件事了"。两者之间是有一定区别的，而这种区别不能不表现在他们做同一件事的方式、方法以及他们"做同一件事"的效果上，等等。孟什维克同立宪民主党结成联盟，崩得分子同立宪民主党结成联盟，这不是一回事。孟什维克同立宪民主党结成联盟，是同他们的总策略完全一致的，崩得分子则不然。因此上面所引的那类文章就特别清楚地暴露了崩得分子的不彻底性和不坚定性，他们昨天实行抵制，今天既为抵制维特杜马作辩护，同时却认为可以同立宪民主党结成联盟。孟什维克同立宪民主党结成联盟，是自然地、非强制地作为思想联盟表现出来的。崩得分子的这种联盟预定只起"技术性"联盟的作用。

但是政策有自己的客观逻辑，并不以某些个人或某些政党的预先决定为转移。崩得分子设想联盟只是技术性的，而就全国的政治力量而言联盟将成为思想性的。既然代表会议的孟什维克的决议已经引起了立宪民主党的狂欢，既然《同志报》上发表了普列汉诺夫那封谈论"全权杜马"的赫罗斯特拉特[146]式的著名信件，那就未必有必要再来证明这一点了。

请好好想想文章作者的这段话："立宪民主党很清楚，他们的力量是以立宪幻想为基础的，所以他们将用全力给选民灌输"这种幻想。

"立宪民主党的力量是以立宪幻想为基础的……" 这种说法对不对呢，这种说法本身意味着什么呢？如果说不对，如果说立宪民主党的力量的基础在于他们是俄国资产阶级革命中资产阶级民主派的卓越代表,那么正确的就是孟什维主义即右翼社会民主党人的总的策略路线了。如果说对,如果说立宪民主党的力量不是以资产阶级民主派的力量为基础,而是以人民的**幻想**的力量为基础,那么正确的就是布尔什维主义即左翼社会民主党人的总的策略路线了。

在资产阶级革命中,社会民主党人决不能不支持资产阶级民主派,——这就是普列汉诺夫及其同伙的基本论点;从这一论点也就**直截了当地**得出支持立宪民主党的结论。但我们要说,这个前提是对的,结论却根本不对,因为还必须分析一下哪些政党或派别在现阶段是资产阶级民主派真正**能够进行斗争的力量**。从马克思主义的即从唯一科学的分析的观点来看,无论立宪民主党,无论劳动派,无论社会革命党,都是"资产阶级民主派"。立宪民主党的"力量"并不是资产阶级人民群众(农民、城市小市民)的战斗力量,也不是地主阶级(黑帮)和资本家阶级(十月党人)的经济力量和金钱力量,而是资产阶级知识分子的"力量",资产阶级知识分子不是**独立的**经济阶级,因而不代表任何**独立的**政治力量。就是说,这是一种**被篡了权的**、以依靠资产阶级知识分子对其他阶级的影响为转移的"力量",因为这些阶级还没有来得及形成自己的明确而独立的政治意识形态,因为它们还服从资产阶级知识分子的思想领导;这首先是资产阶级知识分子在资产阶级人民群众中传播和培植的关于民主的实质和争取民主的方法的**错误见解**的"力量"。

否认这一点就等于像天真的孩子那样受"人民自由党"这几个响亮字眼的迷惑,就等于闭眼不看下面这个众所周知的事实:拥护立宪民主党的既不是群众，也不是地主和资本家中起决定作用的大人物。

承认这一点就等于承认工人政党的**当前任务**是同立宪民主党对人民的影响作斗争，承认这个斗争决不是因为我们幻想不要资产阶级民主派的资产阶级革命（这是右翼社会民主党人硬加在我们身上的谬论），而是因为立宪民主党**妨碍**资产阶级民主派的**真正力量**的扩展和表现。

参加立宪民主党的有俄国少数地主（多数地主是黑帮）和少数资本家（多数资本家是十月党人）。只有多数资产阶级知识分子参加了这个党。因此立宪民主党有诱惑力的政策对于政治上的黄口小儿和政治上衰退的老糊涂才有诱惑力，他们有一点小成绩就大叫大嚷，高奏凯歌，他们在自由派报刊和资产阶级学术方面占据统治地位，等等。因此这个党专爱**弄虚作假**，它用同君主制达成协议的叛变性宣传来腐蚀人民，但实际上又毫无力量达成任何协议。

立宪民主党不是资产阶级民主派，而是资产阶级背叛民主的体现者，——正像法国激进社会党人或德国社会自由派一样，不是知识分子社会主义者，而是知识分子背叛社会主义的体现者。因此支持资产阶级民主派，就要求揭露立宪民主党的假民主的全部虚假性。

因此，普列汉诺夫分子就给革命和工人阶级事业带来极大的危害，他们不断地向我们叫喊：应当同反动派作斗争，而不是同立宪民主党作斗争！

亲爱的同志们！你们的轻率就在于你们不懂得我们同立宪民主党作斗争的**意义**。这个斗争的关键和实质何在呢？在于立宪民主党人是资产者吗？当然不是。在于立宪民主党人是民主的空谈家,是战斗的民主派的叛徒。

再说立宪民主党对人民群众,对资产阶级民主派人民群众是否有影响呢? 当然有影响,而且有极广泛的影响,他们通过大量报纸等等扩散影响。那么请想一想,可不可以号召资产阶级民主派人民群众去同反动派作斗争,而**不揭露**他们那些**危害**资产阶级民主派事业的现在的思想领袖呢? 决不可以,亲爱的同志们。

同反动派作斗争首先要使群众从思想上脱离反动派。然而"反动派"对群众的思想影响的力量和生命力决不在于黑帮的影响,而**恰恰在于立宪民主党的影响**。这并不是奇谈怪论。黑帮是公开的和粗暴的敌人,他们可以烧杀和破坏,但是他们连一个粗俗的庄稼汉也说服不了。而立宪民主党既能**说服**庄稼汉,又能**说服**小市民。说服他们相信什么呢? 相信君主无可指责,相信可以用和平方法(即保留君主制的政权)取得自由,相信地主策划的赎买对农民说来是把土地交给他们的最有利的办法,等等。

因此,不消除立宪民主党的言论和立宪民主党的思想对天真的庄稼汉和天真的小市民的影响,就不能使他们确信有必要进行认真的斗争。谁要是说"应当同反动派作斗争,**而不是**同立宪民主党作斗争",谁就是不懂得斗争的**思想**任务,谁就是把斗争的实质不是归结为说服群众,而是归结为强力行动,谁就是把斗争庸俗地理解为:对反动派"打"好了,而对立宪民主党人则不必"打"。

当然,我们拿起武器要打的现在还不是立宪民主党人,甚至也不是十月党人,而**只是**政府及其直接仆从。当我们真正打倒了他们的时候,立宪民主党人就会为了金钱替共和主义民主派辩护,正像他们现在(为了教授的20号[147]或律师的酬金)替君主主义民主派辩护一样。但是,要想真正打倒反动派,就必须使群众摆脱立宪民主党的思想影响,因为他们虚假地向这些群众说明同反动派斗争的任务和实质。

再回过来谈一下崩得分子。难道他们现在会看不到**他们**所容许的同立宪民主党的"技术性"联盟,实际上**已经成了**加强人民群众对立宪民主党的信任(而不是制造不信任的气氛)的强有力的工具吗? 只有瞎子才会看不到这一点。社会民主党的所有孟什维克,包括崩得分子在内,同立宪民主党的思想联盟是事实,而像麦·同志的这类文章,不过是一个美好的但也是天真的、柏拉图式的幻梦而已。

载于1906年12月20日《无产者报》
第10号

译自《列宁全集》俄文第5版
第14卷第187—194页

政府伪造杜马和社会民主党的任务

(1906 年 12 月 20 日〔1907 年 1 月 2 日〕)

沙皇政府坚持不懈地在"进行"伪造杜马的"工作"。为了警告那些轻信的俄国小市民不要迷恋于立宪制,我们早在这种伪造开始以前(1906 年 9 月 30 日《无产者报》第 5 号)就写道,正在酝酿新的政变,即准备**在**第二届杜马召开**以前**修改 1905 年 12 月 11 日的选举法。当时我们写道,"无疑,现在政府正在专心致志地研究""是否要保留旧选举法"的问题①。

是的,沙皇政府一直在研究这个问题,甚至可能已经研究好了。它过去采用通过参议院的说明的办法来修改选举法**148**。现在它在限制鼓动自由(如果说俄国的自由**还**可以再加限制的话)和伪造选举等方面则采取了新步骤。最近颁发了**条例149**,禁止发选票给未合法化的政党。查封报纸愈来愈频繁地采用战地法庭的办法。逮捕更加紧了。搜查和围捕正在进行,其目的是一目了然的,就是要把复选人和有影响的选民的名单弄到手,以便"收拾"他们。一句话,选举运动搞得轰轰烈烈,——俄罗斯人俏皮地说。

政府用战地法庭的办法伪造杜马究竟会到什么程度,这谁也无从知晓。为什么不在选举当天或**选举以后**逮捕复选人呢?法

---

① 见本卷第 16 页。——编者注

令——俄国现在还保留着这个愚蠢的字眼！——规定杜马代表不受侵犯，但是没有规定复选人不受侵犯。我们的报刊早在第一届杜马选举时就指出了这一情况。沙皇黑帮认为当时是"维特错过了机会"，但实际上在十二月起义以后，政府要想占领革命的下一道防线，力量还太单薄。现在反革命聚集了力量，并且开始了从他们的角度来看完全正确的行动，即破坏宪法（只有天真的立宪民主党人才会相信这个宪法）。反动派同自由派的巴拉莱金[150]不一样。他们是讲究实际的人。他们看到而且根据经验知道，只要俄国有一点点自由，就不可避免地会导致革命高涨。所以他们**不得不**倒退再倒退，把十月宪法破坏再破坏，用各种挡板把刚刚打开一点的政治阀门堵了再堵。

只有那些愚蠢透顶的俄国立宪民主党人或非党的进步知识分子，才会因此叫喊政府丧失理智，并说服政府走立宪道路。但是政府只要想维护沙皇政权和地主土地，使之不受来自下面的隐蔽的、被压制的、但没有被消灭的压力，它**就不可能有别的做法**。而我们将对政府说：好吧！你们就挡上挡板，堵住稍稍打开的阀门吧。不过在阀门稍稍打开一点的时候，新鲜空气已经使锅炉增温了。如果你们堵上阀门，那就会发生我们最希望的爆炸。我们要做的事正是在人民群众面前更广泛地利用斯托雷平的绝妙的鼓动，利用斯托雷平对"宪法实质"的绝妙的说明。

从这里正可以看出，自由主义君主派资产阶级的策略同社会主义无产阶级的策略是截然不同的。社会民主党鼓吹斗争，用各种各样的历史教训向人民说明斗争是不可避免的，而且准备进行斗争，用强化革命鼓动来回答反动势力的强化。自由派不可能鼓吹斗争，因为他们害怕斗争。他们用腐蚀人民意识的立宪哀号和强化自己的机会主义来回答反动势力的强化。自由派的所作所为,正如劳动派谢杰尔尼科夫在5月9日帕宁娜伯爵夫人民众文化馆群众大会[151]上惟妙惟肖、活龙活现地描述的那样。当自由派挨骂时,他会说,感谢上帝,我还没有挨揍。当他挨揍时,他会感谢上帝,说他还没有被揍死。当他被揍死时,他就会深深地感谢上帝,他的不朽的灵魂从易朽的世俗躯壳中拯救出来了。

当斯托雷平黑帮向立宪民主党人厉声叱喝,并对他们的革命性展开围攻时,立宪民主党人号叫说:不,我们不是革命者,我们是好心人!打倒维堡宣言,打倒同左翼社会民主党人的联盟,打倒右翼社会民主党人中最右的普列汉诺夫的"全权杜马"口号,打倒有害的革命幻想!我们要参加杜马去立法。当黑帮宣布不给立宪民主党这个未合法化的政党选票时,立宪民主党人又号叫说:这是"在改变关于协议这个问题的提法"(12月13日《言语报》社论)!这是"在强化唯一登记过的反对派政党即和平革新党的作用"。"在达成协议的情况下必须重视这一点!"而当一个偶然爬上了和平革新党候选人名单的立宪民主党复选人被抓进区警察局时,立宪民主党人就要深深感谢上帝,说宪法在我国毕竟还没有被完全取消。到那时,我国的法律骑士们会说,唯一完全保险的党就是十月党,难道我们不总是说我们坚持10月17日宣言的立场吗?

孟什维克同志们对这一点是怎样想的呢?是不是要赶紧召开新的党代表会议,宣布容许同和平革新党或者甚至同十月党达成协议呢?要知道,他们也是想要"半自由"的,正像忸怩作态的普列汉诺夫今天(12月14日)在前社会民主党报纸上论证的那样![152]

立宪民主党人那里冒出了个和平革新党的问题,并不是偶然的。这个问题早在关于选票的条例颁布以前就提出来了。就连《同志报》的左翼立宪民主党人(有些爱开玩笑的人把他们称为"准社会党人")也早已在该报12月5日那一号上把和平革新党算在进步的政党之列,认为进步的政党共有六个(立宪民主党、社会民主党、社会革命党、人民社会党、民主改革党以及和平革新党)。前社会民主党人在同一号《同志报》上对《无产者报》第8号附刊上登载的关于三个**主要**政党的简介①十分气愤,大肆攻击。普列汉诺夫的朋友们叫嚷说,把葛伊甸归入黑帮,这是"政治上无诚意"!

我们很高兴,社会民主党的叛徒们不得不来替前十月党人辩护了,这个十月党人在杜马被解散后曾抗议维堡宣言并同斯托雷平商谈过内阁问题。

普列汉诺夫的同伙先生们,你们替一个十月党人辩护,应该更巧妙一些啊!在第一次选举时,十月党人(包括葛伊甸和希波夫在内)曾经同黑帮结成联盟,这是尽人皆知的。你们是不是因为更改一下党的名称就准备忘掉这件事呢?但是我们在12月5日《同志报》的同一版(第4版)上读到,在"十月十七日同盟"中有一个派别赞成同"和平革新"党达成协议,而且这个派别甚至在该同盟彼得堡分部中占优势。而稍稍往下一点有一条消息说,"俄国人民联合总会"**153**要同十月党结成联盟,所以《同志报》也就拒绝承认十月党人是立宪派。

这岂不是妙极了吗?我们拒绝把十月党人称做立宪派,因为黑帮要同他们结成联盟。但我们要把和平革新党人称做进步派,尽管十月党人要同他们结成联盟。

---

① 见本卷第129—136页。——编者注

这些臭名昭彰的进步"知识界"中的绝顶聪明的鲍鱼啊[154]！

知识分子激进派替和平革新党人辩护，立宪民主党中央机关报在关于选票的条例颁布以后立即转向和平革新，——这些就是自由派策略的典型例子。政府向右走一步，我们则向右走两步！这样一来，我们就又是既守法又和气，既灵活又忠诚，就是不给选票我们也干，我们一直要同流合污下去！

自由派资产阶级认为这就是现实的政策。他们就是以这种爬行的现实主义（根据某社会民主党人的绝妙说法）而自豪，认为这是他们政治上灵活、策略上机智的高度表现。其实这不仅是最愚蠢最卑鄙的策略，也是最无效果的策略。由于实行这种策略，德国立宪民主党人，从法兰克福的空谈家[155]到向俾斯麦摇尾乞怜的民族自由党[156]，在资产阶级革命后的半个多世纪里，巩固了掌握在容克（在俄国说来，就是多列尔、布拉采尔、普利什凯维奇这些黑帮地主）手中和"以议会形式粉饰门面的军事专制"①手中的政权。

我们那些迷恋于立宪民主党的这种政策并且正在照搬这种政策的孟什维克现在也该明白了，只有革命马克思主义的政策，才是唯一从好的意义而不是从庸俗的意义来理解的现实政策。要对付反动派的狡诈善变，那就不是顺着向右转，而是要在无产阶级群众中进行深入而广泛的革命宣传，发扬革命的阶级斗争精神和发展革命的阶级组织。这样，也只有这样，你们才能在反动派施展种种狡诈善变的伎俩时，加强唯一反对反动派的战士的力量。如果你们用向右转的策略来顺应政府的黑帮勾当，那你们就是分散和削

---

① 见《马克思恩格斯文集》第3卷第446页。——编者注

弱唯一能够进行斗争的力量即各革命阶级的力量，就是用使人眼花缭乱的政客"手腕"来模糊这些阶级的革命自觉。

孟什维克最初曾反对同立宪民主党达成协议。马尔托夫曾斥责过这种协议。尤·拉林曾愤慨地反对过这种协议。甚至尼古·约—斯基也不赞成这种协议。由于参议院（我们在日内瓦和彼得堡的反动的参议院）的说明的影响，马尔托夫及其一伙顺着向右转了。他们表示赞成同立宪民主党结成联盟，但决不同比立宪民主党更右的人结成联盟！只同"持反对派立场的民主主义"政党结成联盟（全俄代表会议根据中央委员会的提议以 18 票对 14 票通过的决议），不能再右了！

但是，现在立宪民主党要转而联合和平革新党了。孟什维克同志们，你们也要这样做吗？是不是为了回答参议院的说明而同立宪民主党结成联盟，为了回答取消选票而同和平革新党结成联盟呢？可是为了回答复选人的被捕，你们又将如何以对呢??

你们拒绝在群众中进行真正革命的宣传，这已经是事实。你们已经不同走和平道路的幻想以及同这种幻想的体现者立宪民主党作斗争了。你们一味操心的只是黑帮危险。而你们同立宪民主党提出共同名单的"巧妙手腕"是建立在沙滩之上的。你们削弱革命社会民主党的群众工作的实际内容，但是靠这种政客手腕得到便宜的不是你们，甚至可能也不是立宪民主党人，甚至可能也不是和平革新党人，而是十月党人！你们用伪造革命社会民主党的策略来回答伪造杜马的行为，这样做既改善不了杜马，也加强不了社会主义，也推动不了革命。

无原则的实际主义政策是最不实际的政策。

要回答伪造杜马的行为,工人阶级应当不是松懈而是强化自己的革命鼓动,在自己的选举运动中同可耻的立宪民主党叛徒分道扬镳。

载于 1906 年 12 月 20 日《无产者报》
第 10 号

译自《列宁全集》俄文第 5 版
第 14 卷第 195—200 页

政治形势和工人阶级的任务

(1906 年 12 月 24 日〔1907 年 1 月 6 日〕)

解散杜马以后,政府只能用军事恐怖来遏止全国的愤怒。强化警卫和非常警卫措施[157]、无休止的逮捕、战地法庭、讨伐队——所有这一切,只能叫做军事恐怖。

政府在对解放运动实行军事镇压中检验了自己的力量。力量足够的话,就根本不必召开杜马,可以立刻满足俄罗斯人民同盟和与之类似的"道地的俄国"黑帮政党的愿望。力量不足就再召开一次杜马,修改一下选举法,保证黑帮杜马或者控制立宪民主党杜马。政府就是这样考虑的。

到目前为止,残酷镇压的军事力量只足以做到:靠参议院的说明,不顾法令规定,剥夺成千上万工人、无产农民和铁路员工的选举权。政府的财政困难非常严重。借款还没有弄到手。崩溃的危险迫在眉睫。在国内,政府没有一个政党可以依靠,在一伙流氓(道地的俄国人)和十月党人之间动摇不定。它甚至同十月党人也不能完全协调一致。

第二届杜马的选举运动就是在这种情况下开始的。小市民被吓倒了。他们被战地法庭搞得苦恼不堪。在政府吹嘘的影响下,他们认为杜马将是很听话的。他们感情用事,准备原谅立宪民主党的一切错误,准备抛弃第一届杜马给予他们的一切教训,准备投立宪民主党人的票，只要黑帮不当选就行。

小市民的这种态度是可以理解的。小市民从来不依据坚定的世界观和完整的党的策略原则行事。他们总是随波逐流，任凭感情支配。他们除了把最温和的反对派政党同黑帮加以对比之外，就不能作出其他判断。他们不能独立思考第一届杜马的经验。

但是，对小市民说来是自然的事情，对在党派的人就是不可原谅的，而对社会民主党人就是很不体面的了。的确，请听一听那些社会民主党人号召工人社会主义者**投立宪民主党人的票**的理由吧（无论是在社会民主党根本没有提出自己的候选人的情况下只投一些立宪民主党人的票，还是在有共同名单的情况下投同社会民主党合作的立宪民主党人的票，反正都一样）。你们听到的不是什么理由，只是旧调重弹，只是恐惧和绝望的号叫：可别让黑帮当选！大家都来投立宪民主党人的票吧！同立宪民主党人提出共同名单吧！

作为工人政党党员的社会民主党人，不能把自己降低到这种小市民的水平。他应当清楚地知道，进行斗争的是哪些真正的社会力量，整个杜马，特别是在第一届杜马中占统治地位的立宪民主党起了哪些实际作用。谁不思考所有这些问题，就谈论无产阶级的当前政策，谁就永远不会得出比较正确的结论。

俄国现在进行的斗争是为了什么呢？是为了自由，也就是为了在国家中争取人民代表掌权，而不是旧政府掌权。是为了给农民土地。政府在竭尽全力反对这些意图，保护自己的政权和自己的土地（因为最富有的地主都是国家中最显贵的身居要职的人物）。反对政府的有工人和贫苦农民群众，当然还有城市贫民。关于城市贫民用不着单独来谈，因为他们没有跟无产阶级和农民的

№ 1   № 1

ЕЖЕНЕДѢЛЬНИКЪ

ТЕРНІИ ТРУДА

24 декабря 1906 года.

КОНТОРА и РЕДАКЦІЯ: Николаевская ул., кв. 34.
Пріемъ по дѣламъ редакціи по средамъ и субботамъ отъ 3 до 5 час. дня.

Политическое положеніе и задачи рабочаго класса.

Послѣ разгона Думы правительство сдерживало возмущеніе страны только посредствомъ военнаго террора. Усиленныя и чрезвычайныя охраны, аресты безъ конца, военно-полевые суды, карательныя экспедиціи, все это, вмѣстѣ взятое, нельзя назвать иначе, какъ военнымъ терроромъ.

Правительство испытывало свою силу на этомъ военномъ подавленіи освободительнаго движенія. Хватитъ силы,—вовсе не созовемъ Думы, сразу удовлетворимъ желанія союза русскаго народа и тому подобныхъ «истинно-русскихъ» партій черносотенцевъ. Не хватитъ силы,—созовемъ еще разъ, попытаемся передѣлать избирательный законъ, попытаемся обезпечить черносотенную Думу или укротить кадетскую Думу. Такъ разсуждало правительство.

Военной силы безпощаднаго подавленія хватило до сихъ поръ по крайней мѣрѣ, только на то, чтобы посредствомъ сенатскихъ разъясненій отнять, вопреки закону, избирательное право у тысячъ и десятковъ тысячъ рабочихъ, неимущихъ крестьянъ, желѣзнодорожниковъ. Финансовыя затрудненія правительства чрезвычайно усилились. Займа пока не удается добыть. Грозитъ неминуемое банкротство. Внутри страны правительство не могло опереться ни на одну партію, колеблясь между низкими хулиганами. (истинно-русскіе люди) и октябристами. Вполнѣ слиться оно не могло даже и съ октябристами.

При такихъ условіяхъ начинается избирательная кампанія во вторую Думу. Обыватель запуганъ. На него удручающе повліяли военно-полевые суды. Онъ находится подъ впечатлѣніемъ правительственнаго хвастовства, что Дума будетъ послушной. Онъ поддается настроенію и готовъ простить всѣ ошибки кадетамъ, готовъ выбросить за бортъ все то, чему научила его первая Дума и голосовать за кадета, лишь бы не прошелъ черносотенецъ.

Со стороны обывателя такое поведеніе понятно. Обыватель никогда не руководится твердыми міросозерцаніемъ, принципами цѣльной партійной тактики. Онъ всегда плыветъ по теченію, слѣпо отдаваясь настроенію. Онъ не можетъ разсуждать иначе, какъ противопоставляя черной сотнѣ самую скромную изъ оппозиціонныхъ партій. Онъ не въ состояніи самостоятельно обдумать опытъ первой Думы.

Но то, что естественно для обывателя, непростительно для партійнаго человѣка и совсѣмъ уже неприлично для соціалдемократа. Прислушайтесь, въ самомъ дѣлѣ, къ доводамъ тѣхъ соціалдемократовъ, которые зовутъ соціалистовъ рабочихъ голосовать за кадетовъ (все равно, за однимъ ли только кадетовъ тамъ, гдѣ соціалдемократы отказались вовсе выставлять своего кандидата, или за кадета вмѣстѣ съ соціалдемократомъ, гдѣ есть общій списокъ). Вмѣсто доводовъ вы услышите одинъ только призывъ, одинъ крикъ страха и отчаянія: какъ бы не прошли черносотенцы! голосуйте всѣ за кадетовъ! составляйте общіе списки съ кадетами!

Соціалдемократъ, членъ рабочей партіи, не можетъ опускаться до такой обывательщины. Онъ долженъ дать себѣ ясный отчетъ въ томъ, какія дѣйствительныя общественныя силы ведутъ борьбу, какое дѣйствительное значеніе имѣетъ Дума вообще и господствовавшая въ первой Думѣ партія кадетовъ въ особенности. Кто разсуждаетъ о современной политикѣ пролетаріата, не обдумавъ всѣхъ этихъ вопросовъ, тотъ никогда не можетъ прійти къ сколько-нибудь вѣрнымъ выводамъ.

За что идетъ теперь борьба въ Россіи? За свободу т. е. за власть народныхъ представителей въ государствѣ, а не стараго правительства. За землю для крестьянъ. Правительство всѣми силами борется противъ этихъ стремленій, отстаивая свою власть, свою землю (ибо самые богатые помѣщики принадлежатъ къ числу самыхъ знатныхъ и наиболѣе высокопоставленныхъ лицъ въ государствѣ). Правительство имѣетъ противъ себя рабочихъ и массу крестьянской бѣдноты, а также, разумѣется, и городской бѣдноты, о которой не къ чему говорить отдѣльно, ибо у нея нѣтъ особыхъ интересовъ въ отличіе отъ основныхъ интересовъ пролетаріата и крестьянства.

Какъ относятся къ борьбѣ высшіе классы, помѣщики и буржуазія? Сначала, до 17-го октября, большая часть ихъ были либеральны, т. е. сочувствовали свободѣ, даже помогали такъ или иначе борьбѣ рабочихъ. Буржуазія была недовольна самодержавнымъ порядкомъ управленія и требовала себѣ тоже

1906 年 12 月 24 日载有列宁《政治形势和
工人阶级的任务》一文（社论）的《艰苦劳动》周刊第 1 期第 1 页
（按原版缩小）

基本利益不同的特殊利益。

地主和资产阶级这样的上层阶级是怎样对待斗争的呢？最初，在10月17日以前，他们大部分是自由派，也就是说，同情自由，甚至用某种方式帮助过工人斗争。资产阶级对管理国家的专制制度是不满意的，并且要求参与国家事务。资产阶级自封为民主派，也就是说，表示拥护人民自由，以取得人民对自己的意图的支持。但是在10月17日以后，资产阶级满足于已经得到的东西，就是说，地主和资本家参与了国家事务，原封不动的旧政权也答应给以自由。资产阶级被无产阶级和农民进行的独立斗争吓坏了，于是宣布：革命够了！

10月17日以前，有一个地方自治人士的广泛的自由派资产阶级政党。他们召开过著名的半合法的代表大会，并在国外出版了《解放》杂志[158]。10月17日以后，地方自治人士代表大会的参加者分裂了：商人资本家和较大的地主或按照农奴制方式经营的地主参加了十月党，即直接转到政府方面去了；另一部分人，特别是律师、教授和其他资产阶级知识分子则组成了立宪民主党。这个党也转过来反对革命了，也害怕工人的斗争了，也宣布：够了！但是，这个党过去和现在都想用比较巧妙的手段来制止斗争，如向人民作小小的让步，让农民赎买等等。立宪民主党向人民许诺，如果人民把立宪民主党人选入杜马，他们就给人民以自由和给农民以土地。社会民主党人懂得，这是欺骗人民，所以他们抵制了杜马。但是愚昧的农民和吓倒了的小市民还是把立宪民主党人选入了杜马。立宪民主党人并没有为自由而斗争，他们在杜马中号召人民安静下来，而自己却去争取当沙皇的大臣。由于言论失当，由于社会民主党人和较有勇气的代表从杜马讲台上向人民呼吁，号召他们起来斗争，于是杜马被解散了。

现在，就连最愚昧无知的人也都会懂得立宪民主党是个什么货色。这不是人民战士的党，而是资产阶级掮客的党，是中间商的党。只有当群众不再信任立宪民主党，并且懂得必须开展独立斗争的时候，工人和觉悟农民才能达到自己的目的。所以投立宪民主党人的票以及鼓吹这样做，就等于降低群众的觉悟，削弱群众的团结和斗争决心。

现在，觉悟工人面临的是完全另一种任务。为了抗衡小市民的惶惑情绪和无思想性，觉悟工人应当在选举运动中进行彻底、坚定、严整的社会主义宣传。

觉悟工人的当前任务就是向全体无产阶级群众和全体先进的农民代表说明，真正的斗争是怎样的，各阶级在这一斗争中的实际地位是怎样的。

在我国革命期间，工人走在其他一切阶级的前头。现在大多数工人都倾向于社会民主党。当然，这里还必须进行更强有力的、更广泛的工作，但是这种工作已经走上平坦的道路。最重要和最困难的是在农民中进行工作。农民是一个小业主阶级。这个阶级争取自由和争取社会主义的斗争条件要比工人差得多。农民没有被大企业联在一起，而是被个体的小规模的经营所分散。农民不像工人，他们看不到一个像资本家那样公开的、明显的、单一的敌人。农民本身在一定程度上也是业主和私有者，因此农民总是追随资产阶级，愿意仿效资产阶级，梦想发展和巩固自己的小私有财产，而不想同工人阶级共同反对资本家阶级。

这就是为什么一切国家中的所有贫苦农民群众在争取自由和争取社会主义的斗争中总不如工人那样坚定。这就是为什么我们俄国杜马中的农民代表即劳动派，尽管有立宪民主党叛变的种种教训，还是不能摆脱自由派资产阶级的影响，摆脱他们的观点，摆脱他们的偏见，摆脱他们的政治手段，——这种政治手段似乎很老练，是在耍漂亮的巧妙"手腕"，其实对任何一个真正的战士来说，这只是一些愚蠢的、无聊的、可耻的手段。

　　觉悟工人们！利用选举运动彻底打开人民的眼界吧！一些好心的、但是软弱而不坚定的人，号召你们同立宪民主党人提出共同名单，号召你们同立宪民主党人提出共同口号以模糊群众的认识，不要相信这些人。要批判地对待流行的关于黑帮危险的叫嚣、哀号和恐惧。俄国革命的真正的根本的危险是农民群众不开展，他们在斗争中不坚定，他们不了解资产阶级自由派的全部空虚性和全部叛变性。向这种危险进行斗争吧，把全部真相公开地彻底地告诉全体人民群众吧。这样，你们将把人民群众从夸夸其谈的立宪民主党人那里引开而把他们吸引过来支持社会民主党。这样，也只有这样，你们才能消除真正的黑帮危险。任何参议院的说明，任何刑罚，任何逮捕，都阻挡不住我们在人民中进行**这样的**工作：提高群众的公民意识和阶级意识，组织群众去完成独立的斗争任务，而不是自由派资产阶级的斗争任务。

载于1906年12月24日《艰苦劳动》
周刊第1期

译自《列宁全集》俄文第5版
第14卷第201—208页

工人政党的任务和农民[159]

(1906 年 12 月 28 日〔1907 年 1 月 10 日〕)

伏尔加河流域是农民运动的巨大中心之一。在伏尔加河流域,工人政党面临着一项极其迫切的任务:实行无产阶级独立的阶级政策,并经常向农民群众说明,只有同那些他们通常当做自己领袖的自由派地主立宪民主党人决裂,只有靠拢革命无产阶级,他们才能获得土地和自由。

工人政党的选举运动正应当完全服从于这个任务。正因为如此,在伏尔加河流域同立宪民主党结成联盟是特别有害的,从社会民主党这个领导无产阶级阶级斗争的政党的整个原则立场来看,这样的联盟是根本不能容许的。为了更清楚地说明这一点,让我们以第一届杜马中伏尔加河流域的一个农民代表作例子。这个代表是萨拉托夫省选出来的劳动派伊·日尔金先生。

劳动派日尔金现在常给彼得堡立宪民主党的报纸《同志报》写稿并替同立宪民主党结成联盟辩护。请看他是**怎样**替这种联盟辩护的。他在 12 月 17 日的《同志报》上叙述了萨拉托夫省第一届杜马的选举情况。农民选举了自己的人,他们本能地即从被剥削的劳动者的准确无误的本能上不相信自由派地主和资产阶级律师。在该省,当所有复选人聚集起来选举杜马代表时,农民差不多占复选人总数的²/₅。

（让我们提醒一下，萨拉托夫省的复选人总数是 150 人，其中农民 64 人，土地占有者 51 人，市民 35 人。日尔金先生提供的复选人数字是 152 人，大概是把工人选民团算在内了。）

农民的复选人在省里和一些"著名的"立宪民主党人，例如"同立宪民主党中央委员会有牵连的"尼·尼·李沃夫先生遭遇了。在县城的复选人中出现了比立宪民主党左的人。于是很快地几乎是自然地形成了左派联盟"劳动者同盟"，即杜马中未来的劳动团的雏形。

于是同立宪民主党人争夺杜马席位的交易开始了。立宪民主党人要求⅔的席位，"劳动者"也要求同样数目的席位。双方争执不下。立宪民主党人不相信劳动者同盟的力量和团结性。但是，最后一次竞选大会表明，同盟的候选人在 152 票中得了 **78—89票**。"立宪民主党人的主要候选人得了 50—67 票。"

这时立宪民主党认输了。他们同意他们的党在杜马中占少数。日尔金先生写道："劳动者同盟委员会同意选两名打立宪民主党旗号的候选人：尼·尼·李沃夫和谢·安·科特利亚列夫斯基。值得注意的是，这两个刚刚分别得了 59 票和 67 票的候选人，在选举投票时却得了 111 票。"

是的，这是非常非常值得注意的。可惜的只是劳动派日尔金不懂得他所报道的事实的**意义**。

只要想一想：在 152 票中拥有 78—89 票，即占**多数**的左派劳动者同盟，把尼·尼·李沃夫选进了杜马。因此，劳动派日尔金先生就维护同立宪民主党结成联盟。

工人和农民们，你们知道尼·尼·李沃夫是怎样一个人吗？他是个地主，是"解放社"**160**的创始人之一，也就是说，是立宪民主党的创始人之一。他当过七年贵族代表。在杜马中,他属于极右翼立宪民主党人。换句话说,他不仅反对过社会民主党的工人代表,不仅反对过劳动派,他甚至认为整个立宪民主党向左走得太远了!他认为,立宪民主党提出的对付集会和出版的苦役法太自由主义化了。他认为,立宪民主党地主向农民提出的会使他们破产的赎买办法,是对农民过于慷慨的一项改革。立宪民主党人想把土地按公道价格卖给农民,但是这个公道价格,需要由农民代表、同等数目的地主代表、外加政府代表一起来评定。一个农民、一个地主、一个警官,——立宪民主党不是挺公道吗?在地主李沃夫先生眼里,这太自由主义化了。看来,这位地主先生大概想让地方土地委员会中有更多的警官。

因此,李沃夫先生在杜马中发表了**反对**农民土地要求的言论。在杜马开会期间,李沃夫先生同当权者进行幕后交易,为自由派地主搞内阁席位,条件是"控制"杜马中的劳动派和社会民主党人。被劳动派选进杜马的自由派地主李沃夫就是这样一个人。解散杜马以后,地主李沃夫还同斯托雷平商谈过入阁的事!!

为了能够更无约束地同斯托雷平商谈,李沃夫退出立宪民主党而组织了和平掠夺党¹⁶¹。**现在立宪民主党同这个党结成了联盟**。日尔金先生常投稿的那个《同志报》,把这个党称为进步的党,而不是黑帮的党!

但是,对我们重要的是,当李沃夫进入杜马时,他是一个立宪民主党人。重要的是,这个立宪民主党地主最卑鄙地背叛了农民,在杜马中反对农民的要求,甚至在解散杜马以后还同那些大批屠杀和殴打农民的人搞内阁席位的交易。

劳动派竟把这样的立宪民主党地主选进了杜马!

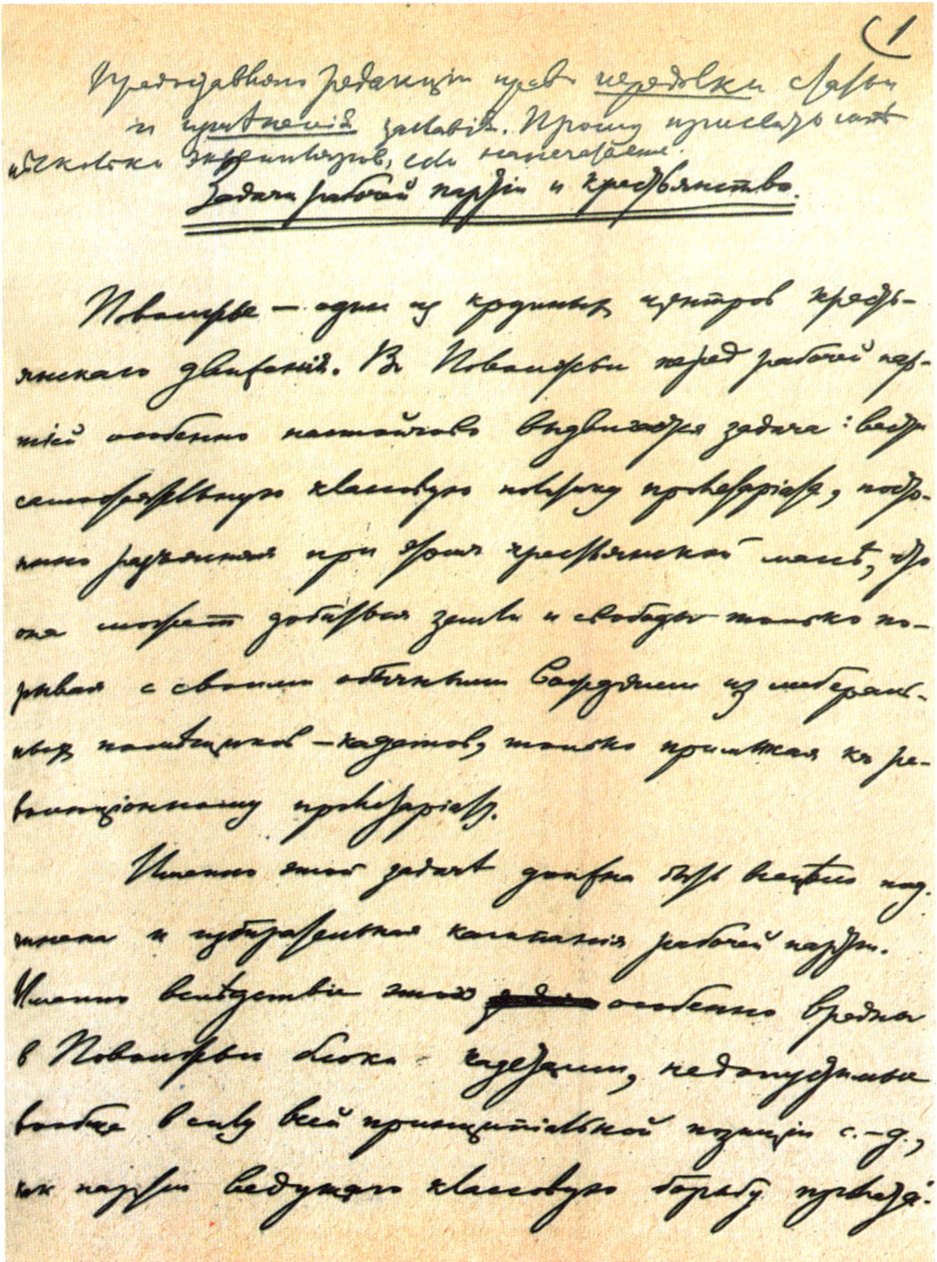

1

Предоставляю редакции право переделки слов и прибавления заглавия. Прошу прислать мне несколько экземпляров, если напечатаете.

Задачи рабочей партии и крестьянство.

Поволжье — один из крупных центров крестьянского движения. В Поволжье перед рабочей партией особенно настойчиво выдвигается задача: вести самостоятельную классовую политику пролетариата, подробно разъяснять при этом крестьянской массе, что она может добиться земли и свободы только порвав с своими обычными вождями из либеральных помещиков-кадетов, только примкнув к революционному пролетариату.

Именно этой задаче должна быть всецело подчинена и избирательная кампания рабочей партии. Именно вследствие этой особенно вредны в Поволжье блоки с кадетами, недопустимые вообще в силу всей принципиальной позиции с.-д., как партии ведущей классовую борьбу пролетариата:

1906年列宁《工人政党的任务和农民》一文手稿第1页

（按原稿缩小）

　　假定日尔金先生和其他劳动派**当时**并不知道李沃夫是何许人。假定日尔金先生和他的一伙**弄错了**。弄错了是不该责怪的。

　　就算这样。那么现在呢,日尔金先生能不知道像李沃夫这样的立宪民主党地主从"人民自由"方面投向斯托雷平的战地法庭内阁方面去了吗? 日尔金先生是知道这一点的,但是**仍然**向劳动派和社会民主主义工人建议同自由派地主和资产阶级律师的政党,即同立宪民主党结成联盟。

　　李沃夫是典型的立宪民主党叛徒,是自由派地主政党的典型代表。

　　日尔金是典型的不自觉和不坚定的劳动派,他当了"自由派"地主的尾巴,不善于打开农民的眼界,甚至在占多数的时候也不善于取胜,不善于号召农民进行独立的斗争。

　　让伏尔加河流域的所有的觉悟工人、所有的社会民主党人以李沃夫和日尔金的例子来教育人民吧。

　　工人们! 地主李沃夫之流的立宪民主党人,今天高唱人民自由而明天就投向斯托雷平方面去了,你们愿意帮忙把这些人选进杜马吗?

　　如果你们不愿意,那就拒绝同立宪民主党,同这个"自由派"地主政党结成任何联盟,号召农民支持工人的社会民主党,而不要支持立宪民主党。

　　农民们! 立宪民主党人李沃夫之流的"自由派"地主在进入杜马以前答应你们过天堂般的生活,而在杜马里面则建议由地主政府任命的官吏来评定地主土地的公道价格,你们愿意再一次把这些人选进杜马吗? 你们愿意信托自由派地主或资产阶级律师来捍卫农民的要求吗?

如果你们不愿意,那就投社会民主党人即投工人政党的票吧。社会民主工党在世界任何地方从未背叛过破产的、贫困的、被剥削的劳动农民的利益。自由派资产阶级在世界各地都欺骗争取土地和自由的农民,就像我国的立宪民主党人李沃夫之流欺骗农民一样。

除了坚强的、自觉的、不违背阶级观点的工人政党以外,没有也不可能有其他办法来反对劳动派的不坚定性。农民只有同觉悟工人携手并进,才能获得土地和自由。

1906 年 12 月 28 日

载于 1935 年 1 月 21 日《伏尔加公社报》第 19 号

译自《列宁全集》俄文第 5 版第 14 卷第 209—213 页

威·李卜克内西的小册子《不要任何妥协,不要任何选举协议!》的俄译本序言

(1906 年 12 月)

现在,在第二届杜马选举前夕,当选举协议问题既为工人政党又为自由派资产阶级的社会舆论深表关切的时候,把李卜克内西这本小册子的译本介绍给俄国读者,是有特殊意义的。

我们不想在这里谈李卜克内西这本小册子的一般意义。读者必须阅读弗·梅林的关于德国社会民主党历史的著作以及我们德国同志的一系列其他作品,才能弄清这本小册子的一般意义,并且正确了解书中的个别地方,因为如果引用这些地方而不顾及这是在什么时候谈的和怎样谈的,那就会造成曲解。

在这里,重要的是指出李卜克内西谈问题的**方法**。重要的是指出李卜克内西怎样**对待**协议问题,以便帮助俄国读者独立地解决我们所关心的同立宪民主党结成联盟的问题。

李卜克内西丝毫不否认,从争取"议员名额"的观点,或者从争取"同盟者"(表面上的同盟者)去反对共同敌人即反动派的观点来看,同资产阶级反对派政党达成协议"是有益的"。不过这位德国社会党的老战士的真正政治才智和久经考验的社会民主主义修养却表现在他**不局限于**这些见解。他分析了这样一些问题:这些"同

盟者"是不是暗藏的敌人（把这些人放进自己队伍里是特别危险的）？这些同盟者是不是真正同共同敌人进行斗争以及怎样进行斗争？在考虑为了增加议员名额而达成协议的好处时，是否考虑到了这会有损于无产阶级政党的较长期和较深远的任务？

让我们就上面指出的这三个问题，来看看例如像普列汉诺夫这样主张俄国社会民主党同立宪民主党达成协议的人，**是否懂得**这几个问题的意义。我们会看到普列汉诺夫把协议问题提得非常狭窄。立宪民主党既然愿意同反动派进行斗争，那就……同立宪民主党达成协议！进一步，普列汉诺夫就不想谈了，在他看来，对这个问题作进一步分析就是学理主义。怪不得把社会民主党的政策要求忘得一干二净的这位社会民主党人，竟同普罗柯波维奇之流先生们以及《同志报》其他政论家这伙社会民主党的叛徒接近并合作了。怪不得连这位社会民主党人的原则上的同道者孟什维克，他们不是窘得默不作声，不敢大声说出他们对普列汉诺夫的看法，在工人大会上避免同普列汉诺夫接触，就是像《人民报》和《我们的论坛》周刊的崩得分子那样干脆对他进行嘲笑[162]。

李卜克内西教导我们，社会民主党人应当善于在每一个资产阶级同盟者身上发现他的危险方面，而不要加以掩饰。可是我们的孟什维克却叫嚷，不该同立宪民主党作斗争，而应当同黑帮危险作斗争！对于这种人，仔细考虑一下李卜克内西下面的话是大有益处的："警察政客的愚蠢而残酷的暴行，反社会党人法（苦役法，反对政党宣传革命的法律）的迫害，只会使我们产生一种鄙薄的感觉。但是，对那些为了选举协议而向我们伸出手、装做朋友和兄弟钻进我们队伍里来的敌人，对这样的人，**而且仅仅对这样的人，我们是应当害怕的。**"

　　大家看到,李卜克内西也指出了警察暴行和黑帮法律。然而他却大胆地告诉工人:应当害怕的不是这种敌人,而是同假朋友达成选举协议。为什么李卜克内西有这种想法呢? 因为他一向认为,只有当战士的力量是**觉悟**工人群众的力量时,这种力量才构成真正的力量。暴力和苦役法腐蚀不了群众的意识,而工人的**假朋友**即自由派资产者却能腐蚀群众的意识,因为他们空喊斗争而使**群众脱离**真正的斗争。我们的孟什维克和普列汉诺夫不懂得,同立宪民主党作斗争,就是为了使工人群众的意识摆脱立宪民主党的所谓把人民自由同旧政权结合起来的虚伪见解和偏见而斗争。

　　李卜克内西非常尖锐地强调指出,假朋友比公开的敌人更危险,他说:“实行新的反社会党人法,其危害要小于为了达成选举协议而模糊阶级对立和党的界限。”

　　如果把李卜克内西的这句话译成1906年年底的俄国政治用语,就是:“黑帮杜马的危害要小于为了同立宪民主党达成选举协议而模糊阶级对立和党的界限。”从社会主义投到自由派那里去的《同志报》以及这类报刊的作家们,听到李卜克内西的这句话,会发出多么粗野的号叫啊! 我们常常在工人大会上听到并且在孟什维克的刊物上看到,布尔什维克的这类意见受到“斥责”,就像李卜克内西所受到的斥责一样(该小册子第54页)。但是,布尔什维克并不害怕这些号叫和斥责,就像李卜克内西并不害怕这些东西一样。出卖人民自由的自由派叛徒通过选举协议向工人群众靠拢,给工人群众带来了危害,只有蹩脚的社会民主党人才会轻视这种危害。

　　顺便谈一谈自由派的这种叛变行为。我们的机会主义者,包括普列汉诺夫在内,叫嚷道:我们现在来谈自由派的叛变行为是不策略的。普列汉诺夫甚至写了一本小册子来教导不策略的工人社会主义者对待立宪民主党人要客气点。普列汉诺夫的见解并不新奇,普列汉诺夫的话早已被德国自由派资产者重复得令人乏味,这在李卜克内西的小册子中讲得最清楚不过了。原来,普列汉诺夫用来对付革命的社会民主党人的"王牌",就是**那个**狼和牧童的童话。这个童话德国机会主义者也曾经试图用来吓唬李卜克内西,他们说,你老是对大家叫喊"狼来了! 狼来了!",等到狼真的来了,就没有人信你的话了。李卜克内西一针见血地回答了现在的普列汉诺夫的众多的德国同道者:"谨慎的人捍卫党的利益无论如何总不会比爱说风凉话的人差。"

现在再看一看我们指出的第二个问题:我们的自由派资产阶级即立宪民主党是不是真正同黑帮危险进行斗争以及怎样进行斗争? 普列汉诺夫既不会提出这个问题,也不会通过仔细分析立宪民主党在革命俄国的政策来解答这个问题。普列汉诺夫违反马克思主义的起码常识,从资产阶级革命的"一般概念"推断出俄国社会民主党对待立宪民主党的具体态度;而不是从研究俄国资产阶级革命的实际特点来推断出现代俄国的资产阶级、无产阶级和农民之间相互关系的一般概念。

李卜克内西教导我们用另一种方法判断问题。当有人跟他谈到自由派资产阶级同反动派进行斗争时,他就分析自由派资产阶级是**怎样**进行斗争的。他指出(在这本小册子和其他许多文章中),德国自由派(完全跟我国立宪民主党一样)"出卖自由",他们同"容克〈地主〉和僧侣"亲近,他们不能成为革命时代的革命者。

李卜克内西说:"自从无产阶级开始作为一个与资产阶级截然分立并在利益上同资产阶级相敌对的阶级出现以后,**资产阶级就不再是民主的了。**"

可是我们的机会主义者像是在嘲弄真理,竟把立宪民主党人称做民主派(甚至见之于社会民主党代表会议的决议中),尽管立宪民主党人在自己的纲领中否认民主制,承认参议院等等,尽管他们在国家杜马中提出对付集会的苦役法,并且反对不经当局许可就根据普遍、直接、平等和无记名投票的原则来组成地方土地委员会!!

李卜克内西十分公正地斥责把革命一词当做空话来玩弄。李卜克内西谈论革命时,他确实是相信革命的,确实是不仅从眼前利益而且从整个革命的根本利益来分析一切策略问题和一切策略步骤。李卜克内西同俄国的革命社会民主党人一样,都经历过从直接革命斗争转到残缺不全的、卑鄙无耻的黑帮宪法的艰苦过渡时期。李卜克内西善于适应这种艰苦的过渡时期,善于在任何处境中,甚至在最恶劣的处境中为无产阶级工作。但是,李卜克内西并没有因为从反对卑鄙的宪法转到利用这种宪法来进行工作而兴高采烈,也没有因为一些人**竭力**不使这种"宪法"**出现**而嘲笑他们。李卜克内西认为,"谨慎"并不等于赶快踢开低落下去的(虽然是暂时低落下去的)革命,赶快去适应残缺不全的宪法。不,这位革命的老战士认为,无产阶级领袖的"谨慎",就是要比所有灰心丧气、胆小怯懦的资产者更迟一些去"适应"革命暂时失败后形成的状况。李卜克内西说:"实际政治迫使我们去适应我们生活在其中的那个社会的制度;但是,我们在适应现代社会制度的道路上每迈出新的一步,都要花费力气,并且**只有十分谨慎**才行。这就引起了各方面的不少嘲笑。**但是,怕踏上这个斜坡的人,同那些嘲笑我们谨慎的人相比,总是更可信赖的同志。**"

曾经抵制过维特杜马的工人同志们,记住这金玉良言吧。当可怜的书呆子嘲笑你们抵制杜马，而忘记在抵制布里根杜马的旗帜下第一次（目前还只是唯一的一次，但是我们深信不会是最后的一次）掀起反对**这类**制度的人民运动时，你们要时刻记住这些话。让叛徒立宪民主党人引以为荣吧：他们比任何人都更早地心甘情愿地匍匐在反革命的法律之下。觉悟的无产阶级将引以为荣的是，他们比任何人都更持久地高举大旗，投入公开的战斗。他们将引以为荣的是，他们只是在战斗的沉重打击下摔了一跤，而比任何人都更持久地尝试重整旗鼓并号召人民再一次奋起冲击，扼杀敌人。

＊　　　　＊　　　　＊

最后谈一谈我们指出的第三个即最后一个问题。选举协议会不会损害我们特别珍贵的社会民主主义"原则的纯洁性"？唉！俄国的政治现实已经对这个问题作了答复，已经用使觉悟的工人感到脸红的事实作了答复。

孟什维克在决议中断言并且在大会上赌咒发誓，说他们只是缔结技术性协议，说他们继续同立宪民主党进行思想斗争，说他们丝毫也不让出自己的社会民主党的阵地，丝毫也不放弃自己的纯无产阶级口号。

结果怎样呢？不是别人，正是普列汉诺夫跑到了立宪民主党报馆的前厅，向人民提出了一个既不是立宪民主党的也不是社会民主党的，使人人满意而不得罪任何人的"折中"口号："全权杜马"。不用说，这个口号简直就是欺骗人民，蒙蔽人民，——只是要同自由派地主达成协议而已！但是，立宪民主党人轻蔑地赶走了普列汉诺夫，社会民主党人有的惊慌不安，有的愤愤不满地离开了普列汉诺夫。现在，普列汉诺夫只落得个孤家寡人，他发泄了一通私愤，大骂布尔什维克是"布朗基主义者"，大骂《同志报》的政论家"不谦虚"，孟什维克不机智，他除了自己，把所有的人都骂遍了！可怜的普列汉诺夫，李卜克内西关于达成协议在原则上是有害的这种公开而又明确、严肃而又尖锐的话在他身上完全应验了！

而瓦西里耶夫"同志"（也是从瑞士的厨房里瞅革命的人）就直接引用了普列汉诺夫的话，在《同志报》（12月17日）上建议干脆解散社会民主党并且暂时（仅仅是暂时！）同自由派合并。怪不得李卜克内西说，他们党里也未必有人愿意脱离"党的原则"。问题不在于是否愿意，而在于由于采取了错误步骤，**势必**给党带来什么后果。普列汉诺夫的愿望倒也是蛮好的：和和气气、亲亲密密地同立宪民主党一道对付黑帮危险。结果却弄得社会民主党丢人现眼。

工人同志们，请你们仔细地读一读威廉·李卜克内西的这本小册子，较慎重地考察一下那些劝你们同立宪民主党达成对无产阶级和自由事业都有莫大危害的协议的人吧！

尼·列宁

1906 年 12 月

载于 1907 年由新杜马出版社
在彼得堡出版的小册子

译自《列宁全集》俄文第 5 版
第 14 卷第 214—220 页

卡·考茨基的小册子
《俄国革命的动力和前途》的
俄译本序言

（1906 年 12 月）

俄国的先进工人早就知道，卡·考茨基是**他们自己的**作家，他不仅善于论证和阐明革命的马克思主义理论学说，并且善于以熟悉事物、认真分析实际情况的才能运用这一学说来阐明错综复杂的俄国革命问题。所以现在，当自由派的彼特鲁什卡[163]之流以及他们的自觉和不自觉的应声虫掀起的毫无思想内容的吵闹，有时几乎完全吸引了社会民主党人的注意力时，当"议会的"技术细节在许多人面前遮盖了无产阶级阶级斗争的原则问题时，当消沉情绪甚至往往支配着循规蹈矩的人，从而降低着他们的才智和政治能力时，对俄国所有的社会民主党人来说，仔细地听一听考茨基对俄国革命基本问题的意见就倍加重要了。其实，与其说是听一听考茨基的意见，倒不如说是深深思考一下他对问题的提法。因为考茨基不会轻率到空谈他不太熟悉的俄国策略的具体问题，不会对俄国事务幼稚无知到用老生常谈或不加批判地重复最时髦的口号来支吾搪塞。

考茨基就普列汉诺夫向许多外国社会党人请教的一些问题作了回答。在回答问题时，确切些说，是从这些提得不够聪明的问题中选择为了事业的利益**可以**在各国社会党人中间进行讨论的若干问题时,考茨基一开始就谦逊地声明:"谈到俄国事务,我同**俄国**同志相比,感到自己是**一个小学生**。"这种谦逊,不是社会民主党中那位"将军"的假谦逊,他开始表现为小市民的装模作样,最后则表现为波旁家族的蛮横无理。不是的,考茨基**实际上**只回答了那些他一经阐明就能**帮助**有头脑的俄国社会民主党人独立分析具体任务和当前口号的问题。考茨基拒绝以一个将军的姿态发号施令:向右转或向左转!他宁愿保持站得远远的、但却深思熟虑的同志地位,指出我们应当以怎样的途径自己寻求答案。

普列汉诺夫询问考茨基:第一,俄国革命的"一般性质"是资产阶级革命呢,还是社会主义革命? 第二,社会民主党对待资产阶级民主派的态度;第三,社会民主党在杜马选举中对各反对派政党的支持。

乍看起来,这些问题选得很"细致"。可是常言说得好:"细的地方容易断。"其实,稍有见识而又细心的人一下子就能识破这些问题是细致的⋯⋯**捏造**。说是捏造,首先是因为我们看到的是一个形而上学的样板,尽管普列汉诺夫爱夸夸其谈地大反形而上学,但是他在自己具体地历史地论述问题时却不能摆脱这种形而上学。其次是因为他成心把被问者圈在一个窄而又窄的小框框里。只有在政治问题上天真纯朴的人才觉察不到普列汉诺夫是故意地从远处谈起,不露声色地引导被问者为⋯⋯同立宪民主党结成联盟辩护!

驱使心地纯朴的对话者为同某一政党结成联盟辩护,却不点这个政党的名;谈论革命运动,却不把革命的资产阶级民主派同反对派的资产阶级民主派区分开来;暗示资产阶级是**按照自己的方**

式，就是说，用与无产阶级不同的方式"进行斗争"，却不直截了当
地说清楚方式不同之所在；用阿姆斯特丹决议作诱饵把对话者当
做一只小鸟来捉弄，而这个决议却是要对外国人**掩盖**俄国社会民
主党内争论的问题的真实内容；从泛泛的**空谈**中推断关于在一定
的情况下实行一定的策略，关于对资产阶级民主派各政党的态度，
关于革命"一般性质"等具体原理，却不从精确地分析俄国革命中
各阶级的利益和地位的具体材料中得出这个"俄国革命的一般性
质"的结论。——难道这不是捏造吗？难道这不是公然嘲弄马克
思的辩证唯物主义吗？

是就是，不是就不是，除此以外，都是鬼话！[164] 要么是资产阶
级革命，要么是社会主义革命，其余的事都可以用简单的三段论法
从基本的"判断"中"得出结论"！

考茨基的巨大功绩在于，他回答这类问题时一下子就看出事
情的实质和问题提法中已包含了的错误的实质。考茨基回答了普
列汉诺夫的问题，**实际上却抛弃了**普列汉诺夫对问题的提法！考
茨基是用**纠正**普列汉诺夫对问题的提法来回答普列汉诺夫的。考
茨基批判了普列汉诺夫对问题的提法，他在纠正提问人的错误时
愈婉转愈慎重，这种批判就愈能击中要害。考茨基写道："如果我
们能理解到，我们面临的是任何一个旧模式都套不上去的完全新
的形势和新的问题，那可就太好了。"

这正击中了普列汉诺夫提出的"我国革命就其一般性质说来
是资产阶级革命呢还是社会主义革命"这个问题的要害。考茨基
说，这是旧模式。不能这样提问题，这是非马克思主义的提法。俄
国革命不是资产阶级革命，因为资产阶级不是俄国目前革命运动
的动力。俄国革命也不是社会主义革命，因为它**决不**能导致无产

阶级实行**唯一的**统治或专政。社会民主党在俄国革命中能够取得胜利，它应当努力去争取胜利。但是当前革命的胜利不可能只是无产阶级的胜利而没有其他阶级的帮助。那么，在当前革命的客观条件下，究竟哪个阶级是无产阶级的同盟者呢？是**农民**，因为"在整个革命斗争时期，只有无产阶级和农民之间才存在着利益的牢固的共同性"。

考茨基的所有这些论点最为光辉地论证了俄国社会民主党革命的一翼的策略即布尔什维克的策略是正确的。考茨基的论证尤其宝贵的是，他撇开具体的实际的问题，集中全力系统地说明我国革命中社会主义策略的**一般原理**。他指出，普列汉诺夫的所谓"是资产阶级革命就应当支持资产阶级"的陈旧说法，同马克思主义毫无共同之处。他认为，这就是我国社会民主党的机会主义即孟什维主义的基本错误。对这种错误布尔什维克早在1905年初就进行了斗争。

其次，考茨基不是从一般词句出发而是从分析一定阶级的地位和利益出发，证实了我国立宪民主党的应声虫们认为是"不策略的"如下结论：资产阶级害怕俄国革命甚于害怕反动派，它敌视专制制度是由于专制制度产生了革命，它要求政治自由是为了制止革命。请你们把这一点同我们的普列汉诺夫信任立宪民主党人的天真想法对照一下吧，普列汉诺夫在他提出的问题中把反对派对旧制度的斗争同反对政府蓄意镇压革命运动的斗争悄悄地混为一谈了！与孟什维克对"资产阶级民主派"的死板的看法不同，考茨基指出了资产阶级民主派的革命的因素和不革命的因素，指出了自由主义的破产，指出了农民变得愈独立愈自觉，自由派就势必向右转得愈快。无产阶级和农民将不顾资产阶级的不坚定性来完成资产阶级革命,——布尔什维克策略的这个根本论点被考茨基完全证实了。

考茨基指出,在革命的进程中,胜利完全可能属于社会民主党,因此这个党**应当**使自己的支持者怀有必胜的信念。孟什维克对社会民主党在当前革命中能否取胜的担心,又一次被考茨基的结论彻底驳倒了。普列汉诺夫竭力想把"阿姆斯特丹决议"作为我国革命的任务的"依据"。这种可笑的做法,与考茨基的"如果在斗争之前就放弃必胜的信念,斗争决不会取胜"这一简单明了的论点加以对比,就显得特别滑稽了。

考茨基说,如果以为,"所有争取政治自由的阶级和政党,只须采取一致行动,就能获得政治自由",那就是"**只考虑到事态发展的政治上的表面现象**"。我们读了这段话,就可以看出,考茨基的**方法**和目前我国机会主义者的领袖普列汉诺夫的**方法**的根本分歧呈现得更为突出了。这段话听起来就好像考茨基是直接指投靠自由派的社会民主党人波尔土加洛夫之流、普罗柯波维奇之流、库斯柯娃之流、鲍古查尔斯基之流、伊兹哥耶夫之流、司徒卢威之流那伙先生的,这伙人恰好犯了考茨基所指出的错误(并且有普列汉诺夫步他们的后尘)。考茨基并没有读过这些先生的大作,因而这就更加深了他的**理论**结论的意义。

不用说,**所有俄国社会民主党人关于农民运动的非社会主义**性质,关于农民的小生产不可能产生社会主义等基本论点,考茨基是**完全**同意的。那些喜欢声称他们"也同意马克思"的社会革命党人考虑一下考茨基的这些话,倒是大有教益的。

最后,说几句关于"权威"的话。马克思主义者不能站在知识分子激进派的似乎是革命的抽象的通常观点上:"不要任何权威"。

不。工人阶级为了在全世界进行艰巨而顽强的斗争以取得彻底解放，是需要权威的。但是，不言而喻，这只是意味着青年工人需要那些进行反压迫反剥削斗争的老战士的经验，需要那些进行过多次罢工、参加过一系列革命活动、有革命传统和远大政治眼光的精明能干的战士的经验，每一个国家的无产者都需要全世界的无产阶级斗争的权威。为了阐明我们党的纲领和策略，我们需要全世界的社会民主主义运动的理论权威。但是这种权威当然同资产阶级科学和警察政治的御用权威毫无共同之处。这种权威是全世界的社会主义大军中进行更多方面的斗争的权威。正因为这种权威对扩大战士的眼界非常重要，所以在工人政党中决不容许妄图从旁边、在远处解决当前政治中的实际而具体的问题。每个国家进行直接斗争的先进的觉悟工人的集体经验，永远是解决所有上述问题的最高权威。

这就是我们对考茨基的意见和普列汉诺夫的意见具有多大权威性的看法。普列汉诺夫的主要是批判民粹派和机会主义者的理论著作，仍然是全俄国社会民主党的牢固成果，任何"派别活动"都迷惑不了一个哪怕稍微有点"智力"的人，使他忘记或者否定这些成果的重要性。但是作为俄国资产阶级革命中俄国社会民主党的政治领袖，作为一个策略家，普列汉诺夫却不值一评。他在这方面表现出的机会主义给俄国社会民主主义的工人带来的危害，要比伯恩施坦的机会主义给德国工人带来的危害大百倍。我们应当同普列汉诺夫这种立宪民主党式的政策进行最无情的斗争，因为他投入1899—1900年被他从社会民主党中赶出去的普罗柯波维奇之流的先生们的怀抱里去了。

至于说普列汉诺夫的这种策略上的机会主义是对马克思主义

方法的原理的全盘否定,只要读一下推荐给读者的考茨基的这篇论文的**推论过程**,就能得到最好的证明。

载于1906年12月由新时代出版社
在莫斯科出版的小册子

译自《列宁全集》俄文第5版
第14卷第221—227页

各资产阶级政党和工人政党
是怎样对待杜马选举的？

(1906 年 12 月 31 日〔1907 年 1 月 13 日〕)

报纸登满了准备选举的消息。几乎每一天我们都能听到，一会儿是政府作出新的"说明"，把一类又一类不忠实可靠的公民从选民名单中除名，一会儿是进行新的迫害，禁止集会，查封报纸，逮捕被提名的复选人和候选人。黑帮趾高气扬，吵嚷喧闹得比任何时候都更加厚颜无耻。

不合政府心意的政党也在准备选举。这些政党深信，而且十分正确地深信，选民**群众**会不顾一切诡计、挑剔以及对他们施加的大大小小的迫害而把自己的话说出来，通过选举表达出自己的真正信念。这种信心的根据是：最残酷的迫害，最难忍的挑剔，就整个俄国而言，最多只能剥夺掉数以百计、数以千计、甚至数以万计的选民的权利。然而，**群众**的情绪和他们对政府的态度，将不会因此而有所改变。就拿彼得堡来说，可以把 1 万—2 万人从选民名单中除名，但首都的 15 万名选民群众只不过因此受到抑制，陷入沉思，隐蔽起来，暂时不吱声，而他们并没有销声匿迹，他们的情绪也没有改变。如果说有所改变，那当然是改变得不利于政府。所以，只要选举法没有根本改变，只要残留的选举合法性没有遭到彻底践踏（还可能用不断逮捕复选人的方式来践踏，因为从斯托雷平那里只能期待最糟糕的东西!),群众情绪无疑将决定选举结果,而这当然又是不利于政府及其黑帮的。

所有不是站在政府方面的人都对选民群众抱着希望。但是,如果你仔细研究一下对群众抱的希望本身是什么内容,这些或那些政党对群众的态度**怎样**,那么你就会看出资产阶级政党同无产阶级政党是截然不同的。

立宪民主党是各自由派资产阶级政党的头头。立宪民主党在第一届杜马选举中无耻地背叛了斗争事业,拒绝抵制,自己顺从地参加了选举,并且带动了不开展的群众。现在,立宪民主党希望这些群众因循守旧,希望对左派政党的鼓动和选举运动加以限制。立宪民主党对群众的希望就是希望群众不开展和受压制,说什么群众弄不清楚我们的纲领和策略,除了和平的和合法的、最和平的和最怯懦的抗议以外,他们迈不出任何一步——这一步不是他们不想迈,而是别人不让他们迈。他们将投票拥护我们,因为左派既没有报纸,也不能集会,既没有小报,也不能保证不受任意的逮捕和迫害——这就是立宪民主党的想法。于是立宪民主党得意忘形地举目望天:感谢上帝,我不像任何一个"极端派"! 我不是革命者,我善于适应,善于最顺从、最恭顺地适应任何措施,我甚至可以从和平革新党那里搞到选票①。

因此,立宪民主党在整个竞选运动中都旨在用黑帮危险来吓唬群众,用来自极左派政党的危险来吓唬群众,他们适应小市民习气、适应小市民的怯懦心理和消沉情绪,使小市民相信立宪民主党是最安全、最谦虚、最温和、最谨慎的党。立宪民主党的报纸每天都向读

----

① 见本卷第195—197页。——编者注

者发问，小市民啊，你害怕了吗？那就信赖我们吧！我们是不会吓唬你的，我们反对暴力，我们顺从政府，就只信赖我们吧，我们将"尽可能"为你安排一切！于是立宪民主党就背着被吓倒了的小市民要尽花招，使政府相信他们是忠诚的，使左派相信他们是爱好自由的，使和平革新党相信他们是赞同和平革新党及该党的选举名单的。

不启发群众的觉悟，不进行发动群众的鼓动，不阐明彻底的民主口号，而背着被吓倒了的小市民去做代表名额的交易，——这就是所有自由派资产阶级政党，从无党派人士（《同志报》中的）直到民主改革党的竞选运动。

工人政党对待群众的态度截然相反。对于我们来说，重要的并不是通过交易以求自己在杜马中占有一个席位。相反，这种席位本身之所以重要，是能利用它来提高群众的**觉悟**，**提高**群众的政治水平和**组织群众**，不是为了小市民的平安，不是为了"安宁"、"秩序"以及"和平的〈资产阶级的〉幸福"，而是为了**斗争**，为了把劳动从任何剥削和任何压迫下彻底解放出来的斗争。对于我们来说，杜马席位和**整个**选举运动之所以重要正在于此，而且仅在于此。工人政党把全部希望都寄托在群众身上，但不是被吓倒了的、不是消极服从的、不是驯服地戴着枷锁的群众，而是觉悟的、要求严格的、进行斗争的群众。工人政党应当鄙视自由派的惯技：用黑帮危险的幽灵吓唬小市民。社会民主党的全部任务是要使群众提高**觉悟**，使他们认识到真正的危险何在，认识到那些不是在杜马中汲取源泉，不是在杜马的讨论中获得充分体现，不是在杜马中求得解决有关俄国未来问题的力量的真正斗争任务何在。

因此，工人政党警告群众要防范立宪民主党资产阶级的幕后选举勾当，要防范他们模糊人们意识的叫嚣：把同黑帮危险作斗争的事情委托给我们这些律师、教授和开明地主吧!

工人政党则对群众说,只应当相信自己的社会主义觉悟和自己的社会主义组织。把斗争中的主导地位和斗争的领导权交给自由派资产者,就等于出卖自由事业,而换来鼓噪一时的空话和令人眼花缭乱的、时髦的、华而不实的招牌。杜马中的任何黑帮危险都不会带来腐蚀群众意识的危害,使群众盲目地跟着自由派资产阶级走,拥护自由派资产阶级的口号、自由派资产阶级的候选人名单和自由派资产阶级的政策。

工人政党所关心的那些群众中,数量最多的是农民和形形色色的小资产阶级阶层。他们比立宪民主党坚决、诚实、有千倍的勇气进行斗争,但是在政治上他们经常受立宪民主党空谈家的摆布。他们现在还在斗争的无产阶级和妥协的资产阶级之间动摇不定。

鼓吹同立宪民主党结成联盟的人不仅损害无产阶级和整个自由事业,而且妨碍城市贫民和贫苦农民提高觉悟。他们没有履行自己的直接义务:把城市贫民和贫苦农民从自由派资产阶级的影响下解脱出来。请看一看劳动派、"人民社会党人"和社会革命党人吧。他们动摇不定,并且也着重于研究同立宪民主党勾结的方案。劳动派的领袖没能建立自己的党,他们号召群众投立宪民主党的票(阿尼金通过报纸的记者号召,日尔金在《同志报》上号召,等等)[165],从而大大加深了自己在杜马中的错误。这是直接背叛农民的斗争事业,直接把庄稼汉出卖给自由派地主。自由派地主正在按"公道"价格用赎买办法掠夺农民,就像他们的先辈在1861年掠夺庄稼汉一样。"人民社会党人"又怎样呢? 甚至立宪民主党都嘲笑他们是"第二次征召的立宪民主党人"(米留可夫在《言语报》上的话)[166]。他们的领袖(安年斯基等人)也号召同立宪民主党结成联盟。他们的区区小党（根据对他们垂青的《同志报》的报道,这个党甚至比和平掠夺党还要小,在全国只有2000来个党员!)简直是立宪民主党的附属品。社会革命党的态度同样模棱两可:他们在十月时期和第一届杜马时期都掩盖自己同人民社会党人的分裂,同他们走一条路,一起办报。现在,社会革命党不进行任何公开的独立的斗争,不足够广泛、公开和尖锐地反对"第二次征召的立宪民主党人",不向群众提供任何详尽的材料来批评这个党,不对整个选举运动和所有选举协议作出任何原则性的评价。

工人政党的一个伟大历史义务就是要促成**独立的**工人阶级政党的建立。鼓吹同立宪民主党结成联盟的人是在危害这个事业。

另一个伟大义务就是要把大量破产的、贫困的、濒临绝境的小市民和农民从自由派资产阶级的思想和偏见影响下解救出来。鼓吹同立宪民主党结成联盟的人也同样在危害这个事业。他们不是使庄稼汉同自由派决裂,反而加强这种反常的联系,这种联系是自由事业和无产阶级事业的致命伤。他们不是让农民群众防范自由派的幕后政治(或者更确切些说,是瓜分杜马席位的政客手腕),反而自己也参与这一活动,从而使它神圣化。

打倒任何联盟!工人政党在选举运动中应当保持实际上的独立,而不只是口头上的独立。工人政党应当给全体人民,特别是给全体无产阶级群众树立起富有思想性的、坚毅的、大胆的批判的范例。这样,也只有这样,我们才能吸引群众真正参加争取自由的斗争,而不使他们倒向背叛自由的立宪民主党所玩弄的自由主义。

载于1906年12月31日《艰苦劳动》周刊第2期

译自《列宁全集》俄文第5版第14卷第228—233页

在俄国社会民主工党彼得堡组织
代表会议上关于第二届国家杜马选举中
达成选举协议问题的报告[167]

(1907 年 1 月 6 日〔19 日〕)

简 要 报 道

报告人指出彼得堡没有黑帮危险。关于黑帮危险的神话,是立宪民主党人为了招引选民投他们的票而散布的。当地社会民主党面临的问题,是如何使首都居民群众摆脱立宪民主党人的思想控制。城市贫民即半无产阶级成分的广大阶层,还在立宪民主党人和社会民主党人之间摇摆不定。立宪民主党人用杜马席位收买他们,以便巩固自己对他们的影响。也许,正因为如此,为了共同消除立宪民主党的影响,同各革命民主主义政党和团体达成协议是适宜的。报告人认为,达成协议的实际必要性和可能性以及协议的形式,应由地方组织的做实际工作的人员决定。

载于 1907 年 1 月 25 日《无产者报》
第 12 号

译自《列宁全集》俄文第 5 版
第 14 卷第 241 页

普列汉诺夫和瓦西里耶夫

(1907 年 1 月 7 日〔20 日〕)

　　孟什维克的社会民主党报刊对待普列汉诺夫发表在《同志报》上尽人皆知的赫罗斯特拉特式的言论的态度，应当引起工人阶级政党全党的注意。这位被所有自由派报纸公开而经常称为孟什维克派的最杰出的代表、孟什维克的领袖，公开建议提出社会民主党和立宪民主党的**共同纲领**。

　　孟什维克却保持沉默！

　　他们似乎没有报纸，没有文集，没有小报，没有机构，没有委员会，也没有一个党组织。**他们的**领袖在向全俄国谈论**他们的**政策，这似乎同他们毫无关系⋯⋯

　　但是，我们都清楚地知道，孟什维克既有组织——甚至有中央委员会这样有影响的组织——也有各种各样的机关报。因此，他们的沉默只能再一次证明他们的立场是十分虚伪的。只有崩得分子在孟什维克一伙人里独树一帜。他们在自己的、可惜几乎不为俄罗斯人所知的报纸《人民报》上反对"全权杜马"这个口号。他们还在他们用俄文出版的《我们的论坛》周刊上嘲笑普列汉诺夫。他们这样做至少证明，他们敢于有自己的意见，敢于在实际上而不仅仅在口头上承认**自己的**党组织**有责任**对一切政治问题公开而直截了当地发表自己的见解，有责任把自己对无产阶级的政治职责看

得高于私人情谊、亲戚关系和个人崇敬……①

这种现象在工人政党内是多么不体面啊！在党内占优势并掌握着中央委员会的派别，竟不敢涉及自己的**一个**成员所犯的错误。在一切会议上，在工人面前进行争论时，在同布尔什维克进行辩论时，孟什维克都赌咒发誓地说，他们不赞同普列汉诺夫的意见，可是在报刊上他们却保持沉默，竟没有一个党支部发表过一篇**正式**声明。这是什么意思呢？偷偷地表示反对，而用正式的沉默表示确认？在……老爷背后大骂一通，而在老爷面前却保持沉默。只有……才会这样做，尊敬的先生们，你们自己猜一猜，谁才会这样做。

我们要告诉工人和全党：不要相信那些在不管来自何方的骑兵袭击时就同自己的所有同事临阵脱逃的政治领袖们。不要相信他们。所有这些"领袖"在紧要关头都**不会像他们所说的那样**去做，而会像某个第三者**代他们说的**那样去做。

顺便说一下，普列汉诺夫和孟什维克在这一事件上的所作所为，对于流行的关于我们党的知识分子性质的说法是一个很好的图解。是的，在我们这里非无产阶级知识分子对无产阶级的影响

---

① 我们刚收到12月8日梯弗利斯**孟什维克**的格鲁吉亚社会民主党机关报《前进报》的摘录**168**。梯弗利斯的孟什维克坚决驳斥了普列汉诺夫，说普列汉诺夫为了为"全权杜马"这个口号辩护而提出的理由是错误的，说社会民主党人**不可能**在这个口号下接受立宪会议。他们写道："全权杜马"的口号"是阉割我们的纲领"。其次，他们论证说立宪民主党也不能接受这个口号，因而社会民主党和立宪民主党的共同纲领就根本谈不上了。共同纲领"就是剪掉我们党的独立之翼，就是抹杀社会民主党和资产阶级政党在观点上的差别"。

说得对，梯弗利斯的孟什维克同志们！我们很满意地确认，不管中央委员会和俄国多数孟什维克的意见如何，崩得分子和高加索人没有回避自己的职责，公开地指出普列汉诺夫的意见和他的全部言论是错误的。

太大了，这是事实。要不然，无产阶级政党难道能对普列汉诺夫的行径和孟什维克对他的态度容忍哪怕一个星期吗？这里关于**非党**工人代表大会的说法的真正性质暴露得多么明显。如果像拉林、《我们的事业》杂志和《现代生活》杂志的政论家们希望的那样，以合法的工人政党（只是工人政党，不是社会民主党）取代我们的党，那么像普列汉诺夫的这类言论就可以通行无阻了。给任何报纸写文章吧，随便同什么人结成任何写作联盟或一般政治联盟吧，不必考虑什么党组织而以自己的名义提出**自己的**口号吧！在非党工人群众完全不定型的情况下，知识分子的个人主义天性有充分的自由。难道这不是旧的普罗柯波维奇的《信条》（我和普列汉诺夫曾为此在1899—1900年猛烈抨击过普罗柯波维奇，并把他和他的追随者都赶出了社会民主党）的理想吗？《信条》这个社会民主党机会主义的精华，宣传结成非政治的、非党的工人联盟去搞经济斗争，搞自由派的政治斗争。同立宪民主党结成联盟，召开非党工人代表大会——这不过是1899年的《信条》在1906—1907年的再版。

普列汉诺夫在《同志报》上的言论无非是把拉林的建议付诸实现：以非党工人组织为背景成立各种各样的"社会主义者"（所谓的社会主义者）的自由宣传协会。**其实**，普列汉诺夫在《同志报》上的言论不像一个党员，不像一个党组织的成员的言论。这是事实，任何诡辩都抹杀不了这个事实，孟什维克中央委员会的任何"沉默"都不能使我党某一派别摆脱这个事实。**其实**，普列汉诺夫正是按照拉林的方式发表言论的，就像一个**党外**社会主义者在党外"社会主义"机关报中提出党外的、**非**社会主义的、甚至是**反**社会主义的建议一样。

瓦西里耶夫踩着普列汉诺夫的脚印走。瑞士由于受不到俄国革命无产阶级传统的影响，给我们提供了愈来愈多的"先进的"机会主义者。

瓦西里耶夫是著名的孟什维克。他同孟什维克一起工作过，并且不是同某一个偏僻地方的随便什么孟什维克，而是同最著名的、最负责的孟什维克在一起工作过。所以，孟什维克**没有权利轻视瓦西里耶夫**。

瓦西里耶夫直接引用了普列汉诺夫的话。不但如此，他还直接拿普列汉诺夫**作靠山**。他把普列汉诺夫在立宪民主党报刊上发表的、建议同立宪民主党提出共同纲领这种使社会民主党丢脸的言论，称之为"勇敢的呼声"。他"感到遗憾"的是，"其他政党里找不到普列汉诺夫式的人物"。

瓦西里耶夫是热情有余而智力不足。瓦西里耶夫想赞扬普列汉诺夫，但在赞扬时却脱口说出"遗憾的是，其他政党里找不到普**列汉诺夫式的人物**"。这太妙了！好心的瓦西里耶夫是第一个把"**普列汉诺夫式的人物**"当做普通名词来使用，即当做撇开自己的党而单独行动的政治家的含义来使用。今后大概会有人说："在**瓦西里耶夫**所说意义上的**普列汉诺夫式的人物**……"

瓦西里耶夫之流拍着"普列汉诺夫式的人物"的肩膀，作出了结论。1899年的《信条》的作者普罗柯波维奇之流先生们及其同伙，曾经谈论过不要革命细菌的纯工人运动。瓦西里耶夫之流现在则谈论应当分娩"宪法"的革命，然而却不要**任何**产婆，不要革命家。**不要**产婆，不要革命家，不要革命的人民——这就是瓦西里耶夫的口号。

谢德林有一次非常精彩地嘲笑了枪杀巴黎公社社员的法国，在俄国暴君前卑躬屈膝的银行家的法国是没有共和派的共和国。[169]现在该是新的谢德林诞生的时候了,好来嘲笑那些用"不要"革命家、"不要"革命的口号拥护革命的瓦西里耶夫和孟什维克。

对瓦西里耶夫的"言论"我们有没有权利作**这样**的解释呢? 我们有没有权利把他同孟什维克相提并论呢?

当然有! 瓦西里耶夫的整篇文章、全部思想和所有建议统统都渗透着用扼杀革命的办法来给宪法催生的"计划"。"暂时丢掉"所有的纲领,把所有的社会民主党、社会革命党等等同立宪民主党合并成一个自由主义政党,在争取"政治宪法"而"不要同时解决经济纲领"的斗争中联合所有的人(信中就是这样写的:不要解决纲领。俄国无产阶级的瑞士谋士们并不是总会用俄文正确表达的),——难道这不是希望通过放弃革命来拯救宪法吗?

不"解决经济纲领",**就不可能想象**有真正的、认真的革命。只有被深刻的**经济**需要推动的群众,才能够干革命。俄国专制制度的覆灭,**真正的覆灭,必然**会是**经济上的**变革。只有对社会主义十分幼稚无知的人才会不懂得这一点。撇开经济纲领就等于撇开革命的基本的经济原因,就等于撇开那些推动被压抑的、被吓坏了的、愚昧无知的人民群众去进行伟大的、空前英勇的斗争的经济利益。这就等于撇开群众,留下一伙知识分子空谈家,用自由派的空谈代替社会主义的政策。

"杜马提出了农民问题,而它的被解散主要也是由于土地问题,这对农民有什么好处呢?"难道凭这种议论不值得在瓦西里耶夫活着的时候就给他竖一座纪念碑,以表彰他那举世无双的社会主义机会主义吗?

难道这(我们现在来谈上面提出的两个问题中的第二个问题)不是孟什维克的议论吗?

　　普列汉诺夫说,和立宪民主党人乘同一节车厢到特维尔去,彼此互不妨碍。孟什维克说,和立宪民主党人一起到杜马去,为了革命目的,同不革命的政党联合起来(瓦西里耶夫为孟什维克补充说,暂时地!"短期地"!)。我们的中央委员会前不久说,一起到立宪民主党内阁去。

　　瓦西里耶夫随声附和说,去就去吧,但是**"不要互相推搡,不要互相吓唬"**。"现在就去,目前就去,它〈阶级和集团间的斗争〉是致命的和有罪的。"

　　阶级斗争是有罪的,用革命要求(例如全权杜马,立宪会议等等)来损害宪法是有罪的。孟什维克不管怎样同瓦西里耶夫决裂(假定,直到目前孟什维克还没有同瓦西里耶夫决裂),也决抹杀不掉这样一个事实:**正是这种思想**构成了同立宪民主党结成联盟、支持建立杜马内阁以及大家一起到特维尔去等等的基础。

　　瓦西里耶夫简直是独一无二的。但是要知道,自然界的独一无二的现象也只能在一定的环境中存在,只能在一定的情况下产生。瓦西里耶夫当然是机会主义的勃朗峰[170]。但是要知道,在草原之上是不会有勃朗峰的,只是在阿尔卑斯群峰之中才会有勃朗峰。瓦西里耶夫之流只有同"普列汉诺夫式的人物"、切列万宁之流及其同伙直到普罗柯波维奇一起才能出现在世界上。

————

　　由于有"在瓦西里耶夫所说意义上的普列汉诺夫式的人物",司徒卢威先生才有可能在12月27日的盐区会议上(见12月28日的《同志报》)说:"所有现在反对立宪民主党的人,在不久的将来都将变成立宪民主党人。人们已经把《同志报》叫做立宪民主党的报纸,把人民社会党人称为社会立宪民主党人,把孟什维克称为半立宪民主党人。许多人都认为格·瓦·普列汉诺夫是立宪民主党人。的确,普列汉诺夫现在所说的话,有许多是立宪民主党人所欢迎的。只可惜在立宪民主党人孤立无援的时候,他没有说这些话。不可救药的只能是布尔什维克,所以他们的命运就是进历史博物馆。"

谢谢你的恭维,不高明的司徒卢威先生! 是的,我们是要进历史博物馆的,然而博物馆的名称却是:"俄国革命史"博物馆。我们布尔什维克的口号、布尔什维克对布里根杜马的抵制、布尔什维克发动群众罢工和起义的号召(还是在第三次代表大会上),同俄国十月革命**永远是密不可分的**。甚至在漫长的(在最坏的情况下)岁月里,或者在几十年的反动时期内,我们都要利用**博物馆**中的这个位置,利用它来教育无产阶级仇视背叛的十月党——立宪民主党资产阶级,教育无产阶级鄙视知识分子的空谈和小资产阶级的软弱。我们要利用**博物馆**中的这个位置,在任何条件下,甚至在最坏的政治条件下,向工人宣传不调和的阶级斗争,教导他们准备**新的**革命,——这个革命会更加摆脱资产阶级的不彻底性和脆弱性的影响,会更加接近无产阶级的社会主义革命。

最尊敬的司徒卢威先生,你们在博物馆中的位置却是反革命得逞时狂欢雀跃的和空话连篇的人的位置。在这样的时刻,你们永远有狂欢的理由,因为革命者在斗争中倒下了,舞台属于自由派了,这些自由派自愿地倒下,趴在敌人面前,卑躬屈膝地"同流合污"。

如果出乎我们预料,革命不一定再一次爆发,不一定能从沙皇匪帮手中夺得政权,那么你们将长时期地成为反革命英雄,而我们将继续占"博物馆中的"**一个**"**位置**",然而这是一个好位置:**十月的**

人民斗争的位置。如果像我们深信的那样，革命再一次爆发了，那么可怜的立宪民主党人在一星期内就会销声匿迹，无产阶级和破产农民群众又将在布尔什维克的口号下进行斗争。在立宪民主党领导下，革命只能遭到失败。只有在布尔什维克的社会民主党的领导下，革命才能取得胜利。

载于1907年1月7日《无产者报》第11号

译自《列宁全集》俄文第5版第14卷第234—240页

彼得堡工人政党的选举运动[171]

(1907 年 1 月 14 日〔27 日〕)

俄国社会民主工党全彼得堡组织第三次(最近一年里)代表会议开过了。1906 年 2 月召开的第一次代表会议解决了维特杜马的选举问题;1906 年 6 月召开的第二次代表会议解决了支持杜马组阁的要求问题;1907 年 1 月召开的第三次代表会议解决了第二届杜马选举运动的问题。

资产阶级政党偶尔也通过幕后给人民开各种政治处方的党的某级"机关"作出简单决定的办法来解决重大政治问题。只有社会民主工党才不顾一切巨大困难,甚至不顾重大牺牲,在组织中真正实行民主制(对一个秘密政党来说,这样做是有巨大困难并可能遭受重大牺牲的)。只有社会民主工党才在采取每一个重大政治步骤之前权衡这个步骤的**原则**意义,不追求一时的成功,而使自己的实际政策服从于把劳动从任何剥削下彻底解放出来的最终目的。只有工人政党才在投入战斗时,要求自己的全体党员深思熟虑地、直接明确地回答要不要采取某个步骤和怎样采取这个步骤的问题。

彼得堡组织的最近一次代表会议也是在全体党员的民主代表制的基础上举行的。同时,代表的选举,是在征求所有选举人如何看待同立宪民主党达成协议的意见的基础上进行的。不对迫切的策略问题作出自觉的答复，代表会议的选举民主制就会成为有损于无产阶级的空洞把戏。

下面就是代表会议通过的决议：

鉴于(1)在没有特殊的例外的一切情况下，社会民主党作为无产阶级的阶级政党，绝对应当在选举运动中保持独立性；(2)直到现在，以彼得堡委员会为首的圣彼得堡社会民主党进行了完全独立的选举运动，并对持有坚定的无产阶级观点的以及还没有完全领会这种观点的所有劳动居民阶层产生了影响；(3)目前，在选举前的两个星期，已经表明右派政党在圣彼得堡成功的希望不大，而立宪民主党成功的希望很大(主要是由于传统的关系)；因此，俄国社会民主工党面临的特别迫切的任务，就是尽一切努力来破坏立宪民主党在全俄瞩目的中心的领导权；(4)还没有接受无产阶级观点而能影响城市选民团选举结果的广大城市劳动贫民阶层，正动摇于两种倾向之间：一种倾向是想投比立宪民主党左一些的政党的票，就是说想摆脱背叛的自由主义君主派资产阶级的领导，另一种倾向是想通过同立宪民主党联盟保证自己在杜马中取得即使少数劳动派代表的席位；(5)在动摇的劳动派政党中出现了这样一种倾向，认为在取得首都的六个席位中的一个席位或顶多不超过两个席位的条件下同立宪民主党结成联盟是正确的，理由是社会民主党在任何条件下都不同意同非社会民主主义的城市贫民阶层达成反对自由派资产阶级的协议，代表会议决定：(1)立即通知社会革命党圣彼得堡委员会和劳动团委员会，只要它们不同立宪民主党达成任何协议，俄国社会民主工党彼得堡委员会就准备同它们达成协议；(2)协议的条件是，达成协议的各政党在口号、纲领和策略方面是完全独立的；杜马六个席位分配如下：工人选民团二席，

ПРОСТЫЯ РѢЧИ

Избирательная кампанія рабочей партіи въ Петербургѣ.—О государственной росписи.—Профессіональные союзы и соціальдемократическая партія.—Докладъ комиссіи по дѣлу Гурко-Лидваля.—Какъ собираютъ приказчичьи голоса гг. Кадеты.—Избирательный листокъ Бунда.—Письмо въ редакцію.—Фельетонъ, Замѣтки агитатора.

№ 1. С.-Петербургъ, Воскресенье, 14 Января. № 1.

Избирательная кампанія рабочей партіи въ Петербургѣ.

О государственной росписи.

1907年1月14日载有列宁《彼得堡工人政党的
选举运动》一文(社论)的《通俗言语周报》第1号第1版
(按原版缩小)

社会民主党二席,社会革命党一席,劳动派一席;(3)代表会议委托自己的执行机关进行谈判;(4)在省内,根据同样的原则考虑,容许各地同社会革命党和劳动派达成协议。

附注:关于人民社会党(劳动党或人民社会党)决定如下:由于该党对杜马外的斗争的基本问题的态度模棱两可,代表会议认为,只有在社会革命党和劳动派不同人民社会党达成协议的情况下,才容许同它们达成协议。

研究了这个决议以后,可以提出三个基本点。第一,断然拒绝同立宪民主党达成任何协议;第二,社会民主党在任何条件下都一贯坚决地提出单独名单;第三,容许同社会革命党和劳动派达成协议。

拒绝同立宪民主党达成协议,是工人政党的直接任务。彼得堡的竞选大会刚一开始,大家就即刻看出,革命的社会民主党人是对的,他们说,我国的自由派叫嚣黑帮危险是为了迷惑头脑简单和没有原则性的人,以便避开真正威胁他们的来自左面的危险。政府的卑鄙警察勾当,用参议院的说明欺骗贫苦的选民,这一切都不能改变选民群众的情绪(无论是10万选民,12万选民,还是15万选民,反正都一样)。而群众的这种情绪在大会上明显地表现出来了,这种情绪比立宪民主党要左。

当然,黑帮危险可以不在于选民群众投黑帮的票,而在于黑帮警察逮捕左派选民和复选人。有人说,而且坚持不懈地说,现在竞选大会比较"自由"(容许喘口气——在俄国就已经叫做自由了!),是企图逮捕著名演说人和复选人的政府设下的圈套。但是不难了解,对付**这种**黑帮危险所需要的完全不是同立宪民主党结成联盟,而是准备群众去进行不受所谓议会制度框框限制的斗争。

第二，果然如预料的那样，代表会议决定社会民主党无论如何要在首都进行独立的选举运动。社会民主党可以建议同其他政党达成这样或那样的协议，但是我们以前和现在都决心保持完全的独立性。从整个选举运动来看，在这种条件下达成协议实际上是一种例外，保持社会民主党的独立性则是一个常规。

第三，代表会议建议同社会革命党和劳动派达成协议，条件是它们同立宪民主党和立宪民主党化的人民社会党分离；另一个条件是把两个席位给工人选民团，其余四个席位平分。

这个建议的基础，就是根据某些政党对待明天就可能列入日程的杜马外的斗争的态度对它们所作的原则划分。社会民主党提出自己同其他政党达成协议的原则性条件，也就提供了可以用于向群众进行宣传鼓动时说明各个政党的真正性质的材料。社会民主党考虑到彼得堡形成的局面的特点，即立宪民主党领导着怀有"劳动派"情绪的城市小资产阶级群众。在这种条件下，我们不能忽视的任务是，破坏立宪民主党的这种领导权，帮助劳动人民迈出**一步**（当然是不大的一步，但无疑是具有政治意义的一步），使他们的斗争更坚决，政治思想更明确，阶级自觉更坚定。

我们将通过自己的鼓动和我们对选举运动的整个安排来达到**这种**结果，不管劳动派和社会革命党对我们的建议答复如何，我们都将达到**这种**结果。我们不必多作这样或那样的考虑来确定它们的答复可能是肯定的还是否定的。我们不能把注意力集中在这一点上。对我们重要的是无产阶级的基本的、在各种局部的可能的情况下始终不变的政策，即我们明确地分析事变的进程所提出的杜马外的斗争任务，以对抗和平斗争和立宪把戏这种虚假的幻想。我们对城乡劳动人民的小资产阶级阶层说，只有一种手段能够制止小业主的不稳定性和动摇性。这种手段就是革命无产阶级的独立的阶级政党。

载于1907年1月14日《通俗言语周报》第1号

译自《列宁全集》俄文第5版第14卷第242—248页

社会民主党和杜马选举[172]

(1907年1月13—14日〔26—27日〕)

社会民主党和彼得堡的选举

彼得堡社会民主党组织的代表会议通过决议，不同立宪民主党结成联盟，而向劳动派和社会革命党建议达成协议。孟什维克根据形式上的理由提出了一系列抗议，并因处于少数地位而退出了代表会议。

自由派报纸对这一事件已经大肆喧嚣了。他们预言社会民主党要分裂，并急忙作出一系列政治结论。因此，极为重要的是，使任何一个觉悟工人都充分了解社会民主党彼得堡组织内到底发生了什么事情，应当怎样对待发生的事情。

因此，我们打算考察一下与这一事件有关的一些基本问题，这就是：(1)代表会议的组成；(2)孟什维克退出代表会议的直接原因——中央委员会企图把代表会议分成市的和省的两个部分；(3)**整个事件的意义**，特别要考虑到彼得堡正在进行选举运动。

一

社会民主党代表会议的
召开条件和会议的组成

彼得堡组织的代表会议应当就当前最重要的政治问题,即在杜马第一级选举时是否同立宪民主党达成协议的问题作出最后决定。

俄国社会民主工党是民主地组织起来的。这就是说,党内的一切事务是由全体党员直接或者通过代表,在一律平等和毫无例外的条件下来处理的;并且,党的所有负责人员、所有领导成员、所有机构都是选举产生的,必须向党员报告工作,并可以撤换。彼得堡组织的事务由选举产生的俄国社会民主工党彼得堡委员会来处理。由于不可能使所有党员(约有 6 000 人)都聚集在一起,所以彼得堡组织的最高机关是该组织的**代表**举行的**代表会议**。该组织的**全体**党员都有权派遣代表出席这个代表会议:按一定的党员人数选派 1 名代表,例如,最近这次代表会议的比例是,每 50 个党员选出 1 名代表。这些代表应当由全体党员**选出**,代表们作出的决定,就整个地方组织说来,是对问题的最高的和最后的决定。

但是,还不仅如此。要真正民主地决定问题,只召集该组织选出的代表开会还是不够的。必须让该组织的**全体**党员在选举代表的同时就整个组织所关心的有争议的问题都能**人人独立地**发表自己的意见。民主地组织起来的党和联合会,不能在原则上拒绝这种向全体党员征求意见的方式,至少在极重要的情况下,特别是在涉及**群众**独立发动政治行动的时候,例如罢工、选举、抵制某个大的地方机构等等。

为什么在这种情况下,只选派代表是不够的呢? 为什么需要征询**全体**党员的意见,或者需要所谓"全体投票"呢? 因为要使群众行动获得成功,就必须让每一个工人都自觉自愿地参加进去。如果不是**每一个工人**都完全自觉自愿地自己决定要不要罢工、要不要投立宪民主党的票这样一些问题,那么,罢工就不可能步调一致,选举就不可能自觉地进行。一切政治问题都用征询全体党员意见的方式来决定是不可能的;这将是永无休止的、劳神费力的、毫无成效的表决。但是,为了贯彻民主制,极重要的问题以及那些同**群众本身**的一定行动有直接关系的问题,不仅必须用选派代表的方式,而且必须用征询全体党员意见的方式来决定。

这就是为什么彼得堡委员会决定必须**在**党员讨论了是否应当同立宪民主党达成协议的问题**之后**,必须**在**全体党员对这一问题进行表决**之后**,再选举出席代表会议的代表。选举是群众直接参加的事情。社会党人把群众的自觉性看做是主要的力量。就是说,**每个**党员都应当自觉地决定在选举中是否要投立宪民主党的票的问题。只有在到会的全体党员公开讨论了这个问题以后,才有可能使每个党员作出自觉而果断的决定。只有以这种决定为依据,代表会议代表的选举才不会成为按亲戚关系、朋友关系或习惯办事的举动(说什么"我们要选**自家人**尼古拉·尼古拉耶维奇或伊万·伊万诺维奇[173]啦!"),而是"下层"(即**全体**党员)**自己**自觉地确定本身的政治行为的举动。①

---

① 有人说,即使不由选举人就实质问题进行表决,也可以在了解代表的**观点**的基础上选出代表。但是,这只有在涉及代表的**整套**观点而不涉及某一个与群众本身的行动有关的特殊问题时才是正确的。在这种情况下,拒绝对纲领(赞成还是反对同立宪民主党结成联盟)进行表决,就等于说选举人的观点不明确,态度不坚决,同自己的代表不完全一致。

　　杜马的选举，即对初选人或复选人的最初的基本的投票，将不是通过代表，而是由每一个选民分别进行的。就是说，如果我们要在实际上而不只是在口头上成为真正**民主的工人**政党中的社会党人，那我们就应当力求使**每一个工人**都明确是否要投立宪民主党的票的问题。把代表权交给熟人伊万·伊万内奇或大好人西多尔·西多雷奇，这是不够的，必须使"下层"**自觉地从实质上认清争论的问题**。只有这个时候，民主的决定才会是**群众**自觉的民主的决定，而不仅仅是"以熟人关系"选派的代表的决定。

　　彼得堡委员会是彼得堡和圣彼得堡省的**整个**社会民主党组织选举出来的领导者。为了在杜马选举这样的事情上领导**群众**，彼得堡委员会必须（如果不只是在口头上承认民主制的话）力求使**全体群众**都自觉地参加选举。要使全体群众自觉而一致地参加选举，就必须不仅使党的代表，而且使每一个党员都对自己的彼得堡委员会作出明确的回答：他是否赞成同立宪民主党达成协议。

　　这就是在选举代表以前对最有争议的问题进行"辩论"即**讨论**的意义。在每一次党员大会上，在选举代表会议的代表以前，必须先**讨论**有争议的政治问题，必须听取彼得堡委员会即地方领导组织的报告人的报告，还要让持有不同观点的人发言。讨论以后，**全体**党员要对他们是否赞成同立宪民主党达成协议的问题进行表决。表决工作由监察委员会的委员来检查。监察委员会中要有两派的代表（如果在该组织中对这一问题分为两派的话）。只有遵守这些条件，彼得堡委员会才能真正了解**全体**党员群众**自觉提出的**意见，从而才能不是盲目地，而是在群众充分理解问题的基础上进行领导。

我们所以必须作这样的说明，是因为代表会议上对于全体党员进行"辩论"和征询意见的问题发生了争论。

党员非常清楚这些争论是没有根据的，因为中央委员会在11月10日关于地方组织决定这一问题（要不要达成协议）的信中，直接建议全体党员"**预先讨论**"这个问题。

现在我们看一看代表会议的组成本身。最初，各组织选出的代表都被允许出席代表会议，而对选举情况没有进行审查（就是说，对"代表名额"或代表资格没有进行审查）。各组织选出的代表共71人，其中布尔什维克40人，孟什维克31人。这个数字在各区的分配如下：

	布尔什维克	孟什维克	总计
瓦西里耶夫岛区 …………	7	6	13
维堡区 …………	2	5	7
戈罗德区 …………	5	7	12
铁路区 …………	1	2	3
拉脱维亚区 …………	2	—	2
莫斯科区 …………	4	5	9
纳尔瓦区 …………	—	—	—
涅瓦区 …………	2	1	3
环城区 …………	9	2	11
手工业者区（店员区） …………	4	1	5
彼得堡区 …………	3	2	5
爱沙尼亚区 …………	—	—	
军事组织 …………	1	—	1
总　计 …………	40	31	71

爱沙尼亚区的两个代表（两个都是布尔什维克）和拉脱维亚区

的一个代表(孟什维克)没有出席会议。如果把他们计算在内,则布尔什维克为42人,孟什维克为32人。

由此可见,就是在**最初**,在没有对代表资格进行任何审查以前,布尔什维克就占优势。因此,所谓布尔什维克的优势是"人为的"种种谣言就不攻自破了。现在孟什维克居然跑到资产阶级报刊上抱怨布尔什维克没有确认所有的代表资格。他们只是忘记告诉这些报刊说,**就是在**审查代表名额**以前**,即**在**对代表资格进行任何审查**以前**,布尔什维克**一直**是占多数的!

为了更清楚地而且彻底地解决这个谁在代表会议上占优势的问题,我们可以不拿代表名额(代表资格)的数目作例子,而看一看**党员投票的总数**。

那么情况如下:

	拥护布尔什维克的	拥护孟什维克的
无异议的票数 ………………………	1 848	787
有异议的票数 ………………………	300①	946
总票数 ………………………	2 148	1 733

可见,党员投票总数约为4 000票(3 881人)。布尔什维克多得了**400多张票**。

因此,毫无疑问,即使认定**全部**有异议的票数都合乎规定,布尔什维克仍占很大优势。这就是说,关于某一部分票数是否合乎规定的争论,根本不涉及布尔什维克占优势的问题;所争论的是如何充分贯彻民主代表制的原则。

———————

① 这里包括代表会议认定完全合乎规定的185票。除去此数,无异议的票数将是1 663票。

那么，布尔什维克为什么还是取消了一部分人的代表资格（代表名额）呢？因为**有异议的**代表名额不能认为是合乎规定的。不能把不合乎规定的代表名额同没有任何人提出异议的、合乎规定的代表名额同等看待。

哪些代表名额是有异议的呢？就是那些取得手续不合乎规定的代表名额，例如没有监察委员的监督，投票以前没有经过辩论（讨论），没有"按照纲领"进行投票（即没有向**全体**投票者征求意见，问他们赞成还是反对同立宪民主党达成协议）。不合乎规定的代表名额不能认做是民主地取得的。

现在要问，当时是怎样处理有异议的代表名额的呢？分别研究每一个名额是不可能的。这样做要多花一天时间，而代表会议的会期**紧迫**：勉强赶上了**规定**工人选举初选人的日期（1月7日）。

出路只有一条，就是对**全部有异议的**代表名额提高"选举代表的票数比例"，就是说，对于有异议的代表名额不是按每50票选出1人计算，而是按每75票选出1人计算。采取这种办法的理由有三：（1）采取这种办法，在评价个别有异议的代表名额时消除了任意决定和互相争吵的现象；（2）这种办法使各方有异议的代表名额处于同等的条件；（3）这种办法是以代表会议前很久通过的彼得堡委员会的决定为依据的，当时彼得堡委员会决定：当代表会议的民主选举不可能完全实现时（例如，在警察迫害的条件下不能召开会议时），可以容许有不是完全民主地选出的代表，但是这时就得**提高**选举代表的票数比例，即不是由每50票，而是由每75票、每100票等等选出代表1人。

现在我们看一看有异议的和无异议的票数。无异议的票数，以每50票选代表1人计算，则可选出37名布尔什维克和16名孟什维克。有异议的票数，以每75票选代表1人计算，则可以选出4名布尔什维克和12名孟什维克。总共是41名布尔什维克（加上1名军事组织的代表，因为军事组织中是不可能进行民主选举的）和28名孟什维克。

最后确认的70个代表名额在各区的分配情况如下：

	布尔什维克	孟什维克	总计
瓦西里耶夫岛区 …………	7	6	13
维堡区 ………………	2	4	6
戈罗德区 ……………	5	7	12
铁路区 ………………	1	2	3
拉脱维亚区 …………	2	1	3
莫斯科区 ……………	4	4	8
纳尔瓦区 ……………	—	—	—
涅瓦区 ………………	2	1	3
环城区 ………………	9	1	10
手工业者区（店员区）…	4	—	4
彼得堡区 ……………	3	2	5
爱沙尼亚区 …………	2	—	2
军事组织 ……………	1	—	1
总计 ………………	42	28	70

由此可见，抱怨代表会议的组成是毫无根据的。当然，如果当着不明真相的公众的面叫嚷某个代表名额取消了、某人的代表资格没有得到认可，那么，要是公众对问题不深入地想一想，那倒可能造成一时的影响。但是要知道，那就不是争论，而是无谓的对骂了。

只要了解一下代表会议的组成的全部资料，立刻就会明白：对**一切**有异议的选票提高选举代表的票数比例，**根本**谈不上是任意裁定。要知道，没有争论的、任何人都无异议的选票有2 635张，而有异议的选票只有1 246张，这并不是偶然的！不能煞有介事地硬说，**大量**有异议的选票都是没有任何根据地偶然产生争议的！

例如，可以想一想，孟什维克常常进行的"没有纲领"的投票（只是因为这一点，孟什维克就收集到差不多上千张有异议的选票）意味着什么。这就意味着，没有征询**全体**党员他们赞成还是反对同立宪民主党达成协议。代表的选举是在没有征询意见或者没有纲领的情况下进行的。意味着代表会议不能**确切地**知道党员本身的意见！意味着对有争议的问题（涉及群众的行动的问题）没有征询**群众本身**的意见。在这样的情况下难道能够避免不合乎规定的现象吗？

一个**真心**赞成在组织中实行民主制的人难道能够拥护这样的投票吗？民主制并不是说群众可以根据熟人关系信任某几个自己的代表，而是说全体群众自己对实质上极为重要的问题自觉地投上一票。

最后，所以必须认定抱怨代表会议的组成是毫无根据的，还因为近来在彼得堡召开了**一系列**类似的代表会议。一年前召开过关于抵制问题的代表会议，占优势的是布尔什维克。在第一届杜马时期，召开过关于支持要求建立杜马（即立宪民主党）内阁的问题的代表会议，占优势的仍是布尔什维克。

现在硬说在选举中应否同立宪民主党达成协议的问题上布尔什维克占的优势可能是偶然的，这听起来不是令人发笑吗？

二

关于把代表会议分为两部分的问题

主要由孟什维克组成的党中央委员会,曾向彼得堡代表会议提出要求,把代表会议分为市的和省的两部分。孟什维克试图以这个要求没有被接受为自己退出代表会议开脱。

我们来看一看这个要求是否符合党章的规定,代表会议是否一定要接受这个要求,这个要求是否办得到。

我们的党章十分明确地规定党是民主的组织。整个组织是自下而上在选举制的基础上建立起来的。按照党章规定,地方组织在当地的活动中是独立的(自治的)。按照党章规定,中央委员会统筹并指导党的全部工作。由此可见,中央委员会无权干预地方组织的**组成**。既然组织是自下而上建立起来的,那么自上而下干涉该组织的组成,就完全违反了民主制,完全违反了党章。假定一个组织由于某种原因而把不同的部分联合在一起,例如把市和省联合在一起。按照民主制度,就不能自上而下地用一纸命令阻止(或者硬性规定)这种联合。就是说,只有根据自下而上的愿望才能够实行分离:市可以同省分开,任何人都不能禁止市这样做;省也可以同市分开,任何人也不能禁止省这样做。如果下面的组织中没有一个较大、较独立的部分要求分开,那就是说中央委员会就不能**劝说**组织中**任何一个**有影响的部分必须分离出去! 在这种情况下企图自上而下强行分开,那就是嘲弄民主制,嘲弄党章。那就简直是企图滥用中央委员会的权力,即不是为了党的统一,而是为了党内一部分人（孟什维克）的利益行事，就是利用权力来歪曲地方工作人员的意志和决定。

　　中央委员会感到自己的要求站不住脚，所以在**一般的书面**决定中说得很谨慎。中央委员会的一般的决定**建议**所有党组织要"**尽可能地**"（原话如此！）使组织的范围符合选区的范围。这一建议不可能有约束力，**它也确实没有约束力**。中央委员会对彼得堡是抱有某种特殊目的的，这可以从中央委员会并没有要求**俄国任何一个其他城市**把代表会议分开看出来。例如，在**维尔纳**，参加市代表会议的就有位于**市区外的**，即**另一个选区**的单位派来的社会民主党代表。中央委员会根本没有想提出把维尔纳代表会议分开的问题！

　　在敖德萨也开了一个共同的代表会议，尽管那里有一部分单位是在市警察管辖区以外的。难道能够举出一个大城市，它的组织范围是同城市的和省的一部分警察管辖区相符合的吗？能够一本正经地说，在大城市中，即在社会民主党的工人运动的中心，可以把**郊区**分出去，可以把往往是最大的工厂，**即无产阶级人数最多的"城郊区"**分出去吗？这是对常识的粗暴嘲弄，只有不择手段地寻找分裂借口的人才会抓住这样的论据。

　　看一看彼得堡各区的情况，就可以深信把代表会议分开的要求是办不到的。要把一般的组织或者特别是代表会议分成市的和省的，要么就必须知道每一个党员的地址、住所，要么就必须有已经组成的支部、分部和根据**地区**原则划分的区，即根据党员的住所或某某区**警察局**管辖区的工厂所在地划分的区。

　　可是我们看到，在圣彼得堡（俄国大多数城市大概也是这样），区、分区和基层支部不仅是根据地区（地段）原则组织起来的，而且是**根据职业**原则(根据工人和一般居民的某一行业和职业)和**民族**原则(不同的民族,不同的语言)组织起来的。

例如,圣彼得堡有个**铁路**区,它就是根据职业原则组成的。把铁路区分成市的和省的两部分,这是怎么个分法呢? 根据每个员工的住所(彼得堡、科尔皮诺或其他车站)来分呢? 还是根据列车的所在地来分? 可是对我们的中央委员会来说,遗憾的是这些列车经常要从彼得堡"市"开到彼得堡"省",甚至开到其他不同的省份去。

再试试把**拉脱维亚**区分一分吧! 接着还有爱沙尼亚区和军事组织呢。

甚至按地区原则建立的区也是不好分的。代表会议上,工人们就指出过这一点。莫斯科区的一个工人站起来说:我就知道我们区有一些离市区不远的工厂。一下工,马上可以看到一部分工人往"市"里走,另一部分"往省里"走。在这种情况下,让我们怎样分呢? 工人们直接嘲笑了中央委员会的建议。

只有十分天真的人才发觉不了整个事件的破绽。只有十分天真的人才会说,还是应该"**大体上**"、"**尽可能地**"试着分一分。

如果说大体上分一分,那就必然会发生一些**武断做法**,因为把拉脱维亚区、铁路区以及其他区精确地分开**是不可能的**。而任何武断做法又会引起新的无休止的抗议、抱怨和中央委员会的新决定,会产生无数新的分裂借口。看一看各区一览表(前面列出的)就能看出,有人会认为只有瓦西里耶夫岛区、戈罗德区、维堡区、彼得堡区这四个区是纯粹的市区,是毫无疑问的市区。为什么只有这几个区呢? 因为,**这几个区里占优势的是孟什维克**。怎样才能替这种武断做法辩护呢?

中央委员会连想都没有想把维尔纳代表会议分开，而只要求把圣彼得堡代表会议分开，它怎样替这种武断做法辩护呢？如果你对这种武断做法提出异议，那么谁来最后解决你们的争执呢？还不是那个中央委员会……

连最天真的人现在都能明白，抱怨代表会议的组成，抱怨代表会议拒绝分开，纯粹是转移视线。而问题的实质在于孟什维克决心不服从彼得堡组织的多数，并在选举前制造分裂，从而脱离工人社会党人，向立宪民主党人靠拢。

三

孟什维克退出代表会议意味着什么？

在有的读者看来，我们作的结论可能太尖锐了。但是我们认为，在重大的政治问题上掩饰和抹杀真相，是社会党人不该做的事情。应当直言不讳。应当揭露一切支吾搪塞和转移视线的手法，使工人群众十分清楚地了解问题的实质。只有资产阶级政党才把选举当做幕后把戏和分赃。而工人政党首先应当力求使人民正确了解各政党之间的关系，正确了解自己的利益和斗争任务，正确了解幕后活动的实质。

我们已经谈到，抱怨俄国社会民主工党彼得堡组织代表会议的组成，抱怨代表会议不愿意省市分开，都不过是无谓的遁词。我们知道，问题的实质很简单。孟什维克想方设法要同立宪民主党达成协议。孟什维克知道，彼得堡组织的多数党员不同意这种观点。孟什维克曾经在全俄代表会议上决定，在每一个地方要服从当地组织的决定。现在，他们**违背了自己的诺言**，企图用**分裂**来达到自己的目的。

　　31个退出代表会议的孟什维克今天（1月13日）已经在彼得堡的报纸上宣布，他们既向立宪民主党，也向所有的劳动派政党，即不仅向社会革命党和劳动派（代表会议曾经向它们建议达成协议），而且也向"人民社会党"建议结成联盟。

　　可见，问题非常清楚。觉悟的无产阶级决定进行独立的选举运动。小资产阶级（包括劳动派在内）动摇不定，从一方投向另一方，宁肯同立宪民主党勾结，而不进行原则的斗争。孟什维克是工人政党中的小资产阶级部分。他们在最后一瞬间，找了一点小岔子，就离开革命的无产阶级，转到立宪民主党方面去。

　　立宪民主党的报纸最好不过地证实了这个结论的正确性。要知道，现在无论谁也不会怀疑立宪民主党会同情彼得堡的即布尔什维克的社会民主党的观点！

　　请看一看立宪民主党的中央机关报《言语报》吧。大家都知道，《言语报》伙同《同志报》经常唆使孟什维克搞分裂，千方百计吹捧他们，处心积虑地把他们同布尔什维克划分开。《言语报》一听说孟什维克退出了社会民主党代表会议，立刻（1月11日）就刊登了一篇题为《社会民主党代表会议和协议》的编辑部文章。这篇文章直言不讳地**欢迎**孟什维克的"坚决态度"，**欢迎**孟什维克着手搞**分裂**。这篇文章直言不讳地宣布，**孟什维克和人民社会党**（小资产阶级劳动派政党中最温和的半立宪民主党）处于**"狭义的革命政党联盟之外"**（即处于彼得堡社会民主党和他们提议与之达成协议的那些人，即社会革命党和劳动团委员会之外）。

　　立宪民主党人还直言不讳地宣称，他们准备**"恢复"**同这"两个温和的社会主义政党"的谈判。他们直言不讳地宣称:"各社会主义政党中间发生的分化〈分离〉,在某种程度上会使温和的社会党人对杜马策略的看法同我们本身的〈即立宪民主党的〉看法相接近。"

立宪民主党的主要报纸的这些言论是极其重要的。立宪民主党不只是对孟什维克转变的实际结果作了评价。立宪民主党清楚地看到,孟什维克制造的分裂具有原则的意义,就是说,这种分裂实际上改变了孟什维克对政治斗争、对工人阶级的任务的基本观点的态度。立宪民主党清楚地了解到,孟什维克不仅转到实际上容许达成协议,而且转到资产阶级的基本观点方面去了,他们远离了无产阶级的政策,接近了资产阶级的政策。《言语报》直言不讳地说,**温和的社会党人**(即孟什维克)正在接近立宪民主党的策略,实际上承认立宪民主党的领先地位和领导权。立宪民主党还不知道社会革命党和劳动派会不会接受社会民主党代表会议的建议,**就已经**估计了各政治力量十分明确的相互关系:自由派资产阶级领导着温和的小资产阶级和无产阶级中的小资产阶级部分;革命无产阶级是独立前进的,它在最好的情况下(对我们是最好的情况,对立宪民主党则是最坏的情况)也只能使一部分小资产阶级跟着自己走。

立宪民主党正是这样描绘形势的。不能不承认立宪民主党在这方面是完全正确的。像一滴水珠反映出整个太阳一样,小小的彼得堡事件反映出一切资本主义国家中自由派资产阶级、工人阶级和小资产阶级的政策的经常的、必然固有的一种相互关系。自由派资产阶级随时随地都力图用小恩小惠收买不开展的群众,使他们不受革命的社会民主党的影响。立宪民主党开始在俄国采用资产阶级同无产阶级斗争的"英国"方式，即不用暴力，而用收买、逢迎、离间、拉拢"温和派"，安排他们当大臣、当代表、当复选人等等斗争方式。

立宪民主党的《言语报》所谓"恢复"谈判的话也是非常清楚的。当社会民主党是统一的时候，当社会民主党内革命者占优势的时候，谈判就中断了。现在，当"两个温和的社会主义政党"离开革命的时候，立宪民主党就宣称"谈判可以恢复了"。

如果读者还不完全了解这些话的实际含义，我们就向读者说明一下。立宪民主党给过左派2个席位（一共6个席位），一个席位给工人选民团，另一个席位给一般社会党人。谈判中断了。现在，立宪民主党又向"温和的社会党人"打招呼：回来吧，顾客，我们可以讲好价钱的！我们现在可以拿出一个席位给孟什维克，另一个席位给"人民社会党人"，或者甚至可以慷慨拿出3个席位。

立宪民主党所谓"恢复"谈判的意思是说：我们不曾对**左派**让过步，**但是我们要对左派中的温和派**让步！

天真的或没有政治经验的人可以随便怎样摇头表示怀疑，表示惋惜等等，但问题不会因此有所改变。要知道，**究竟怎样**取得了某种结果并不重要，重要的是结果本身（就是说，这对立宪民主党并不重要，而对希望**自觉地**对待政治的工人群众却非常重要）。

我们不知道孟什维克同立宪民主党的谈判究竟是怎样进行的，是书面的呢，还是口头的，或者甚至只是暗示一下。很可能是著名的温和的孟什维克只是对立宪民主党首领们**暗示一下**社会民主党内可能分裂，暗示一下容许**在各区**达成协议。当然，立宪民主党对这种暗示立刻心领神会了："他们"会分裂彼得堡的社会民主党的，我们得把"他们"列入区的名单！"他们"帮我们，我们也帮

"他们"。当然"他们"也可以直接找到库特列尔、米留可夫或纳波柯夫并且直言不讳地说:我们给你们分裂彼得堡社会民主党代表会议,你们也得通过某个区的名单使我们当选,但是这种暗示难道不是同样实际的、同样真正的、同样牢靠的交易吗?

所有立宪国家中的自由派资产者和社会民主党的机会主义者的政策**都是这样的**,这是事实。如果俄国工人不愿轻易受人愚弄,就应当**学会理解**这种政策。车尔尼雪夫斯基就说过,谁怕弄脏自己的手,谁就不要搞政治活动。谁参加选举,谁在挖掘资产阶级政客活动中的脏东西时又怕弄脏自己的手,那就让他走开吧。天真的不肯弄脏手的人害怕正视问题的本质,只会在政治上造成损失。

资产阶级报刊上的另一种反应也完全证实了**我们**对分裂的评价,这就是库斯柯娃女士在《同志报》(1月10日)上的反应。她同样欢迎孟什维克,唆使孟什维克搞彻底分裂,劝他们不要同布尔什维克"妥协",答应以"工人事业派"的名义协助他们。

要弄懂库斯柯娃女士的这篇文章,就应当知道她是何许人。我们要谈一谈有关情况,因为多数工人还不知道这一点。

俄国社会民主工党是在1898年建立的。1899年,库斯柯娃女士和普罗柯波维奇先生都是党员,是这个党的国外组织的党员,当时国外组织的领导人是普列汉诺夫,**那时**普列汉诺夫还是一个革命的社会民主党人。库斯柯娃女士和现在一样,那时就是一个机会主义者,她维护社会民主党内的小资产阶级观点,支持伯恩施坦主义,也就是说,最终要使工人阶级服从自由派的政策。库斯柯娃女士在著名的《Credo》(读做"克勒多",意思是信条、纲领、世界观)中再清楚不过地表达了她的观点。在这篇《信条》中写道:工人应当进行经济斗争,而自由派则进行政治斗争。"工人事业派"(当时对社会民主党内的机会主义者的称呼)实质上就是倾向于这种观点的。普列汉诺夫同这种观点进行了你死我活的斗争(俄国革命的社会民主党人在这方面帮助了他)，**因而**俄国社会民主工党的国外组织**分裂**了。针对机会主义者，特别是针对库斯柯娃女士，普列汉诺夫出版了一本题为«Vademecum»(工人事业派的《指南》)的小册子。

那时，库斯柯娃女士被驱逐出了社会民主党。她就同普罗柯波维奇先生一起投靠了自由派即立宪民主党。后来她又退出立宪民主党，成为"非党的"立宪民主党的《同志报》的"非党"作家。

库斯柯娃女士不是一个单干户。她是一个小资产阶级知识分子的**典型**人物，她把机会主义带进工人政党，并从社会民主党转到立宪民主党，又从立宪民主党转到孟什维克等等。

就是这样一些人，敲锣打鼓，高呼万岁，欢迎孟什维克在彼得堡社会民主党中制造分裂。

就是这样一些人，跟着孟什维克走的工人把无产阶级事业交给了他们。

四

各政党和彼得堡的当前选举

彼得堡现在的选举情况怎样呢？

现在已经清楚，选举中将有三个主要的候选人名单：黑帮的名单，立宪民主党的名单和社会民主党的名单。

十月党将参加第一个名单，孟什维克和人民社会党大概将参加第二个名单,劳动派和社会革命党可能参加第三个名单,虽然这些动摇不定的政党迄今还没有作出最后的答案,但是也完全可能跟着立宪民主党走(在某种程度上由于社会民主党内的分裂)。

在彼得堡是否有黑帮危险,就是说,是否有黑帮在选举中取胜的危险呢? 现在从社会党转向立宪民主党的孟什维克说,有。

他们撒了弥天大谎。

甚至在立宪民主党的《言语报》上,甚至在这份谨慎的、善于耍花招的、维护自由派的每一点利益的《言语报》上,我们都读到了韦尔格日斯基先生这样的话:十月党人在选举大会上备受轻视,选民在立宪民主党人和社会党人之间动摇不定。

一切有关竞选大会的资料,一切有关利德瓦尔案件[174]、有关审判暗杀赫尔岑施坦的凶手[175]、揭露黑帮行径等等所造成的印象的资料,都清楚地表明,右派政党在选民中受不到任何尊敬。

谁现在还谈论选举中的黑帮危险,谁就是欺骗自己,也欺骗工人群众。现在已经清楚地看出,叫嚷黑帮危险是立宪民主党企图把觉悟不高的群众诱骗到自己这边来。

黑帮危险不在于黑帮当选的危险,而在于政府可能使用暴力,在于复选人可能被逮捕等等。对付**这种**危险的办法,应当不是同立宪民主党达成协议,而是提高群众的革命意识和加强他们的革命决心。正是立宪民主党人比任何人都更加卖力地阻碍提高这种意识和加强这种决心。

彼得堡的真正严重的斗争是在立宪民主党人和社会民主党人之间进行的。各劳动派政党跟着最温和的半立宪民主党的"人民社会"党跑,根本没有表现出什么独立性和坚决性,这就证明它们是软弱无力的。

如果不是孟什维克在选举前夕背叛了社会党人，那么毫无疑问，劳动派和社会革命党是会**接受我们的**条件的。毫无疑问，彼得堡的贫民选民**群众**和各处的贫民选民群众一样，会拥护社会党人和劳动派，而不会拥护立宪民主党人。那时彼得堡的选举就会具有一场严重战斗的意义，这场战斗将以明确的方式向全俄国提出未来俄国革命的**基本**问题。①

孟什维克的背叛给我们的选举工作带来了困难，但是，**社会民主党的独立运动**的原则意义就**更加重要**了。无产阶级除了提高群众的阶级意识、加强群众的团结、用政治发展的**经验**教育群众以外，没有而且也不可能有别的办法来制止小资产阶级的动摇。

乘劳动派动摇不定，孟什维克搞交易的时候，我们应当全力以赴地进行独立的鼓动。让所有的人都知道，社会民主党在任何情况下都一定要提出自己的名单。让所有选民的贫民阶层都知道，他们面临着要在立宪民主党人和社会党人之间作出抉择。

对这一抉择，选民是应予考虑的。不管怎样，这样的考虑对于提高群众的**意识**会产生重大的效果，这比使某某或某某从立宪民主党那里获得席位更为重要。如果城市贫民群众再次听信立宪民主党的**诺言**，再次迷恋于古尔柯之流和库特列尔—米留可夫之流老爷们叫嚣的"和平"进步、"和平"立法等自由派空话和自由派许

---

① 在这方面值得注意的是前几天召开的科洛姆纳选民大会。"劳动派"沃多沃佐夫(他成为劳动派显然只是为了拉劳动派去当立宪民主党的尾巴)赞成并拥护通过以下决议:左派共同联盟的六个席位中给立宪民主党两个席位。噢，多么天真呀! 沃多沃佐夫先生，要想拿出这一小部分席位，**首先**应当战胜立宪民主党，而不是当它的尾巴! 甚至有**这样的**领唱者参加的**这样的**大会，也在投票中表明，群众的情绪比立宪民主党左。我们应当让这样的群众作出抉择:是拥护自由派资产阶级，还是拥护革命的无产阶级?

诺,那么事件很快就会揭穿上面这些幻想。

　　革命的社会民主党应当把全部真相告诉群众,应当坚定不移地走自己的路。谁珍惜无产阶级斗争取得的俄国革命的实际成果,谁具有被剥削的劳动者的本能,谁就会跟着无产阶级政党走。随着俄国革命发展的每一阶段,这个政党的观点的正确性将愈来愈清楚地为群众所了解。

跋

《言语报》1月14日的社论再次证实了我们前面所谈的孟什维克从社会党人转向资产阶级的意义。《言语报》兴高采烈,庆幸它关于孟什维克在彼得堡搞分裂并将建立自己单独的组织的预言得到证实。该报援引它以前的几号报纸说:"果然不出所料,一部分社会民主党人支持我们的建议,虽然他们并不是最有影响的一部分人,然而却是最倾向于议会活动的。"

是的,这是实话。孟什维克**迎合了**自由派资产者要想拉走工人政党中的机会主义部分、使它服从立宪民主党的领导的愿望。在前面我们已经看到,《言语报》已经把孟什维克和人民社会党人同革命政党分开,称他们为"温和的社会党人"。现在,《言语报》又进了一步。该报说,社会人民党人(人民社会党人)大概宁愿同立宪民主党结成联盟。该报说:"孟什维克坚决支持建立**共同的反对派联盟**。""应当承认,在布尔什维克拒绝以后,立宪民主党、孟什维克和社会人民党结成反对派联盟的可能性大大增加了。"

可见,立宪民主党自己现在承认在选举中有三个联盟,或者至少可以说是三个基本政治力量:政府联盟、反对派联盟、革命联盟。这样的划分是完全正确的。我们注意到,事物本身的力量促使立宪民主党承认我们以前一贯指出的情况。我们还注意到,革命"联盟"中,**现在**最坚定的只有革命的社会民主党。其他分子,包括革命的小资产阶级（"社会革命党"）还在动摇不定。

孟什维克转到立宪民主党一边的原则意义愈来愈清楚了。孟什维克的选举纲领和原则决议（例如，俄国社会民主党全国代表会议的决议）中有动听的词句，说什么他们将揭露对和平道路的幻想，他们将劝告大家不要把掮客选进杜马，而要把战士选进去，如此等等，所有这些词句**都不过是一些空话**。事实上孟什维克的行动是让立宪民主党牵着他们走，跟着**自己的**政策走。事实上孟什维克是**参加了**"反对派联盟"，就是说，成了立宪民主党的纯粹附属品。

不仅如此。《言语报》1月14日的社论还透露了立宪民主党为了使孟什维克支持立宪民主党并加入反对派联盟打算给孟什维克**多少代价**。这个代价就是**从工人选民团那里夺来的**一个杜马席位。请听：

"既然与此同时〈即与组织立宪民主党、孟什维克和人民社会党的反对派联盟的同时〉，杜马席位竞争者减少了，那么，也许在新的组合下，有可能接受人民自由党的建议，只从六个席位中让出两个。当然，这个建议现在大概要有一些改变。**预定给工人选民团选出的人的一个席位，在代表会议作出决定以后，显然已不能给工人布尔什维克了。现在联盟有了新的构成，孟什维克就可以把这个席位当做自己的合法所有物。**在这种情况下，人民自由党让出的两个席位中的另一个席位，将仍旧留给人民社会主义联盟。"

多好的交易！祝贺立宪民主党买到了便宜货！只用那两个"让出来的"席位就把所有的小资产阶级政党以及工人政党中的小资产阶级部分搞到手，而且是**靠牺牲工人**搞到的！

由于孟什维克背弃了社会民主党而成了温和的社会主义政党

（《言语报》的评语），加入了反对派联盟，工人就要丧失从工人选民团中选出自己的代表的权利。彼得堡的工人所以丧失立宪民主党给他们的支配自己席位的权利，是**因为**孟什维克不跟革命的社会民主党走，而跟立宪民主党走了。孟什维克同立宪民主党做"交易"而获得的"让步"，不是靠牺牲立宪民主党，而是靠牺牲工人……　这是资产阶级对"人民"让步的多么出色的样板！只要"人民"的捍卫者转向资产阶级方面，那么资产阶级就会酬劳他们一个席位……

工人选民团的初选人和复选人现在大概将能看到，同立宪民主党达成协议会给他们带来什么**好处**——不仅是原则上的好处，而且是实际上的好处。立宪民主党给过（不是在给而是给过）工人选民团一个席位，是出于他们真心同情真正人民的真正自由的利益，而根本不是为了把愚昧的贫困的群众拉到资产阶级一边，这不是很清楚吗？

1907年1月由新杜马出版社
在彼得堡印成单行本

译自《列宁全集》俄文第5版
第14卷第249—273页

"你会听到蠢人的评判……"

（社会民主党政论家札记）[176]

1907年1月15日于彼得堡

资产阶级报刊对彼得堡社会民主党代表会议的决定议论纷纷。从迂腐的御用《言语报》到街头小报《今日报》[177]，组成了一个自由派大合唱，欢呼孟什维克制造的分裂，庆祝这些"社会"浪子回到"反对派联盟"的怀抱，庆祝他们摆脱了"革命幻想"的影响。

真正站在革命无产阶级方面的社会民主党人不妨提一个问题：

可是评判者是些什么人呢？[178]

让我们拿1月15日的《祖国土地报》[179]这个几乎是最好的评判者为例。这家报纸的倾向显然比立宪民主党左。根据一切资料来看，可以把它的倾向叫做劳动派倾向。只要指出这家报纸的撰稿人里有坦先生，这就足以确凿地证实这一政治评价了。坦先生的大名已经列入了"劳动（人民社会）党"公布的组织委员会委员名单。

可见，评判者是劳动派。

他们指责布尔什维克，并且同立宪民主党一样，赞成孟什维克的计划。不同于立宪民主党的是，他们只打算在所有的左派政党共同联盟中最多给立宪民主党两三个席位。

这是他们的判决。请看理由。

"争论的中心无疑是彼得堡是否存在黑帮危险的问题。"

不对。如果你们要在政治报纸的社论中评判布尔什维克社会民主党,你们就**应当**知道你们要评判的是什么。你们自己在同一篇社论中说:"目前围绕着〈社会民主党〉代表会议的决议展开的激烈争论,无疑会引起社会的关心。"谁表示愿意公开参与大家所关心的争论,而又马上显出不明争论的"中心",谁就要担当接受不光彩的称号的风险……

革命的社会民主党已经在自己多次的政治声明中反复说明和强调指出,**不能**认为选举期间的争论"中心"是所谓的黑帮危险的问题。

为什么不能呢? 因为工人政党的选举期间策略只应当是把无产阶级社会主义策略的**一般原则**运用于个别情况。选举只是社会主义无产阶级为自由和为消灭一切剥削而进行斗争的一个舞台,而且远不是最重要的、最关键的(尤其在革命时代)舞台。除了用选票进行斗争以外,还有另外一种斗争,这一斗争在革命时代**不可避免地**会激化起来。那些自以为有教养的知识分子偏爱忘记这一斗争,他们对于自由的同情只停留在舌头尖上。小业主偏爱忘记这一斗争,他们对于同资本及其仆从进行极其尖锐的日常斗争是袖手旁观的。但是无产者却忘不了这一斗争。

因此,在觉悟的无产者看来,选举期间的策略只能是他们的一般策略对于特殊斗争,即选举斗争的适应,而决不是他们策略原则的改变,不是这个策略"中心"的转移。

革命时期的社会主义策略原则是,先进阶级即无产阶级走在人民革命的前头(目前俄国发生的革命是资产阶级革命,因为人民获得全部自由和全部土地,根本不能使我们摆脱资产阶级的统治;

很明显,革命的这种社会经济性质并不妨碍它是人民革命)。因此,先进阶级应当向全体群众坚决揭露,一般地希望同旧政权进行谈判和达成协议,特别是希望地主和农民在土地问题上达成协议的任何想法,都是虚幻的。先进阶级应当独立地奉行坚决斗争的路线,只支持那些真正斗争的人,也只是根据他们斗争的程度给以支持。

这就是社会主义策略的原则,这些原则通常规定工人政党必须保持阶级独立性,而只同革命资产阶级合作和达成协议,并且只是作为一种例外。

自由派不懂得社会民主党的这些策略原则。他们同阶级斗争的思想格格不入,他们不承认协议和谈判是同人民革命背道而驰的。但是**所有的**社会民主党人,无论布尔什维克,甚至孟什维克,原则上都承认这种策略原则。那些负责出版政治机关报的劳动派先生们,即使不了解目前的社会主义策略问题的起码常识,至少也能在社会民主党的选举纲领中,即在中央委员会占优势的孟什维克的选举纲领中读到这一点。

纲领写道:"公民们,应当把不仅希望俄国得到自由而且努力帮助人民革命争得这种自由的人选入杜马…… '人民自由'党领导的第一届杜马多数派希望通过同政府和平谈判的途径取得自由和土地…… 公民们,请选举革命战士吧,他们将同你们共同继续进行去年〈1905年〉1月、10月和12月开始的伟大事业。"

我们的劳动派根本不了解,"争论的中心"在于是否容许**从上述角度出发在原则上**同立宪民主党达成协议。彼得堡社会民主党代表会议继全国代表会议(俄国社会民主工党)14个代表之后,对这个问题作了否定的答复。同跟旧政权勾结和谈判的政党达成协议是不能容许的。立宪民主党在"人民革命"中不可能成为同盟者。把他们归入"革命战士"之列，不能加强，只能削弱革命战士的力量，因为他们在阻挠这些战士的工作，他们现在公然反对斗争，反对**任何**革命口号。

我们的评判者没有看出布尔什维克社会民主党对立宪民主党的这种**原则**态度，居然看不见"大象"。

这些劳动派完全处于自由派资产阶级的思想影响之下。在他们看来，选举高于一切，选举结果高于在选举运动中教育**群众**的工作。他们不懂得，选举鼓动清楚、肯定、明确，对忠实于自己的原则的社会民主党人具有重大意义。即使有人用得到杜马席位的前景来引诱他们，即使有人用在首都得不到一个杜马代表名额的前景来吓唬他们，他们仍然忠实于自己的革命立场。劳动派则忘记了一切原则，忘记了革命的一切基本任务，而热衷于自由派的争吵，因为他们什么也没有看出来，什么也不了解，什么也不关心，而只念叨着"一个席位，两个席位，三个席位"！

"……问题的中心……彼得堡是否存在黑帮危险……"

可见，你们把黑帮危险归结为在政府伪造的选举中黑帮有取胜的危险！先生们，你们可明白，你们**这样**提问题，就是承认政府已经最终取胜，而你们空谈的自由事业已经最终失败了！你们自己没有看出来而且也不让人民群众看到**那个实际的**黑帮危险，这种危险不表现在投票上，而表现在规定投票的条件上（参议院的说明和12月11日选举法的即将废除），表现在取消投票的结果上（如解散杜马）。你们完全站在庸俗的自由派观点上，使自己的打算以及被你们弄得迷失方向的人民群众的打算仅限于在已经伪造的和正在伪造的法律范围内来进行斗争。你们没有看到黑帮危险表现为全体复选人可能被捕。取决于你们而且完全取决于你们的东西——在任何情况下都可以提供牢固的和重大的革命成果的东西，即用坚定不移的鼓动来提高群众的革命意识，你们丢失了。而你们想追求的东西，则取决于斯托雷平的诡计，取决于参议院的新说明，取决于警察对选举法再一次的破坏。可见，你们同"黑帮危险"进行的斗争，与法国资产阶级共和派同君主制危险进行的斗争如出一辙，就是用在共和制中加强君主机构和君主立宪的办法来进行斗争。因为，你们在人民中散布一种看法，认为黑帮危险就是黑帮当选的危险，这就使得最不开展的群众对黑帮危险的真正根源和真正性质更加无法了解。

不过，我们往下谈吧。假定以后参议院对选举和复选人不再作什么说明。我们谈谈在当前选举制度下哪些政党将在彼得堡的投票中取胜的问题。

劳动派不能否认：右派政党已经威信扫地，十月十七日同盟遭到一次比一次可耻的失败，"十月党人近来受到左面来的沉重打击而一声不吭了"，"社会向左转了"。

但是……谢德林早就把自由派使用的这个俄国字眼"但是"译成了人人都懂的语言——耳朵不会高过额头[180]，不会的！——**但是**"技术上的困难"，"不给寄书刊"，"不发给选票"，"警察的迫害"……

这就是俄国知识分子的心理：他们口头上是勇敢的激进派，实际上是卑鄙的小官僚。

同立宪民主党结成联盟一定有助于免受警察的迫害！可是为什么不同既**"希望"**有宪法又能保证不受**"迫害"**的十月党结成联盟

呢？真的，俄国的政治逻辑是：选举协议是反对不邮寄书刊、反对
不发选票等等的手段……先生们，你们是反对什么呢？

——反对使警察据以横行霸道并宣布某些政党"非法"因而得
不到选票的那些"法律"。那么你们是怎样反对的呢？

——办法当然是同某一个政党达成协议，这个政党或者会从
和平革新党那里得到选票，或者在杜马召开以前就同斯托雷平勾
结起来，或者自己也得不到选票！

俄国的官吏（20岁时是激进派，30岁时是自由派，40岁时是
不折不扣的官僚）惯于关着门大谈自由主义和把拳头揣在兜里。
他把选举运动也看成是把拳头揣在兜里。是否需要影响群众呢？
废话，邮局不投递我们的书刊啊。

不通过"邮局"和类似机构，是不是可以发行和散发书刊呢？

——废话！这是陈旧的革命幻想，不符合"广泛的"立宪活动。
广泛的立宪活动在于可以欺骗当局，因为"他们"要在社会民主党
或社会革命党当中找我，而我却躲在立宪民主党的名单里，让他们
找不着！政府把我当做革命者来寻找，而我既骗了政府，又骗了革
命者，我要投靠"反对派联盟"。瞧我多机灵！

——啊，尊敬的政治活动家，这样一来，你不是也欺骗了群众，
使他们不再把你同卑躬屈膝的自由派的"反对派"加以区分了吗？

——废话！谈什么群众……我们给工人选民团一个席位就是
了……而且从一定的角度来说我们大家都在争取自由……革命已
成为全民族的了……立宪民主党也准备以自己的方式进行斗
争……

试问，我们的劳动派除了**警察方面的**理由以外，是否还有政治
方面的理由呢？有。这些理由就是，应当迁就的不是积极的和活

跃的选民,而是去迁就关在家里的、闭塞的或朦胧欲睡的选民。请听一听"左派"报纸是怎样谈论的:

> "根据群众大会的情绪还不能判断全体选民群众的情绪……　参加群众大会的不超过选民总数的 $1/10$,这当然又是最积极、最有朝气的活跃分子。"

真的,甘当最不积极、最死气沉沉的不活跃的立宪民主党选民的尾巴是理由十足的!俄国激进派的悲剧就在于:几十年来他们一直盼群众大会,盼自由,狂热地(口头上)向往自由,可是一遇到群众大会,一看到比他们自己的情绪更左的情绪,就犯愁了,说什么"难以判断"、"不超过 $1/10$"、"先生们,要慎重些!"这正像屠格涅夫小说中的逃避阿霞的狂热主人公,车尔尼雪夫斯基称这个主人公是"赴约会的俄国人"。**181**

哎,你们这些自封的劳动群众拥护者啊!你们要同革命到哪儿去约会呢,——还是待在家里吧!这确实会安全一些,再不要同这些危险的"最积极、最有朝气的活跃分子"打交道了。你们真可以同不活跃的小市民比美了!

也许,通过这个简单的例子,你们现在会弄明白因同立宪民主党达成协议引起的"争论的中心"究竟何在了?

最尊敬的先生,就在于我们想使小市民振作起来,成为公民。要做到这一点,就必须**迫使**他们在两者之间**进行选择**:要么赞成奴颜婢膝地跪在"宪法"面前(呸!呸!)的立宪民主党的小市民政策,要么赞成社会主义无产阶级的革命政策。

"一切左派政党的联盟"就是把"十分之一最积极、最有朝气的活跃分子"**淹没**在大批漠不关心的、无动于衷的、朦胧欲睡的人群之中,就是使愿意斗争(并且能够在决定性关头引导**群众**)的人服从于愿意像第一届杜马中的立宪民主党人那样卑鄙地表示效忠的人，愿意像立宪民主党人李沃夫那样同斯托雷平搞交易并且可耻地投到他那一边的人。

反动派在向你们进攻，它已经夺走了十月的足足三分之一的成果，剩下的三分之二也有被夺走的危险。可是你们却装做安分守己的人，用小市民心理来解嘲，说没有任何进攻，没有任何革命，我们到杜马去立法，我们只**防守**，我们奉公守法！

你们什么时候才能懂得，只防守就等于已经承认自己在道义上破产了呢？其实你们就是在道义上破了产的人。你们只配把自己的选票投给立宪民主党人。

我们说："**要迫使**小市民作出选择。"就是**要迫使**。世界上任何一个社会主义政党，要使群众摆脱以小市民心理为基础的自由派或激进派的资产阶级政党的影响，不能不受到一些震动，不遭到一些反抗，不冒一下**初试**的风险，看看谁**真正**在捍卫自由，是立宪民主党呢，还是我们？

如果同立宪民主党达成协议，那么小市民就**没有必要**考虑这个问题了。激进派空谈家和社会民主党机会主义者中的政客已经替他们考虑过这个问题了，在同立宪民主党的约会中考虑过了。小市民向左转了（不怪我们，也不是由于我们**党的**宣传，而是由于斯托雷平的热心），小市民向左转了——对我们来说这就够了。向左转，就是说拥护"一切左派的联盟"！这样做的将是**所有的**小市民群众，而不只是什么十分之一不安分守己的……（对不起）活跃的……分子。必须使各种会议或全部政策都去适应胆怯的小市民，**这就是同立宪民主党结成联盟的实质。**

而我们说过，不仅在传单和纲领中，不仅在决议和演说中，而且在全部政策和选举运动中都必须把坚定的战士同胆怯的小市民**截然分开**。要做到这一点,就**只有**把立宪民主党的和社会民主党的**两个不同的**名单加以对比。首都的报刊行销全国,首都有各个政党的中央,首都在思想上和政治上领导全国,所以在首都万分重要的不是树立小市民的泰然自若的政策的榜样,而是树立无愧于已经赢得一点自由的十月战士的政策的榜样,即无愧于无产阶级的政策的榜样。

如果我们**自己**不采取**进一步措施**来反对小市民的奥勃洛摩夫[182]思想,即"一切左派政党的联盟",那么我们所说的必须意识到"爱好和平的"立宪民主党杜马的错误,必须进一步采取措施等等,就都会流于空谈。如果我们自己、"领导者"、"领袖",在首都、在俄国各族人民面前**原地踏步**,即同那些立宪民主党人握手言欢,**"和和睦睦"**分配席位,亲密无间,步调一致,共同追求一个目标,共同争取自由,那么我们提出的**前进**号召就是虚伪的,就不能激励人民战士的心…… 那还有什么可考虑的呢?如果有个孟什维克伊万·伊万内奇过去骂了一声立宪民主党人伊万·尼基佛雷奇是公鹅[183],那又有什么了不起的呢?

"……参加群众大会的不超过选民总数的$\frac{1}{10}$……" 好吧,激进派先生。我们破例相信你的话,我们对你让这一步是因为……是因为你的论据太不高明了。

十分之一的选民,在全彼得堡13万选民中就是13 000人。这13 000个最积极、最有朝气的活跃的选民,情绪要比立宪民主党人左。试问,如果头脑健全、神志清醒,能不能硬说,参加群众大会的积极的选民**不会带动**一定数量的不大积极的待在家里的选民呢?任何人都懂得,**决不能**这样说,在一个拥有150万人口的城市里，即使撇开报纸和集会不谈，也还有千百种不同的途径和渠道可以把先进分子的情绪渗透到广大群众中去。任何人都懂得，而且所有国家的一切选举都证明，参加群众大会的每一个积极的选民，都不是带动一个，而是带动几个待在家里的选民。

在上次选举中，15万彼得堡选民投票6万张。在整个彼得堡，其中约4万张票拥护立宪民主党，约2万张票拥护右派。我们从我们这位不愿当"乐观主义者"的激进派先生本人那里听说过……（天哪！我们的激进派愿意……像19世纪40年代的德国激进派那样当"稳健的"人）……我们从他那里听说过，十月党人完全销声匿迹了，我们也从他们彻底失败的**事实中**知道了这一点。现在我们听说有13 000名积极的选民，情绪要比立宪民主党人左。请想一想，这些数字的比例在各选区变化很大。请想一想，通常属于参加群众大会的选民的选票有多少。

你们会明白，把彼得堡的黑帮当选危险说成是由于立宪民主党人和社会党人的选票分散而有使右派进入杜马的危险，那是**骗人的鬼话**。要知道，在彼得堡，要使右派进入杜马，就必须在**多数**选区内不仅使选票一般地分散，而且要分散得**既**使立宪民主党人，**又**使社会党人各自的得票数少于黑帮名单的得票数。这显然是无稽之谈。

所以我们直截了当地说：如果黑帮危险不是表现在"宪法"**以外**的方面（而立宪民主党人和社会党人的不同策略的重心就在对**这个**方面的估计上），那么立宪民主党人和社会党人的选票分散是不会使右派在彼得堡取胜的。

说黑帮有取得彼得堡选举**成果**的危险，这是立宪民主党人、"激进派"和一切机会主义者**对人民**布下的**骗局**，而这种骗局有利于政治上的**小市民习气**。关于这种黑帮危险的鬼话，**实际上有利**于立宪民主党，因为这种鬼话有助于他们防止**从左面来的危险**，这种鬼话**能麻痹**群众，使他们在投票时不再把"进行立法活动的"立宪民主党资产者同引导人民进行斗争的社会党人加以区别。

所以，当自由派、劳动派和社会民主党中的机会主义者对我们同声嚷嚷：你们孤立了！我们这时却泰然自若地回答说，我们不搞欺骗，这样的孤立，我们感到很高兴。我们不搞卑鄙的勾当，这样的孤立，我们感到很高兴。因为在1905年1月9日以后，在1905年10月以后，在彼得堡13万选民群众面前把库特列尔之流、纳波柯夫之流、司徒卢威之流及其同伙选进杜马，确实是卑鄙的勾当。

我们要预先告诫那些由于立宪民主党要把他们而不是把布尔什维克拉进杜马，因而高兴得太早了的劳动派和社会民主党中的机会主义者。我们要预先告诫他们，如果第二届杜马成了立宪民主党杜马，那么他们劳动派和社会民主党中的机会主义者将因把立宪民主党人选进杜马而感到**羞耻**。那时他们将**直接**对此负责。而立宪民主党在第二届杜马中一定会向右转（这一点可以从他们最近一年来的所作所为和全部政治书刊中看出来），甚至连极端的机会主义者也不得不揭露他们。在第一届杜马中，立宪民主党人李沃夫曾转向和平革新党，并为黑帮解散杜马开脱。在第二届杜马中（除非历史给我们来一次急剧的变革，使同立宪民主党的种种卑鄙勾结和所有立宪民主党人统统完蛋），立宪民主党的李沃夫之流的大显身手，将不是在第二届杜马结束之时，而是在它召开之初。

先生们，接受立宪民主党送给你们的杜马席位吧！我们是不会羡慕你们的。我们要告诉工人群众和首都小资产阶级群众提高警惕。我们不仅要通过演说,而且要通过选举本身来提高他们的认识,使他们了解在立宪民主党人和社会党人之间有**一条鸿沟**。

各干各的吧,而"很多人爱把这两件事混为一谈,我们可不是这样的人"①。

《祖国土地报》的社论作者在谈论布尔什维克时说:"他们现在要比过去更孤单,因为原先的抵制派即社会革命党现在不但参加选举,而且主张同立宪民主党结成联盟。"

真新鲜,真有趣。我们有一次曾经指出过,社会革命党在达成选举协议的整个问题上的表现不像一个政党,倒像一个知识分子集团,因为我们没有看到他们的**组织**对这个问题有什么公开的政治主张。现在,如果坦先生为之撰稿的这家报纸不是在公开撒谎,不是在重复道听途说的流言,那么我们可以作出进一步的结论,即社会革命党在达成选举协议问题上的表现是**政治上不老实**,或者至少也是一种同政治危险分不开的动摇。

尽人皆知,彼得堡社会民主党组织的代表会议拒绝了同立宪民主党结成联盟,并向劳动派和社会革命党建议达成选举协议来**反对立宪民主党**。我们的这个决议曾披露在所有的报纸上。

俄国社会民主工党彼得堡委员会同社会革命党、劳动团委员会的相应机关**已经**谈判过了。分歧在于我们要排除人民社会党以及席位问题。**但是,**既然社会革命党**在**我们声明决心在彼得堡同立宪民主党进行决战**以后开始**同我们谈判,同时又**开始**或者**继续**同立宪民主党进行有关联盟的谈判,那么很明显,社会革命党的所作所为是**政治上不老实**。

---

① 列宁引自亚·谢·格里鲍耶陀夫的喜剧《智慧的痛苦》。——编者注

我们公开说：我们要同立宪民主党战斗。谁支持我们？

而社会革命党**既**同我们谈判，**又**同立宪民主党谈判！

再说一遍：《祖国土地报》的社论作者说的是否属实，我们不知道。但是对人民社会党组织委员会委员坦先生为之撰稿的这家报纸的武断言论，我们不能置之不理。关于社会革命党同人民社会党结成联盟的问题，我们从报纸上，也从社会革命党同我们的谈判中知道了（虽然我们还不知道这个联盟的条件和真正性质，看来，这里也是在搞什么幕后把戏）。

因此，我们的义务是把问题当众公开提出，让**大家**都知道这么一个政党的所作所为。在此以前，政党的相互关系，我们只根据纲领和文献来判断，——可是这归根到底只不过是一些文字而已。第一届杜马时根据**某些**政党的**活动**勾画出了它们的面貌。现在我们也一定要利用而且正在利用**选举**来充分教育群众，使他们认清各政党的**真正性质**。

至于社会革命党**掩盖**他们同人民社会党的某种关系，这在目前是政治事实。社会革命党实际上做了分裂出去的机会主义政党的尾巴，这也是事实。其实，这就是说，社会革命党的所谓革命独立性和坚决性要比他们的表现差得远。如果他们一定要同立宪民主党结成联盟（况且不是为自己，而是为人民社会党谋取席位），那我们就会得到最好的鼓动材料，来向彼得堡工人阐明马克思主义的原理：小资产阶级的（即使是革命的）政党具有十足的动摇性和骗人的外形。

我们认为，把自己"孤立"于**这些**政党之外，对社会民主党人来说不仅是光荣的事情，而且是唯一慎重的政策。只不过我们在考虑时，不是从杜马席位出发，而是从**整个**工人运动出发，从社会主义的根本利益出发。

让我们回过来看看《祖国土地报》。这家报纸多么轻率，居然说出这样的话：

"一般说来，布尔什维克代表会议所作的决定，看来是仓促的，考虑不周的。劳动派比人民社会党究竟好在哪里呢？"

这"究竟"二字真妙极了。作者在政治上如此无知，他甚至没有察觉自己是光着身子在行走，完全像个澳洲野人。而这竟是有教养的小资产阶级政治家！

那么，该怎么办呢，我们只好承担起政论家的"晦气的义务"，不厌其烦地宣讲一下起码常识。

劳动派即圣彼得堡社会民主党代表会议曾谈到的劳动团**委员会**和人民社会党是从第一届杜马的劳动团中产生的。这个劳动团曾分为两翼，机会主义的一翼和革命的一翼。两者的区别最明显地表现在劳动团的**两个**不同的土地法案上：一个是 104 人法案，另一个是 33 人法案。

这两个法案的共同点是：(1)都主张把土地从地主手中转交给农民；(2)都充满了小资产阶级的空想，即小业主(即使在某一方面)在商品生产社会中的"平均化"空想。

这两个法案的不同点是：第一个法案充满了小私有者的**恐惧**，**害怕**进行过分急剧的变革，**害怕**吸引太广泛太穷困的人民群众参加运动。彼舍霍诺夫先生是这个法案的起草人之一，也是人民社会党的首领之一，他绝妙地表述了 104 人法案的这种"精神"，他引用了杜马中"善于经营的农夫"的声明："派我们来是获得土地，而不是交出土地。"这就是说，劳动团的**这一翼**除了小资产阶级的平均化空想外,还明显地反映出**较富裕的**那部分农民的**自私利益**,他们害怕搞不好自己也得"交出"(在普遍"平均化"的情况下,小资产者是这样理解社会主义的)。从地主手里拿过来,但是不要交给无产者,这就是善于经营的农夫的政党的口号。

而33人法案提议立即彻底废除土地私有制。这个法案中也有"平均化"空想,而且其规模也相同,但是他们不害怕"交出"。这不是机会主义小资产者的空想,而是革命小资产者的空想,不是善于经营的农夫的空想,而是破产的农夫的空想,不是打算摆脱地主而靠无产者发财的梦想,而是用平均办法让大家,也包括无产者在内都得到好处的梦想。这不是害怕吸引最广泛和最穷困的群众参加运动,而是希望吸引他们投入斗争(希望而已,但不善于也不懂得如何处理问题)①。

杜马被解散以后,劳动团中两派由于这种差别,成立了两个不同的政治组织:劳动团委员会和人民社会党。前一个组织由于发表了七月呼吁书**184**而在俄国革命史上占了光荣的地位。直到现在,正如大家所知道的,这个组织还没有败坏自己这个美名,还从来没有背弃呼吁书,也没有参加无病呻吟者、萎靡不振者和叛徒的大合唱。

后一个组织则利用杜马被解散的时期,在斯托雷平制度下取得合法地位,在合法刊物上——就是说,躲避来自左面的批评——"大骂"上述呼吁书,劝人民"暂时"不要触动旧政权的某些机关,等等。因此,圣彼得堡社会民主党组织代表会议对待这个党还

---

① 如同一位无政府主义诗人对我们说的那样,我们可以对这些以及其他小资产阶级革命者说:"破坏,我们将在一起;建设,却不。"(见瓦·雅·布留索夫的诗《献给亲近的人》最后一行。——编者注)

未免太温和了,说什么"它对杜马外的斗争的基本问题的态度模棱两可"。

总之,直到现在的政治**事实**就是,小资产阶级政党,或者劳动派政党显然已分化成革命小资产者的政党(社会革命党和劳动团委员会)和机会主义小资产者的政党(人民社会党)。在社会民主党看来,既然选举运动是对群众进行政治教育的一种手段,那么在这里我们把前两个劳动派政党同第三个劳动派政党区别开来,就使小市民**不得不考虑**这种划分的原因。一旦小市民考虑和认清了问题的根由,就会作出自觉的选择。

最后不能不指出,《祖国土地报》的幼稚无知的社论作者还用可笑的诡辩替自己的立场辩护。分析一下这种看上去正合庸人胃口的诡辩不是没有益处的:

> "即使没有黑帮危险,布尔什维克也是不正确的。因为在这种情况下,就没有必要同社会革命党和劳动派结成联盟,而社会民主党在选举中完全独立地活动,会大大有利于自己阶级内容的纯洁性。"

这个激进派分子以为,瞧,我们多么了不起,我们连阶级内容的纯洁性都能够判断!

是的,现代的报纸作者"能够"判断一切,但是他并不了解问题,他没有知识。如果认为要维护阶级立场的纯洁性似乎就必须排除任何协议,那是错误的。这样想等于把马克思主义的观点推向荒谬绝伦的地步,把它搞得面目全非。如果认为没有黑帮危险似乎就没有必要同社会革命党结成联盟,这同样也是错误的。

社会民主工党在选举运动中保持完全的独立性,这是总的准则。但是,任何一个生气勃勃的群众性的政党都可以容许有例外,不过这只能在合理的和严加限制的范围之内。在资产阶级革命时代，**所有社会民主党人**都曾容许同**革命的**资产阶级达成政治协议，那时他们在工人、农民、士兵、铁路工人等代表苏维埃中协同工作，那时他们在工人代表苏维埃的著名宣言（1905年12月）[185]或七月呼吁书（1906年7月）上签了名。《祖国土地报》的社论作者显然不知道有关各个政党在俄国革命中的作用的这些尽人皆知的事实。革命的社会民主党拒绝无原则的协议，拒绝有害的和不必要的协议，但是它并不想在任何情况下都束缚住自己的手脚。否则就太幼稚了。社会民主党全俄代表会议的14个代表提出的纲领确凿地证明了这一点。①

其次，说什么有**立宪民主党**危险，所以"**必须**"在彼得堡同社会革命党和劳动派达成协议。假如《祖国土地报》社论作者了解他所谈的主题，他就会明白，甚至在主张同立宪民主党达成协议的社会民主党人中间，也有很有影响的组织（例如崩得）认为，即使没有黑帮危险，那么有了立宪民主党危险，也就必须同革命的资产阶级结成联盟。假如社会民主党中的孟什维克没有变节，假如**所有革命**的劳动派分子都同**所有**社会党人行动一致，那么在彼得堡不仅可能本着对群众进行革命的和社会主义的教育的精神（这一点，我们社会民主党人无论如何都要做到）进行选举运动，而且可能**战胜**立宪民主党人。既然我们在进行选举运动，只要在原则上不违反社会主义策略，我们就无权放过任何一个可以取胜的机会。

在彼得堡，严重的斗争**只是**在立宪民主党人和社会民主党人之间进行，这一点已被竞选大会**证明了**（莫斯科也是这样，还可以补充一点：例如《世纪报》或店员"团结和力量"工会所作的一切局

---

① 见本卷第98—100页。——编者注

部调查的结果也证实了这种情况)**186**。

至于同立宪民主党达成协议就等于让立宪民主党对他们的同盟者行使思想政治上的领导权,所有的政治报刊和各种谈判的整个性质都证明了这一点。立宪民主党把条件强加于人。立宪民主党公然规定协议的**意义**(请回想一下他们对孟什维克和人民社会党的评语:"温和的社会主义政党"、"反对派联盟")。要求立宪民主党平等分配席位,这就等于要他们作出最大限度的让步了。

社会民主党同革命民主主义政党达成协议,无疑也意味着社会民主党对小资产阶级行使领导权。社会民主党的报刊公开地、明确地和全面地阐明了自己的**全部**观点,而社会革命党和劳动团委员会对协议问题根本没有独立发表过意见。基调是社会民主党人定的。要削弱他们的社会主义见解和他们的阶级观点,那是不行的,而且是根本办不到的。在席位分配上,谁也休想给他们小的份额。他们在工人选民团中的活动无疑是独立的,并且表明他们已占优势。

在这种情况下,害怕率领革命小资产阶级同盟者去同立宪民主党战斗,就简直太可笑了。在这种情况下,如果事业需要,我们甚至可以引导人民社会党前进。我们党的原则性并不会因此受到丝毫损害,因为路线仍然不变,我们对自由派资产者-妥协派的首要政党进行的斗争不会稍懈。任何一个有头脑的人都不会说,我们跟着人民社会党走了(连同社会革命党和劳动团委员会在内,总共给他们六个席位中的两个)。恰恰相反,这会表明**事实**上是社会民主党在进行独立活动,并**夺去了**立宪民主党的一个附属品。如果半立宪民主党人加入我们的名单,那么动员他们反对立宪民主党,不但不会同反对立宪民主党的斗争任务相矛盾,反而会直接服务于这个任务,这难道不明显吗?

彼得堡社会民主党组织代表会议做得对,它**公开地**当众表明自己对人民社会党持否定态度。我们有责任提醒革命的劳动派对**这种**所谓的劳动派政党保持警惕。如果革命的劳动派想**依赖**形式上完全独立的人民社会党,那就当众说出这一点吧。我们很有必要把这个事实摆到光天化日之下,让人们看清它,在向工人,向全体人民进行广泛的鼓动时从这个事实中作出**全部**结论。

其次的问题是,在彼得堡同立宪民主党进行斗争中,我们得到的同盟者是什么样的劳动派,是好的还是坏的,——这个问题我们要实事求是地去解决。原则路线我们确定了。**不管怎样**我们都要独立地投入战斗。我们对于最不可靠的劳动派已经公开声明不承担责任,把这个责任交给了别人。

*　　　*　　　*

布尔什维克还在11月就声明说,在彼得堡进行斗争的有三个主要政党——黑帮、立宪民主党和社会民主党,当时《同志报》的左派立宪民主党人曾想看看他们的笑话。

谁笑在最后,谁笑得最好(Rira bien qui rira le dernier)。

我们的预见应验了。

彼得堡将有**三个**杜马候选人名单,即黑帮的名单、立宪民主党的名单和社会民主党的名单。

公民们,作出选择吧!

1907年1月由新杜马出版社 在彼得堡印成单行本

译自《列宁全集》俄文第5版 第14卷第274—292页

彼得堡社会民主党的选举运动

1907 年 1 月 18 日于彼得堡

彼得堡的选举运动搞得热火朝天。决定性的关头临近了：第一，各政党在选举中究竟怎样组合，谁联合谁，谁反对谁，近几天就将见分晓。第二，选举本身也马上就要开始了。

首都选举的意义是重大的。现在全国都注视着彼得堡。这里有最活跃的政治生活，政府的势力在这里最强大。这里有各个政党的中央，有各种派别和各种色彩的最出色的机关报，有竞选大会上最出色的演说家。

现在可以十分肯定地说：彼得堡已经起了应起的作用。彼得堡的选举运动已经提供并且**每天**还在继续提供异常丰富的政治教育材料。要反复地研究这些材料。要系统汇集这些材料，要用这些材料尽可能突出地阐明各个不同政党的**阶级**基础，而且，要把这种大家都感兴趣的、激动人心的、直接的、活的知识传播到最广大的工人群众中去，传播到最偏僻的农村中去。

我们试着开始汇集这种材料，——当然是采取简明扼要的形式。让读者回顾一下，想一想圣彼得堡选举运动的全部进程，以便对社会民主党的作用在思想上有一个明确的概念，以免为每天发生的小事和政客们千变万化的喧嚣所困扰。

第一阶段。社会民主党为选举作理论上的准备。右翼和左翼最知名的代表人物纷纷发表意见。孟什维克一开始就动摇不定：

(1)切列万宁主张同立宪民主党人达成协议；(2)立宪民主党的报刊兴高采烈，并把这个消息传遍俄国各个角落；(3)马尔托夫在《同志报》上抗议，主张提出**清一色的**社会民主党名单，他甚至因布尔什维克**一般**认可同劳动派达成协议以反对立宪民主党而斥责他们《无产者报》第1号）；(4)布尔什维克主张提出**清一色的**社会民主党名单，但不排除同革命民主派达成协议；(5)普列汉诺夫在资产阶级报刊上主张同立宪民主党结成联盟；(6)孟什维克内部十分动摇：拉林怒斥同立宪民主党结成联盟，认为这是社会民主党的耻辱。尼古·约—斯基认为可以同立宪民主党结成联盟，不过同劳动派结成联盟反对立宪民主党更好；(7)马尔托夫和所有的孟什维克转了个180度的弯，都转到普列汉诺夫方面去了。

在俄国社会民主工党全国代表会议上形成了两派：孟什维克和崩得分子主张同立宪民主党结成联盟；布尔什维克、波兰代表和拉脱维亚代表坚决反对，他们认为可以同革命民主派达成协议。

第二阶段。报刊上宣扬同立宪民主党结成联盟的主张。普列汉诺夫竟然谈到了"全权杜马"。这样，他就可以把孟什维主义发展到荒谬的地步。他原想使孟什维克同立宪民主党接近，结果（由于对政治形势完全无知）事与愿违，竟使孟什维克远离了立宪民主党。一方面，立宪民主党正式地郑重其事地拒绝了"全权杜马"这种革命幻想，并且嘲笑了普列汉诺夫。很清楚，立宪民主党所希望所要求的是**思想上的**联盟，是使各左派服从立宪民主党的领导，服从立宪民主党的妥协的、反革命的策略。另一方面，普列汉诺夫的过分热心搅乱了孟什维克的队伍：崩得分子和高加索的孟什维克都在报刊上公开指责普列汉诺夫的言论。孟什维克占多数的中央委员会则默不作声，很尴尬，不知所措。普列汉诺夫陷入孤立，也一声不响了。

第三阶段。群众性发动的开始。莫斯科和彼得堡的竞选大会。外界的一股新鲜空气冲入知识分子政客们的恶浊气氛。关于黑帮危险的无稽之谈立即澄清了,外界证实了布尔什维克的看法:立宪民主党人愚弄机会主义者,他们叫嚷黑帮危险,是想借此摆脱来自左面的危险。两个首都竞选大会上的斗争,**实际上**是立宪民主党同社会民主党,主要是同社会民主党布尔什维克的斗争。立宪民主党想把**所有的人**,——市井小民、老百姓、群众拖向**右边**,他们反对革命的要求,在"和平的议会道路"的幌子下宣扬同反动派达成协议。社会民主党布尔什维克号召群众向左边走,揭穿了所谓和平道路的奇谈的全部虚伪性,及其全部自私自利的阶级性质。孟什维克退缩了(对孟什维克无限好感的立宪民主党报刊这样承认);他们不像社会党人而像左派立宪民主党人那样畏畏缩缩地批评立宪民主党,同样畏畏缩缩地谈论同立宪民主党达成协议的必要性。

第四阶段。召开社会民主党彼得堡组织代表会议。这次代表会议的代表是由社会民主党全体党员在辩论的基础上,即在征询全体党员赞成还是反对同立宪民主党达成协议的基础上选出的,布尔什维克在这次代表会议上占了绝对优势,——无论是把这一方面或那一方面有异议的选票计算在内,还是一概不计算,还是按特殊的比例计算都一样。孟什维克退出代表会议,开始搞分裂活动。他们表面上用一些既可笑又可怜的组织上的无端指摘来掩饰自己(他们说布尔什维克确定代表资格的办法不正确,——实际上不管**怎样**折算,布尔什维克都占优势;他们说代表会议拒绝分成市代表会议和省代表会议,——实际上根据党章规定,中央委员会不能提出这种要求,它对维尔纳、敖德萨和其他城市都没有提出这种要求)。

实际上孟什维克制造分裂的原因大家都很清楚:社会民主党的机会主义者离开无产阶级而投靠自由派资产阶级,离开工人的社会民主党组织而投靠未定型的非党的选民团体。

代表会议对孟什维克的退出根本不予理会,它继续进行**自己的**工作。彼得堡的布尔什维克当中也发生过争论:所谓的纯布尔什维克主张不同其他任何政党达成任何协议。所谓的异端派则主张同革命民主派,同劳动派达成协议,以便在俄国的首都摧毁立宪民主党人对不开展的劳动群众的领导权。"纯"布尔什维克和"异端派"之间的争论,在个别场合显得很激烈,但是,实际上所有的布尔什维克都十分了解,这种分歧并没有从根本上分裂他们,而只是帮助他们全面地实事求是地探讨选举的各种可能和各种前景。

社会主义的无产阶级不能拒绝非社会主义的小资产阶级群众**跟着自己走**,以便使他们摆脱立宪民主党的影响。代表会议在详细讨论以后,决定向社会革命党和劳动团委员会提出在下述基础上达成协议,即工人选民团、社会民主党和劳动派各占两个杜马席位。

这在彼得堡是唯一正确和唯一可行的决定,因为决不能忽视击败立宪民主党的任务;如果有两个左派名单,就不会发生黑帮危险,但是如果左派发生分裂,这一危险就可能发生,也就不可能争取到选民群众。代表会议的建议使社会民主党保持了绝对优势;社会民主党在思想上和政治上的领导权,在它的原则完整无损的情况下得到了巩固。

关于人民社会党,代表会议决定排斥它,因为它是半立宪民主党,它在杜马外的斗争的一些基本问题上态度模棱两可。大家知道,解散杜马之后,这个党便离开了革命的小资产阶级并且开始在合法刊物上宣扬谨慎和温和。

显然,革命的社会民主党**必须要求**社会革命党对这样的政党采取**明确的**态度,要么坚决予以排斥(如果孟什维克在关键时刻没有从社会党方面转到立宪民主党方面去,这大概是完全可以做到的),——要么至少使自己对**这样的**"劳动派"不承担任何责任。

第五阶段。孟什维克制造的分裂给**整个**自由派资产阶级带来了希望。立宪民主党的报刊都欢呼起来,欢呼它们所仇恨的布尔什维克"遭到孤立",欢呼孟什维克由革命"勇敢地"转入"反对派联盟"。提出"反对派联盟"一词的《言语报》已经直言不讳地把孟什维克和人民社会党称做"**温和的社会主义政党**"。确实造成了这样一种印象:似乎立宪民主党就要把所有的小资产阶级(即包括社会革命党在内的全体劳动派)和工人政党内的整个小资产阶级部分即孟什维克都拉走了。

布尔什维克泰然自若地继续从事自己的独立的工作。他们说,我们不搞卑鄙勾当,我们同小资产阶级的变节和动摇无关,这样的孤立我们感到高兴。我们不能使自己的策略服从于追求席位。我们宣布,**无论如何**彼得堡将有三个名单:黑帮的名单、立宪民主党的名单和社会民主党的名单。

第六阶段。工人选民团的选举和对劳动派两面手法的彻底**揭露**。

在工人选民团里社会民主党获得了胜利,但是,社会革命党所占的比重要比我们预料的大得多。显然,**社会革命党在工人选民团里所击败的主要是孟什维克**。有消息说,在维堡区这个孟什维主义的堡垒里,当选的社会革命党人**多于**社会民主党人!

由此看来,在其他国家早已出现过的现象也在我们国内出现了。社会民主党内的机会主义使该党严重地脱离工人群众,以至工人群众转向革命的资产阶级方面去了。孟什维克的极不坚定和十分动摇的政策大大地削弱了社会民主党,在城市选民团里帮助了立宪民主党,在工人选民团里帮助了社会革命党。

只有**革命的**社会民主党能够满足无产阶级群众的需要,并且使他们**坚决同一切**小资产阶级的政党划清界限。

但是另一方面,事变也彻底揭露了劳动派的两面手法。在工人选民团里,他们(社会革命党)猛烈打击主张同立宪民主党结成联盟的孟什维克,以此来攻击我们。同时他们又在选举运动中玩弄毫无原则的手法。他们不以党的名义发表任何声明,不独立公布任何组织决定,不公开讨论同立宪民主党结成联盟的问题。他们就像一些想在黑暗中做坏事的人,故意吹灭一切灯火。

有人说,社会革命党同人民社会党结成了联盟。谁也不知道结成联盟的条件和这个联盟的性质。活动是暗中进行的。**有人说**(见1月15日《祖国土地报》,为该报撰稿的有坦先生),社会革命党赞成同立宪民主党联盟。谁也不明真相。活动是暗中进行的。竞选大会上也表现出各行其是:一个社会革命党人跟人民社会党人一起呼吁同立宪民主党联盟,另一个社会革命党人则要通过决议,反对同立宪民主党联盟,赞成一切左派联盟反对立宪民主党。

一切小资产阶级的,甚至最革命的小资产阶级的极端不坚定性和两面性**明显地**暴露在群众面前。如果我们社会民主党内没有小资产阶级的机会主义部分,我们就会有很好的机会来向**全体**工人群众说明:为什么**只有**社会民主党能够忠诚而一贯地捍卫他们的利益。

布尔什维克就是在这样的基础上进行鼓动的。布尔什维克坚定不移地执行自己的路线：彼得堡**要有**立宪民主党的名单和社会民主党的名单。我们的决定**不**以小资产阶级的动摇**为转移**，如果小资产阶级愿意响应我们的号召，跟随无产阶级反对自由派，那对它就再好没有了；如果它不愿意这样做，那对它只有更坏，而我们是**无论如何**要走社会民主主义的道路的。

第七阶段。**分裂**。立宪民主党陷在同黑帮谈判的泥坑中。小资产阶级的机会主义者陷在同立宪民主党谈判的泥坑中。布尔什维克则坚定不移地执行自己的路线。

报纸消息说：（1）米留可夫先生晋谒了斯托雷平先生；（2）国外报纸报道，政府准备让立宪民主党合法化，条件是该党不同左派联盟。

自由派叛徒们的政党的幕后勾当暴露了。立宪民主党**不敢**拒绝黑帮的建议，因为黑帮用解散杜马来威胁他们。

立宪民主党在关于协议的问题上忽然变得"坚如磐石"，而使小资产阶级机会主义者大吃一惊，其**真正原因**就在这里。

立宪民主党固执起来了。所有的左派，只给两个席位，一个也不多给！立宪民主党的《言语报》一号接着一号用十分清晰的语调和教训的口吻说，它同意**带领**温和的社会党人（六个席位中分两个席位）同"革命的幻想"**作斗争，同革命作斗争**。但是，永远不同革命一道前进！

机会主义者陷于悲观绝望的境地。《同志报》上针对《言语报》的文章发出了简直是歇斯底里的声调。社会民主党的叛徒鲍古查尔斯基先生拐弯抹角、闪烁其词地责备《言语报》，请求它——和

《同志报》的其他作者一起——回心转意，等等。无聊的争吵和对骂取代了不久前《言语报》和《同志报》为布尔什维克遭到孤立和温和的社会党人顺从了自由派而一致发出的欢呼。彼得堡于1月7日获悉彼得堡社会民主党代表会议的决定。今天是1月18日。直到现在，立宪民主党人和机会主义者没有作出**任何**明确决定！今天《言语报》反对《同志报》的调子特别不可调和；今天《同志报》在一篇反对《言语报》的短评中的调子，也特别尖锐，而且不知所云。

布尔什维克坚定不移地执行自己的路线。彼得堡将有三个名单。小资产者将把自己列入哪个名单，这是他们的事情，而革命的无产阶级无论如何要履行自己的职责。

第八阶段会怎么样，我们还不知道。归根到底，这要取决于立宪民主党和黑帮政府之间的谈判，取决于他们之间的关系。如果他们在立宪民主党立即合法化方面或其他方面"和解"，小资产者就会陷于孤立。如果立宪民主党和黑帮**眼下**发生意见分歧，立宪民主党也可能给小资产者三个席位。社会民主党决不根据这些来决定自己的政策。

彼得堡选举运动中的事变进程给我们提供了一幅不大的但很好的图画，描绘出黑帮、立宪民主党和革命无产阶级三者之间的相互关系。这个事变的进程极好地证实了革命的社会民主党的久经考验的和毫不妥协的老策略。

方针明确的政策是最好的政策。原则明确的政策是最实际的政策。**只有**这样的政策才能真正地牢固地赢得群众对社会民主党的同情和信任。只有这样的政策才能使工人政党免于对斯托雷平同米留可夫的谈判，以及米留可夫同安年斯基、唐恩或切尔诺夫的谈判负责。

而社会民主党和"劳动派政党"的机会主义者今后却要**永远**对此负责。

动摇的孟什维克已经玩起伪善的手法以图挽救自己,这是不无原因的。退出代表会议的社会民主党人声称:我们不是赞成同黑帮危险作斗争,就是赞成**清一色的**社会民主党名单(如果相信今天的报纸报道)。可笑的遁词,只有天真透顶的人才会相信! 事实证明,在圣彼得堡有**两个**左派名单的情况下,并没有黑帮危险,然而有三个名单,会怎么样呢? 孟什维克不想**这样**试一试吗?! 不,他们纯粹是想抓住一根稻草来救命,因为事变进程逼得他们走投无路:或者承认立宪民主党全面的思想政治领导而跑到立宪民主党方面去;或者跟着布尔什维克走,赞成包括劳动派在内的社会民主党名单。

这样的名单在彼得堡一定会战胜黑帮又战胜立宪民主党。革命的社会民主党从一开始就采取了正确的路线,将坚定不移地遵循这条路线(不怕一旦小资产者投靠自由派而会遭到暂时的失利),从机会主义的犹豫和动摇当中吸取新的力量和决心。

圣彼得堡要有三个名单:黑帮的名单、立宪民主党的名单和社会民主党的名单。

公民们,你们选择吧!

载于1907年1月21日《通俗言语周报》第2号

译自《列宁全集》俄文第5版第14卷第293—301页

步 步 下 降

(1907 年 1 月 19 日〔2 月 1 日〕)

彼得堡的选举,对于**实际**研究各个不同政党的性质及其政策的阶级倾向或阶级意义,提供了非常有教益的材料。

在这方面最引人注意的有两件事:一件是立宪民主党同黑帮政府首领斯托雷平的谈判,另一件是小资产阶级政党同自由派地主即立宪民主党人的谈判。

关于立宪民主党人同黑帮的谈判,我们现在知道的还不多,只知道米留可夫晋谒斯托雷平,——企图以拒绝同左派联盟的代价来使立宪民主党合法化。**这种**谈判完全是秘密进行的,所以还有待于将来揭发。

另一种谈判差不多是在众目睽睽下进行的。社会民主党的机会主义者在这里所起的作用特别明显。

他们为什么要从彼得堡社会民主党分裂出去呢?

是为了同立宪民主党达成协议。

但是,立宪民主党人却不愿只同孟什维克达成协议。

因此,孟什维克就同所有的小资产阶级政党,即同社会革命党、劳动派和人民社会党结成联盟。

从社会民主党分裂出去的机会主义者跑到小资产阶级方面去了!

结成联盟的条件是什么呢？

就是**共同去和立宪民主党人达成协议**，把六个杜马席位中的三个给左派联盟。

我们知道，孟什维克同小资产阶级政党签订了书面协定，——至少是一个共同的决议。看来，新的同盟者们不愿意或者不急于把这个决议公之于众。

我们也知道，**唐恩同志参与了**建立这个联盟的谈判，然而，无论是分裂出去的彼得堡社会民主党人（31人）集团，还是**任何其他的党组织，都没有授权他这样做**。

我们没有想到，政治事变的进程会这样确凿地证实了我们一直坚持的一个看法——孟什维克是工人政党里的**小资产阶级机会主义**部分，也像所有小资产阶级一样，它的特点是无原则和摇摆不定。

请大家认真地想一想孟什维克的所作所为吧！不正是他们，曾向全世界大喊大叫，说他们在维护社会民主党的阶级纯洁性，不让似乎倾向于小资产阶级社会革命党的布尔什维克所玷污。

现在事变却揭露了他们。布尔什维克公开号召小资产阶级跟着无产阶级一起去**反对**自由派资产者。

孟什维克拒绝了，并且**秘密地**（因为他们这一联盟的条件，谁也不知道，而且谁也没有授权唐恩同志）同**所有的**、甚至最右的小资产者（人民社会党人）**结成联盟**，以便共同把受他们影响的工人交由**自由派资产阶级去领导**！

一切小资产阶级的政党，**包括孟什维克在内**（难怪《言语报》把他们列入脱离革命的"反对派联盟"，并且把人民社会党和孟什维克称为"温和的社会主义政党"），宁肯同自由派搞交易，也不愿同无产阶级一起进行斗争。

希望彼得堡的一切觉悟的工人好好地想一想,孟什维克在把工人政党引向何处!

试问:小资产者同自由派进行的这些谈判,会有什么结果呢?

我们现在只是从今天(1 月 19 日)的报纸上得知,社会革命党、劳动团、人民社会党和**孟什维克**的代表(即整个新的小资产阶级联盟)同**立宪民主党人**昨天在彼得堡举行了会议。据报道,立宪民主党人坚决拒绝给"左派联盟"三个席位,而"左派"联盟则拒绝接受两个席位。

《言语报》就这一事件指出:"社会民主党布尔什维克代表没有出席**会议**。"是的,我们不愿意同小资产者一起把工人政党出卖给自由派!

以后究竟会怎样呢? 不知道。看来,小资产阶级联盟同立宪民主党的交易还要继续搞下去。

但是,传说社会革命党内有一个坚决谴责同立宪民主党结成联盟的工人委员会。这个消息的真实程度如何,我们不了解,因为**社会革命党人故意向公众隐瞒**自己同人民社会党结成联盟的条件(甚至谁也不知道,这个联盟究竟是在什么时候,由什么人订立的!),同时还隐瞒他们自己党内在同立宪民主党结成联盟这一问题上的各种派别。

《言语报》今天(1 月 19 日)报道了社会革命党彼得堡委员会的决议。这个决议证实了社会革命党的**工人**部分不赞成同立宪民主党结成联盟的传说。下面是《言语报》的报道:

"社会革命彼得堡委员会在同劳动团和人民社会党这两个集团达成协议〈什么协议? 何时达成的? 条件怎样?〉的同时,决定向社会民主党的布尔什维克派和孟什维克派建议达成建立各个社会主义〈?〉集团的协议,以便最适当地进行投票前〈?〉的选举运动,——而如果不能同这两派都达成协议,那么,就同布尔什维克派达成协议。在达成共同的社会主义协议以后,社会革命党的代表应当坚持〈?!?〉不允许同立宪民主党人达成协议,坚持达成协议的社会主义集团可以独立行动。

　　但是,如果多数集团〈?〉认为,比较适当的不是独立行动,而是在技术上〈!?〉同立宪民主党人达成协议,那么,社会革命党彼得堡委员会可以服从〈!〉多数〈**其他**党派的多数!〉的决定,同时认为达成这种协议的必要条件是:把社会主义集团应得的全部席位都给工人选民团。"

　　谁能看懂这些莫名其妙的话,可以奖给他 100 万卢布! 既坚持**不允许**同立宪民主党达成协议,又预先同完全拥护立宪民主党的人民社会党结成联盟! 既要把向立宪民主党要求的三个席位**都给**工人选民团,同时又与**没有提出**这一条件的人民社会党和劳动派一起同立宪民主党举行"代表会议"! 既吹嘘自己是有别于各个"集团"的政党,有自己的独立性,同时又**可以服从**"多数",即服从三个集团(劳动派、人民社会党和孟什维克)! 聪明的俄狄浦斯[187],你来解答吧!

　　社会革命党(莫斯科区)的工人初选人居然也**赞同**这些掩饰向自由派出卖他们利益的小资产阶级动摇分子! 但这些工人又"对社会民主党的孟什维克派对其他社会主义集团和党派采取捣乱态度表示极端不满"。

　　啊,天真的社会革命党的无产者!

　　既然你们对孟什维克表示不满,为什么你们**不**对社会革命党彼得堡委员会表示不满呢? 他们两家都同样在拉你们到自由派的卵翼之下。

　　小资产阶级联盟内部的这些纠纷的内因是很明显的。有同立宪民主党决裂的危险。**看来,人民社会党和孟什维克想**从立宪民主党手里**给自己弄到**两个席位，并出卖其他小资产阶级，就像孟什维克出卖了无产阶级一样！

问题的关键就在这里！

步步下降。先出卖工人政党而参加小资产阶级联盟，又出卖小资产阶级的民主联盟而投靠立宪民主党！那就请便吧！

米留可夫在晋谒斯托雷平时说："阁下，请看，我已经分裂了革命，使温和派离开了革命！请您老人家开赏吧……" 斯托雷平说："好吧，我要设法让你们合法化。帕维尔·尼古拉伊奇，你知道，你是用软的一手来分裂这帮工人坏蛋的，而我要用大棒。咱们就从两面夹攻…… 帕维尔·尼古拉伊奇，一言为定啦！"

载于1907年1月25日《无产者报》第12号

译自《列宁全集》俄文第5版第14卷第302—306页

31个孟什维克的抗议书

(1907年1月19日或20日〔2月1日或2日〕)

我们刚才接到一份印刷品:《为什么我们要退出代表会议?(出席代表会议的31个代表致中央委员会的声明)》。

孟什维克在这里对于事情的原则方面**只字未提!** 从工人政党转入小资产阶级联盟(孟什维克、社会革命党、劳动派和人民社会党),又从后者转向立宪民主党,——看来,这一切对无产阶级来说,都是无所谓的。抗议者们不愿意从本质上说明问题,而**只是**从形式方面来谈问题。

让我们来看一看他们的形式方面的论据吧。论据有三:(1)彼得堡委员会的历史以及它的组成不民主。(2)代表会议确定代表资格的办法不正确。(3)代表会议拒绝分成市代表会议和省代表会议。

关于第一个论据,我们要问:这同彼得堡委员会有什么相干?代表会议的代表难道不是由**专门的**选举产生的吗?

孟什维克对彼得堡委员会历史的说明和所谓彼得堡委员会的组成不民主的说法,实质上是**惊人的谎言**。只要指出一个事实,就能看出这种说法滑稽可笑,例如:拉脱维亚区**早在**统一代表大会**以前**就已经合并进来(孟什维克对于这个区的合并表示不满),当时布尔什维克和孟什维克在彼得堡委员会里的人数是**相等**的。这就是说,在半年多以前,孟什维克自己就**自动地**承认了把拉脱维亚人合并进来是正确的!此外,孟什维克对彼得堡委员会增补一定数量的委员表示不满。但是他们忘了补充一句话:同意增补的**正是孟什维克自己**!大家可以根据这些例子来判断一下对彼得堡委员会的组成所作的事后批评是否公正。

第二个论据。瞧,代表会议确定代表资格的办法不正确。孟什维克不愿意承认店员的选票,并且提出**自己**认为唯一正确的选票分配办法:布尔什维克1 560票,加上拥护革命联盟纲领的180票,共计1 740票;孟什维克1 589票。或者按四舍五入的方法折算代表名额,布尔什维克是35人,孟什维克是32人(见孟什维克印刷品第8页)。

我们只须着重指出一点:**即使按照我们严厉的批评家的意见,**布尔什维克在代表会议上也占有**而且本来应当占有优势**!

同志们,大家都知道,"异端派"(革命联盟纲领派)也是布尔什维克。既然你们自己承认,**即使在**孟什维克确定代表资格的**情况下**,布尔什维克还有35人,而孟什维克只有32人,那又何必吵吵嚷嚷呢?

你们自己也不得不承认彼得堡的社会民主党是布尔什维克的社会民主党。

但是,让我们再来看一看,孟什维克是**怎样**批评代表会议对代表资格的审查的。

他们根本不愿意承认店员的选票。为什么呢?印刷品上说:"店员领导机构借口不能召集会议,用征求店员意见的方式只得到了将近100张选票,然后,不知道为什么彼得堡委员会却允许它按每60人选代表1人的比例在全部313名有组织的店员中选了5

名代表……"（第4页）

召开店员大会的困难是大家都知道的。根据什么把这一点叫做"借口"呢？根据什么把313个**有组织的**店员（即党员）排除在外呢？你们不是自己承认已经**征求了意见**，即店员领导机构已经设法使全体党员发表了意见吗？

彼得堡委员会把产生代表名额的比例由50人选举1人提高为60人选举1人，就是承认代表名额的产生并不十分民主。

莫斯科区。孟什维克认为在有异议的选票中有185票是布尔什维克的。同时，印刷品的作者**自己**在"对选举提出异议的原因"项下这样写道："提出异议是有条件的，这是在布尔什维克不承认其他区的这种选举的情况下才提出的。"

你看这不是很妙吗？孟什维克对布尔什维克的代表资格提出异议是有条件的，是要看情况的！！他们**自己**在总结时说，布尔什维克的"确实不能承认的选票"不是300张，而是115张，**这就是说，他们自己承认**，有185票是应当承认的！

总之，对确实应当承认的选票"有条件地"提出异议，——这就是孟什维克的手法！

而这些人竟然还敢说代表会议产生代表名额的办法不正确……

在**无异议的**选票中孟什维克自己认为**布尔什维克**有1 376票，**孟什维克**有795票。可爱的同志们，这就是说，即使使用"有条件地提出异议"这一种空前未有的新奇手法，你们也**不能**用异议搞掉布尔什维克占压倒多数的选票！

在布尔什维克提出异议的（据印刷品的统计）789张孟什维克的选票中，维堡区的234张显得特别突出。"提出异议的原因"这一项写道:"虽然经过讨论,但选举未按纲领进行。"讨论丝毫不能证明**投票者本人**主张同立宪民主党结成联盟,因此,代表会议拒绝把没有直截了当主张同立宪民主党结成联盟的**那些选票**算到拥护同立宪民主党结成联盟的人那一类里去,这样做是正确的。代表会议把这234票产生代表名额的比例提高了。

其次,布尔什维克对弗兰科-俄罗斯分区(戈罗德区)的370张选票提出了异议。"提出异议的原因"这一项写道:"未按纲领投票的有100票,其余部分(270票)虽然经过讨论,但是采用了二级选举。"

大家看到:尽管店员的选票是"用征求意见的方式"产生的,却不能算数。尽管孟什维克的选票是通过**二级选举**得到的,同店员选派代表的方法实际上没有什么区别,却仍然必须承认!不,孟什维克同志们,你们为孟什维克代表资格辩护的手法太恶劣了!

关于把代表会议分开的问题,孟什维克说得极其简短:"虽然这种建议是非常**合理的**⋯⋯",代表会议却把它否决了(第5页)。可是在下一页却不小心暴露了这种"合理性"的秘密:"在本市范围内,绝对多数〈?!〉是属于孟什维克的。"(如果按照孟什维克的方法来计算选票的话,就是说,把所有店员的选票排除在外,而把弗兰科-俄罗斯分区和维堡区的所有选票加进来!)

问题就在这里!为了假造孟什维克的优势,就把代表会议分开说成是合理的。拙劣的把戏。同志们,你们为什么忘了谈谈例如怎样把**铁路**区"合理地"分开呢?或者中央委员会为什么不提出**合理的**建议把维尔纳、敖德萨等地的代表会议也都分开呢??

孟什维克就形式方面提出的抗议是一种毫无根据的、轻率的

指摘。他们决定投靠立宪民主党倒是慎重的。这一点,31 个抗议
者却完全闭口不谈。

载于 1907 年 1 月 25 日《无产者报》
第 12 号

译自《列宁全集》俄文第 5 版
第 14 卷第 307—310 页

彼得堡的选举和
31个孟什维克的伪善面目¹⁸⁸

(1907年1月20日〔2月2日〕)

《同志报》今天(1月20日)刊载了圣彼得堡选举前夕从社会党组织分裂出去的31个孟什维克的宣言的详细摘要。

我们先扼要地回忆一下**事实**经过,看看从社会民主党分裂出去的孟什维克在退出代表会议之后干了些什么。

(1)他们从社会民主党的工人当中分裂出去之后,**同小资产阶级**(社会革命党人、劳动派和人民社会党人)**结成了联盟**,以便共同去跟立宪民主党人进行席位交易。关于分裂出去的社会民主党人加入小资产阶级联盟的书面协定,他们**向工人和公众隐瞒了**。

但是我们还是希望这个协定终究会公布,秘密一定会公开。

(2)分裂出去的孟什维克作为小资产阶级联盟(报上称为"左派联盟"是不正确的)的一个组成部分,同立宪民主党人搞交易,要求从六个席位中让三个给这个联盟。立宪民主党人给了两个席位。交易没有搞成。小资产阶级"代表会议"(这个叫法不是我们的,是从报上借来的)同立宪民主党人举行的一次会议是**1月18日**开的。《言语报》和《同志报》都发了消息。《言语报》今天宣称没有达成协议(当然,我们应当估计到他们仍在幕后进行谈判)。

孟什维克现在还没有在报刊上报道关于自己把工人选票出卖

给立宪民主党的"行动"。

他们大概会向小资产阶级联盟提出报告，而不会向工人政党提出报告，因为在谈判期间，他们是小资产阶级联盟的一部分！

他们大概不愿意说明**为什么唐恩同志既没有受** 31 人集团委托，也没有受任何其他党组织委托，却参加了谈判。

31 个孟什维克的**行为**就是如此。

他们的**言论**如何呢？

他们第一个论断是，布尔什维克既然否定了圣彼得堡有黑帮危险，就无权主张同社会革命党和劳动派达成协议，提出这样的主张，就违背了全俄代表会议要求社会民主党在没有黑帮危险的情况下独立进行活动的决定。

这是彻头彻尾的胡说。

31 个分裂出去的孟什维克在欺骗读者。党的任何机关从来**没有发布过**什么正式的禁令，说在没有黑帮危险的情况下，不得同社会革命党和劳动派达成协议。这样的协议是存在的，例如在莫斯科就有，而中央委员会并没有对此表示异议。

不仅如此，31 个孟什维克在引证社会民主党全俄代表会议的决定时，对真相歪曲到了何种程度，可以从下列事实看出。大家知道，这次（咨议性的）代表会议的决定是孟什维克和**崩得分子**在布尔什维克、波兰代表和拉脱维亚代表反对的情况下通过的。而正是**这些崩得分子**，在通过了社会民主党全俄代表会议的决定之后，**自己又正式**承认在没有黑帮危险但存在着**立宪民主党危险**的情况下，可以同社会革命党以及整个革命民主派结成联盟。这一点，崩得中央委员会曾作过**决定**，而且没有人表示异议。这一点，崩得在俄国国内的机关刊物《我们的论坛》周刊上也曾经谈过，而且所有识字的俄国社会民主党人都知道这件事情。

31个孟什维克在欺骗工人和所有的读者。

我们还解释过:社会民主党全俄代表会议曾授权中央委员会在各地把非社会民主党人从社会民主党候选人名单中**排除出去**,就是说,要求社会民主党绝对独立地进行活动。中央委员会还没有**在任何地方**使用过这种权利,实际上承认崩得和俄国社会民主工党所有其他组织的自治权。

其次,31个孟什维克不满意代表会议把人民社会党人(人民社会党人或社会人民党人)从劳动派联盟中排除出去。31个孟什维克写道:"大家知道,这三个政党〈社会革命党、人民社会党和劳动派,后者没有组成什么政党〉在圣彼得堡早就结成了紧密的联盟,而且正在一致行动。"

这又是胡说。第一,任何地方、任何时候都没有正式宣布过,说这个联盟已经结成,说它的条件确实能使它成为一个"紧密的"联盟。只是在报上发表过**非常含糊的**短评,既然各政党有正式的往来,在重大事情上就不能以这种短评为依据。第二,社会革命党和劳动团委员会接受了社会民主党代表会议的意见,在**开始**同它谈判的时候**没有人民社会党参加**,这一点证明三个劳动派的政党和集团的联盟并不是特别"紧密的"联盟。如果联盟中一部分联盟者可以撇开另一部分联盟者而独立地进行谈判,就不能叫做紧密的联盟。**到目前为止**,还没有得到社会革命党的任何**正式**答复,要求我们也同人民社会党达成协议。第三,在《同志报》转载31个孟什维克的声明的同一版上,刊登了"1月16日社会革命党彼得堡委员会的决议"。在这个决议的说明中写道:"**人民社会党集团退出协议**〈即退出社会革命党、劳动派和人民社会党达成的协议〉**并**

不会瓦解协议。而其他社会主义集团或政党退出协议就会瓦解
协议。"

　　因此,事实证明:31 个孟什维克把劳动派的联盟称为紧密的
联盟,这是**胡说**。

　　彼得堡社会民主党代表会议把人民社会党划分出去,这样做
是**正确的**。首先,代表会议在原则上是正确的,因为毋庸怀疑,人
民社会党是最右的、最不可靠的、最接近立宪民主党的劳动派政
党。其次,代表会议在政治实践方面是正确的,因为代表会议正确
地**指出了在政治运动进程中**必然显露出来的各个劳动派政党之间
的分界线。现在每个人都很清楚,如果劳动派**硬要**我们接受人民
社会党人(当然,为了战胜彼得堡的立宪民主党人,害怕人民社会
党人参加劳动派联盟是可笑的),那么,对不可靠的劳动派负**全部
责任**的是社会革命党人,而不是社会民主党人。工人政党所关心
的是使全体工人和全体公民**知道**较可靠的劳动派和不太可靠的劳
动派之间的真正差别,所关心的是要社会革命党人,而不是无产阶
级的党对糟糕的劳动派负责。

　　从人民社会党的这场风波中可以得出什么结论呢?

　　结论是:孟什维克办事**无原则,不作什么分析**就加入了小资产
阶级联盟,不善于做社会民主党人在选举运动中应该做的事情,即
教导群众严格地和正确地区别各种政党。孟什维克太急于同人民
社会党人即半立宪民主党集团结成**一个小资产阶级联盟**了!

　　布尔什维克办事在原则上是坚定的。他们一开始就用正式的
社会民主党机关在各地公开发表的决议向所有的人**揭露**人民社会
党这个政党是不可靠的。现在布尔什维克已经做到使最革命的劳
动派(即社会革命党)**自己**宣布,人民社会党可以退出劳动派联盟,

而不致瓦解这个联盟！

布尔什维克**已经做到**把革命的劳动派和机会主义的劳动派区分开来。孟什维克自己却一头钻进了机会主义的小资产阶级联盟。

布尔什维克大声疾呼地公开号召劳动派跟随自己去同立宪民主党作斗争，现在已经取得了无可怀疑的政治效果，尽管他们没有同谁结成什么联盟。孟什维克为了同立宪民主党搞交易，背着工人无原则地钻进了小资产阶级联盟。

工人们可以根据这一点来判断一下，孟什维克**到底**要把他们引向**何处**。

31个孟什维克的第三个即最后一个论断是：社会民主党在彼得堡同劳动派达成协议不但没有减少、反而**增加了**黑帮危险。这种论断如此荒谬，如此伪善，以至我们不得不把孟什维克的论据全部举出来：

> "社会民主党和民粹派的共同名单得人心的程度将足以从立宪民主党那里夺走许多选票，但是，这个名单还不足以在整个彼得堡取胜。如果在广大选民看来，所有的革命政党和反对派政党未能达成协议应归罪于社会民主党及其同盟者，那么，这个名单就尤其不足了。而在这种情况下，拼命夺取立宪民主党的选票就完全有利于已经联合起来的黑帮。使他们既能打败立宪民主党的名单，又能打败左派的名单。"

这是十足的伪善，其目的是要掩饰孟什维克同立宪民主党的席位交易。

的确是这样，只消想一想孟什维克说了些什么吧：社会民主党同劳动派的协议增加了黑帮危险，因为它夺走了立宪民主党**许多**选票！太妙了，最可爱的同志们！那么，照你们看来，什么时候黑帮胜利的危险更大呢？是在所有的非黑帮的选票分投给**两个名单**

的时候呢,还是在分投给**三个**名单的时候? 假定说,黑帮有 1 000 张选票,其余各政党有 2 100 张选票。什么时候黑帮胜利的危险更大呢? 是把 2 100 张选票分投给**两个**名单的时候呢,还是把它们分投给**三个**名单的时候?

为了解答这个令人绞脑汁的习题,31 个孟什维克可以去请教一下中学一年级的学生。

让我们继续谈下去。31 个孟什维克不仅仅是胡说八道,不仅仅是假装不懂得社会民主党同劳动派在彼得堡达成协议一共只会有两个反黑帮的名单,而没有这个协议就会有三个反黑帮的名单。不仅仅如此。

除此以外,31 个孟什维克对第一次选举的历史居然还如此无知,竟不知道在第一届杜马选举时彼得堡黑帮的选票和立宪民主党的选票的对比。我们刚才举出黑帮有 1 000 票,其余各政党有 2 100 票的例子不是没有原因的。**这个例子**对于第一届杜马选举时**彼得堡 12 个选区中的 9 个选区**来说,是典型的!

在 160 名复选人中共占 114 名的 9 个选区里,立宪民主党获得的**最少**票数比黑帮或所谓右派联盟获得的**最多**票数多出一倍以上。

这一点意味着什么呢?

这意味着,如果在彼得堡有**两个**"左派的"(即非黑帮的)名单,那么,在两个左派之间**随便怎样**分选票都**不会**使黑帮取胜。

既然 31 个孟什维克看来连初小的算术都没有学好,那就让我们来给他们指点一下吧:请他们试把 2 100 张选票分成两部分,使 1 000 张黑帮选票既压倒这两部分中的这一部分,又压倒那一部分。

让孟什维克在这个习题上绞一绞脑汁吧,就像他们在提出三个名单代替两个名单是增加黑帮危险还是减少黑帮危险的问题上绞脑汁一样。

————

认为黑帮在今年彼得堡的选举中会比去年更得势,这是没有任何根据的。任何一个头脑健全的政治家都不敢这样断言。人们都看到,在利德瓦尔案件被揭发和发生赫尔岑施坦被杀事件等等之后,黑帮已经完全败坏了自己的声誉。人们都知道,左派在选举中获胜的消息现在正从俄国各个角落传来。

在这种情况下叫喊黑帮危险,不是完全无知,就是**伪善**。而伪善是那些**隐瞒**自己的真正目的和偷偷摸摸地进行活动的人所需要的。孟什维克叫喊黑帮危险,是**为了使工人不去注意他们正在干的或者昨天已经干过的勾当:参加小资产阶级联盟**并且同立宪民主党搞交易。

如果黑帮的选票不会比上次选举时增多(一切迹象说明黑帮的选票只会减少,不会增多),那么在有**两个**左派名单的情况下,**随便怎样**分选票,都**不可能**使黑帮在彼得堡取胜。

这就是说,孟什维克加入小资产阶级联盟并且同立宪民主党搞交易,完全不是为了防止黑帮危险,——这是幼稚的谎话,它只能欺骗极其愚昧或极其蠢笨的人。

孟什维克同立宪民主党搞交易,是为了在立宪民主党的帮助下,违背工人的意志而把自己的人塞进杜马,这就是他们从社会民主党跑到小资产阶级联盟,又从小资产阶级联盟跑到立宪民主党那里的简单原因。

只有十分天真的人才看不到孟什维克在叫喊黑帮危险的掩饰

下所进行的活动的这个内幕。

因此加入了小资产阶级联盟的孟什维克一再坚持**三个杜马席位**，是为了**给自己确保一个席位**。如果立宪民主党只给两个席位，孟什维克就可能一个也得不到。一个席位立宪民主党直接给了民粹派（人民社会党），另一个席位立宪民主党还不敢从工人选民团那里夺过来，在工人选民团中，还不知道谁会取胜。

正因为如此，孟什维克**才向公众隐瞒了**下列问题：唐恩同志是根据哪一项授权进行活动的？孟什维克加入小资产阶级联盟的条件是什么？在小资产阶级联盟与立宪民主党举行的"代表会议"上到底争论了些什么？**如此等等。**由于孟什维克的这种行为，我们到现在还不知道，而且也不可能知道，他们遭到立宪民主党拒绝后将要往何处去。是不是人民社会党会同孟什维克联合起来，用**牺牲**工人选民团的办法向立宪民主党乞求两个席位呢（《言语报》的一篇**社论**曾经谈到这样解决是可能的）？或者孟什维克将独立提出社会民主党的名单，也就是说在彼得堡将要提出**三个左派的名单**，而不是两个名单？或者他们在小资产者的客厅和立宪民主党的前厅里一无所获地兜了一圈之后又会回到社会民主工党那里，接受它的决定？

如果孟什维克真正担忧黑帮危险，而不是热衷于向立宪民主党要一个杜马席位，**难道他们会**由于席位的数量问题而**同立宪民主党闹翻吗**？

社会党人要是真正相信有黑帮危险而且真心要防止这种危险，他们就会不经过交易而把自己的选票投给自由派，不会因为只给他们两个席位不给他们三个席位而中断谈判。例如，在欧洲举行复选时，如果自由派已经得到比如说8 000票，黑帮或者说反动分子10 000票,而社会党人3 000票,那么黑帮危险就是存在的。如果社会党人相信黑帮危险对于工人阶级说来是实在的危险,那么他们就会把票投给自由派。我们俄国没有复选,但是在第二级选举时可能有类似复选的情形。假定174个复选人中有86个黑帮,84个立宪民主党人和4个社会党人,那么社会党人就**应该**把自己的票投给立宪民主党候选人,这样的做法,在整个俄国社会民主工党内,直到现在还没有一个人表示过反对。

可是孟什维克硬说,他们担忧圣彼得堡的黑帮危险,同时他们却为了是两个还是三个席位的问题同立宪民主党闹翻了!

这显然是伪善,其目的是要掩盖工人政党中的小资产阶级部分为了向立宪民主党乞讨一个杜马席位而进行的交易。

目前孟什维克谈论什么彼得堡的社会民主党撇开劳动派而**独立竞选**,也完全是这样的伪善。例如,据《同志报》报道,列维茨基先生——孟什维克——1月19日在涅梅季剧院说道:"社会民主党放弃独立竞选,只是为了防止黑帮危险。既然这一点没有做到,那么社会民主党至少应该大力开展广泛的鼓动,所以,本人主张社会民主党独立进行活动。"

试问,如果这个列维茨基头脑健全、神志清醒,他这不是伪善者的表现吗?**既然**包括立宪民主党在内的所有左派制定**一个共同**的名单来"**防止黑帮危险**"**没有成功**,——因此,列维茨基才希望**三个左派名单**,即立宪民主党的名单、社会民主党的名单和劳动派的名单!

这无非是一个完全丧失了立足点的机会主义者摇摆不定的表现!他想迫使我们忘记,孟什维克前天还在小资产阶级联盟里开会,而昨天又去同立宪民主党搞交易!

　　孟什维克背叛了工人,投靠了立宪民主党,现在,这种卑劣的诡计不能得逞了,就想用社会民主党应该进行独立活动的**空话**来洗刷自己! 这种空话只不过是为了转移视线,因为在有三个左派名单的情况下,仅仅由于左派分散,黑帮就真会在圣彼得堡当选,而孟什维克自己却**加强了**小资产阶级联盟的阵地,因为他们离开无产阶级政党,**加入**这个联盟,去**共同**和立宪民主党搞交易。

　　孟什维克现在的确有东西要"洗刷",——因为他们在圣彼得堡选举运动中的所作所为把他们的声誉败坏到了这种地步。孟什维克现在的确一无所有,剩下的只是一些响亮的空话,因为他们自己也不会真的相信现在彼得堡有可能提出清一色的社会民主党名单。

　　至于布尔什维克,我们正在尽一切力量警告他们不要相信这些响亮而虚伪的空话。

　　布尔什维克没有什么要"洗刷"的,他们没有什么可后悔的。我们的政治路线,从一开始就受到首都所有的资产阶级报刊的讥笑,现在已为事变的整个进程出色而有力地证实了。现在愈来愈清楚,所谓黑帮危险不过是一种无稽的谎话。现在愈来愈明显,立宪民主党危险倒是存在的。立宪民主党的一位领袖现在正去晋谒(或者已经晋谒了?)斯托雷平,他们的政策开始露出马脚了。

　　布尔什维克没有背着工人政党偷偷摸摸地加入小资产阶级联盟。他们没有准许劳动派当中的人民社会党这个半立宪民主党参加而使这个联盟得到加强。他们没有做过一件事或说过一句话可以被小资产阶级政党解释为社会民主党放弃独立活动。

　　当米留可夫在斯托雷平跟前纠缠的时候,当孟什维克和**各色各样**的劳动派在米留可夫跟前纠缠的时候,——只有布尔什维克立场非常坚定,**一分钟也没有停止**去做列维茨基同志及其同伙现在由于生立宪民主党的气才想起来的事情。

因此,我们决不应该在现在去做那些惊慌失措的和伪善的孟什维克所津津乐道的蠢事,决不应该拒绝革命联盟,拒绝由小资产阶级支持社会党人去**反对**立宪民主党。

正因为布尔什维克一下子就采取了正确的路线,不左右摇摆,所以使**所有的人**现在从事实中看清了劳动派的动摇性和工人政党(它的机会主义渣滓当然除外)的坚定性。事实已经很明显,正是社会民主党的无产阶级**独立地**走着自己的路,**引导**所有其他的力量去反对黑帮和反对自由派,**使**一切小资产阶级政党和派别**摆脱**立宪民主党的思想影响和政治影响,**使**所有的人**看清**劳动派中革命集团和机会主义集团的可靠程度和有用程度。

而现在,当所有的劳动派都已尝过了立宪民主党的好心肠的苦头并决心同立宪民主党斗争的时候,如果不敢去领导他们,那就是一种不可容忍的幼稚和政治上无骨气的表现。

陷入了同立宪民主党搞交易的泥坑的31个孟什维克,自己也不得不违心地承认:"社会民主党和劳动派的共同名单**得人心的程度将足以从立宪民主党那里夺走许多**选票!"…… 是啊,正是这样! 也正因为这样,我们不能忽视这样一个任务,即粉碎立宪民主党在全俄瞩目的**首都**所拥有的领导权。

只要我们在几个选区从立宪民主党那里夺取的选票达到半数**加一票,我们就胜利了**,因为我们可以利用黑帮资产阶级和自由主义妥协派资产阶级之间分选票的一切有利条件(这里没有危险,因为在九个选区里立宪民主党的选票都比黑帮**多**一倍以上)。

一天比一天清楚,孟什维克叫喊黑帮危险,是采取了错误的政治方针。事实表明，初选人和复选人中的**左派**名额比去年**多**了。我们不做自由派地主的可笑而可耻的帮凶（借口有黑帮危险是不行的，因为这种危险并不存在），我们要发挥有益的和重大的作用：在**反对**把不开展的群众置于**自由派**领导之下的斗争中实现无产阶级对民主派小资产阶级的**领导权**。

第一届杜马选举是立宪民主党胜利了，这些自由派资产者竭力想使自己建立在群众愚昧无知和没有独立主张、独立政见基础上的领导权固定下来，并使之永久化。

我们的首要职责，就是尽一切努力在彼得堡把**所有**能够同黑帮和立宪民主党作斗争的**人**都集合到自己周围，来实现人民革命的任务，来发挥千百万人民群众的主动性。

我们将做到这一点，我们丝毫不会牺牲**自己的**社会民主党鼓动工作在思想上的充分独立性，丝毫不会放弃自己的社会主义的目的和对这些目的作**充分**的阐述，一分钟也不停止揭露小资产阶级的一切动摇和叛变行为。

唯有革命的社会民主党坚定不移地站在为自由而斗争和为社会主义而斗争的不可动摇的牢固立场上。

1907年1月由新杜马出版社
在彼得堡印成单行本

译自《列宁全集》俄文第5版
第14卷第311—322页

在彼得堡选举中如何投票？

(彼得堡的选举是否有黑帮胜利的危险?)

(1907 年 1 月 25 日〔2 月 7 日〕)

在彼得堡市,国家杜马的选举很快就要举行了。将近 13 万名的城市选民应当在全市选举 160 名复选人。这 160 名复选人再同工人选出的 14 名复选人一起选举 6 名杜马代表。

应该把谁选进杜马呢?

在彼得堡选举中,竞选的有**三个**主要的政党:黑帮(右派各政党)、立宪民主党(所谓人民自由党)和社会民主党。

小党派(劳动派、无党派人士、人民社会党、激进派等等)可能有一部分参加立宪民主党的名单,有一部分参加社会民主党的名单。这一点还没有最后确定。

肯定无疑的是,彼得堡将有**三个**候选人名单:黑帮的名单、立宪民主党的名单和社会民主党的名单。

因此,全体选民都应当明白,自己要把谁选进杜马:

选**黑帮**吗? 他们是支持设立战地法庭的政府,支持残杀和大暴行的右派政党。

选**立宪民主党人**吗? 他们是到杜马里去立法,也就是去同既有立法权又有权解散不称心的杜马的古尔柯之流的先生们妥协的自由派资产者。

1907 年 1 月 25 日载有列宁《在彼得堡选举中
如何投票?》一文(社论)的《观察周报》第 1 号第 1 版
(按原版缩小)

选**社会民主党人**吗？他们是领导全体人民为争取完全的自由和社会主义，为全体劳动者摆脱剥削和压迫而斗争的工人阶级的政党。

要让每个选民都知道，必须从**三个政党**中作出抉择。必须决定自己选谁：是选那些维护警察的横行霸道行为的人，还是选那些通过库特列尔之流的先生们而同古尔柯之流的先生们搞交易的自由派资本家，或者选维护工人阶级和全体劳动者利益的人？

选民公民们！有人对你们说，立宪民主党和社会民主党可以达成协议，可以拟定一个共同名单。

这不对。你们都知道，在彼得堡无论如何都会有**三个名单**，黑帮的名单、立宪民主党的名单和社会民主党的名单。

有人对你们说，如果立宪民主党和社会民主党提出两个不同的名单，他们就会分散选票，这样自己就会帮助黑帮取胜。

这不对。我们马上就向你们证明，即使在选票分散得**最糟糕的情况下**，也就是即使在彼得堡**所有**选区立宪民主党和社会民主党之间**平分**选票的情况下，黑帮在彼得堡选举中取胜也**是不可能的**。

大家知道，在彼得堡，第一届杜马选举中有**两个**主要的候选人名单，一个是立宪民主党的名单，另一个是黑帮（或所谓右派政党联盟或同盟）的名单。立宪民主党在彼得堡的**所有**选区都取胜了。

现在将有**三个名单**：黑帮的名单、立宪民主党的名单和社会民主党的名单。这就是说，社会民主党打算从立宪民主党那里夺取一部分选票，并且争取那些在第一届杜马选举中没有投票的人。

有人对你们说，立宪民主党和社会民主党之间这样分选票会使黑帮取胜，因为立宪民主党和社会民主党在一起，力量会比黑帮强些，而一分开，力量就会显得弱些，也就是说会被击败。

为了弄清是否有这种可能，我们就拿彼得堡**所有**选区在第一届杜马选举中的票数作例子。我们来看一看在各个不同的选区，立宪民主党和黑帮之间选票是怎样分的。同时我们还要拿各个选区最糟糕的情况，即立宪民主党所得的**最少票数**(因为不同的候选人得到不同的票数)和黑帮所得的**最多**票数作例子。

其次，我们再把立宪民主党所得的**最少票数**分成**两半**，假定社会民主党正好夺取到一半(这对我们来说，是最糟糕的情况，对黑帮来说，是最好的情况)。

现在，我们把各个选区立宪民主党所得的**最少票数**的这**一半**同黑帮所得的**最多票数**比较一下，就会得出这样的数字：

彼得堡第一届杜马选举的投票情况

选区	立宪民主党名单所得的**最少票数**	该票数的一半	右派政党的名单所得的**最多票数**	复选人数目
海军部区 ……………	1 395	697	668	5
亚历山大-涅瓦区…………	2 929	1 464	1 214	16
喀山区 ………………	2 135	1 067	985	9
纳尔瓦区 ……………	3 486	1 743	1 486	18
维堡区 ………………	1 853	926	652	6
彼得堡区 ……………	4 788	2 394	1 729	16
科洛姆纳区 …………	2 141	1 070	969	9
莫斯科区 ……………	4 937	2 468	2 174	20
斯帕斯区 ……………	4 873	2 436	2 320	15
利季约区 ……………	3 414	1 707	2 097	15
罗日杰斯特沃区 ……	3 241	1 620	2 066	14
瓦西里耶夫岛区 …………	3 540	1 770	2 250	17

从这些数字中可以明显地看出，即使立宪民主党的选票按最**糟糕**的方案分成两部分，黑帮在 1906 年的选举中，也**只能在 12 个**

选区中的**3 个选区**取胜。他们在 **174 名复选人**（全市 **160 名**加上工人中的 **14 名**）中只占 **46 名**。这就是说，即使在**所有的选区**，立宪民主党的选票在立宪民主党的名单和社会民主党的名单之间平分，黑帮在第一届选举中也**不可能**进入杜马。

因此，谁恐吓选民说在立宪民主党和社会民主党之间分选票，黑帮将可能取胜，谁就是欺骗人民。

黑帮**不可能**因为在立宪民主党和社会民主党之间分选票而取胜。

立宪民主党故意散布"黑帮危险"之类的谣言，是要引诱选民**不投社会党人**的票。

选民公民们！不要相信所谓由于在立宪民主党和社会民主党之间分选票，黑帮可能取胜的鬼话。请按照自己的信念自由而果断地投票吧：选黑帮还是选自由派资产者，或者选社会党人。

＊　　　　　＊　　　　　＊

但是，通过《言语报》、《同志报》、《今日报》、《祖国土地报》、《俄罗斯报》**[189]**、《国家报》**[190]**以及其他报纸散布"黑帮危险"这种谣言的立宪民主党人，也许还会提出其他的论据、其他的遁词来吧？

让我们来看一看一切可能的论据。

也许不是在两个名单，而是在三个名单之间分立宪民主党的选票？这样黑帮岂不就会在所有选区取胜而进入杜马吗？

不会的。不会在三个名单之间分立宪民主党的选票，因为在彼得堡**总共**只会有三个名单。除了黑帮、立宪民主党和社会民主党以外，**没有一个**有点分量的政党能够提出自己的独立名单。

俄国现有的所有政党在彼得堡都有自己的代表。所有政党和所有派别对于选举都**已经发表了**意见。除了上述三个主要政党以外，**没有一个政党、一个集团想**独立竞选。**除了三个主要政党以外**，所有小政党、**所有派别都只是在这三个名单之间**摇摆。所有进步的、向往自由的政党和集团**只是**在立宪民主党和社会民主党之间摇摆。

任何一个**"劳动派"**政党，社会革命党也好，劳动团委员会也好，人民社会党也好，都没有表示要提出独立名单的愿望。相反，**所有这些劳动派政党都在**就参加立宪民主党的名单，或者参加社会民主党的名单进行谈判。

因此，谁说可能在三个名单之间分立宪民主党的选票，谁就是在**欺骗人民**。在彼得堡总共只会有三大名单：黑帮的名单、立宪民主党的名单和社会民主党的名单。

＊　　　　　＊　　　　　＊

第二个可能的论据。有人说，参议院的说明已经使选民的人数，特别是贫民选民的人数减少了，因此，立宪民主党可能得不到第一届杜马选举中所得的票数。

这不对。在第一届杜马选举的时候，彼得堡的全部选民将近15万，而现在将近13万。去年参加投票的人数总共约有6万—7万。这就是说，担心广大选民的情绪和观点发生变化是没有任何根据的。毫无疑问，在彼得堡13万选民当中，**大多数都是属于财产不多的居民阶层**，他们只是由于误解，由于缺乏知识，由于偏见才会认为资本家比工人好。如果所有的社会党人都尽到向市民群众进行鼓动和教育的职责，那么，他们在13万选民当中可以指望的大概不只是一万人，而是几万人。

＊　　　　　＊　　　　　＊

第三个可能的论据。有人说，黑帮在今年的选举中可能得到加强,不能根据去年的数字来推断。

这不对。从所有报纸的报道中,从各个会议的全部进程中,从有关各政党情况的材料中可以看出,黑帮在彼得堡的势力同去年比较起来,不是更加强大了,而是大大削弱了。人民已经更加觉悟了,十月党人现在在每次会议上都遭到失败,而解散杜马和政府的暴力政策、古尔柯—利德瓦尔的政策正在使选民最终厌弃政府。在第一届选举中,黑帮还不甘示弱,而现在刚要开始投票,他们就已经无声无息了。

＊　　　　＊　　　　＊

第四个可能的论据。有人说:政府不发给左派政党选票,不允许他们集会和出版报纸等等;因此,一切左派同立宪民主党联合提名是比较可靠和比较保险的。

这不对。如果政府诉诸暴力,破坏法律,侵犯选举自由,那就会使选民群众的情绪更加坚定。在选民心目中,我们社会民主党人在会议上,从警察经常因我们发表演说而禁止开会的做法上不是有所失而是有所得。至于要同政府破坏法律的行为作斗争,那同立宪民主党达成协议对此能有什么帮助呢? 这样的协议是无益而有害的,因为立宪民主党是最胆怯最喜欢叛变的反对派政党。难道同这个有维特和杜尔诺沃昨天的同僚、前大臣库特列尔参加的政党在一起,能够真正同大臣们破坏法律的行为作斗争?? 相反,正因为库特列尔之流的先生们同杜尔诺沃之流和斯托雷平之流的先生们比同工人和店员群众亲近得多,正因为如此,我们为了争取自由应当不依赖库特列尔之流的先生们的政党,即不依赖立宪民主党。

假如政府决定逮捕左派复选人,难道同立宪民主党达成协议对事情就有所帮助吗？或者，社会党人真的应该指望立宪民主党人库特列尔在他昨天的同僚斯托雷平大臣和古尔柯大臣面前为革命者斡旋吗？

不久前报纸报道，立宪民主党的领袖米留可夫先生晋谒斯托雷平，就立宪民主党的合法化问题进行了谈判。[①] 社会党人是不是应当指望立宪民主党人先生们为劳动派的政党、社会革命党和社会民主党"谋求"合法化呢？

一个知羞耻和有良心的社会党人，永远不会同库特列尔之流和米留可夫之流一起出现在共同名单之中。

＊　　　　＊　　　　＊

社会民主党在彼得堡选举中能不能取胜呢？

立宪民主党的报纸利用政府禁止社会民主党出版报纸的机会，喋喋不休地向读者宣扬：没有立宪民主党，就根本谈不上社会民主党在选举中取胜。

这不对。社会民主党在彼得堡击败黑帮和立宪民主党**是完全可能的**。

立宪民主党假装他们没有看到这一点，故意忘掉：选票分散可以使**任何**政党取胜，而决不仅仅是黑帮。在立宪民主党和社会民主党平分选票的情况下，黑帮有可能在 12 个选区中的 3 个选区取胜。

如果在立宪民主党和黑帮之间分选票，社会民主党可能在 12

---

① 1月22日沃多沃佐夫先生在捷尼舍夫学校的竞选大会上说：米留可夫先生晋谒过斯托雷平并且同他达成协议；人民自由党对自己的领袖是负责的。格列杰斯库尔先生没有否认这个事实，他声明说，如果米留可夫先生晋谒过斯托雷平，这是为了国家和党的利益。

个选区都取胜。

只要看一看前面列举的数字,就足以相信这一点。这些数字表明,**在每个选区只要比立宪民主党所得票数的一半**(在上次的选举中)**多一票**,就可以**在整个彼得堡取胜。**

要做到这一点,在彼得堡 9 个"有把握的"选区(不算黑帮可能取胜的 3 个选区)应不少于 **14 274 张票。**

难道社会民主党人在彼得堡获得 **15 000—20 000 张**选票是不可能的吗?

在彼得堡,单单享有选举权的店员和事务员就有 3 万名至 5 万名。店员的工会报纸《店员呼声报》[191]是根据社会民主党的精神进行宣传的。如果所有的社会党人都在店员中间同心协力地进行鼓动,同时也不拒绝劳动派参加自己的名单,那么,单是这些工商业职员就可以使社会民主党和劳动派的共同名单取胜。

要知道,此外还有许许多多穷房客,他们完全能够领会:社会党人比自由派房产主-地主、富有的律师和官员彼特龙凯维奇之流、罗季切夫之流、维纳维尔之流和库特列尔之流能够更好地维护他们的利益。

看一看彼得堡的竞选大会吧。甚至那些为了立宪民主党的利益对这些会议的报道大肆歪曲的立宪民主党报纸,也不得不承认:严重的斗争是在立宪民主党人和社会党人之间进行,而决不是在右派和左派之间进行。彼得堡的竞选大会无可争辩地**证明**:在彼得堡,**社会民主党人**,特别是同劳动派联合起来以后,**力量比立宪民主党人大。**

有多少选民能参加竞选大会呢? 稳重的人们估计,超不出全体选民人数的 $\frac{1}{10}$。即使根据这个最小的数字,仍然有 13 000 选民。其次,大概可以预料:每个参加大会的选民至少可以带动两个没有参加大会的选民去投票。根据一切材料和观察来判断,这39 000选民中将有20 000选民拥护同劳动派联合的社会民主党人。

这样,根据这些数字也可以看出,社会民主党人在彼得堡击败立宪民主党人和黑帮**是完全可能的**。

要让彼得堡的全体选民都知道:是立宪民主党人取胜还是社会民主党人取胜,**这完全取决于他们**。

*　　　　*　　　　*

社会党人在彼得堡从事竞选运动,首先是并且主要是为了教育和团结群众。社会党人要使群众自己完全弄清目前人民在争取自由的斗争中所面临的任务。而自由派并不关心怎样让选民自己有明确的认识,它操心的只是杜马席位。

自由派即立宪民主党人以及跟着他们走的动摇分子,往往在竞选大会上举行表决,并且在某些会议上以压倒多数通过决定,要求一切左派必须达成协议,同意让立宪民主党从六个席位中得到两个席位。

无论是提出这种决定的人还是在表决时赞成这种决定的人,对彼得堡的选举都是没有什么认识的。彼得堡不会有而且也不可能有"一切左派"的协议。彼得堡将有三个名单:黑帮的名单、立宪民主党的名单和社会民主党的名单。

其次,可笑的是,甚至举行表决让立宪民主党从六个席位中得到两个席位。谁**真正**想取得这样的结果,谁就应当懂得:同立宪民主党达成协议,**决不能**取得这样的结果。只有投票**选社会民主党人**,才能取得这样的结果。

其实,如果社会民主党人在彼得堡取得的胜利是局部的,那时,而且只有那时,才能获得某些人所期望的结果(左派六个席位,其中立宪民主党占两个)。例如,假设社会民主党人只是在斯帕斯区、莫斯科区、彼得堡区和维堡区这4个区取胜,这时社会民主党人有60名复选人,而同工人选民团加在一起就有74名复选人。黑帮有(拿很少很少有可能出现的最糟糕的情况来说)46名复选人(利季约区、罗日杰斯特沃区和瓦西里耶夫岛区)。其余54名复选人则是立宪民主党人。**这就是**真正能够使彼得堡选出的左派代表参加杜马并且让比立宪民主党更左的人占优势的**办法**。靠那些没有头脑的动摇不定的人同立宪民主党人搞交易,是**不可能**达到这一点的。

＊　　　　＊　　　　＊

让我们简短地重复一下我们的结论。

在彼得堡,参加竞选的只有三个主要的政党,向选民提出的将有**三个**候选人名单:黑帮的名单、立宪民主党的名单和社会民主党的名单。

黑帮在彼得堡取胜的危险,是荒唐的和骗人的鬼话。

即使立宪民主党的选票按最糟糕的方案分给立宪民主党和社会民主党,黑帮取胜也是不可能的。

立宪民主党人故意在彼得堡宣扬"黑帮危险"的鬼话,是为了摆脱真正威胁**他们**的社会党人取胜的危险。

劳动派、社会革命党和某些小集团尚未决定是跟立宪民主党人走还是跟社会民主党人走。

社会民主党人在彼得堡既把黑帮又把立宪民主党人彻底击败是完全可能的。

选民们应当按照自己的信念和同情,而不是出于对臆造的黑帮危险的担心来投票。

是拥护政府,拥护自由派资产者呢,还是拥护社会民主党人?

公民们,你们选择吧!

载于 1907 年 1 月 25 日《观察周报》
第 1 号

译自《列宁全集》俄文第 5 版
第 14 卷第 323—335 页

彼得堡的选举和机会主义的危机

(1907 年 1 月 25 日〔2 月 7 日〕)

　　1 月 6 日召开了彼得堡全市代表会议。代表会议要解决的问题是:在首都是不是要和立宪民主党达成协议。

　　尽管普列汉诺夫在《同志报》上向"工人同志们"发出呼吁,尽管叶·库斯柯娃女士发表了歇斯底里的文章,尽管普列汉诺夫向工人们进行威胁说,要是他们想坚持独立的社会民主主义立场,就要把他们列为"自由之敌",尽管立宪民主党提出了多少有点诱惑力的诺言,但是,彼得堡的有组织有觉悟的无产阶级却在政治上表现得十分成熟,通过讨论和投票可以看到,大多数都表示反对同立宪民主党达成任何协议。很明显,由有组织的工人选派代表出席的代表会议,经过讨论和按纲领进行投票①,也会表示同样的态度。

　　在《无产者报》上我们没有篇幅来详细报道代表会议的开会经过,而且,不少报刊已经谈到了这方面的情况。但是,在这里重要的是指出一点:我们的机会主义者在推行自己的资产阶级妥协政策方面走得太远了,以至连代表会议的决定他们也接受不了。从代表会议一开幕就很清楚,在中央委员会支持下的彼得堡孟什维

---

　　① 孟什维克的维堡区和弗兰科-俄罗斯分区例外,这两个区不是按纲领进行投票的。

克,是不会服从代表会议的决定的。立宪民主党的朋友们只不过是在寻找同革命的社会民主党决裂的借口。不管是什么样的借口,但借口必须找到。孟什维克利用代表资格问题退出代表会议没有得逞,他们就拿中央委员会关于由直接有关的选举单位决定选举策略问题的**建议**做文章,借口应当把代表会议分成两部分,即分成市区代表会议和郊区代表会议,以达到退出代表会议的目的。这是用警察的行政管区代替党的区划。如果照孟什维克的意见去做,那就不仅要把郊区分出去单独召开代表会议,而且要把一向是**统一的**区,如涅瓦区、莫斯科区、纳尔瓦区都分成两部分,按照行政当局的需要,而不是按照党的需要来把党加以改组。

同样很清楚,不管把代表会议分开的问题怎样解决,大多数人还是会反对同立宪民主党达成协议的。孟什维克为了同资产阶级君主主义政党("人民自由"党)达成协议,退出了代表会议,决定在彼得堡单独竞选,决定同自己党内的同志进行斗争,分裂彼得堡的无产阶级。他们的这种行为使所有的资产阶级报刊大为高兴。

资产阶级报刊哪能不高兴!低级趣味的报纸《今日报》在一篇专门的社论中郑重宣布,孟什维克的这一决定**拯救了**俄国。立宪民主党的正式机关报《言语报》为了犒赏孟什维克,答应把工人选民团中的席位给"孟什维克",而无论如何也不给"布尔什维克"。

孟什维克采取单独行动的第一个结果,就是资产阶级开始把自己的意志强加于工人选民团。

但是,在孟什维克退出后继续开会的代表会议,鉴于彼得堡并不存在黑帮危险,同时为了打破立宪民主党的领导权,使民主的小资产阶级摆脱立宪民主党的影响,决定以一定的席位分配办法(工人选民团两席、社会民主党两席、社会革命党一席、劳动派一席)为条件同社会革命党和劳动派达成协议。

　　资产阶级报刊高兴了，因为劳动派和社会革命党同人民社会党结成了联盟，这个联盟是亲立宪民主党的；孟什维克分离出来了——布尔什维克孤立了！革命的策略受到谴责，"和平的手段"欢庆胜利。同君主制妥协万岁！打倒群众性人民斗争的道路！

　　立宪民主党在分裂了社会民主党，削弱了无产阶级的革命九头蛇之后，就无拘无束地去同斯托雷平先生达成……协议了。报载米留可夫日内将晋谒首席大臣，首席大臣将提出立宪民主党合法化的条件——不同左派结成任何联盟。立宪民主党从彼得堡六个代表席位中仅仅拿出两个席位给整个"左派"——实际上是**小资产阶级的**——联盟（人民社会党、社会革命党、劳动派和孟什维克）。立宪民主党为了向"最贱楼座观众"让步，**准备**扔给这个纠缠不休的小资产阶级联盟两个席位。立宪民主党确信左派联盟不会同意，所以同黑帮首脑斯托雷平进行谈判。

　　情况在不断变化。选举运动开始了。到处在举行竞选大会。孟什维克很少很少在竞选大会上发言，他们只是羞羞答答嘟囔着要和立宪民主党达成协议。布尔什维克在所有的竞选大会上发言，号召无产者和半无产者参加统一的工人政党——社会民主党，号召一切革命派和民主派选民参加反对黑帮和立宪民主党的统一的革命联盟。群众不让立宪民主党人讲话，他们向布尔什维克鼓掌欢呼。城市民主派（工人民主派和小资产阶级民主派）向左转了，他们正在摆脱立宪民主党套在他们身上的桎梏。

　　情况在不断变化。"妥协派"暴跳如雷。他们一提起布尔什维克就怒火万丈。打倒布尔什维克！《新时报》和《同志报》，十月党人和立宪民主党人，沃多沃佐夫之流和格罗曼之流，都情投意合地联合起来,开始对布尔什维主义这个赤色幽灵进行神圣的围剿。如果布尔什维主义什么时候需要证明它的革命的阶级策略是正确的,那么,它可以从所有资产阶级报刊都向它进行疯狂攻击这一事实中得到这种证明。如果真正愿意实现自己的口号的小资产阶级革命民主派需要一个实际的教训,那么,它可以从大中资产阶级对它采取蔑视态度,从立宪民主党背着人民实行妥协(同政府妥协)政策这些事实中找到这种教训。

革命的社会民主党对全体民主派的城乡贫民说:只有同无产阶级结成联盟,只有摆脱立宪民主党的监护,只有同专制制度进行坚决彻底的斗争,你们才能拯救自己。如果你们已经充分认识到这一点,你们就会跟着无产阶级走。如果你们还认识不到这一点,你们就会继续受立宪民主党的监护;而无产阶级,不论选举运动的结局怎样,也不论你们之间的席位交易的结局怎样,现在和将来都要走自己特定的、阶级的、革命的道路。

孟什维主义正在经受严重的考验。选举运动成了它的机会主义策略的基石。一部分社会民主党人拜倒在资产阶级思想家的权威之下。资产阶级思想家薄情地鄙视孟什维克,称他们是永远可以指望的"温和的社会党人"(《言语报》语)。他们右面的朋友并不把他们放在眼里,而只是……指望他们忠实地为立宪民主党服务。一部分社会民主党人竟堕落到这样可耻的地步:自由派资产阶级把他们当做自己的驯服工具,而具有革命情绪的无产阶级则宁可选社会革命党人(在孟什维主义的堡垒——维堡区选举初选人时就是这样),也不愿选**这样的**社会民主党人。

机会主义的危机正在到来。同"妥协派"的妥协使孟什维主义遭到决定性的打击。瓦西里耶夫之流、马利舍夫斯基之流和拉林之流铺平了走向……坟墓的道路。孟什维克队伍里一片混乱，自相倾轧。马尔托夫正在把瓦西里耶夫之流和马利舍夫斯基之流驱逐出党。让工人们把孟什维主义的阴魂也驱逐出党吧！

载于 1907 年 1 月 25 日《无产者报》第 12 号

译自《列宁全集》俄文第 5 版第 14 卷第 336—340 页

彼得堡工人选民团的选举[192]

(1907 年 1 月 30 日〔2 月 12 日〕)

工人初选人的选举,是俄国政治生活中和我国工人运动史上一个非常重大的、还远未得到正确评价的事件。

所有多少得到无产阶级支持的政党,第一次不是**向工人群众**提出总的纲领或口号,而是提出一个明确的实际问题:工人群众委**托哪一个党的候选人**来维护自己的利益? 当然,大家知道,工人选民团的选举制度离真正的民主代表制度还很远很远。但工人群众毕竟在选举中登台了。于是**政党之间,**亦即**已经定型**的各个政党**之间的斗争,第一次**在俄国广大工人群众面前展开了。

工人初选人的选举,在俄国许多地方已经进行过了。但是,有关各政党在这些选举中的斗争情况的稍微充分和精确的资料,现在还没有。报上登的只是最一般的、而且是大概的、"凭印象"作出的结论。党的工作人员,特别是先进工人本身,如果不做一些必要的和非常重要的工作,**研究**工人选民团的选举进程和结果,那么,大概可以说,我们就会失去进一步开展党的工作和党的鼓动所必需的非常珍贵的材料。

所有报刊对俄国工人选民团选举的总印象是一致的,就是:极左派,首先是社会民主党,其次是社会革命党,大获全胜。

选举出色地证实了社会民主党的基本论点:无产阶级作为一

个阶级是革命的。无产阶级**群众**按其愿望和倾向来说是社会民主主义的。无产阶级是俄国各个阶级中最革命的阶级。

所谓社会民主党在俄国不是工人政党的说法,事实上已被选举**驳倒**了。只有蓄意撒谎的自由派或者信口开河的机会主义者,才会到现在还对俄国社会民主党的**群众性质**、**无产阶级性质**表示怀疑。

如果要从这个总的结论进而作出比较具体的结论,那么首先必须声明,稍微充分一些的材料**还没有**。但是,我们认为**作出一系列更进一步的结论不仅是容许的,而且是绝对必要的**;这决不是为了强求解决问题,而是为了**把极端重要的问题提交全体**同志讨论,为了交换意见,收集材料,等等。

根据最早的报纸消息,一眼就能看出俄国本土同工业上、文化上和政治上发达得多的波兰之间的差别。在俄国,至少在圣彼得堡和莫斯科,得到无产阶级哪怕是一点点支持的十足的资产阶级政党,**是没有的**。占绝对优势的是社会民主党,资产阶级民主派的极左派即自称为社会主义政党的社会革命党的影响要小得多。立宪民主党在工人当中没有党员,就是有也为数极少。

在波兰有一个比立宪民主党更右的十足的资产阶级政党**民族党**(民族民主党)[193],而且这个党在选举中引人注目。要说这种情况是警察的迫害和武力迫害造成的,那是讲不通的。波兰资产阶级老练地利用全体波兰人所受的民族压迫和全体天主教徒所受的宗教压迫来投机,在群众中寻找并且找到了某种支持。至于波兰农民,那就用不着说了。

但是不言而喻,如果根据这种差别得出结论,说俄国的落后具有独特的优越性,那就非常荒谬了。不是的,问题要更简单一些,问题在于历史的和经济的差别,而不在于民族的差别。在俄国的下层社会、农村和土地制度中,农奴制残余要多得多,因此在农民以及同农民有密切联系的工人阶级中间,原始的、直接的革命精神也更多些。无疑,在这种革命精神中,无产阶级的阶级自觉性较少,而一般民主主义的(这就是说,在内容上是资产阶级民主主义的)反抗性较多。其次,俄国资产阶级较不发达,自觉程度较差,在政治斗争方面不够老练。资产阶级忽视了在无产阶级中进行工作,并不是因为不可能从我们这里夺去任何一部分无产阶级,而是因为资产阶级根本没有这种依靠人民的需要(如像欧洲和波兰那样);资产阶级在目前只要依靠特权、收买和暴力就够了。不过将来我们也会有一个时期,各种各样资产阶级出身的人要把民族主义、某种有基督教色彩的民主主义、反犹太主义和各种类似的卑鄙龌龊的东西带到工人群众中来!

现在我们来看看俄国本土的情况。首先彼得堡和莫斯科就有很大的差别。在莫斯科,社会民主党最彻底地战胜了社会革命党。根据某些报道(诚然尚未充分核实),莫斯科选出了约200名社会民主党人为初选人,而社会革命党人却只有区区20名!

彼得堡适得其反:社会革命党初选人**出乎意料地**占有很大的比例,这使大家都感到惊奇。社会民主党固然也占优势,但是没有绝对地压倒社会革命党。社会革命党人占了33%左右,甚至(虽然未必准确)40%左右。在收集到详细的资料以前,我们无论根据哪一个数字,都可以理解,为什么彼得堡的普通社会民主党人会有这样的感觉:好像在工人选民团中"**我们被击败了**"。如果拿我们在国内其他地方看到的情形来比较一下,如果拿我们社会民主党人认为正常的和必需的结果来比较一下,那么即使社会革命党拥有三分之一的初选人,也**确实**已经等于社会民主党在首都失败了。

这是一个极其重要的事实……　在彼得堡,社会党人在工人选民团的**压倒**优势被资产阶级民主派的极左派挤掉了!我们的首要职责,就是要给予这种现象最大的注意。**全体**社会民主党人应当认真研究这种现象,并且正确解释这种现象。

对1月7日和14日的选举感到惊讶的彼得堡社会民主党人的总印象,可以归纳为下列两点:(1)正是在**最大的**工厂里,在这些最有觉悟的、最革命的无产阶级的先进中心,"社会革命党人"使社会民主党人遭到了最明显的失败;(2)"社会革命党人"战胜的**大半是**而且主要是**社会民主党的孟什维克**。在社会革命党候选人同社会民主党布尔什维克候选人进行竞选的情况下,获得胜利的常常是、**甚至多半**是社会民主党。

显而易见,这两个结论的意义是极其重要的。因此我们务必使它们真正成为从精确的、经过核实的、不容许有两种解释的材料中得出的**结论**,而不仅仅是一种简单的印象。当然,圣彼得堡各个区的社会民主党工作人员的共同的意见大概很少有可能、甚至几乎不可能是错误的。当然,要求目前正担负着极繁忙的选举工作的革命者作出精确的统计,那是可笑的书呆子气,但是基本的材料、主要的数字和资料毕竟是**可以而且应当**收集的,因为从我们社会民主党在圣彼得堡的**全部**工作来看,这在将来很长一个时期都是必需的。

下面我们还要比较详细地谈谈这个问题(见《社会民主党和社会革命党在圣彼得堡工人选民团选举中的斗争》一文)①。这里只

———————

① 见本卷第348—353页。——编者注

评价一下社会民主党在圣彼得堡工人选民团选举中这一**相对的**失败的政治意义。

首先必须指出,社会民主党在初选人数量上所占的优势,清楚地表明有社会民主党基层组织的**企业在数量上**也占着优势。比较详细的资料大概可以证实社会民主党在自由的十月的日子里就曾作过的观察:社会革命党在无产阶级中间没有进行什么扎实的、长期的、认真的组织工作,而是(如果可以这样说的话)搞突击,在群众大会上趁群情高涨的时候"骗取"决议,抓住任何一个群情激动的时机,用响亮而动听的"革命"词句来"骗取"代表资格。

社会革命党取胜的**这种**因素,大概一切善良的考察者在刚刚举行的圣彼得堡工人选民团的选举中也能看得出来。归根结底,这里的问题在于:"革命的"小资产阶级政党没有能力在无产阶级中间踏实地、持久地进行工作,只要群众的情绪稍有变化,它就在郊外各工人区完全销声匿迹了。只是在个别情况下,它才得以利用群众在政治上缺少经验,而通过似乎是广泛地(实际上是含糊地、知识分子夸夸其谈地)提问题的办法来"迷惑"群众,利用阶级意识的不开展来投机,在同农村的联系依然存在的情况下利用传统的"对土地的眷恋"来笼络人心,等等,等等。

革命的资产阶级性质自然会使得一批批激进的、真心革命的资产阶级青年经常"光临"工人区,这些青年根本没有什么阶级依靠,而是一有革命新高涨、新浪潮的迹象,就本能地靠拢无产阶级,靠拢这些唯一能够为争取自由而进行坚决**斗争**的群众。社会革命党的发言人在工人群众大会上出现,就像海燕的出现一样表明无产阶级的情绪正在高涨,无产阶级已经稍稍歇息过来,已经在过去的失败之后又积聚了力量,现在正开始广泛而深刻地重新酝酿同旧制度作又一次搏斗。

把十月时期和"杜马"时期同现在的选举对照一下,把社会革命党的巩固的基层组织作一个简单统计,毫无疑问就能证实这种解释。

但是,如果**仅仅局限于**这一解释,而忽视了社会革命党正是在最大的、最有觉悟的和经住了斗争考验的工厂中**战胜了**社会民主党这一事实,那当然是太轻率了。不过很幸运,我们现在已经知道,事实上资产阶级民主派的极左派战胜的并不是社会民主党,而是**把社会民主党庸俗化的机会主义者。**

革命的资产阶级民主派在革命的社会民主党面前甘拜下风,它实际上只能战胜那些尾随不革命的资产者的人,即那些**赞成同立宪民主党结成联盟的人。**社会民主党工作人员关于社会革命党言论性质的证词以及说明社会革命党"战胜"孟什维克的情况的材料都十分肯定地证明了这一点。

彼得堡的选举是在1月7日和14日举行的。就在1月7日,工人的彼得堡得悉31个孟什维克为了同立宪民主党进行瓜分杜马席位的交易而退出社会民主党的代表会议。之后,整整一个星期,圣彼得堡所有资产阶级报刊欢欣若狂,吵吵嚷嚷,他们称赞孟什维克,让孟什维克同立宪民主党人平起平坐,鼓励孟什维克背弃革命转而参加"**反对派联盟**",变成"温和的社会主义政党"等等,等等。

孟什维克在大工厂中**被击败**,是**无产阶级群众给予动摇的知**识分子机会主义者的第一次警告!

孟什维克投靠了立宪民主党,于是彼得堡无产阶级摒弃了孟什维克。

社会革命党利用了社会民主党内发生分裂这一点,利用了工人对类似立宪民主党人的孟什维克的义愤,而且是敏捷地、毫不客气地加以利用的。在郊区，他们以同立宪民主党结成联盟为由抨击了社会民主党(但只字未提布尔什维克和俄国社会民主工党彼得堡委员会)，而在市内，**他们自己却同立宪民主党搞交易！** 现在才明白，为什么他们过去和现在那样竭力地对公众隐瞒自己的观点，隐瞒自己所作的同立宪民主党结成联盟的决定，隐瞒自己同人民社会党结成联盟的行为，**等等，等等。**① 他们**暗中**干着孟什维主义的一切罪恶勾当，而当着工人的面却臭骂孟什维主义，以此骗取同情，骗取代表资格！

俄国社会民主工党谢米扬尼科夫分区联合机构组织员(我们下面要用他的工作报告)在他关于规模宏大的谢米扬尼科夫工厂的选举情况的工作报告中写道：孟什维克不顾布尔什维克的抗议，提出 X.同志为候选人。"在工厂竞选大会上，一位社会革命党知识分子起来发言，他无情地批评了 X.同志赞成同立宪民主党达成协议的孟什维主义的论据，于是，这位 X.同志，正如工人们所说的，陷入窘境了。"孟什维克在群众面前遭到了彻底的失败。在这个报告里还写道："**当群众知道社会民主党候选人赞成同立宪民主党达成协议，而这些候选人就是孟什维克时，这里**〈工厂里〉**马上就公开表示：一定不投孟什维克的票。**"

由此完全可以明白，为什么孟什维克在选举社会民主党代表会议的代表时反对按纲领进行投票，即反对群众自己就是否同立宪民主党结成联盟的问题**直接**投票。

"……在工厂分区的涅瓦硬脂工厂中，孟什维克有一个预定为初选人的工人 H.M.，他坦率地声明：'我已经听说社会民主党主张同立宪民主党达成协议，现在我要投奔社会革命党了。'他真的投奔了社会革命党，而且被选为

---

① 他们**在工人选民团选举之后**才公布自己的彼得堡委员会的决议。

初选人!!"

请看,这些可怜的机会主义者为了同立宪民主党进行瓜分席位的交易,居然在选举前夕脱离工人政党,把社会民主党弄到了何等可耻的地步!

任何一个珍惜无产阶级政党的荣誉和光荣称号的社会民主党人,从这里只能得出一个结论:必须无情地同彼得堡的孟什维主义作战。我们应当让工人擦亮眼睛,认清这些人的面目,认清这些人是用立宪民主党式的政策迫使工人们放弃社会主义而投向革命的资产阶级的。

社会革命党从孟什维克手里夺走了一些最大的工厂。我们应当从社会革命党手里再把它们夺回来。我们应当把新的鼓动力量、新的革命的社会民主党书刊恰恰是送到最大的工厂里去,向工人们说明,他们是怎样从亲立宪民主党的孟什维克手里落到**亲立宪民主党的**社会革命党的手里的!

彼得堡选举运动的整个进程,关于孟什维克不断动摇和他们竭力参加(在脱离了工人政党之后)反革命的立宪民主党联盟,以及他们怎样**和社会革命党一起**同立宪民主党进行瓜分席位的交易的种种情况,给我们提供了在彼得堡大工厂中**既同孟什维克又同社会革命党**进行斗争的极其丰富的材料。

大工厂应当成为而且一定会成为革命的社会民主党的坚固堡垒,这个堡垒无论机会主义者,还是革命的小资产者,都是打不进去的。

载于1907年1月30日《通俗言语周报》第3号

译自《列宁全集》俄文第5版第14卷第341—348页

社会民主党和社会革命党
在圣彼得堡工人选民团选举中的斗争

(1907 年 1 月 30 日〔2 月 12 日〕)

社会革命党在工人选民团选举中大奏成效,这使许多社会民主党人都泄气了。然而这一事实是有极其重大的意义的,它表明社会民主党人犯了严重错误,因而也要求我们进行认真的分析研究。不用泄气,不用悲伤,而要研究刚刚结束的选举,以便弄清选举相对失败的原因,保证正确安排社会民主党在工人中间下一步的工作。

对上面所说的研究工人初选人的选举情况来说,俄国社会民主工党彼得堡委员会 1906 年 11 月 15 日—1907 年 1 月 15 日的《涅瓦区谢米扬尼科夫分区联合机构的工作报告》,是一份好材料。

我们不全部引用这个《报告》,只从中举出在彼得堡最大的(也是历史上**最有名的**)一个郊外工人区的**23 家工厂**中,有关社会民主党的孟什维克和布尔什维克同社会革命党竞选初选人的**精确数字**。

为了使每一个内行的工作人员能够核对和校正我们的资料,我们把这些数字按工厂一一分别列出,同时把工厂分为提名布尔什维克为候选人和提名孟什维克为候选人两类。凡是最大的工厂,即产生 1 名以上初选人的大工厂,都用黑体标出:

提名**布尔什维克**为候选人的工厂：	选出的初选人人数		
	社会民主党	社会民主党同情分子	社会革命党
俄美机械厂 ……………………	1	—	—
钢筋工厂 ………………………	1	—	—
奥芬巴赫尔工厂 ………………	1	—	—
乌佩内克工厂 …………………	1	—	—
枕木防腐厂 ……………………	1	—	—
前奥努弗里耶夫工厂 …………	1	—	—
橡木工厂 ………………………	—	1	—
帕尔工厂 ………………………	2	—	1
维也纳工厂 ……………………	1	—	—
阿特拉斯工厂 …………………	1	—	—
亚历山德罗夫车辆制造厂 ……	1	—	—
炼铁厂 …………………………			1
12个工厂共计 ……………	11	1	2
提名**孟什维克**为候选人的工厂：			
谢米扬尼科夫工厂 …………………	—	—	5
马克斯韦尔工厂 …………………	1	—	1
托伦顿工厂 ……………………	1	—	—
格罗莫夫工厂 …………………	1	—	—
瑙曼工厂 ………………………	1	—	—
格拉普工厂 ……………………	1	—	—
阿列克谢耶夫工厂 ……………	1	—	—
涅瓦硬脂工厂 …………………	—	—	1

瓦尔古宁工厂 ……………………………	—	—	1
奥布霍夫工厂 ……………………………	—	—	4
纸牌工厂 ……………………………	未查明者1人		
11个工厂共计 ……………………	6	—	12
	和未查明者1人		
23个工厂总计	17	1	14
	和未查明者1人		

从这些数字中首先可以看出，总的说来，**社会民主党战胜了社会革命党**。社会民主党有18名初选人（把1名社会民主党同情分子算做社会民主党人），而社会革命党只有14名。

其次，从这些数字中可以明显地看出：(1)在几个最大的工厂中，总的说来，社会革命党完全取胜了；(2)社会革命党总的说来战胜了社会民主党的孟什维克；(3)社会民主党的布尔什维克总的说来战胜了社会革命党。

事实上，从4个最大的工厂，即从产生1名以上初选人的工厂来看，结果是：4个厂共选出初选人14名（即代表14 000名工人），**其中社会革命党人11名，社会民主党人3名**。在其余18个较小的工厂中，共选出**社会民主党人15名，社会革命党人3名**。这些工厂的工人总数我们不知道，可能在18 000名以上，因为不满2 000名工人的产生初选人1名，但也可能不到18 000名，因为凡有50名以上工人的企业，也能产生初选人1名。

因此，关于在涅瓦区社会民主党战胜了社会革命党这个总的结论应当改为：在几个最大的工厂中，**社会革命党战胜了社会民主党**！根据初选人的数字还不足以得出确切的结论，必须有**每个工厂**的数字，此外，还必须有每个工厂工人人数以及每个工厂参加投票人数的资料。

其次，从引用的资料中可以明显地看出，**社会革命党的胜利完全要归咎于孟什维克**。孟什维克整整送掉了 12 个席位，即 18 个席位中的 12 个送给了社会革命党，而布尔什维克总共送掉了 2 个（14 个中的 2 个）。

在布尔什维克的工厂（所谓布尔什维克的工厂，不是指**一般**有布尔什维克在其中工作的工厂，而是指提名布尔什维克为候选人来同社会革命党人竞选的工厂）中，社会革命党肯定地被击败了，其中包括最大的帕尔工厂，在这个厂的 3 名初选人中布尔什维克就占了 2 名。我们没有关于社会革命党提候选人的全部资料，而很有可能，社会革命党在俄美机械厂、亚历山德罗夫车辆制造厂和"阿特拉斯"工厂等单位都失败了，要是注意到这一点，那么可以得出这样的结论：**总的说来，布尔什维克战胜了社会革命党**。

相反，在孟什维克的工厂中，社会民主党被击败了：社会革命党获得了 12 个席位，而社会民主党只有 6 个。毫无疑问，**总的说来，社会革命党在无产阶级群众面前战胜了孟什维克**。

从涅瓦区的资料中得出的结论到底在多大程度上可以适用于整个彼得堡，我们不能确切知道。但是，在"整个社会民主党的彼得堡"都说社会革命党在各大工厂中取得了意想不到的胜利的情况下，社会民主党初选人的总数看来仍然大大超过社会革命党初选人的总数，根据这一点就可以设想，涅瓦区的资料是相当典型的。据报道，在瓦西里耶夫岛，在波罗的海工厂这个**孟什维主义**的中心，社会革命党以绝大多数票战胜了孟什维克：社会革命党获得将近 1 600 票，而孟什维克还不到 100 票。可是在规模宏大的制管工厂却相反，社会革命党也搜罗了将近 1 600 票，但布尔什维克获得了1 500票左右，而且布尔什维克对选举**提出了异议**，声明选举是不合法的，因为有一个票箱被捣毁了，因此要求宣布选举无效。再看另一个报道：在弗兰科-俄罗斯工厂，十分放肆的孟什维克知识分子，曾从这个工厂"拉到了"370张**全部是选举孟什维克**当社会民主党彼得堡代表会议代表的选票，可是在这里当选为初选人的却是**一个布尔什维克和一个社会革命党人**。在维堡区这个孟什维主义的堡垒，社会革命党战胜了社会民主党的孟什维克。等等，等等。

为了核实这些报道，为了得到精确的资料，**无疑必须**在对选举的印象尚未消失时就**立即搜集所有**选举初选人的工厂的资料。本市的社会民主党的工作人员把每个厂的数字分别搜集和记载下来并不费事。而总结这些数字，对于社会民主党来说却**很需要**，因为这样可以对选举完全做到心中有数，可以不畏首畏尾地掩盖自己的错误和缺点，而按照党的原则来批评这些错误和缺点，并用全力来克服这些缺点。

如果不密切注意**工人群众**投票选举无论哪一个政党的候选人的进程，我们就**无法**在圣彼得堡坚定不移地进行社会民主党的工作。对于资产阶级政党来说，要紧的只是得到多少多少代表名额，而对于我们来说，要紧的却是要让群众自己**认清社会民主党的**学说和策略同一切小资产阶级政党（即使它们自称是革命的、社会主义的政党）的区别。因此我们必须搞到有关圣彼得堡工人选民团投票和选举的精确而充分的统计资料。

因此我们恳切要求圣彼得堡本市各区和各分区的社会民主党工作人员大致按照下列提纲提供一份精确的统计资料：（1）区；（2）工厂名称；（3）工人人数；（4）投票者人数；（5）参加竞选的候选

人的党派:社会革命党,布尔什维克,孟什维克,其他党派;(6)**每个**候选人的得票数。汇总这些统计资料,对于评价社会民主党各方面的工作,对于判断我们下次选举的成败,就有了稳妥的根据。

载于 1907 年 1 月 30 日《通俗言语周报》第 3 号

译自《列宁全集》俄文第 5 版第 14 卷第 349—353 页

在彼得堡选举中如何投票？

(关于黑帮危险的鬼话对谁有利?)

(1907 年 2 月 4 日〔17 日〕)

革命派的社会民主党人早已指出:关于黑帮危险的鬼话,是那些想摆脱**从左面来的危险**的立宪民主党人无中生有地散布出来的。

人们没有听社会民主党人的话。自由派的报刊过去和现在都齐声叫喊黑帮危险。小资产阶级的激进派即民粹派,天真地附和了自由派。社会民主党中的机会主义者也跟着自由派跑,有时(例如在彼得堡)竟堕落到公然用工贼行径来对待无产阶级。

请看一看吧,选举究竟说明了什么?

现在大家都看出,选民的情绪已经**向左**转了。黑帮在选举中遭到的失败比去年惨重得多。革命的社会民主党人**是正确的**。所谓投票中的黑帮危险,是那些背着人民同斯托雷平搞交易的立宪民主党人制造的**鬼话**。大家知道,去年在彼得堡投立宪民主党的票的沃多沃佐夫先生现在已经抛弃了他们,公开揭露了米留可夫晋谒斯托雷平的行径! 米留可夫本来应当承认这个事实,可是他一直向人民**隐瞒**斯托雷平向他提出的立宪民主党合法化的条件!

现在,立宪民主党人在他们的报纸上拼命向斯托雷平表白他们的温和、谦虚、忠诚,表白他们不依赖"左派"并且有决心同"左派"作斗争。

你看，这岂不是一种既有利又方便的政策吗？在诱骗斯托雷平和他的伙伴即黑帮的时候，就唾弃"左派"，在报刊上、会议上和选举中反对左派。而在诱骗左派的时候，确切些说，在诱骗左派中头脑简单的人和左派中的工贼的时候，就叫嚷黑帮危险，说什么为了不分散选票，请投立宪民主党的票！

立宪民主党人在莫斯科执行的也正是这种政策。原杜马代表、最出名的立宪民主党人之一的科科什金先生选举那天在《俄罗斯新闻》上写道：

"每个人都知道：左派联盟不能争取那些在'十月党人'和'立宪民主党人'之间动摇不定的无党派人士的选票；它不能夺取'十月十七日同盟'任何一张选票。但是，它能夺取人民自由党的选票，**从而促使反动派取得胜利**。它的活动一旦成功，**只会得到这样的实际结果**。"

在选举当天的早上，科科什金先生就是这样写的。而选举已经证明，科科什金先生撒了**弥天大谎**。左派联盟活动的结果表明：**不管我们夺取立宪民主党多少选票**，右派在莫斯科**取胜都是不可能的**！

莫斯科的选举**证明**，黑帮危险这种鬼话是**立宪民主党造的谣**，今后只有左派中那些甘心充当工贼的人才会随声附和。

看看各选区的选票数字吧。我们把全部数字都列入了下面的一篇短评《关于莫斯科选举的初步材料》。这些数字表明，**在 16 个选区**①**中的 14 个选区**，十月党人所得的票数还不到立宪民主党和

---

① 莫斯科共有 17 个选区。但是第 17 选区即皮亚特尼察区的材料不充分。在这个选区里，立宪民主党至少获得 1 488 票，十月党人大概获得 600 票；左派联盟大概获得 250 票。

左派的总票数的一半。这就是说,**在14个选区内**,左派的单独竞选**无论如何都不可能**"促使反动派取胜"。

科科什金先生**撒了谎**,竟诬蔑左派联盟是反动派的帮凶!

科科什金先生用黑帮危险这种**假话来吓唬**选民,要选民不投左派联盟的票。

科科什金先生也像彼得堡的立宪民主党人一样,甚至在财产合格的选民面前**不敢**提出**实质性**问题:选民**在原则上**是同情斯托雷平的对话人的政党还是同情社会民主党和劳动派。科科什金之流的先生们也像彼得堡的立宪民主党人一样,他们利用的不是选民的觉悟,**而是**被自由派的仆从报刊关于黑帮危险的叫嚣所蒙蔽的**小市民的胆怯**。

莫斯科的选举,的确是**被吓倒了的小市民**的选举。这一点可以从已被公认为不同情"布尔什维克"的报刊上得到证明。

1月29日《交易所新闻》[194]刊登了该报特派记者报道《莫斯科选举复选人》的情况的来信。这位记者是这样写的:

"选民们投完了票,远远地走开,开始交谈观感。

——喂,怎么样,大概投了格林格穆特的票吧?——一个承包人问他的工长。

——哪儿的话,谢尔盖·彼得罗维奇,我们投了立宪民主党人的票。——身子又矮又胖活像一只圆桶的工长回答说。

——为什么不投左派联盟?——承包人追问一句。

——危险,选票会分散。——工长回答说。"

这就是莫斯科大批小市民投立宪民主党的票的原因!小市民不投左派的票,**并不是因为对他们反感**,而是因为"危险,**选票会分散**",也就是因为小市民**相信了立宪民主党的谣言**,造谣者利用他们垄断的每天出版的自由派报纸来愚弄小市民。

　　莫斯科1月28日的选举表明:在提出四个名单的情况下,选票**不会**分散到**造成黑帮胜利的危险**。

　　立宪民主党人在莫斯科愚弄了被吓倒了的小市民。应该让彼得堡的选民了解这一点,要他们不再落入那些同斯托雷平搞交易的立宪民主党人的圈套!

　　我们还请读者注意一下1906年和1907年的材料(莫斯科的9个选区的材料。可惜,我们手头没有更充分的材料)的对比。大家知道,所有立宪民主党的应声虫和左派中的工贼都在叫嚷参议院说明。据他们说,参议院的说明证明:1906年的材料**不能作为依据**;1907年的选举一定会碰到糟糕的情况;现在有黑帮危险。

　　莫斯科的情况究竟说明了什么呢? 1906年在9个选区内选立宪民主党人的有13 220票,选右派的有5 669票(十月党人)加690票(君主派),共6 359票(或许还**稍多一些**,因为从我们列举的数字中可以看出,关于君主派在这9个选区中的某些选区获得的票数,一点材料也没有)。

　　1907年在这9个选区内不选黑帮的有14 133票(其中11 451票选立宪民主党人,2 682票选左派),而选黑帮的有5 902票(其中4 412票选十月党人,1 490票选君主派)。

　　总之,尽管有参议院的说明,1907年**投票**的人数比1906年还稍多一些(20 025比19 579)。不选黑帮的票数**多于**1906年(14 133比13 220);选黑帮的票数**少于**1906年(5 902比6 359)。

　　莫斯科的经验**实际**证明:1906年的材料是**完全**可以信赖的,因为1907年的材料表明好转了**一步**。

　　而1906年彼得堡的选票数字说明什么呢? 这些数字说明:在

产生 114 名复选人的 9 个选区内，黑帮在 1906 年获得的**最多**票数**不到立宪民主党获得的最少票数的一半**。①

这就是说，即使把不选黑帮的票数分给立宪民主党和左派，**右派在彼得堡取胜也是不可能的**。

甚至 1 月 29 日彼得堡**全县**的城市选民选举复选人的情况也表明，黑帮危险是立宪民主党用来骗人的鬼话。甚至在这些见到名单和参加投票都非常困难的选民当中，黑帮获得的票数也**寥寥无几**，因而**不管怎样分散选票**，他们都不可能取胜。当时选立宪民主党人的最少有 1 099 票，选**社会民主党人**的有 603 票，选十月党人的有 652 票，选"俄罗斯人民同盟"的有 **20** 票。不管我们当时从立宪民主党那里夺取多少选票，右派都**不会**当选！

因此，我们现在十分坚决地声明：凡是以黑帮危险为名，要求不分散选票而在彼得堡号召选举立宪民主党人的人，都是**存心撒谎和欺骗选民**。凡是以黑帮危险为名，放弃在彼得堡竞选，哪怕是放弃在一个选区竞选的人，**都是存心撒谎和欺骗选民**，掩饰自己**对左派联盟的工贼行径**。

彼得堡也像莫斯科一样，没有黑帮危险，而有立宪民主党危险。危险在于：愚昧无知的被吓倒了的小市民会去投立宪民主党人的票，并不是因为他们对左派联盟反感，对社会民主党人和劳动派反感，而是因为撒谎的立宪民主党报刊给他们灌输了担心选票分散的心理。

凡是希望选民在彼得堡**按照自己的认识**去投票的人，都应当竭力防止**这种"危险"**。

---

① 《观察周报》**195**第 **1** 号**全部**发表了这些数字（见本卷第 **326** 页。——编者注）。为了让彼得堡的**全体**选民知道这些数字，我们在下面**再转载一次**。

彼得堡没有黑帮危险，有立宪民主党危险。因此，在分散选票可能使黑帮取胜（根据1906年的材料推测）的3个选区（瓦西里耶夫岛区、罗日杰斯特沃区和利季约区）弃权，就是对左派的不可饶恕的工贼行径。在174名复选人总数（全市160名加上工人选民团14名）中，这3个选区产生46名。就是说，**这些选区不可能影响选举的结果**，却很可能影响左派或立宪民主党的胜利。假定说，社会民主党和劳动派在斯帕斯区、莫斯科区、彼得堡区和维堡区这4个选区取胜（随便举例），那时左派就会有74名复选人（60名由城市选出，14名由工人选出）。如果立宪民主党在其余**所有**选区取胜，他们就会拥有100名复选人，**就会把他们的全部代表都搞到杜马里去**！如果黑帮在上面所说的3个选区内当选（有46名复选人），立宪民主党就会只有54名复选人，因此立宪民主党要从**六个杜马席位中**弄到**两个席位，就势必**同左派联合。

这就是说，谁在彼得堡的3个"黑帮"选区弃权，谁就是在**暗中为立宪民主党效劳**，谁就是破坏左派联盟的工贼！

选民公民们！不要相信那些向你们宣扬在彼得堡分散选票有危险的骗子。不要相信在彼得堡有黑帮危险这种谎话。

在彼得堡没有黑帮危险。右派在彼得堡不可能因为在立宪民主党和左派之间分选票而取胜。

投票时不要担心那些暗中同斯托雷平进行幕后交易的造谣家立宪民主党人杜撰出来的"危险"。凭良知和信念投票吧。

选举那些要农民倾家荡产付出赎金、把农民的事业出卖给自由派地主、暗中同斯托雷平搞交易、同黑帮进行谈判的自由派资产者呢?

还是选举社会民主工党，选举得到所有劳动派政党支持的无产阶级的政党？

公民们，投左派联盟的票吧！

载于 1907 年 2 月 4 日《观察周报》
第 2 号

译自《列宁全集》俄文第 5 版
第 14 卷第 354—359 页

关于莫斯科选举的初步材料

(1907 年 2 月 4 日〔17 日〕)

自由派的报纸和为自由派效劳的报纸仍然在叫嚷莫斯科和彼得堡的黑帮危险。

为了说明这些叫嚷和论调**虚伪**到什么程度,我们下面列表举出彼得堡的报纸上现在已公布的有关莫斯科选举的全部材料。

为了对比,我们同时还引用了 1906 年 3 月 28 日《我们的生活报》上关于 1906 年莫斯科市选举的材料。

这些材料一次又一次地证明关于"黑帮危险"的神话**完全是无稽之谈**。关于这些材料的意义,我们在另外的地方再谈。

1907 年莫斯科市选举中的得票数字是:

莫斯科市的选区	立宪民主党	十 月 党	君 主 派	左派联盟
阿尔巴特区 ……………	1 348	514	154	214
巴斯曼区 ……………	934	462	113	155
戈罗德区 ……………	643	266	107	61
列福尔托沃区 ………	938	631	244	190
米亚斯尼茨区 ………	1 331	551	191	191
普列奇斯坚卡区 ……	1 183	538	161	175
普列斯尼亚区 ………	1 196	550	187	458
罗戈日区 ……………	1 565	963	267	286
谢尔普霍夫区 ………	469	189	69	101

（续）

莫斯科市的选区	立宪民主党	十月党	君主派	左派联盟
斯列坚卡区 …………	1 239	403	106	303
苏谢沃区 …………	2 061	700	398	841
哈莫夫尼基区 ………	1 011	647	197	297
亚基曼卡区 ………	1 153	552	171	241
特维尔区 …………	1 730	680	189	313
亚乌扎区 …………	1 117	299	75	162
梅先区 …………	1 839	838	262	689
16 个选区总计…………	19 757	8 783	2 891	4 677

莫斯科市的选区	立宪民主党	十月党	君主派	左派联盟
1906 年				
阿尔巴特区 …………	1 269	700	?	—
苏谢沃区 …………	2 867	930	193	—
普列斯尼亚区 ………	1 662	646	150	—
普列奇斯坚卡区 ………	1 810	734	?	—
特维尔区 …………	1 810	850	174	—
戈罗德区 …………	571	362	50	—
斯列坚卡区 …………	1 368	640	40	—
亚乌扎区 …………	600	300	?	—
巴斯曼区 …………	1 263	507	83	—
9 个选区总计 …………	13 220	5 669	690	—
1907 年这 9 个选区总计	11 451	4 412	1 490	2 682

　　可见，莫斯科的选举证明关于黑帮危险的鬼话是**无稽之谈**。再提醒一下，1906年彼得堡的选举材料**也同样证明如此**：

　　彼得堡第一届杜马选举的投票情况：

选区	立宪民主党名单所得的最少票数	该票数的一半	右派政党的名单所得的最多票数	复选人数目[196]
海军部区 ··············	1 395	697	668	－ 5
亚历山大-涅瓦区········	2 929	1 464	1 214	－16
喀山区 ···············	2 135	1 067	985	－ 9
纳尔瓦区 ·············	3 486	1 743	1 486	－18
维堡区 ···············	1 853	926	652	－ 6
彼得堡区 ·············	4 788	2 394	1 729	－16
科洛姆纳区 ···········	2 141	1 070	969	－ 9
莫斯科区 ·············	4 937	2 468	2 174	－20
斯帕斯区 ·············	4 873	2 436	2 320	－15
利季约区 ·············	3 414	1 707	2 097	＋15
罗日杰斯特沃区 ·······	3 241	1 620	2 066	＋14
瓦西里耶夫岛区 ········	3 540	1 770	2 250	＋17

载于1907年2月4日《观察周报》第2号　　　　　　译自《列宁全集》俄文第5版第14卷第360—361页

政治上的利德瓦尔事件

（1907 年 2 月 4 日〔17 日〕）

据《电讯报》[197]报道（1 月 26 日），1 月 24 日在土木工程师大厅里召开的会议上发生了下面一件事情。

"瓦·瓦·沃多沃佐夫走上讲台，提请会议注意涅梅季剧院事件。'我当时在那里问，米留可夫背着选民同斯托雷平进行谈判是不是真的。回答我的是一片喊声："胡说！诬蔑！"而格列杰斯库尔教授答复说，米留可夫是一位党可以绝对信任的正直的人。我决不怀疑米留可夫的为人正直，但是，这种谈判确实进行过。这一点连米留可夫也不否认。今天他在《言语报》上写道，他就人民自由党的合法化同斯托雷平谈判过，而斯托雷平向他提出了不能接受的建议。**但是，米留可夫隐瞒了这些建议究竟是一些什么样的建议。如果这些建议是卑鄙的，就应当公布出来，让全民把它们钉上……耻辱柱！**'

警察局长宣布：'现在散会！'

听众吵吵嚷嚷吹着口哨拥向门口。会议主办人严厉地责备沃多沃佐夫，警察局长则派了两名巡警守在讲台旁边，以防意外。"

沃多沃佐夫先生企图**揭露**米留可夫同斯托雷平的谈判，不应当受到严厉责备，而应当受到赞赏。只有不了解**公民**义务的**小市民**，或者想向人民**隐瞒**立宪民主党的勾当的人，才会责备政治活动家的这种行动。我们不知道，由立宪民主党人纳波柯夫作报告的这次会议的主办人属于这两类人中的哪一类。

米留可夫同斯托雷平谈判这个问题具有重大意义。有意忽视和回避这个问题，声称这是一件毫无意义的丑闻的人，是极端错误的。谁怕提这件丑闻，谁就没有意识到自己作为一个公民有责任揭露**政治上的利德瓦尔事件**。

米留可夫同斯托雷平的谈判正是政治上的利德瓦尔事件的一小部分。不过，这里我们看到的不是应当受刑事处分的贪污和舞弊，而是一个盗用"人民自由"这一伟大字眼的政党所搞的**政治上无耻的罪恶交易**。

我们在《劳动报》[198]上已经指出：米留可夫**向人民隐瞒**了斯托雷平提出的"条件"，隐瞒了他晋谒的次数和时间。他还隐瞒了是斯托雷平召见他，还是他米留可夫自己求见的。最后，他还隐瞒了立宪民主党彼得堡委员会和中央委员会对这件事是否有决议，中央是否给省里发过通知。

不难看出，要对立宪民主党的祖巴托夫行为作出全面的评价，有待于这些材料的公布。向人民**隐瞒的都是些坏**事情。沃多沃佐夫先生说得对，**应当把**它们**公布出来**。如果沃多沃佐夫先生希望有政治责任感的公民们把他看成是一位正直、刚毅和坚定的政治家，而不是一个专门追求奇闻的新闻记者，他就**应该**继续进行揭露。如果问题牵涉到全民事业中的**丑行**，公民就**有责任迫使**隐瞒者说话。

无论是谁，只要**稍微**了解这些丑行并且愿意履行公民的责任，他就应该**迫使**米留可夫之流到法庭去控告他犯了诬蔑罪，**然后他**应该**在法庭上揭露**立宪民主党的领袖，揭露他们在人民同旧制度进行激烈的选举战的时候，却背着人民同旧制度的领袖进行幕后交易！

现在我们向米留可夫先生和立宪民主党公开提几个问题：

1.米留可夫（**还有他的伙伴**？）晋谒斯托雷平先生是在什么时

候或者各次晋谒究竟是在什么时候？

　　2. 是斯托雷平自己邀请米留可夫的吗？米留可夫**一点也不知道**斯托雷平想同他谈的那些"卑鄙的"（沃多沃佐夫先生语）条件吗？

　　3. 立宪民主党彼得堡委员会和中央委员会为讨论斯托雷平的**建议**而举行的会议（或两个委员会的联席会议）到底是在什么时候召开的？会上没有决定为响应这些建议采取**某些步骤**吗？关于这件事情没有给省里下达**什么指示**吗？

　　4. 米留可夫晋谒斯托雷平以及这两位要人为了互相迎合而采取的其他**某些步骤**，同立宪民主党 1 月 18 日在与小资产阶级联盟举行的"代表会议"上的行为的**性质**有什么联系？

　　我们将来还要（大概不止一次）揭露立宪民主党人"晋谒"黑帮的问题。我们还要拿出易于使局外人了解的各种文献来证明：正是在立宪民主党同黑帮的这些谈判中，包含着"左派"同立宪民主党**不能建立**共同联盟的**原因**，这种联盟是许多人希望建立而我们始终反对的。

　　现在我们只是指出：

　　希望米留可夫先生和立宪民主党知道：**不只是沃多沃佐夫一个人**，而且还有许许多多的人，都会来全力**揭露这个政治上的利德瓦尔事件**！

载于 1907 年 2 月 4 日《观察周报》　　　译自《列宁全集》俄文第 5 版
第 2 号　　　　　　　　　　　　　　　第 14 卷第 362—364 页

彼得堡选举的意义

（1907年2月4日〔17日〕）

彼得堡的竞选运动即将结束。离选举只有三天了，当读者看到这篇文章的时候，彼得堡的投票结果已经揭晓了。

在彼得堡选举揭晓以前，似乎不好谈论这次选举的意义。其实并非如此。彼得堡的竞选运动经历的时间这样长，这次运动提供的非常有教益的政治材料这样多，因此它的意义已经完全明确了。不论选举的结果怎样，1906—1907年彼得堡的运动毫无疑问已经成为俄国革命史上一个重大的独立阶段。

革命在彼得堡竞选运动中所取得的不可磨灭的成果，首先在于弄清楚了各个政党的相互关系和各个阶级的情绪（从而也弄清楚了各个阶级的利益和整个政治形势），其次，在重大的公开的群众性事件中，对社会民主党在俄国资产阶级革命中的**基本**策略问题的各种答案作了**实际的**检验。

彼得堡竞选运动中的主要事件是以旋风般的速度发生的。在这一阵旋风中，人们不得不立即**采取行动**，于是各个政党和派别的真正性质和实质比过去任何时候都更清楚地显露出来了。在这一阵旋风中，任何表面上的联系、任何党的传统都保持不住了，——组织分裂了，诺言背弃了，决议和立场改变了，每天都有极重大的新闻。不同政党和不同派别之间的冲突异乎寻常地尖锐，平时就很激烈的论战,这时转为格斗。而这种情况之产生,并不是由于俄国人不能自制,不是由于地下状态养成的怪癖,也不是由于我们没有教养,——只有庸人才会这样来解释问题。

不,尖锐冲突和激烈斗争的原因在于阶级差别的**深刻性**,在于社会倾向和政治倾向的**对抗性**;这些倾向在事变的影响下出乎意料地迅速地显现出来了,要求每个人立即采取"步骤",使所有的人转入冲突,迫使他们用斗争来维护自己目前的地位、自己真正的路线。

彼得堡是各个政党的中央所在地。它是俄国政治生活的中心。这里的报刊不是地方性的,而是全国性的。所以结果必然是:彼得堡各个政党的竞选斗争,就是俄国革命今后发生的许多议会的或非议会的斗争和事件的最重要的征兆、标志和榜样。

最初提出来的似乎是一个小的、次要的"技术性"问题,即关于一切反对派政党和革命政党为防止黑帮危险而达成协议的问题。其实,在这个"简单的"问题的掩盖下,隐藏着主要的政治问题:(1)关于政府对自由派即立宪民主党的态度;(2)关于立宪民主党的真正倾向;(3)关于立宪民主党在俄国解放运动中的领导权;(4)关于劳动派即小资产阶级的政党的倾向;(5)关于温和的人民社会党人和革命的社会革命党人的阶级共性和政治上的亲密关系;(6)关于社会民主工党的小资产阶级部分或机会主义部分;(7)关于无产阶级在解放运动中的领导权;(8)关于俄国革命的小资产阶级民主派的看得见的即公开的和看不见的即隐蔽的分子和"潜在力量"的作用。

所有这许多政治问题都是由生活本身,即选举运动的进程本身提出的和解决的。这些问题的提出违背了许多政党的意志,并且不管它们是否意识到这些问题——这些问题的解决是"强制性"的,甚至会破坏一切传统——而最终的结果对于参加运动的一大批政治家来说,也是完全出乎意料的。

小市民们一谈到所有这些意外事件,便摇着头说:布尔什维克总有办法。他们真走运!

这些话使我想起了不久以前发表的恩格斯致左尔格的那些信中的一段话。1884年3月7日恩格斯在致左尔格的信中写道:

"两个星期以前,我的一个侄子从巴门来看我。他是一个自由保守党人。我对他说:'现在我们在德国已经处于这样的地位,我们简直可以什么都不干,而让我们的敌人为我们工作。不管你们废除反社会党人法,还是延长它的有效期,不管你们把它修改得更残酷些还是稍微温和些,反正都一样。无论你们做什么,总是对我们有利。'他答道:'是啊,情况对你们非常有利。'我说:'当然啦,要是40年前我们没有正确地判断情况并据此采取行动的话,那么情况就不会对我们有利了。'侄子未再回答。"①

布尔什维克当然可以不去引证40年前的情况——我们在这里是把不大的事情同很大的事情相比较——但是可以引证布尔什维克确定了社会民主党在资产阶级革命中的策略以后的几个月和几年的情况。在彼得堡竞选运动的最重要的和决定性的时期,布尔什维克实际上是**坐享其成了,**——**情况对我们有利。**我们的一切敌人,从残酷无情的大敌斯托雷平开始,到挥舞纸剑的"敌人"修正主义者为止,都**在为我们工作。**

在彼得堡选举运动初期,一切反对派、一切左派都是反对布尔

---

① 参看《马克思恩格斯全集》第1版第36卷第125—126页。——编者注

什维克的。它们采取了一切可以采取的、一切想象得出的办法来反对我们。**而结果正合我们的心意。**

为什么呢？因为我们很早以前（从1905年在日内瓦出版的《两种策略》^①一书起）就非常正确地估计到了政府对自由派的态度以及小资产阶级民主派对无产阶级的态度。

什么原因使立宪民主党同**除了布尔什维克以外**的一切"左派"几乎结成的联盟**破裂了**呢？是米留可夫同斯托雷平的谈判。斯托雷平一招手，立宪民主党人就背弃了人民，像狗崽子一样爬到黑帮主子那里去了。

这是偶然的吗？不，这是**必然的**，因为自由主义君主派资产阶级的基本利益要求这个阶级在每个决定性关头都不同人民在一起进行革命斗争，而同反动派妥协。

什么原因使一切小资产阶级政党（民粹主义政党和劳动派政党）和工人政党的小资产阶级部分——孟什维克成为**极不坚定的**和无骨气的人呢？为什么他们动摇不定、反复无常、左右摇摆，为什么他们追随立宪民主党人并把立宪民主党人奉若神明呢？

不是由于某个西多尔或卡尔普的个人品质问题，而是由于小资产者必然步自由派的后尘，当自由派的尾巴，小资产者不相信自己，不能忍受暂时的"孤立"，不能沉着而坚定地对待资产阶级走狗的叫嚣，他们不相信群众即无产阶级和农民的独立的革命斗争，拒绝在资产阶级革命中起领导者的作用，放弃自己的口号，而去迎合和巴结米留可夫之流……

而米留可夫之流正在巴结斯托雷平！

----

① 见本版全集第11卷第1—124页。——编者注

布尔什维克独立地确定了自己的路线，并且早就在人民面前树起了**自己的**旗帜，革命的无产阶级的旗帜。

揭穿关于黑帮危险、关于通过晋谒斯托雷平之流的方法进行"斗争"的骗人的鬼话！谁愿意真正使人民得到自由，谁愿意真正使革命取得胜利，——就跟着我们走吧，既反对黑帮匪徒，也反对立宪民主党商贩。

在**任何情况**下，我们都自己投入战斗。我们不怕使自己"孤立"，我们不参与你们的卑鄙下流的诡计和勾当。

和无产阶级一道搞革命，还是和自由派一道去同斯托雷平谈判，选民们，请你们选择吧！民粹派先生们，请你们选择吧！孟什维克同志们，请你们选择吧！

我们确定了**自己的**路线以后，便**坐享其成了**。我们等着瞧这场已经开始的格斗的结局。1月6日我们的代表会议树起了**我们的旗帜**。1月18日以前，米留可夫在斯托雷平跟前纠缠，而孟什维克、民粹派和无党派人士则在米留可夫跟前纠缠。

所有的人都纠缠在一起了。所有的人都玩弄手腕，所有的人都互相责骂，互相攻击，所以他们**不可能**走到一起。

我们没有玩弄手腕，而是为了维护我们所明确和公开提出的无产阶级革命斗争的原则而**痛斥过所有这些人**。

一切**能够投入斗争**的人都跟我们走了。左派联盟成了事实。革命的无产阶级领导权成了事实。**革命的无产阶级**领导了**所有的**劳动派和大部分孟什维克，甚至领导了知识分子。

在彼得堡的选举中已经树起了**革命的无产阶级的**旗帜。不管这回有所有政党参加的俄国第一次重要选举的结果如何，独立的、执行自己路线的无产阶级的旗帜已经树立起来了。这面旗帜将在杜马斗争以及引导革命走向胜利的**其他一切**形式的斗争中迎风飘扬。

　　通过自己的独立的、坚定的和不屈不挠的行动把被压迫被奴役的农民群众,把动摇不定的、反复无常的和意志薄弱的小资产阶级民主派群众吸引到自己方面来,使他们同背叛的自由派资产阶级断绝关系,从而钳制这个资产阶级,领导人民的群众运动去推翻万恶的专制制度,——这就是社会主义无产阶级在资产阶级革命中的任务。

载于1907年2月11日《无产者报》第13号　　　　　　　　　　译自《列宁全集》俄文第5版第14卷第365—370页

卡·马克思致路·库格曼书信集
俄译本序言

（1907 年 2 月 5 日〔18 日〕）

现在我们把德国社会民主党《新时代》周刊上发表的马克思给库格曼的信，全部汇集成册出版，目的是想使俄国读者更好地了解马克思和马克思主义。马克思在通信中对他自己的私事谈得很多，这是理所当然的。对于写传记的人来说，这些材料都是异常宝贵的。但是对于广大读者，特别是对于俄国工人阶级来说，这些书信内包含着理论和政治材料的那些地方，却更加重要得多。正是在我国，在目前的革命时代，细心研究马克思对工人运动和世界政治的各种问题的直接评论材料，是特别富有教益的。《新时代》杂志编辑部说得完全对："认识那些在大变革时代形成其思想和意志的人物的面貌，就能提高我们自己。"在 1907 年，俄国社会党人更是加倍需要有这种认识，因为他们从这种认识中间可以得到许多极宝贵的指示，从而了解他们在本国所经历的一切革命中的直接任务。俄国现在正处于"大变革"的时代。马克思在相当动荡的 19 世纪 60 年代所采取的政策，在很多情况下是社会民主党人在目前俄国革命中采取的政策的直接榜样。

因此，我们现在只是简单地提一下马克思书信中理论上特别重要的地方，而比较详细地谈谈他作为无产阶级的代表所采取的革命政策。

从更全面和更深刻地弄懂马克思主义的观点来看，特别值得注意的是他在 1868 年 7 月 11 日写的一封信（第 42 页及以下各页）①。马克思在这封信里通过反驳庸俗经济学家的方式，非常清晰地说明了**自己**对所谓"劳动"价值论的见解。马克思把素养较差的《资本论》读者会很自然产生、因而被庸俗的"教授式的"资产阶级"科学"的代表人物百般利用的那些反对马克思价值论的意见，作了一个简单扼要而又异常透彻的分析。这里马克思指出了他怎样说明和应当怎样说明价值规律。他以最通常的反对意见为例，说明了他自己所运用的**方法**。他阐明了价值论这样一个（似乎是）纯粹抽象的理论问题同那些要求"**把缺乏思想的混乱永远保持下去**"的"统治阶级利益"之间的联系。我希望，凡是开始研究马克思和阅读《资本论》的人，在钻研《资本论》最难懂的头几章的时候，能把我们上面提到的那封信反复地读一读。

书信中另外一些在理论上特别有意思的地方，就是马克思对于各个作家的评论。马克思的这些评论写得非常生动，充满热情，可以看到他对一切重大思潮都全神贯注地进行考察分析。当你读到这些评论的时候，就会觉得自己好像是在亲自聆听这位天才思想家讲话一样。除了那些顺便谈到的对于狄慈根的评论以外，特别值得读者注意的是他对蒲鲁东派**199**的评论（第 17 页）。只是轻轻几笔就把那些在社会大动荡时期投靠"无产阶级"，但不能领会工人阶级的观点，不能刻苦认真地在无产阶级组织"行列中间"进行工作的资产阶级的"优秀的"知识青年描绘得惟妙惟肖。②

---

①　见《马克思恩格斯文集》第 10 卷第 289—291 页。——编者注
②　同上书，第 243 页。——编者注

对杜林的评论(第35页)①好像是预示了恩格斯(同马克思一起)在9年以后所写的有名的《反杜林论》一书的内容。这本书有策杰尔包姆的俄译本,可惜这个译本翻译得很糟,不仅有许多遗漏,而且有不少错误。信里还有对杜能的一段评论,其中也牵涉到李嘉图的地租论。② 马克思早在1868年就坚决驳斥了"李嘉图的错误",而在1894年出版的《资本论》第3卷中则已把这些错误彻底驳倒了。但是,直到现在,从我国十足资产阶级的、甚至是"黑帮"的布尔加柯夫先生起,直到"准正统派"马斯洛夫,所有这些修正主义者都仍然在重复这些错误。

还值得注意的是对于毕希纳的评论,其中谈到他的庸俗唯物主义和从朗格著作("教授式的"资产阶级哲学的正常的依据!)中抄来的"肤浅的废话"(第48页)③。

现在我们来谈谈马克思的革命政策。我们俄国社会民主党人中居然流行着一种对马克思主义的市侩观念,以为具有特殊斗争方式和无产阶级的特殊任务的革命时期是变态,而"宪制"和"极端反对派"却是常规。当今世界上无论哪一个国家也没有像俄国这样发生如此深刻的革命危机,同时无论哪一个国家也没有对革命采取如此怀疑和庸俗态度的"马克思主义者"(降低马克思主义,把马克思主义庸俗化)。我们这里的人总是从革命内容是资产阶级的这一事实得出肤浅的结论,认为资产阶级是革命的**动力**,而无产阶级在这个革命中则负担次要的、附属的任务,认为无产阶级不能领导这个革命!

---

① 见《马克思恩格斯文集》第10卷第280—281页。——编者注
② 同上。——编者注
③ 参看《马克思恩格斯全集》第1版第32卷第567页。——编者注

马克思在他给库格曼的书信中是多么有力地揭穿了这种对马克思主义的肤浅看法呀！拿1866年4月6日写的一封信来说吧。马克思当时已经完成了他的主要著作。在他写这封信的14年前，他已经最后作出了对于德国1848年革命的估价。[200]1850年，他自己否定了自己在1848年认为社会主义革命即将到来的社会主义幻想①。在1866年，他刚开始看见新的政治危机在日益增长的时候，便写道：

"但愿我们的庸人〈指德国自由派资产者〉最终会认识到，如果没有一次推翻哈布斯堡和霍亨索伦王朝的革命，结果必将再一次引起一场三十年战争……"（第13—14页）②

这里丝毫也没有幻想即将到来的革命（这次革命是从上面发生的，而不是像马克思所期待的那样从下面发生的）会推翻资产阶级和资本主义。这里十分明确地指出，这个革命只是推翻普鲁士和奥地利的君主制度。而他对这个资产阶级革命具有多么大的信心啊！这位了解资产阶级革命对社会主义运动的发展有巨大作用的无产阶级战士充满着多么强烈的革命热情啊！

过了三年，在拿破仑帝国崩溃的前夜，马克思指出法国发生了"非常有趣的"社会运动，他**非常高兴地**说道，"巴黎人为了准备去从事即将到来的新的革命斗争，又在细心研究他们不久前的革命经历了"。马克思描写了在评价这段历史时揭示出来的阶级斗争以后，得出结论说（第56页）："这样一来，整个历史的涡流就翻腾起来了！什么时候**我们那里**〈德国〉的形势也会发展到这一步呢！"③

① 参看《马克思恩格斯全集》第1版第7卷第512—514页。——编者注
② 参看《马克思恩格斯全集》第1版第31卷第518页。——编者注
③ 参看《马克思恩格斯全集》第1版第32卷第584—585页。——编者注

这正是俄国知识分子马克思主义者应该向马克思学习的地方。他们因怀疑论而软弱无能，因书呆子气而麻木不仁，他们惯于念忏悔词，很快就厌倦革命，像盼望节日似的盼望葬送革命，渴望用宪法条文来代替革命。他们应该向无产者的这位理论家和领袖学习对革命的信心，学习号召工人阶级把自己的直接的革命任务坚持到底的本领，学习那种决不因革命暂时失利而灰心丧气的坚韧不拔的精神。

马克思主义的学究们以为这全是伦理的空谈，全是浪漫主义，缺乏现实主义！不，先生们，这是革命理论和革命政策的结合，不把这两者结合起来，马克思主义就会变成布伦坦诺主义[201]、司徒卢威主义[202]和桑巴特主义[203]。马克思的学说把阶级斗争的理论和实践结成一个不可分割的整体。因此，谁把冷静地肯定客观情况的理论曲解为替现状辩护，以至于尽快地使自己去适应每次革命的暂时低潮，尽快地抛弃"革命幻想"而去从事"现实主义的"小事，那他就不是马克思主义者。

马克思就是在那些仿佛最平静的、如他所形容的"田园诗般的"时期，或如《新时代》杂志编者所说的"死水一潭的沉闷"时期，也能够觉察到革命即将临近，而**启发**无产阶级去认识他们所担负的先进的革命任务。而我们俄国那些把马克思庸俗化的知识分子，却在最革命的时期教导无产阶级采取消极的政策，采取"随波逐流"、悄悄支持时髦的自由主义政党的最不稳定分子的政策！

马克思对公社的评价是他给库格曼的书信中的精华。拿这种评价来和俄国社会民主党右翼所采用的手段对照一下，是特别有益的。普列汉诺夫在1905年12月以后灰心丧气地喊道："本来就用不着拿起武器。"[204]他居然还把自己同马克思相比，说马克思在

1870年也曾阻止过革命。

是的,马克思**也曾**阻止过革命。但请看看,普列汉诺夫所作的这种比拟,正好表明普列汉诺夫和马克思有天渊之别。

在1905年11月,即第一次俄国革命高潮的一个月以前,普列汉诺夫不但没有坚决警告过无产阶级,反而公开说必须**学会掌握武器**,必须**武装起来**。[205]而一个月以后,当斗争已经爆发的时候,普列汉诺夫却又毫不分析这次斗争的意义、分析这次斗争在整个事变进程中的作用以及同以前斗争形式的联系,就马上扮做一个悔罪的知识分子说道:"本来就用不着拿起武器。"

1870年9月,即在公社成立**半年以前**,马克思已在有名的国际宣言[206]中直接警告过法国工人,说实行起义是**蠢举**。他**事前**就揭露了以为1792年的运动可能再现的民族主义幻想。他**不是事后**,而是好几个月以前就说过"用不着拿起武器"。

当他自己在九月声明中认为**毫无希望的**这件事情在1871年3月开始实现的时候,他又采取了怎样的态度呢?马克思是否利用这一点(像普列汉诺夫利用十二月事件那样)来专门"挖苦"自己的对手,即那些领导了公社的蒲鲁东派和布朗基派呢?他是否像一位女训导员那样唠叨说,我曾经讲过,我曾经警告过你们,而现在你们看,你们的浪漫主义,你们的革命狂想,搞出了什么名堂呢?他是否也像普列汉诺夫教训十二月起义的战士那样,用什么"本来就用不着拿起武器"这类自鸣得意的庸人的说教来教训公社活动家呢?

不。马克思在1871年4月12日给库格曼写了一封**热情洋溢的信**①,我们希望每个俄国社会民主党人,每个识字的俄国工人都

---

① 见《马克思恩格斯文集》第10卷第352—353页。——编者注

把这封信当做座右铭。

马克思在1870年9月把起义说成是蠢举，但到了1871年4月，当他看见人民的群众运动已经起来的时候，他就以参加者的态度，对这个标志着具有世界历史意义的革命运动前进一大步的伟大事变表示莫大的关切。

他当时说，这是要打破官僚军事机器的**尝试**，而不是简简单单把这个机器从一些人的手里转到另一些人的手里。他讴歌蒲鲁东派和布朗基派所领导的巴黎"**英勇的**"工人。他当时写道："这些巴黎人，具有何等的灵活性，何等的历史主动性，何等的自我牺牲精神！"（第88页）……"历史上还没有过这种英勇奋斗的范例"。

马克思最重视的是群众的**历史主动性**。要是我们俄国社会民主党人从马克思身上学到怎样来估计俄国工人和农民在1905年10月和12月所表现的**历史主动性**，那该多好啊！

一方面是半年前就预见到失败的一位深思熟虑的思想家竭力推崇群众的**历史主动性**，另一方面是毫无生气的麻木不仁的迂腐说法："本来就用不着拿起武器！"这岂不是一个天上，一个地下吗？

马克思当时虽然流亡在伦敦，但他却以他特有的全部热情对待这一群众斗争，并且作为这一斗争的**参加者**来批评那些"奋不顾身的"、"**冲天的**"巴黎人所采取的**直接步骤**。

现在俄国马克思主义者中那些在1906—1907年大骂革命浪漫主义的"现实主义的"聪明才子们，在当时不知会怎样讥笑马克思！他们看到这位**唯物主义者**和**经济学家**，这位空想的敌人赞扬冲天的"尝试"时，不知会怎样嘲笑他呢！那些套中人[207]看到这种所谓暴动意图和空想主义等等，看到对冲天的运动所作的这种估价时，不知会怎样掉泪、冷笑或表示怜悯！

　　而马克思丝毫没有像绝顶聪明的鲍鱼那样害怕讨论革命斗争最高形式的**技术**问题。他讨论的正是起义的**技术**问题。是防御，还是进攻呢？——他写道。好像军事行动就在伦敦附近发生似的。接着他自己解答说：一定要进攻，"**本来是应该立刻向凡尔赛进军的**……"

　　这是在 1871 年 4 月，在伟大的流血的五月的几个星期前写的……

　　一个是当起义者开始了冲天的"蠢举"（这话是 1870 年 9 月说的）时说，"本来是应该立刻向凡尔赛进军的"。

　　另一个是当在 1905 年 12 月必须用武力来抵抗敌人夺取我们已经赢得的自由的初次侵犯时说："本来就用不着拿起武器"……

　　是啊，难怪普列汉诺夫把自己同马克思相比！

　　马克思继续从**技术**上提出批评说："第二个错误是中央委员会〈请注意，这是**军事指挥机关**，是指国民自卫军中央委员会〉**过早地**放弃了自己的权力……"

　　马克思善于警告**领导者**不要举行尚未成熟的起义。但他对待冲天的**无产阶级**，却是以实际的顾问，以群众**斗争**的参加者的姿态出现的，因为群众不管布朗基和蒲鲁东的荒谬理论和错误怎样，终究把**整个**运动提到了**更高的阶段**。

　　他当时写道："不管怎样，巴黎的这次起义，即使它会被旧社会的豺狼、瘟猪和下贱的走狗们镇压下去，它还是我们党从巴黎六月起义以来最光荣的业绩。"

　　马克思没有向无产阶级隐讳公社所犯的**任何一个**错误，他为这一**业绩**而写的一部著作，**至今还是**"冲天的"斗争的最好的指南，同时也是自由派和激进派的"**瘟猪**"最害怕的东西。①

　　普列汉诺夫为十二月事件写的一部"著作"，却几乎成了立宪民主党人的福音书。

　　是啊，难怪普列汉诺夫把自己同马克思相比。

　　库格曼在写给马克思的回信中，大概是表示怀疑，认为事情没有希望，说必须采取现实主义态度而不要采取浪漫主义态度，——至少他是拿公社，即拿**起义**同巴黎 1849 年 6 月 13 日的和平示威相比较。

　　马克思立刻（1871 年 4 月 17 日）对库格曼作了严厉的驳斥。

　　他写道："**如果斗争只是在机会绝对有利的条件下才着手进行，那么创造世界历史未免就太容易了。**"

　　马克思在 1870 年 9 月把起义叫做蠢举。但一旦**群众**举行了起义，马克思就愿意同他们一起前进，同他们一起在斗争过程中学习，而不是打官腔，教训他们。他懂得，谁想事先**绝对确切地**估计成功的机会，谁就是有意欺骗，或者是不可救药的书呆子气。他**最重视的**是工人阶级英勇地奋不顾身地积极地**创造**世界历史。马克思观察世界历史，是从正在**创造**历史，但无法事先**绝对准确地**估计成功机会的那些人们的观点出发的，而不是从瞎说"本来容易预见到……本来就用不着拿起……"等等的小市民知识分子的观点出发的。

　　同时，马克思能够理解到历史上常有这种情形，即**群众**进行殊死的斗争甚至是为了一件没有胜利希望的事业，但对于进一步教育这些群众，对于训练这些群众去作**下一次**斗争却**是必需的**。

---

　　① 见《马克思恩格斯文集》第 3 卷第 131—186 页。——编者注

我们现在那些冒牌马克思主义者喜欢滥引马克思的话，只愿仿效他估计已往而不愿仿效他创造未来，他们完全不能理解，甚至根本反对问题的这种**提法**。普列汉诺夫在 1905 年 12 月后开始"阻止……"时，根本就没有想到问题的这种提法。

而马克思正是提出了这个问题，同时丝毫也没有忘记自己在 1870 年 9 月认为起义是蠢举这一事实。

他写道："资产阶级的凡尔赛恶棍们要巴黎人抉择：或是进行战斗，或是不战而降。**工人阶级**在后一场合下的**消沉**，是比无论多少领导者遭到牺牲**更严重得多的**不幸。"①

我们对于马克思在给库格曼的信中教给我们的真正无产阶级政策的教训的简短介绍就到此结束。

俄国工人阶级已一度证明，并且还将不断证明，它有"冲天的"本领。

1907 年 2 月 5 日

载于 1907 年由新杜马出版社
在彼得堡出版的小册子

译自《列宁全集》俄文第 5 版
第 14 卷第 371—379 页

---

① 见《马克思恩格斯文集》第 10 卷第 353—354 页。——编者注

第二届杜马和第二次革命浪潮

1907年2月7日于彼得堡

事变以不能不称之为十足革命的速度发展着。四天以前,我们就彼得堡的选举运动①写道:政治划分已经明朗,只有革命的社会民主党单独断然地、自豪地举起了坚决反对反动派的暴力、反对自由派的伪善的旗帜。小资产阶级民主派(包括工人政党内的小资产阶级部分)则动摇不定,时而转向自由派,时而转向革命的社会民主党。

今天彼得堡进行选举。选举的结果不会改变我们已经指出的社会力量的对比。昨天的杜马选举已经选出了524名代表中的217名,也就是已经选出了$\frac{2}{5}$强,它清楚地勾画出第二届杜马的成分,清楚地勾画出目前形成的政治形势。

根据《言语报》(它是倾向于立宪民主党的,当然把事情渲染得有利于立宪民主党)的资料[208],已经选出的205名杜马代表分配如下:右派37名,民族自治派[209]24名,立宪民主党48名,进步人士和无党派人士16名,非党左派40名,民粹派20名(其中劳动派13名,社会革命党6名,人民社会党1名),社会民主党20名。

毫无疑问,我们面前的这届杜马比上届杜马更左。如果下一步的选举还是这样的结果,那么我们在500名杜马代表中将得出

---

① 见本卷第367—372页。——编者注

如下的粗略数字:右派90名,民族主义者50名,立宪民主党125名,进步人士35名,非党左派100名,民粹派和社会民主党各50名。当然,这只是为了说明问题而作的大体计算,但是现在未必可以怀疑大体的统计数字是正确的。

右派占$\frac{1}{5}$,温和的自由派(自由主义君主派资产者,包括民族主义者,立宪民主党人,以及如果不是全体也是部分进步人士)占$\frac{2}{5}$,左派占$\frac{2}{5}$(其中无党派人士占$\frac{1}{5}$,民粹派和社会民主党人数相等,共占$\frac{1}{5}$)。——这就是根据初步的统计资料描绘出来的第二届杜马的成分。

这表明什么呢?

这表明全欧洲最反动的黑帮政府所实行的暴政最野蛮最无耻;它所实行的选举法在全欧洲最反动;而最落后国家的人民代表机关的成员却是欧洲最革命的!

这种异常明显的矛盾极其清楚地反映出整个现代俄国生活的基本矛盾,反映出我们当前时期的全部革命性。

从1905年伟大的1月9日以来,革命已经过去两年了。我们经历了漫长而艰难的反动势力猖狂的时期。我们经历了短暂的自由的"光明间歇"。我们经历了罢工斗争和武装斗争两次伟大的人民爆发。我们经历了一届杜马和两次雷同的选举,这些选举最终形成了党派的划分,使得不久前对政党还没有任何概念的居民发生了极为明显的划分。

两年来,我们消除了一部分人由于幼稚,一部分人由于极端自私而产生的认为解放运动是统一的信念,消除了对和平的立宪道路所抱的一系列幻想,取得了群众斗争形式的经验,甚至采用了最激烈、最极端、最尖锐的斗争手段,即一部分居民反对另一部分居民的武装斗争。资产阶级和地主凶狠残暴。小市民精疲力竭。俄国知识分子灰心丧气。自由派空谈家和自由派叛卖者的政党立宪民主党趾高气扬,利用厌倦革命的情绪进行投机,把自己从事法穆索夫[210]式卑鄙勾当的本事冒充为自己的领导才干。

而在下层,在无产阶级群众和破产的饥饿的农民群众的最底层,革命在前进,在不声不响地挖掘旧制度的基石,用国内战争的惊雷唤醒沉睡的人们,促使形势瞬息万变,"自由"和凶残的暴力、沉寂和议会活动(选举、群众大会、热火朝天地搞"联盟")迅速交替,使最不爱动的人们也动了起来。

结果产生了新的更左的杜马,发展下去就是新的更剧烈更明显的**革命**危机。

现在连瞎子也应该看到,我们面临的恰恰是革命危机,而不是立宪危机。这是毫无疑问的。俄国立宪的日子屈指可数了。新的搏斗肯定逼近了:或者是革命的人民取得胜利,或者是第二届杜马像第一届一样不光彩地夭折,随后是选举法被取消,黑帮专制制度卷土重来,如此而已。

我们不久前的"理论"争论,在现在正在升起的革命太阳的灿烂光芒的照耀下,突然显得多么微不足道! 可怜的、恐慌的、胆怯的知识分子发出的在选举中有黑帮危险的哀鸣不是很可笑吗? 我们**在11月**(《无产者报》第8号)发表的"立宪民主党人用黑帮危险的叫喊来愚弄孟什维克,以便摆脱从左面来的危险"①这个精辟的见解不是得到证实了吗?

革命教育人。革命强迫那些由于意志薄弱或者智能低下而经

①　见本卷第115页。——编者注

常走入歧途的人回到革命的轨道。孟什维克希望同立宪民主党结成联盟,希望"反对派"团结一致,希望能够"利用整个杜马"。他们尽一切可能(甚至不择手段,像在彼得堡那样分裂党),来建立一个完全自由派的杜马。

希望落空了。革命比缺乏信心的机会主义者们想象的要强大。在立宪民主党掌握领导权时,革命只能被葬送,只有在布尔什维克社会民主党掌握领导权时,革命才能胜利。

杜马的情况正像我们在《无产者报》第8号(1906年11月)上同孟什维克争论时所描绘的那样。这是一个两极分明的杜马,是温和谨慎的中间派被革命洪流冲没的杜马,是克鲁舍万之流同革命人民对峙的杜马。布尔什维克社会民主党将在这个杜马中高举自己的旗帜,并且像在彼得堡选举中那样,向小资产阶级民主派群众说:请选择吧,是跟着立宪民主党去同斯托雷平之流搞交易,还是到人民群众的队伍里来进行共同的斗争!我们全俄国无产阶级正在进行这种斗争。凡是希望让人民得到自由、让农民得到土地的人都跟着我们走吧!

立宪民主党已经嗅出风向变了,政治晴雨计迅速下降了。难怪形形色色的米留可夫之流都神经紧张了,以至赤膊上阵,公开叫骂起"红抹布"来(在斯托雷平之流的办公室里,这些家伙总是暗地里骂"红抹布"!)。难怪今天的《言论报》(2月7日)大谈其政治晴雨计的"突变",大谈其政府的动摇——一会儿"内阁要辞职,一会儿要实行某种军事政变,搞黑帮的军事大暴行,日期已经定在14日"。于是俄国自由派丧魂落魄地哭泣起来,伤心地说,难道"自发反应的政治……"又来了。

是的,可怜的不幸时代的可怜的英雄们!革命**又来了**。我们兴高采烈地迎接日益临近的人民的自发怒潮。但是我们将全力以赴，使这次新的斗争尽量少一些自发性，尽量多一些自觉性、坚定性、持久性。

政府早已开动了自己机器的所有轮子：镇压、暴行、残杀、欺骗和愚弄。但是现在所有这些轮子运转失灵了，什么手段都已试过，包括在乡村和城市动用大炮在内。可是，人民的力量不仅没有耗尽，现在反而愈来愈广泛、强大、公开和勇敢了。一面是黑帮专制制度，一面是左派的杜马。这毫无疑问是革命的形势。最尖锐的斗争是绝对不可避免的。

正因为斗争不可避免，我们才用不着推进它、加快它、催促它。这件事让克鲁舍万之流和斯托雷平之流去关心吧。我们所关心的是如何明确地、直接地、无情地、公开地向无产阶级和农民**揭露**真相，使他们看清即将来临的风暴的意义，帮助他们组织起来，像视死如归的勇士那样沉着迎敌，像伏在战壕里的士兵那样等枪声一响就马上去冲锋陷阵。

恩格斯在 1894 年针对德国资本说："资产者老爷们，你们先开枪吧！"**211**现在我们要说："克鲁舍万之流和斯托雷平之流的老爷们，奥尔洛夫之流和罗曼诺夫之流的老爷们，你们先开枪吧！"我们的任务就是，当黑帮专制制度自己扑向我们的时候，便帮助工人阶级和农民**摧毁**它。

因此，不需要任何过早的起义**号召**！不需要任何对人民的庄严宣言。不需要任何军事政变，不需要任何"宣告"。暴风雨自己会到我们这里来的。不需要炫耀武器。

应当准备武器。这句话既有直接的意思也有间接的意思。应当准备的首先是和主要是一支由于自己的觉悟和决心而团结一致和坚强无比的无产阶级军队。应当十倍地加强我们在农民中间的鼓动工作和组织工作——就是这些农民正在乡村中忍饥挨饿，就是他们在去年秋天把自己的经历过伟大革命的一年的儿子送去当兵。应当消除各种掩盖和抹杀革命的思想障碍，应当克服各种怀疑和动摇。应当简单地、平心静气地、用人民最易了解的朴实方式最清晰响亮地说：斗争是不可避免的。无产阶级一定会应战。无产阶级一定会贡献出一切，会把自己的全部力量投入这次争取自由的战斗。让破产的农民知道，让士兵和水兵们知道，现在是决定俄国自由的命运的时候了。

载于 1907 年 2 月 11 日《无产者报》
第 13 号

译自《列宁全集》俄文第 5 版
第 14 卷第 380—385 页

彼得堡选举的总结

1907年2月9日于彼得堡

立宪民主党在彼得堡选举中取胜了。他们在11个区里当选复选人的有151人。左派联盟只在1个区,即维堡区取胜,160名复选人中只有9人。

彼得堡选举的基本特点是各个区投票者的百分比几乎都增加了,其次是右派削弱了。立宪民主党占第一位,得28 798票(按他们候选人获得的最多票数计算)。左派联盟占第二位,得16 703票。占第三位的是十月党人,16 613票。占第四位的是君主派,5 270票。

因此,同莫斯科相比,是进了一大步。赢得了一个区。左派在许多名单中从第三位跃居到第二位。在莫斯科,左派联盟只获得13%的选票。在彼得堡,几乎多了一倍,即获得25%。

当然,在这里,鼓动工作开展得比较广泛,普遍的杜马选举选出的左派代表大大超过预料所造成的政治影响,也起了作用。莫斯科没有一张日报登载过左派联盟复选人的名单。而彼得堡却有几家报纸登载过,据说,《同志报》在"左倾"后甚至大大提高了发行量。莫斯科没有设立左派名单问事处和填写处,彼得堡却有。莫斯科大部分小资产阶级居民还相信立宪民主党关于黑帮危险的鬼话。可是在彼得堡,已经明显地看出,小资产者和机会主义者已经不那么相信了。

下面是各选区的统计资料,按各区各个名单上候选人的最多票数计算(根据《言语报》的数字):

彼得堡市各选区	各党派获得的最多票数				立宪民主党和左派之间选票的差数	我们要从立宪民主党那里夺取多少选票才能取得胜利?
	立宪民主党	左派联盟	十月党人	君主派		
斯帕斯区 ……………	3 397	1 644	1 514	624	−1 753	877
纳尔瓦区 ……………	2 377	1 643	1 326	307	− 734	**368**
利季约区 ……………	2 776	919	2 153	667	−1 857	929
科洛姆纳区 …………	1 318	1 122	1 068	236	− 196	**99**
瓦西里耶夫岛区 ……	2 313	1 949	2 102	418	− 364	**183**
罗日杰斯特沃区 ……	2 784	1 325	1 195	537	−1 459	730
喀山区 ………………	1 749	589	998	201	−1 160	581
海军部区 ……………	955	246	725	196	− 709	355
莫斯科区 ……………	4 100	1 702	2 233	706	−2 398	1 200
亚历山大–涅瓦区……	2 735	1 421	799	588	−1 314	**658**
彼得堡区 ……………	3 282	2 754	1 851	541	− 528	**265**
维堡区 ………………	1 012	1 389	649	249	+ 377	—
共　计 ……………	28 798	16 703	16 613	5 270		5 个有希望的选区共 **1 573** 票

从这些统计资料中可以得出许多有意义的结论。

首先,关于"黑帮危险"。选举证明,这种危险并不存在。我们的屡次声明以及全体布尔什维克,包括《艰苦劳动》周刊[212]和《观察周报》一再提出的警告,**已经完全得到了证实**。

不管在立宪民主党和左派之间**怎样**分选票,黑帮在彼得堡都**不可能**当选!

不仅如此,即使十月党人和君主派勾结起来(特别在彼得堡,这是不可能的,彼得堡的德意志人十月党人在瓦西里耶夫岛甚至差点儿同"十月十七日同盟"吵起来),黑帮在彼得堡也不可能**取胜**!任何人只要花点工夫计算一下上面那些并不复杂的数字,他就能看出这一点。立宪民主党和左派的选票总数(45 500票)比十月党人和君主派的选票总数(22 000票)**多一倍以上**。不管在这四个名单中间怎样分选票,不管右派采取什么"措施",黑帮危险都不存在。

小资产者,即民粹派和社会民主党的机会主义者跟着立宪民主党叫喊黑帮危险,他们**欺骗了人民**。这一点我们在选举前就说过。选举**证明**我们说对了。

彼得堡小资产阶级知识分子和小市民的无骨气和政治上的近视事实上已经暴露无遗。虽然彼得堡选举远不像莫斯科那样,但它毕竟是**被立宪民主党吓倒了的和愚弄的小市民的**选举。在彼得堡选举以前,所有的报刊,从《言语报》起到无可奈何地捍卫左派联盟(证明自己同情左派?)的《同志报》止,都发表过大量的资料,这些资料证明,立宪民主党和立宪民主党的应声虫是怎样用他们所捏造的黑帮当选危险这个怪影来吓唬小市民的。

立宪民主党叫喊黑帮当选危险,是想借此摆脱从左面来的危险,而他们自己在这个时候却去晋谒斯托雷平,向他保证一定更聪明、更忠诚,一定与左派划清界限。根据《同志报》今天(2月9日)的报道,斯托雷平自己承认,他**知道**一点关于立宪民主党这种向右转的事情!

其次,彼得堡选举的结果可以回答这样的问题:这次选举给我们带来了些什么?我们直接的反立宪民主党的宣传能否唤醒一批新的、以前对什么都漠不关心的选民并吸引他们参加政治生活呢？我们从自由派那里**争取**过来多少跟自由派跑的小资产者并且把他们拉到了无产阶级一边呢？

为了对此作出判断，我们首先把 1906 年和 1907 年立宪民主党和左派的选票（仍然是按最多票数）作一个比较。

投　票　数（最多的）

彼得堡市选区	1906 年	1907 年			第一栏和第二栏的差数
	立宪民主党人	立宪民主党人	左　派	一　共	
斯帕斯区 …………	5 009	3 397	1 644	5 041	＋　 32
纳尔瓦区 …………	3 578	2 377	1 643	4 020	＋　442
利季约区 …………	3 767	2 776	919	3 695	－　 72
科洛姆纳区 ………	2 243	1 318	1 122	2 440	＋　197
瓦西里耶夫岛区 ……	3 777	2 313	1 949	4 262	＋　485
罗日杰斯特沃区 …	3 393	2 784	1 325	4 109	＋　716
喀山区 ……………	2 242	1 749	589	2 338	＋　 96
海军部区 …………	1 553	955	246	1 201	－　352
莫斯科区 …………	5 124	4 100	1 702	5 802	＋　678
亚历山大-涅瓦区……	2 991	2 735	1 421	4 156	＋1 165
彼得堡区 …………	4 946	3 282	2 754	6 036	＋1 090
维堡区 ……………	1 988	1 012	1 389	2 401	＋　413
总计 …………	40 611	28 798	16 703	45 501	＋4 890

从这些统计资料中可以十分清楚地看出，1906 年和 1907 年选反对派和选革命派的票数的对比情形。我们得到的 17 000 票（按整数计算）中，近 **12 000** 票是从立宪民主党那里夺取来的，近 **5 000** 票是从以前对选举漠不关心的（一部分是抵制选举的）群众那里争取来的。

同时,这里可以立即看出"没有希望的"区和有希望的区之间的差别。所谓"没有希望的"区就是我们竭尽全力显然也不可能在1907年取胜的那些区。"没有希望的"区主要有海军部区和利季约区。立宪民主党的选票超过我们很多。这是什么原因呢?

原因很清楚。前一个区居民的成分是官吏,后一个区是大资产阶级(《艰苦劳动》周刊**在选举以前**就指出了这一点[213])。在没有工商业无产阶级而官吏占多数的地方,劳动派所支持的社会民主党不可能取胜。这些地方甚至投票的人数也减少了,因为不感兴趣! 在这些地方,我们只为左派联盟夺取了四分之一左右的立宪民主党选票。

另一种情况是有希望的区,在这些区里,劳动派所支持的社会民主党唤醒了**大批**新的分子,把城市贫民从冷漠和沉睡中唤起参加政治生活。亚历山大-涅瓦区和彼得堡区就是这样。这些地方**反**黑帮的票数增多了,在每一个区里,立宪民主党和左派的选票合在一起增加了**1 000多**票。这些地方左派的选票**大**部分不是从立宪民主党那里夺取来的,而是**新的**。斗争的声音,社会民主党和劳动派的声音唤醒了立宪民主党的甜蜜歌喉所不能唤醒的人们。

在彼得堡区,我们一共只要从立宪民主党那里夺取**265**票,就能取胜。2 754票加上265票,很明显,胜利是完全有可能的。同样很明显,这里远非无产阶级型的城市贫民——店员、车夫、小房客都**拥护**左派。很明显,得到劳动派支持的社会民主党的号召没有落空,这里比立宪民主党进步,比立宪民主党更左一些的居民人数是十分可观的。

在亚历山大-涅瓦区,斗争要困难得多。要从立宪民主党那里夺取658票,才能取胜。1 421票要加上658票,是一个相当大的数字,但是增加的数字仍旧**不到原票数的一半**。我们没有理由把那些只要使我们的选票增加一半就能取胜的区当做没有希望的区。

我们要在科洛姆纳区取胜是轻而易举的,我们只要从立宪民主党那里夺取99票就行了。在瓦西里耶夫岛区,立宪民主党、十月党和左派的三大名单的得票数几乎相等,只要从立宪民主党那里夺取183票,我们就能取胜。在纳尔瓦区,我们要从立宪民主党那里夺取368票才能取胜。

总之,左派联盟在彼得堡**无疑**吸引了店员和城市小资产者,**发动了**他们中的一部分人第一次参加政治生活,把他们中的很大一部分人从立宪民主党那里**争取过来了**。

有人认为在劳动派支持社会党人的过渡阶段,社会民主党的思想对于工商业职员来说是接受不了的,这种悲观失望的观点已经被彼得堡的选举**彻底驳倒了**。只要我们有愿望,并且有办法,我们就**可以**把首都每个区的数以千百计的城市贫民发动起来参加政治**斗争**,我们**可以**把每个区的数以百计的店员、办事员等等从那个同斯托雷平搞交易的自由派资产者政党那里争取过来。只要我们在这方面进行坚持不懈的工作,立宪民主党叛徒对城市贫民的领导权**就一定会被摧毁**。立宪民主党在彼得堡再同左派联盟打一场选举战,就一定支撑不住! 在现行选举法的条件下,如果"斯托雷平的"鼓动和米留可夫的交易再搞上几个月后,立宪民主党再来作一次较量,他们就会被彻底击溃!

其实很容易看出,在这次选举中,左派联盟差一点就能取胜。没有希望的区只是海军部区、利季约区、斯帕斯区、罗日杰斯特沃区、喀山区和莫斯科区。在所有这6个区里,我们得把自己的选票增加**一半以上**,但是,即使我们尽力进行选举鼓动和散发书刊等等，这也未必可能办到（确切些说，可能办到，不过不是在斯托雷平战地法庭所允许的选举自由下！）。在这几个区中，前2个区由于社会成分方面的原因，社会民主党和劳动派不可能争取到。后4个区有可能争取到，可是我们在这些区的工商业职员中间的工作还非常非常薄弱。

在其余6个区中，有1个区我们在左派联盟一开始竞选时就取胜了。有4个区我们不从立宪民主党那里夺取99—368票就不能取胜。有1个区要夺取658票。在这5个区，左派联盟一共要从立宪民主党那里夺取**1573票**才能取胜，**才能赢得整个彼得堡！**

如果社会民主党人同心协力，如果同立宪民主党搞交易的机会主义分子不把订立左派联盟的时间拖得很久，如果**分裂出去的那部分孟什维克对左派联盟不扮演工贼的角色**，那么，未必有谁敢说，社会民主党不能在5个区内夺到1573票。

什么叫工贼呢？工贼就是同战斗的无产阶级有联系但在共同斗争的时刻却绊它腿的人。

这些特征是否适合分裂出去的孟什维克呢？当然适合，因为孟什维克破坏了彼得堡社会民主党组织的统一，造成了战斗队伍的涣散，在斗争最激烈的时候投靠了立宪民主党，最后，甚至在左派联盟订立后还**直接扰乱**我们。请回想一下，左派联盟是在1月25日订立的，而分裂出去的孟什维克1月28日竟在《同志报》上号召在5个区内弃权！2月1日这些孟什维克（在《言语报》上）又发表了宣言，以黑帮危险吓唬小市民！

不仅如此，在今天的《言语报》第3版上，我们在一篇关于**彼得堡区**选举的报道里看到，有一张选票上写着："我弃权。一个孟什维克。"

请读者好好想一想这个例子的意义吧！

1月28日孟什维克在《同志报》上公布了分裂出去的那部分人的执行机关的决定。在这个决定的第6条中，**彼得堡**区是干脆**排除在**那些有黑帮危险的区**之外的**。

第6条直截了当地声明说，在彼得堡区同左派达成协议是合适的。第3条直截了当地写道，就是不能同左派达成协议，孟什维克也号召在没有"明显的"黑帮危险的地方投左派的票。**可是，**"孟什维克"**仍然**在彼得堡区**弃权！！**分裂出去的孟什维克在其他各选区又是怎样行事的呢？

既然如此，那怎么可以否认这样一个**事实：**在完全没有黑帮危险的情况下，正是一部分孟什维克的工贼行径**破坏了**左派联盟在彼得堡的选举胜利？

让无产阶级从小资产阶级的动摇和叛变中吸取教训吧。我们将永远坚定而勇敢地比别人更早地树起**自己的**旗帜。我们始终要号召小资产者离开自由派的庇护而转到无产阶级方面来。这是在资产阶级革命中唯一革命的无产阶级策略，采取这种策略，只要群众性政治斗争一活跃，我们就能取胜。

萨拉托夫，下诺夫哥罗德——这是第一个胜利[214]，莫斯科，彼得堡——这是第一次冲击。够了，立宪民主党老爷们！该结束自由派地主和资产阶级律师对城市贫民的欺骗了。让斯托雷平之流和米留可夫之流一起去咒骂"红抹布"吧。社会民主党将在一切被剥削的劳动群众面前高举红旗，坚守岗位。

载于1907年2月11日《无产者报》
第13号

译自《列宁全集》俄文第5版
第14卷第398—405页

彼得堡工人选民团的选举总结

(1907 年 2 月 11 日〔24 日〕)

尽管关于工人选民团选举进程的精确材料收集迟缓(布尔什维克已经印发了调查表),但是,选举的概貌还是清楚了。

毫无疑问,社会革命党的力量增大得出乎我们的意料。甚至孟什维克也承认了这一点(《我们的世界》杂志[215]第 1 期)。在省工人选民团里,社会革命党从 10 名复选人中取得 4 名。在市工人选民团里,他们被社会民主党击败了,社会民主党把 14 名复选人全部争取到手。但是,社会革命党的候选人获得的票数也相当可观(在 269 名投票者当中,有 110—135 票拥护社会革命党,有 145—159 票拥护社会民主党)。

其次,社会革命党特别是在一些最大的工厂里战胜了我们,这个事实同样谁也否认不了。

孟什维克否认下面一个说明我们失败原因的最重要的事实:**社会革命党主要是战胜了孟什维克。**

在《我们的世界》杂志第 1 期刊载的一篇关于工人选民团选举的专论中,孟什维克闭口不谈这个问题,假惺惺地说什么派别斗争削弱了社会民主党,并且掩饰正是孟什维克把这个派别斗争弄到**分裂**,弄到甚至在他们自己的策略中实行遭到先进工人唾弃的"立宪民主主义"。

　　但是，就是现在已收集到的资料也愈来愈**证明**我们最初的（《无产者报》第12号上的）结论即社会革命党人战胜了**孟什维克**是正确的①。

　　在《无产者报》第12号上刊登的各个工厂的资料已经证明了涅瓦区的这种情况。《我们的世界》杂志第1期上发表的颠倒是非的、无中生有的声明简直是笑话。

　　今天刊登的通讯**216**证明，莫斯科区的情况也是如此。

　　关于维堡区的情况，孟什维克自己（《我们的世界》杂志第1期）提供了这样的数字：在**市区**里（孟什维克）有17名社会民主党人，12名社会革命党人和2名未指明身份的人。在只有布尔什维克进行工作的**省区**里，有7名社会民主党人，社会革命党人一个也没有。

　　这些数字还不十分精确。但是，一般说来，这些数字**完全证实**了我们的结论：被社会革命党击败的正是孟什维克。《我们的世界》杂志提出，在维堡区的省区部分，社会革命党根本没有进行活动，"因此，没有发生任何竞争"。这种说法显然是站不住脚的。第一，为什么社会革命党恰好在圣彼得堡的这一郊区不进行活动，而在其他地方进行活动呢？社会革命党的"竞争"被这里事前进行的各种工作所排除，这种情况难道不是起了作用吗？第二，孟什维克没有提供究竟谁是候选人的精确资料。他们也没有提供各工厂的资料。第三，我们从报纸上知道，**正是**在维堡区，社会革命党利用孟什维克的"立宪民主主义"**在会议上**击败了他们。

　　例如，1月24日的《言语报》报道了1月21日在诺贝尔文化

———————

　　①　见本卷第342—343页。——编者注

馆(纽斯塔德街 11 号)召开的会议。据《言语报》报道,社会民主党人古尔维奇发了言,他责备极左的政党抵制杜马(《言语报》用黑体标出了在左派会议上给予立宪民主党的这种援助!)。古尔维奇责备民粹派搞的"**小交易**",破坏了同立宪民主党的联盟。民粹派比克尔曼在回答古尔维奇的时候指出,"**前一位发言人说什么搞小交易,这是诬蔑**"。民粹派斯米尔诺夫证明,孟什维克古尔维奇"**同立宪民主党人没有任何区别**"。斯米尔诺夫的根据是,立宪民主党人格列杰斯库尔曾公开"**赞扬**"古尔维奇。

这就是《言语报》的报道。从这个报道中可以明显地看出,社会革命党所以在工人面前击败了孟什维克,就是因为孟什维克对立宪民主党的态度。

社会革命党在涅瓦区、莫斯科区和维堡区的胜利,特别引起大家的注意。现在正是从这几个区可以看出,他们获胜的原因,就是社会民主党的机会主义者在先进的无产阶级面前败坏了社会民主党的威信。

但是,如果说右派社会民主党人使我们不得不在省工人选民团的 10 个席位中付出失掉 4 个席位的代价,那么,我们在市工人选民团里就已经扭转了这种局面。

从后面可以看出,我们扭转这种局面的**办法,就是**在全体初选人面前采取了革命的社会民主党的策略,而不是机会主义的社会民主党的策略。

全市的工人初选人共有 272 名。其中社会民主党人和社会民主党的同情分子有 147 名,即占半数以上。其余的人一部分是坚定的社会革命党人(54 名),一部分是不坚定的社会革命党人(55 名),还有无党派人士(6 名),**右派** 1 名,劳动派即"**左派**"9 名(其中

2名立宪民主党人),等等。

彼得堡委员会在初选人当中大力展开了工作。让大家来讨论一个共同关心的问题,即圣彼得堡选举的策略问题:究竟是联合立宪民主党,还是反对立宪民主党。俄国社会民主工党彼得堡委员会的代表向初选人阐明了革命的社会民主党的立场,孟什维克则维护他们自己的策略。

1月28日,各党派的初选人举行了一次**决定性的**会议。出席会议的有200—250人。以多数票对10—12票通过了完全拥护**布尔什维克的策略**的决议,要求支持**左派联盟,坚决反对孟什维克**,反对"**暗中**"支持立宪民主党。

下面就是这个决议的全文:

"鉴于:

(1)社会民主党、社会革命党、劳动派和人民社会党已提出的、同黑帮和立宪民主党的名单相抗衡的左派名单,在市选民团里获胜,具有特别重要的政治意义;

(2)要获得这样的胜利,只有一切左派政党都同心协力地支持左派名单,——

各厂工人的初选人会议建议一切左派政党支持共同提出的左派名单,在彼得堡市的任何一个区,都不要单独提出名单,而且即使在暗中也不得支持立宪民主党。

初选人会议根据群众的意见,希望社会民主党的孟什维克同志们参加左派的协议,促使左派名单在彼得堡选举中获胜。"

总之,**全体**无产阶级的代表在彼得堡**全市**(孟什维克想把彼得堡市同省分开)**谴责了孟什维克的策略**!

同情布尔什维克策略的觉悟工人在彼得堡占优势的事实,在社会民主党代表会议上就已经明显地表现出来。初选人的这个决定又**彻底证明了**这一点。

1月28日，工人群众的代表向孟什维克发出了最后的呼吁，要他们放弃**"暗中"**支持立宪民主党的策略，放弃用**工贼行径**来对待左派联盟的策略。

但是，直到现在孟什维克也没有服从无产阶级的意志。2月1日，《言语报》登载了孟什维克干扰左派联盟的宣言摘要。当左派联盟的**全体**代表向进步人士阐明了不能接受孟什维克的条件（复选人的"行动自由"，即投靠立宪民主党的自由！）以后，**1月29日深夜**，科洛姆纳区的非党进步人士**便撕毁了**他们同孟什维克缔结的书面协定。

1月30日，参加俄国社会民主工党的和同情这个政党的工人初选人举行了会议。出席这次会议的占这些初选人中的多数——98人。俄国社会民主工党彼得堡委员会的代表沃·同志建议讨论关于社会民主党将来的复选人在选举国家杜马代表时必须服从彼得堡委员会的指示的问题。他指出，在正常的情况下，这个问题不会引起任何怀疑或分歧，因为彼得堡委员会的指示对于彼得堡组织的每一个成员来说，当然都是必须服从的。但是，现在有很大一部分组织，即大多数孟什维克，已经分裂出去，并且声明孟什维克复选人保持自己的行动自由。彼得堡委员会的代表指出，如果工人复选人服从非法的、分裂出去的部分组织的这个指示，就等于完成了孟什维克开始的分裂，就违背了在初选人大会上由压倒多数通过的在选举运动中支持左派联盟的决议。彼得堡委员会的孟什维克委员姆·同志和阿·同志反对这一点，他们坚持，工人复选人只应当考虑初选人的意见。会议以压倒多数通过了以彼得堡委员会的名义提出的有如下内容的决议："会议认为，复选人在选举的时候必须服从彼得堡委员会的指示。"

孟什维克曾经用尽一切力量来**反对**这一决议。一些最有名的和最**负责的**孟什维克甚至在选举前夕这样的时刻也放肆地反对彼得堡委员会。他们提出了一个"修正案"：把彼得堡委员会改为"彼得堡组织"。

但是，工人们已经懂得了孟什维克的分裂政策是对立宪民主党人有利的。他们向孟什维克的演说家喊道："够了！"会议以压倒多数**否决**了暗中为分裂活动作辩护的修正案。

接着又讨论了俄国社会民主工党复选人的候选人人选问题。彼得堡委员会提请会议讨论它提出的14位候选人的名单，这14位候选人是从各区的初选人会议上推举的21位候选人中挑选出来的。当时提出以这个名单作为基础进行讨论，尽管孟什维克表示反对，说这里面有"当权者的压力"，但这个提议还是由压倒多数通过了；当时彼得堡委员会的代表沃·同志解释说：这里没有任何当权者的压力；彼得堡委员会之所以有权威，只是由于得到有组织的彼得堡社会民主主义无产阶级的信任，彼得堡委员会提出推荐名单，不过是执行它作为一个组织的领导核心所担负的义务而已。所有的候选人都经过了讨论，同时，根据彼得堡委员会一位代表的建议，在候选人当中还更换了一个人，然后才举行投票表决，结果，以绝大多数票数通过了彼得堡委员会的整个名单。

在选举前夕，各报都刊载了彼得堡委员会的名单。

选举（2月1日）使团结一致的社会民主党取胜了。**彼得堡委员会的名单全部当选**。14名复选人全都是社会民主党人！

在这14名复选人当中，有**8**名布尔什维克，4名孟什维克（其实，1名是工团主义者，不是孟什维克），和2名**拥护左派联盟**的无派别社会民主党人。

　　在市工人选民团中,布尔什维克弥补了社会民主党在省工人选民团中所受的损失。

　　现在,让《言语报》(见2月3日出版的一号)随便怎样去大发雷霆吧,让它去说布尔什维克连一定比例的少数都没有留给社会革命党吧!

　　我们从来没有答应过社会革命党有什么比例,也没有人证明过现在究竟是按什么比例,因为没有关于选票数字的资料。只有我们首先**开始**收集这些资料。

　　我们保留在工人选民团里有反对一切政党的**完全**自由。

　　由于**革命的**社会民主党的活动,在彼得堡和彼得堡省全部工人复选人当中,只有4名社会革命党人,而有20名社会民主党人。

　　在下一届选举中,我们要为社会民主党争取到**全部**席位。

载于1907年2月11日《无产者报》第13号

译自《列宁全集》俄文第5版第14卷第386—392页

谈谈彼得堡市莫斯科区第二届
杜马选举的总结

(1907 年 2 月 11 日〔24 日〕)

我们请读者注意,关于圣彼得堡工人选举初选人的资料愈来愈清楚地揭露出孟什维克是**怎样**为自己拼凑参加社会民主党代表会议的选票的。例如,他们从弗兰科—俄罗斯分区"拉到了"**370** 张选举孟什维克当代表会议代表的选票。布尔什维克认为这些选票没有一张是真正的党的选票。事实究竟怎样呢? 弗兰科—俄罗斯工厂选出的初选人是一个**布尔什维克**,他现在已被选为复选人了!

这就把孟什维克从这方面出乎意料地揭穿了。

其次,孟什维克的周刊《我们的世界》(1 月 28 日第 1 期)竟有……勇气这样叙述莫斯科区的情况:"在布尔什维克的涅瓦区和莫斯科区,当选为初选人的全是社会革命党人。"(第 14 页)这里所说的涅瓦区的情况,是**彻头彻尾的谎话**,在涅瓦区,社会革命党击败的正是孟什维克,这在《无产者报》第 12 号上已经证明过了。

我们再看一看莫斯科区。孟什维克要推卸失败的责任,他们**现在**就宣布莫斯科区是布尔什维克的区! 但孟什维克不应当忘记,这一次是可以对他们进行**查对**的。我们可以看看 31 个孟什维克关于退出代表会议的原因致中央委员会的**正式**声明(印刷品。我们在《无产者报》第 12 号上已经对它作了分析①)。在 31 人的

---

① 见本卷第 305—309 页。——编者注

签名中就有"莫斯科区代表 5 人"。

而代表会议确定的莫斯科区的代表名额是布尔什维克 4 人和孟什维克 4 人。

这不是很值得玩味吗？

当需要拼凑参加代表会议的孟什维克的选票时,孟什维克就宣布孟什维克有 **5 人**,布尔什维克只有 3 人或 4 人,**这时**孟什维克是希望占多数的!

而当需要推卸政治责任时,莫斯科区就被宣布为"布尔什维克的区"……

布尔什维克宣布自己在莫斯科区的选票是 185 票,而且孟什维克自己在他们的印刷品上也承认说,他们只是"有条件地"对这些选票提出异议,而这些选票事实上**应当承认**(该印刷品第 7 页)。

孟什维克宣布自己在莫斯科区的选票是 48 加 98 加 97,总共是 243 票。其中 195 票是有异议的,但当时孟什维克自己坚持说(他们的印刷品第 7 页),**所有 243 票都应当承认**!

这就是说,孟什维克宣布自己在莫斯科区占压倒的优势:243 票对 185 票。……可惜,《我们的世界》杂志说话**太**不慎重了,从它的话里应当得出结论说,孟什维克在代表会议上的行为是**不正派的**。

最后,我们提醒一下把莫斯科区的总结寄给我们的同志,希望他能按每一个工厂分别搜集关于初选人选举和各候选人所得选票数字的**充分**资料,这是非常重要的。

载于 1907 年 2 月 11 日《无产者报》　　　译自《列宁全集》俄文第 5 版
第 13 号　　　　　　　　　　　　　　　　　第 14 卷第 393—394 页

关于南俄工人选民团
选举的一些资料

（1907 年 2 月 11 日〔24 日〕）

我们曾经号召所有俄国社会民主党人组织搜集有关工人选民团选举的精确资料，这个号召不是没有效果的。我们发给彼得堡同志们的表格已有 93 份填好送来。这 93 份表格按区来分是：彼得堡区 7 份，瓦西里耶夫岛区 22 份，维堡区 18 份，莫斯科区 18 份，戈罗德区 28 份。希望同志们赶快把其余的表格送来，使有关材料、特别是各大工厂的材料能够凑齐。那时我们再印出资料的总结。

外省给我们送来的有叶卡捷琳诺斯拉夫省 6 个工厂的材料。我们把这些材料列成表格①，使同志们可以看出，哪些资料是党感兴趣的，哪些结论是我们应当从工人选民团对各个政党候选人进行初选的经验中得出的。

当然，我们不知道这些资料有多少典型性，从这些资料中得出的结论有多少可以运用到整个叶卡捷琳诺斯拉夫省去。应当搜集充分的资料来作出最后的结论。

目前只能指出两种情况。工人参加投票的百分比并不高。看来，社会民主党的工作还不够深入，对群众做工作的面还不够广。

---

① 见本卷第 407 页。——编者注

工人名称	工人人数	初选人人数	初　选　人	参加投票的工人人数	各党派获得的票数				
					社会民主党布尔什维克	社会民主党孟什维克	社会革命党人	无党派人士	右派政党
埃藻工厂	350	1	社会民主党孟什维克	130	—	112	15	—	3
机车制造厂	2 700	2	社会民主党孟什维克	800	—	650	—		
机车库	700	1	社会民主党	230	230		—	—	—
钉子工厂	700	1	社会民主党布尔什维克	250	250	—	—		
轧管厂	850	1	社会民主党孟什维克	200	—	195	—		5
布良斯克轧制铁轨工厂	4 350	4	社会革命党人	1 100	—	300	800		
6个工厂总计	9 650	10	6个社会民主党人 4个社会革命党人	2 710	250 230 1 737	1 257	815	—	8

大体看来,参加选举的还不到工人总数的 $\frac{1}{3}$ 。轧管厂参加选举的百分比最低:850 名工人中只有 200 名参加,不到 $\frac{1}{4}$ 。百分比最高的是埃藻工厂:350 名工人中有 130 名参加,占 $\frac{1}{3}$ 强。

社会革命党在埃藻工厂和布良斯克工厂参加了竞选。在布良斯克工厂**社会革命党战胜了孟什维克**! 在这个最大的工厂里,当选为初选人的是 **4 名社会革命党人**。

因此,关于南方的初步的(确实是非常局部的)资料证实了北方的结论:**社会革命党击败了孟什维克**——这正是给机会主义者的一个教训! 正是给那些以不可饶恕的轻率态度离开革命的资产阶级民主派而追随自由主义君主主义资产阶级民主派的人们的一个教训!

社会革命党占初选人总数(10 人)的 40%,即 $\frac{2}{5}$ 。但社会革命党获得的选票总数却**不到⅓**，即 2 710 票中占 815 票。值得指出，社会革命党尽管在最大的工厂里取胜了，但他们获得的选票比例却小于他们获得的初选人名额的比例。这说明，彼得堡社会革命党深信他们获得选票的比例会大于他们获得初选人名额的比例的这种自命不凡的想法是毫无根据的。没有关于各工厂投票数字的确凿的统计材料，是不能下这样的断语的。

　　希望全俄同志按照上述式样继续搜集材料，以便全党能够清楚而准确地了解自己活动的结果并学会弄清自己相对失败的原因。

载于 1907 年 2 月 11 日《无产者报》
第 13 号

译自《列宁全集》俄文第 5 版
第 14 卷第 395—397 页

在彼得堡组织代表会议上关于
杜马运动和杜马策略问题的报告[217]

(1907 年 3 月 4 日〔17 日〕)

简 要 报 道

    报告人指出,关于杜马策略的问题无疑是当前政治中的中心问题,因而也是代表大会运动将要反复讨论的要点。中央委员会在其代表大会议程草案(大家在报上已经看到)中拟定的两个问题也提到了首位,这就是:关于"当前政治任务"的问题和关于国家杜马的问题。

    关于第一个问题,提法很不明确。可能孟什维克的意思是指对立宪民主党内阁的支持,但不愿直说出来。无论如何,他们显然希望像在第四次(统一)代表大会上那样,又回避社会民主党在俄国革命中的策略的几个基本**原则**问题。然而,现在经验已经表明,回避这些问题只会使社会民主党没有任何坚定的党的策略。不妨回忆一下:中央委员会在支持杜马内阁,即立宪民主党内阁(1906年 6 月)问题上的策略,不仅没有得到全党的支持,而且没有得到社会民主党杜马党团的支持。解散杜马以后,中央委员会提出的关于"局部性群众抗议"的著名建议也遭到同样的下场。目前在选举中,党内对待立宪民主党的态度十分游移不定,一些最有影响、最负责的孟什维克,如切列万宁在 1906 年俄国社会民主工党十一月全国代表会议以前和普列汉诺夫（瓦西里耶夫就更不用说了）在代表会议以后的态度尤其突出。

在这种情况下，革命的社会民主党人绝对必须利用第五次党代表大会全体代表出席的时机（在这次代表大会上将第一次有波兰代表、拉脱维亚代表和崩得分子出席），提出关于社会民主党在俄国资产阶级革命中的策略的几个基本原则问题。如果不搞清楚无产阶级在我国整个革命中的任务，不搞清楚是否有使革命进一步发展的客观条件，不搞清楚当前各个阶级和各个政党的划分，特别是立宪民主党的阶级性质等基本问题，谈论"当前政治任务"就不会有什么用处。不搞清楚这些问题，就无法从原则上理智地解决关于立宪民主党内阁和解散第二届杜马时的策略等等问题，而第一届杜马的经验和第二届杜马选举的经验很丰富，有助于把这些问题搞清楚。

因此，报告人对他提出的问题作了简要的说明。毫无疑问，广大人民群众的经济状况证明，革命的基本任务还没有解决；发动直接的群众运动的客观基础是存在的。这一点在政治上的反映是：同黑帮地主组织日益接近的专制制度不仅同无产阶级群众之间的矛盾日益尖锐化，而且同农村贫苦农民（当然，除去工人选民团，农民选民团选出的左派复选人的比重**最大**！）和城市贫民（毫无疑问，在第二届杜马选举中，立宪民主党对城市小资产阶级民主派的领导权受到严重打击）群众之间的矛盾也日益尖锐化。由此可见，正在发展和逼近的不是立宪危机，而是革命危机；由于客观条件，杜马斗争又一次在向杜马外的斗争过渡，而社会民主党和资产阶级民主派在杜马内的活动开展得愈顺利，这一过渡就愈临近。无产阶级，作为民主革命的领袖，它的任务是提高群众的革命觉悟，坚定他们的决心，加强他们的组织性，把小资产阶级从自由派的领导下夺取过来。对于似乎是向杜马负责，而实际上是听命于沙皇黑帮的自由派内阁，根本谈不上支持二字。至于是否有可能利用这种内阁（如果这种内阁能成为事实，而不是用来作为欺骗立宪民主党的空洞诺言，像1907年1月斯托雷平为了引诱立宪民主党脱离左派联盟，而答应让他们合法化那样），这完全取决于**革命**阶级的力量、觉悟和团结。

至于说到各个政党的阶级内容，那么应该承认，在最近一年内，总的现象是上层阶级向右转，下层阶级向左转。中间力量，即中派削弱了，它受到了滚滚向前的革命巨流的冲刷。黑帮的力量加强了，并且组织起来了，他们同旧俄最大的一支经济力量和阶级力量，即农奴主-地主勾结起来了。十月党仍然是反革命大资产阶级的政党。立宪民主党来了一个向右大转弯。人们愈来愈清楚地看到，立宪民主党的社会支柱是自由派（中等）地主，中等资产阶级和大资产阶级知识分子。立宪民主党靠传统关系使城市贫民跟着自己走，用"人民自由"这种空话欺骗他们。第二届杜马的选举一下子就表明，即使在最不利的条件下，左派一冲击，就使城市民主派的"下层"在很大程度上脱离了立宪民主党。

立宪民主党向右转了，转向十月党了。城市的，尤其是农村的民主派小资产阶级空前壮大，并向左转了。报告人提示说，在1906年春天，这个小资产阶级在进行公开的政党组织方面还没有任何广泛的政治经验。而现在，从劳动派参加第一届杜马开始，到数量惊人的"左派"和"劳动派"选入第二届杜马为止，这种经验已经很多了。

布尔什维克认为，完成俄国革命的不可能是自由派，而只能是无产阶级，如果它能把农民群众争取到自己方面来的话。这种观点已由1906—1907年的经验出色地证实了。

　　革命的社会民主党的杜马策略就完全是根据上述论据制定的。社会民主党应当把杜马看做是革命的工具之一，坚决地、公开地、鲜明地在群众面前举起自己彻底的无产阶级的革命旗帜，为发展革命而进行鼓动、宣传和组织工作，向群众说明在杜马外面爆发一场新的伟大斗争的不可避免性。立宪民主党说什么"爆破杜马"，这是自由派同斯托雷平幕后密谋出来的卑鄙挑拨。所谓不要"爆破"杜马，不要让杜马被解散，也就是说不要做任何会使斯托雷平及其同伙深感不快的事。社会民主党必须指出立宪民主党的这种警察式的口号的挑拨性，必须证明早在第一届杜马里，社会民主党(无论是孟什维克或布尔什维克)的行为就已排除了任何人为的革命"道路"和"号召"等等。立宪民主党是知道这一点的，而他们却纯粹按《新时报》的方式，偷偷地把发展群众性的人民革命的策略换成"爆破"策略。

　　社会民主党在杜马中必须像我们在彼得堡选举中那样行事：举起自己的革命旗帜；迫使动摇的小资产阶级在我们和立宪民主党之间进行选择；在采取决定性行动的时刻，有时不要拒绝同那些拥护我们而反对黑帮和立宪民主党的小资产阶级民主派达成局部性协议。于是报告人就杜马中运用"左派联盟"的意义和条件作了说明，并特别警告说，不要把这种联盟看做是一种永久性的、使社会民主党受到某些约束的协议，不要把它看做是预先签订的多少带点长期性的协定。如果彼得堡的社会民主党同那些与孟什维克一起向立宪民主党出卖民主的民粹派(包括"革命的"社会革命党人在内)达成永久性的协议，或者哪怕是初步的协定，从而束缚了自己,那么左派联盟在彼得堡的选举中就不会取胜! 只有实行独立的、坚定的政策,而不是耍外交手腕,不是搞卑鄙勾当,社会民主党才能保证在必要的时刻得到那些真正有战斗力的资产阶级民主派分子的支持。

结　束　语

报告人在结束语中反对这样做[218]。一方面,即使在战斗关头,社会民主党应当始终是一个有自己组织的单独的独立政党,甚至在"共同的"工农代表苏维埃等内部也应当这样。另一方面,社会民主党不应当重犯孟什维克的错误,把"政治联盟"同"战斗协议"对立起来,因为一切协议只容许在一定的**政治**路线范围之内订立。当然,如果社会民主党在杜马中在某个问题上反对立宪民主党,而左派在这个问题上能够支持社会民主党,或者为了在议会中战胜立宪民主党(例如,修改法案,取消宣言、声明和决议中的某些肮脏的条文,等等)而必须同左派达成协议,社会民主党就**不能**拒绝达成这种协议。但是,如果无论同谁订立多少带点永久性的,对社会民主党多少有点限制的协议,从而束缚住自己的手脚,那就是不明智和犯罪。

载于 1907 年 3 月 4 日《无产者报》第 14 号

译自《列宁全集》俄文第 5 版第 14 卷第 406—410 页

注　释

1　立宪民主党人是俄国自由主义君主派资产阶级的主要政党立宪民主党的成员。立宪民主党（正式名称为人民自由党）于 1905 年 10 月成立。中央委员中多数是资产阶级知识分子、地方自治人士和自由派地主。主要活动家有帕·尼·米留可夫、谢·安·穆罗姆采夫、瓦·阿·马克拉柯夫、安·伊·盛加略夫、彼·伯·司徒卢威、约·弗·盖森等。立宪民主党提出一条与革命道路相对抗的和平的宪政发展道路，主张俄国实行立宪君主制和资产阶级的自由。在土地问题上，主张将国家、皇室、皇族和寺院的土地分给无地和少地的农民；私有土地部分地转让，并且按"公平"价格给予补偿；解决土地问题的土地委员会由同等数量的地主和农民组成，并由官员充当他们之间的调解人。1906 年春，曾同政府进行参加内阁的秘密谈判，后来在国家杜马中自命为"负责任的反对派"。第一次世界大战期间，支持沙皇政府的掠夺政策，曾同十月党等反动政党组成"进步同盟"，要求成立责任内阁，即为资产阶级和地主所信任的政府，力图阻止革命并把战争进行到最后胜利。二月革命后，立宪民主党在资产阶级临时政府中居于领导地位，竭力阻挠土地问题、民族问题等基本问题的解决，并奉行继续帝国主义战争的政策。七月事变后，支持科尔尼洛夫叛乱，阴谋建立军事独裁。十月革命胜利后，苏维埃政府于 1917 年 11 月 28 日（12 月 11 日）宣布立宪民主党为"人民公敌的党"。该党随之转入地下，继续进行反革命活动，并参与白卫将军的武装叛乱。国内战争结束后，该党上层分子大多数逃亡国外。1921 年 5 月，该党在巴黎召开代表大会时分裂，作为统一的党不复存在。——2。

2　无题派是指 1906 年在彼得堡出版的《无题》周刊的组织者和参加

者——谢·尼·普罗柯波维奇、叶·德·库斯柯娃、瓦·雅·鲍古查尔斯基、维·韦·波尔土加洛夫、瓦·瓦·希日尼亚科夫等人。无题派是一批原先信奉合法马克思主义和经济主义、后来参加了解放社的俄国资产阶级自由派知识分子,他们公开宣布自己是西欧"批判社会主义"的拥护者,支持孟什维克和立宪民主党人。列宁称无题派为孟什维克化的立宪民主党人或立宪民主党人化的孟什维克。无题派在《无题》周刊停刊后集结在左派立宪民主党的《同志报》周围。——2。

3 基什尼奥夫事件是指1903年4月在基什尼奥夫发生的大规模蹂躏犹太人的血腥事件。这一暴行是由沙皇政府内务大臣、宪兵司令维·康·普列韦策划的,其目的是诱使群众离开日益高涨的革命运动。在这一事件中死伤者有几百人,被抢劫和捣毁的住房和店铺上千座。

谢德尔采事件是指1906年8月底发生在谢德尔采市的反犹太人大暴行。在这一事件中,该市遭到枪炮轰击,死伤者达数百人。——3。

4 这里说的是发生在高加索和莫斯科的两次较大的剥夺事件。高加索剥夺事件发生在梯弗利斯省的杜舍季市。1906年4月12日(25日)夜,身着士兵服装的6名武装人员,冒充卫兵进入该市地方国库,夺取了315 000卢布。莫斯科剥夺事件是社会革命党人干的,发生于1906年3月7日(20日)。这一天,大约有20名武装人员解除了莫斯科商人互贷协会银行守卫队的武装,夺取了875 000卢布。——4。

5 战地法庭是沙皇政府为镇压革命运动而设立的非常法庭。沙皇俄国大臣会议于1906年8月19日(9月1日)制定了战地法庭条例。该条例规定,在宣布戒严或处于非常警卫状态的地方设立战地法庭。设立战地法庭之权属于总督、在实施非常警卫时被授予全部行政权力的"长官"或其他有同等权力的人员,由他们确定设立战地法庭的地点,并向警备司令、驻军司令或港口司令提出相应的要求。战地法庭由主席1人(将校级军官)和成员4人(陆军或海军军官)组成。开庭时禁止旁听,被告人不得委托他人辩护,也不得上诉。战地法庭的判决一般是死刑,宣判后立即生效,并且必须在一昼夜内执行。——4。

6　布朗基主义是 19 世纪法国工人运动中的革命冒险主义的思潮,以路·
奥·布朗基为代表。布朗基主义者不了解无产阶级的历史使命,忽视
同群众的联系,主张用密谋手段推翻资产阶级政府,建立革命政权,实
行少数人的专政。马克思和列宁高度评价布朗基主义者的革命精神,
同时坚决批判他们的密谋策略。

　　巴黎公社失败以后,1872 年秋天,在伦敦的布朗基派公社流亡者
发表了题为《国际和革命》的小册子,宣布拥护《共产党宣言》这个科学
共产主义的纲领。对此,恩格斯曾不止一次地予以肯定(参看《马克思
恩格斯文集》第 3 卷第 357—365 页)。——5。

7　《新时报》(《Новое Время》)是俄国报纸,1868—1917 年在彼得堡出版。
出版人多次更换,政治方向也随之改变。1872—1873 年采取进步自由
主义的方针。1876—1912 年由反动出版家阿·谢·苏沃林掌握,成为
俄国最没有原则的报纸。1905 年起是黑帮报纸。1917 年二月革命后,
完全支持资产阶级临时政府的反革命政策,攻击布尔什维克。1917 年
10 月 26 日(11 月 8 日)被查封。——5。

8　拉脱维亚社会民主工党于 1904 年 6 月在该党第一次代表大会上成立。
在 1905 年 6 月党的第二次代表大会上通过了党的纲领并作出了必须
同俄国社会民主工党统一的决议。1905 年该党领导了工人的革命行
动并组织群众准备武装起义。1906 年,在俄国社会民主工党第四次
(统一)代表大会上,拉脱维亚社会民主工党作为一个地区性组织加入
了俄国社会民主工党。代表大会后改名为拉脱维亚边疆区社会民主
党。——5。

9　指《斗争报》。

　　《斗争报》(《Zihņa》,《Cīņa》)是拉脱维亚社会民主党的秘密的中央
机关报,1904 年 3 月创刊。1909 年 8 月以前在里加出版(经常中断),
以后在国外出版。该报刊登过列宁 1910 年为该报出版 100 号而写的
祝贺文章以及列宁起草的一些党的文件。该报撰稿人中有拉脱维亚共
产党的组织者彼·伊·斯图契卡、拉脱维亚人民诗人扬·莱尼斯等。
1917 年 4 月起,《斗争报》成为合法报纸,先后在彼得堡、里加和其他城

市出版。1919年8月起,因反革命在拉脱维亚暂时得势而再次在里加秘密出版。1940年6月,苏维埃政权在拉脱维亚取得胜利后,该报成为拉脱维亚共产党中央委员会和拉脱维亚苏维埃社会主义共和国最高苏维埃的机关报。——5。

10 关于波兰社会党某个组织在某个时候采用过的毫无意义的游击行动方式,可参看《关于波兰社会党的游击行动》一文(见本版全集第13卷)。

波兰社会党是以波兰社会党人巴黎代表大会(1892年11月)确定的纲领方针为基础于1893年成立的。这次代表大会提出了建立独立民主共和国、为争取人民群众的民主权利而斗争的口号,但是没有把这一斗争同俄国、德国和奥匈帝国的革命力量的斗争结合起来。该党右翼领导人约·皮尔苏茨基等认为恢复波兰国家的唯一道路是民族起义,而不是以无产阶级为领导的全俄反对沙皇的革命。从1905年2月起,以马·亨·瓦列茨基、费·雅·柯恩等为首的左派逐步在党内占了优势。1906年11月在维也纳召开的波兰社会党第九次代表大会把皮尔苏茨基及其拥护者开除出党,该党遂分裂为两个党:波兰社会党"左派"和波兰社会党"革命派"("右派",亦称弗腊克派)。

波兰社会党"左派"反对皮尔苏茨基分子的民族主义及其恐怖主义和密谋策略,主张同全俄工人运动密切合作,认为只有在全俄革命运动胜利的基础上才能解决波兰劳动人民的民族解放和社会解放问题。在1908—1910年期间,主要通过工会、文教团体等合法组织进行活动。该党不同意孟什维克关于在反对专制制度斗争中的领导权属于资产阶级的论点,可是支持孟什维克反对第四届国家杜马中的布尔什维克代表。第一次世界大战爆发后,该党持国际主义立场,参加了1915年的齐美尔瓦尔德会议和1916年的昆塔尔会议。该党欢迎俄国十月革命。1918年12月,该党同波兰王国和立陶宛社会民主党一起建立了波兰共产主义工人党(1925年改称波兰共产党,1938年解散)。

波兰社会党"革命派"于1909年重新使用波兰社会党的名称,强调通过武装斗争争取波兰独立,但把这一斗争同无产阶级的阶级斗争割裂开来。从第一次世界大战开始起,该党的骨干分子参加了皮尔苏茨基站在奥德帝国主义一边搞的军事政治活动(成立波兰军团)。1917

年俄国二月革命后，该党转而对德奥占领者采取反对立场，开展争取建立独立的民主共和国和进行社会改革的斗争。1918 年该党参加创建独立的资产阶级波兰国家，1919 年同原普鲁士占领区的波兰社会党和原奥地利占领区的加利西亚和西里西亚波兰社会民主党合并。该党不反对地主资产阶级波兰对苏维埃俄国的武装干涉，并于 1920 年 7 月参加了所谓国防联合政府。1926 年该党支持皮尔苏茨基发动的政变，同年 11 月由于拒绝同推行"健全化"的当局合作而成为反对党。1939 年该党解散。——8。

11　纳尔苏修斯是古希腊神话中的一个孤芳自赏的美少年。后来人们常用纳尔苏修斯来比喻高傲自大的人——9。

12　《党内消息报》（《Партийные Известия》）是俄国社会民主工党统一的中央委员会的秘密机关报，党的第四次（统一）代表大会召开前夕在彼得堡出版。该报编辑部是由布尔什维克机关报（《无产者报》）和孟什维克机关报（新《火星报》）的同等数量的编辑人员组成的。代表布尔什维克参加编辑部的是弗·亚·巴扎罗夫、瓦·瓦·沃罗夫斯基和阿·瓦·卢那察尔斯基，代表孟什维克参加的是费·伊·唐恩、尔·马尔托夫和亚·马尔丁诺夫。该报共出了两号。第 1 号于 1906 年 2 月 7 日出版，刊登了列宁的《俄国的目前形势和工人政党的策略》；第 2 号于 1906 年 3 月 20 日出版，刊登了列宁的《俄国革命和无产阶级的任务》。在这一号上还刊登了布尔什维克和孟什维克各自提交统一代表大会的策略纲领。俄国社会民主工党第四次（统一）代表大会后，布尔什维克和孟什维克都出版了自己的报纸，《党内消息报》遂停刊。——10。

13　指《关于俄国社会民主工党统一代表大会的报告（给彼得堡工人的信）》（见本版全集第 13 卷）。

俄国社会民主工党第四次（统一）代表大会于 1906 年 4 月 10—25 日（4 月 23 日—5 月 8 日）在斯德哥尔摩举行。出席这次代表大会的有 112 名有表决权的代表和 22 名有发言权的代表。他们代表了俄国社会民主工党的 62 个组织。参加大会有发言权的还有波兰王国和立陶宛社会民主党、拉脱维亚社会民主工党和崩得的代表各 3 名，乌克兰社会民主工党、芬兰工人党的代表各 1 名。此外，还有保加利亚社会民主工党的代表 1 名。加上特邀代表和来宾，共有 157 人参加大会。

为了召开这次代表大会，1905 年底布尔什维克和孟什维克两派领导机构组成了统一的中央委员会。在两个月的时间里，各地党组织讨论两派分别制定的纲领，并按 300 名党员产生 1 名代表的比例进行代表大会代表的选举。由于布尔什维克占优势的工业中心的许多党组织遭到摧残而严重削弱，因此代表大会的组成并未反映党内真正的力量对比。在 112 张表决票中，布尔什维克拥有 46 票，孟什维克则拥有 62 票，而且拥有少数几票的调和派在基本问题上也是附和孟什维克的。

代表大会的议程是：修改土地纲领；目前形势和无产阶级的阶级任务；关于对国家杜马选举结果和对杜马本身的策略问题；武装起义；游击行动；临时革命政府和革命自治；对工人代表苏维埃的态度；工会；对农民运动的态度；对各种非社会民主主义的党派和组织的态度；根据党纲中的民族问题对召开特别的波兰立宪会议的要求的态度；党的组织；与各民族的社会民主党组织（波兰王国和立陶宛社会民主党、拉脱维亚社会民主工党、崩得）的统一；工作报告；选举。大会只讨论了修改土地纲领、对目前形势的估计和无产阶级的阶级任务、对国家杜马的态度、武装起义、游击行动、与各民族的社会民主党的统一、党的章程等问题。列宁就土地问题、当前形势问题和对国家杜马的态度问题作了报告，就武装起义问题以及其他问题发了言，参加了党章起草委员会。

大会是在激烈斗争中进行的。在修改土地纲领问题上提出了三种纲领：列宁的土地国有化纲领，一部分布尔什维克的分配土地纲领和孟什维克的土地地方公有化纲领。代表大会以多数票批准了孟什维克的土地地方公有化纲领，但在布尔什维克的压力下对这一纲领作了一些修改。大会还批准了孟什维克的关于国家杜马的决议案和武装起义的决议案，大会未经讨论通过了关于工会的决议和关于对农民运动的态度的决议。代表大会通过了同波兰王国和立陶宛社会民主党以及同拉脱维亚社会民主工党统一的决定。这两个党作为地区性组织加入俄国社会民主工党，在该地区各民族无产阶级中进行工作。大会还确定了同崩得统一的条件。在代表大会批准的新党章中，关于党员资格的第

1条采用了列宁的条文,但在党的中央委员会和中央机关报的相互关系问题上仍保留了两个中央机关并存的局面。

代表大会选出了由7名孟什维克(弗·尼·罗扎诺夫、列·伊·戈尔德曼、柳·尼·拉德琴柯、列·米·欣丘克、维·尼·克罗赫马尔、Б.А.巴赫梅季耶夫、帕·尼·科洛科尔尼科夫)和3名布尔什维克(瓦·阿·杰斯尼茨基、列·波·克拉辛、阿·伊·李可夫)组成的中央委员会由5名孟什维克(尔·马尔托夫、亚·马尔丁诺夫、彼·巴·马斯洛夫、费·伊·唐恩、亚·尼·波特列索夫)组成的中央机关报编辑部。中央委员中的李可夫后来换成了亚·亚·波格丹诺夫。加入俄国社会民主工党的各民族社会民主党后来分别派代表参加了中央委员会。

列宁在《关于俄国社会民主工党统一代表大会的报告(给彼得堡工人的信)》这本小册子中对这次代表大会的工作作了分析(见本版全集第13卷)。——10。

14 指刊载于1906年9月10日(23日)《俄罗斯新闻》第224号的亚·伊·古契柯夫的信《答叶·尼·特鲁别茨科伊公爵》。

1906年8月24日(9月6日),沙皇政府公布了关于设立战地法庭的通告,并且公然宣布自己的纲领是取消在1905年10—12月的革命高潮时期被迫作出的所有让步。十月党首领古契柯夫在一篇刊登在《新时报》上的谈话中对设立战地法庭和政府的全部反革命纲领都表示赞成,这引起了资产阶级某些代表人物的不满。和平革新党的组织者叶·尼·特鲁别茨科伊公爵给古契柯夫写了一封信,问他是属于“和平革新”党还是“战争革新”党。在列宁提到的这封复信中,古契柯夫重申自己同意政府的政策,并且赞成解散第一届国家杜马。——13。

15 指俄国第一次资产阶级民主革命期间的1905年十月全俄政治罢工。

十月全俄政治罢工是俄国第一次革命的最重要阶段之一。1905年10月6日(19日),在一些铁路线的布尔什维克组织的代表决定共同举行罢工后,俄国社会民主工党莫斯科委员会号召莫斯科铁路枢纽各线从10月7日(20日)正午起实行总罢工,全俄铁路工会中央常务局支持这一罢工。到10月17日(30日),铁路罢工已发展成为全俄总罢工,参加罢工的人数达200万以上。在各大城市,工厂、交通运输部门、发电厂、邮电系统、机关、商店、学校都停止了工作。十月罢工的口号是:推翻专制制度、积极抵制布里根杜马、召集立宪会议和建立民主共和国。十月罢工扫除了布里根杜马,迫使沙皇于10月17日(30日)颁布了允诺给予"公民自由"和召开"立宪"杜马的宣言。罢工显示了无产阶级运动的力量和声势,推动了农村和军队中革命斗争的展开。在十月罢工中,彼得堡及其他一些城市出现了工人代表苏维埃。十月罢工持续了十多天,是十二月武装起义的序幕。关于十月罢工,参看列宁《全俄政治罢工》一文(本版全集第12卷)。——13。

16　1905年10月17日(30日),沙皇尼古拉二世迫于革命运动高涨的形势,颁布了《关于完善国家制度的宣言》。宣言是由被任命为大臣会议主席的谢·尤·维特起草的,其主要内容是许诺"赐予"居民以"公民自由的坚实基础",即人身不可侵犯和信仰、言论、集会和结社等自由;"视可能"吸收被剥夺选举权的阶层的居民(主要是工人和城市知识分子)参加国家杜马选举;承认国家杜马是立法机关,任何法律不经它的同意不能生效。宣言颁布后,沙皇政府又相应采取以下措施:实行最高执行权力集中化;将德·费·特列波夫免职,由彼·尼·杜尔诺沃代替亚·格·布里根为内务大臣;宣布大赦政治犯;废除对报刊的预先检查;制定新的选举法。在把革命运动镇压下去以后,沙皇政府很快就背弃了自己在宣言中宣布的诺言。——13。

17　十月党(十月十七日同盟)代表和维护大工商业资本家和按资本主义方式经营的大地主的利益,属于自由派的右翼。该党于1905年11月成立,名称取自沙皇1905年10月17日宣言。十月党的主要领导人是大工业家和莫斯科房产主亚·伊·古契柯夫、大地主米·弗·罗将柯,活动家有彼·亚·葛伊甸、德·尼·希波夫、米·亚·斯塔霍维奇、尼·阿·霍米亚科夫等。十月党完全拥护沙皇政府的对内对外政策,支持政府镇压革命的一切行动,主张用调整租地、组织移民、协助农民退出村社等办法解决土地问题。第一次世界大战期间,号召支持政府,后来参加了军事工业委员会的活动,曾同立宪民主党等结成"进步同盟",主张把帝国主义战争进行到最后胜利,并通过温和的改革来阻止人民革命和维护君主制。二月革命后,该党参加了资产阶级临时政府。十月革命后,十月党人反对苏维埃政权,在白卫分子政府中担任要职。——13。

18 《言语报》(《Речь》)是俄国立宪民主党的中央机关报(日报),1906年2月23日(3月8日)起在彼得堡出版,实际编辑是帕·尼·米留可夫和约·弗·盖森。积极参加该报工作的有马·莫·维纳维尔、帕·德·多尔戈鲁科夫、彼·伯·司徒卢威等。1917年二月革命后,该报积极支持资产阶级临时政府的对内对外政策,反对布尔什维克。1917年10月26日(11月8日)被查封。后曾改用《我们的言语报》、《自由言语报》、《时代报》、《新言语报》和《我们时代报》等名称继续出版,1918年8月最终被查封。——14。

19 指1905年12月莫斯科武装起义。1905年12月5日(18日),布尔什维克莫斯科市代表会议表达工人的意志,决定宣布总罢工并随即开始武装斗争。次日,布尔什维克领导的莫斯科苏维埃全体会议通过了同样的决议。12月7日(20日),政治总罢工开始。在最初两天有15万人参加罢工。12月10日(23日)罢工转为武装起义。起义的中心是普列斯尼亚区、莫斯科河南岸区、罗戈日-西蒙诺沃区和喀山铁路区。武装斗争持续了9天,莫斯科工人奋不顾身地进行战斗。但由于起义者缺乏武装斗争的经验、武器不足、同军队的联系不够、打防御战而没有打进攻战以及起义一开始布尔什维克莫斯科委员会的领导人员维·列·尚采尔、米·伊·瓦西里耶夫-尤任等就遭逮捕等原因,莫斯科起义终于在沙皇政府从其他城市调来军队进行镇压之后遭到失败。为了保存革命力量和准备下一步的斗争,党的莫斯科委员会和苏维埃决定从1905年12月19日(1906年1月1日)起停止武装抵抗。1905年12月—1906年1月,继莫斯科之后,下诺夫哥罗德、顿河畔罗斯托夫、新罗西斯克、顿巴斯、叶卡捷琳诺斯拉夫、彼尔姆(莫托维利哈)、乌法、克拉斯诺亚尔斯克、赤塔等城市都发生了起义,外高加索、波兰、波罗的海沿岸地区、芬兰也举行了大规模的武装起义。但这些零星分散的起义都遭到了沙皇政府的残酷镇压。十二月武装起义是俄国1905—1907

年革命的最高点。关于十二月武装起义,参看列宁《莫斯科起义的教训》一文(见本版全集第13卷)。——15。

20 这里说的是第一届国家杜马。

第一届国家杜马(维特杜马)是根据沙皇政府大臣会议主席谢·尤·维特制定的条例于1906年4月27日(5月10日)召开的。

在1905年十月全俄政治罢工的冲击下,沙皇尼古拉二世被迫发表了10月17日宣言,宣布召开具有立法职能的国家杜马以代替布里根咨议性杜马,借以把国家引上君主立宪的发展道路。1905年12月11日,沙皇政府公布了《关于修改国家杜马选举条例的命令》,这一命令原封不动地保留了为选举布里根杜马而制定的以财产资格和阶级不平等为基础的选举制度,只是在原来的三个选民团——土地占有者(地主)选民团、城市(资产阶级)选民团、农民选民团之外,新增了工人选民团。就分得的复选人数额来说,各选民团的权利不是平等的。地主的1票相当于城市资产阶级的3票、农民的15票、工人的45票。工人选民团的复选人只占国家杜马全部复选人的4%。选举不是普遍的。全体妇女、不满25岁的青年、游牧民族、军人、学生、小企业(50人以下的企业)的工人、短工、小手工业者、没有土地的农民都被剥夺了选举权。选举也不是直接的。一般是二级选举制,而为工人规定了三级选举制,为农民规定了四级选举制。选举事实上也不是无记名投票的。

十二月起义失败后,沙皇政府一再限制曾经宣布过的杜马的权力。1906年2月20日的诏书给了国务会议以批准或否决国家杜马所通过的法案的权力。1906年4月23日(5月6日)又颁布了经尼古拉二世批准的《国家根本法》,将国家政策的最重要问题置于杜马管辖之外。

第一届国家杜马选举于1906年2—3月举行。布尔什维克宣布抵制,但是没能达到搞垮这次选举的目的。当杜马终究召集起来时,列宁要求利用杜马来进行革命的宣传鼓动并揭露杜马的本质。

第一届国家杜马的代表共478人,其中立宪民主党179人,自治派63人(包括波兰、乌克兰、爱沙尼亚、拉脱维亚、立陶宛等民族的资产阶级集团的成员),十月党16人,无党派人士105人,劳动派97人,社会民主党18人。主席是立宪民主党人谢·安·穆罗姆采夫。

　　第一届国家杜马讨论过人身不可侵犯、废除死刑、信仰和集会自由、公民权利平等等问题，但是中心问题是土地问题。在杜马会议上提出的土地纲领主要有两个：一个是立宪民主党人于5月8日提出的由42名代表签署的法案，它力图保持地主土地占有制，只允许通过"按公平价格"赎买的办法来强制地主转让主要用农民的耕畜和农具耕种的或已出租的土地；另一个是劳动派于5月23日提出的"104人法案"，它要求建立全民土地资产，把超过劳动土地份额的地主土地及其他私有土地收归国有，按劳动份额平均使用土地。

　　第一届国家杜马尽管很软弱，它的决议尽管很不彻底，但仍不符合政府的愿望。1906年7月9日(22日)，沙皇政府解散了第一届国家杜马。——15。

21　布里根杜马即沙皇政府宣布要在1906年1月中旬前召开的咨议性国家杜马。1905年8月6日(19日)沙皇颁布了有关建立国家杜马的诏书，与此同时，还颁布了《关于建立国家杜马的法令》和《国家杜马选举条例》。这些文件是受沙皇之托由内务大臣亚·格·布里根任主席的特别委员会起草的，所以这个拟建立的国家杜马被人们称做布里根杜马。根据这些文件的规定，在杜马选举中，只有地主、资本家和农民户主有选举权。居民的大多数——工人、贫苦农民、雇农、民主主义知识分子被剥夺了选举权。妇女、军人、学生、未满25岁的人和许多被压迫民族都被排除在选举之外。杜马只能作为沙皇属下的咨议性机构讨论某些问题，无权通过任何法律。布尔什维克号召工人和农民抵制布里根杜马。孟什维克则认为可以参加杜马选举并主张同自由派资产阶级合作。1905年十月全俄政治罢工迫使沙皇颁布10月17日宣言，保证召开立法杜马。这样布里根杜马没有召开就被革命风暴扫除了。——16。

22　指1905年12月11日(24日)国家杜马选举法。

　　1905年12月11日(24日)国家杜马选举法是指沙皇政府在莫斯科武装起义高潮中作为对工人的某种让步而颁布的。与1905年8月6日颁布的关于"咨议性"布里根杜马的条例不同，该法规定成立"立法"杜马。除原定的土地占有者(地主)选民团、城市(资产阶级)选民团

和农民选民团外,增添了工人选民团,并在维持城市选民团复选人总数
不变的情况下稍许扩大了城市选民的组成。按照这个选举法,选举不
是普遍的,有大量男性工人(200多万)、无地农民、游牧民族、军人、不
满25岁的青年以及妇女没有选举权。选举也不是平等的,土地占有者
选民团每2 000名选民摊到1名复选人,城市选民团每7 000名选民摊
到1名复选人,农民选民团每3万名选民摊到1名复选人,工人选民团
每9万名选民才摊到1名复选人。这就是说地主的1票等于城市资产
阶级的3票,农民的15票,工人的45票。工人选民团产生的复选人只
占国家杜马复选人总数的4%。在工人选民团中,50人以上的企业的
工人才允许参加选举。选举也不是直接的,而是多级的,地主和资产阶
级是二级选举,工人是三级选举,农民则是四级选举。选举事实上也不
是无记名投票的。——16。

23 指1906年2月20日(3月5日)法令。

　　1906年2月20日(3月5日)法令即《关于修改国务会议章程和修
订国家杜马章程的诏书》。同时颁布的还有《关于重订国务会议章程》
和《国家杜马章程》这两个诏令。这些法令把国务会议从咨议机关变成
立法机关。国务会议的成员一半由沙皇任命,另一半改由贵族阶层、地
方自治机关、僧侣上层和大资本家组织选举产生。国务会议讨论业经
国家杜马审议的法案,有权批准或否决杜马的任何决议。——16。

24 这是列宁为《无产者报》发表俄国社会民主工党莫斯科委员会1906年
9月通过的关于游击战争的决议所写的编者按语。列宁提到的决议中
说明理由部分的第3点里说:"……革命虽然没有力量成为一次粉碎政
权的人民起义,但是,革命是强有力的,它不会是消极的,而会自发地转
变为对敌人的游击进攻,特别在招募新兵的农村中,这种游击进攻是意
料中事。"——20。

25 指1904年8月14—20日在阿姆斯特丹举行的第二国际第六次代表大
会通过的《社会党策略的国际准则》这个决议。决议禁止社会党人参加
资产阶级政府,谴责掩盖现存的阶级矛盾从而促成同资产阶级政党接
近的任何尝试。——21。

26 进步工业党于 1905 年 10 月在莫斯科成立,领导人有 B.B.茹柯夫斯基、阿·阿·沃尔斯基、米·巴·费多罗夫等。该党联合工商业大资产阶级的代表人物,所持政治观点与十月党相近。该党完全支持沙皇政府的政策,只是为了资产阶级的利益而争取扩大杜马的预算权和更加广泛的经济立法,并争取在教育和司法方面作某些改革。在土地问题方面,该党维护斯托雷平土地政策,主张通过培植农村资产阶级即富农来建立沙皇专制制度的支柱。进步工业党后来同十月党合并。——22。

27 立宪民主同盟是沙皇 1905 年 10 月 17 日宣言发表后不久在彼得堡成立的,其成员为大贵族、工业资产阶级保守阶层和高级官僚的代表人物。立宪民主同盟的纲领同十月党的纲领差别不大。它认为立宪君主制是最适合俄国国情的国家制度形式。在土地问题上,它提出用赎买对土地占有者没有经济意义的土地的办法来增加农民使用土地的面积。1905 年底,立宪民主同盟加入了十月党。——22。

28 法制党是俄国大工商业资产阶级、地主和上层官僚的政党,1905 年秋组成,10 月 17 日宣言颁布后正式成立。该党打着"法制"的幌子,实际上坚决维护沙皇制度,对解散第一届国家杜马表示欢迎,在第二届国家杜马选举中和黑帮组织"真正俄国人联合会"结成联盟。1907 年该党瓦解,一部分成员加入十月党,另一部分成员成为公开的黑帮分子。——22。

29 俄罗斯人民同盟是俄国黑帮组织,于 1905 年 10 月在彼得堡成立。该组织联合城市小资产阶级的代表、地主、部分知识界和宗教界人士、城市无业游民、一部分富农以及某些工人和农民,创始人为亚·伊·杜勃洛文、弗·安·格林格穆特、弗·米·普利什凯维奇等。1905 年 12 月 23 日(1906 年 1 月 5 日),沙皇尼古拉二世接见同盟代表团,接受了同盟成员的称号和徽章。同盟纲领以维护俄国的统一和不可分、保持专制制度、沙皇和人民通过咨议性的国民代表会议取得一致、大国沙文主义、反犹太主义等为基本内容,同时也包含一些蛊惑性的条文,如批评官僚制、保持村社土地所有制、各等级权利平等、国家为工人提供保险等。同盟的中央机构是由 12 人组成的总委员会,设在彼得堡。全国各城市、村镇所设的同盟分部在1905—1907年间达900个。同盟的主要机关报是《俄国旗帜报》。同盟通过宣传鼓动几次掀起俄国反犹太人大暴行的浪潮,同时也进行个人恐怖活动。它刺杀了第一届国家杜马代表米·雅·赫尔岑施坦、格·波·约洛斯,并两次对谢·尤·维特行刺。第二届国家杜马解散后,同盟于1908—1910年分裂为米迦勒天使长同盟、俄罗斯人民同盟、彼得堡全俄杜勃洛文俄罗斯人民同盟等几个互相敌对的组织。1917年二月革命后同其他黑帮组织一起被取缔。——22。

30 君主派是指1905年秋在莫斯科成立的俄国君主党。参加者是一些大土地占有者、沙皇政府的大臣和高级僧侣,领导人是政论家弗·安·格林格穆特、大司祭 И.沃斯托尔戈夫、公爵 Д.Н.多尔戈鲁科夫、男爵 Г.Г.罗森等。该党的机关刊物是《莫斯科新闻》和《俄罗斯通报》杂志。该党奉行与俄罗斯人民同盟相近的方针,维护沙皇专制制度、等级制度以及正教和大俄罗斯民族的特权。君主派后来并入1906年成立的贵族联合会。1911年该党改名为"俄罗斯君主主义同盟"。——22。

31 和平革新党是俄国大资产阶级和地主的君主立宪主义组织,由左派十月党人彼·亚·葛伊甸、德·尼·希波夫、米·亚·斯塔霍维奇和右派立宪民主党人尼·尼·李沃夫、叶·尼·特鲁别茨科伊等在第一届国家杜马中的"和平革新派"基础上组成的,1906年7月成立。该党持介乎十月党和立宪民主党之间的立场,主要是在策略上与它们有所不同,而其纲领则十分接近于十月党。和平革新党维护工商业资产阶级和按资本主义方式经营的地主的利益。在第三届国家杜马中,和平革新党同民主改革党联合组成"进步派",该派是1912年成立的进步党的核心。和平革新党的正式机关刊物是《言论报》和《莫斯科周刊》。——22。

32 民主改革党是俄国自由派资产阶级政党,由立宪民主党内一批认为该党纲领过"左"的分子在1906年1月第一届国家杜马选举时建立。该党领导人是马·马·柯瓦列夫斯基、米·马·斯塔秀列维奇、伊·伊·伊万纽科夫、弗·德·库兹明-卡拉瓦耶夫和康·康·阿尔先耶夫。1906年1月18日,该党公布了自己的纲领,其内容主要是:坚持走和平革新俄国的道路,同时保持世袭的立宪君主制;主张俄国统一(只有波兰和芬兰可以实行自治);保留大小土地占有制,允许通过赎买转让超过最高限额的土地。该党出版的刊物有《国家报》和《欧洲通报》杂志。1907年底,该党并入和平革新党。——22。

33　自由思想派是俄国自由思想党的成员。该党是一个人数不多的资产阶级知识分子集团,于1905年11月成立。该党以提高俄国社会的道德水平和文化水平为其主要任务。它的纲领与立宪民主党的纲领相近,要求建立立宪君主制,在土地问题上主张私有主的土地在给予补偿的原则下转让,补偿额由地方自治会议选出的特别委员会确定。在杜马选举期间,该党动摇于立宪民主党和社会民主党之间。第二届国家杜马解散后,自由思想党不复存在。——22。

34　激进派(激进民主派)是俄国的一个小资产阶级组织,1905年11月成立。该派采取介乎立宪民主党和孟什维克之间的立场,曾出版过一号《激进报》。该派提出过民主共和国的要求,但也接受内阁对议会负责的立宪君主制。在土地问题上,该派主张无偿没收国家、皇室、皇族、寺院和教会的土地,而对私有主土地的没收则给予最低限度的补偿。1906年初激进民主派组织瓦解,其成员加入半立宪民主党的刊物《无题》周刊和《同志报》。——22。

35　劳动人民社会党(人民社会党)是1906年从俄国社会革命党右翼分裂出来的小资产阶级政党,领导人有尼·费·安年斯基、韦·亚·米雅柯金、阿·瓦·彼舍霍诺夫、弗·格·博哥拉兹、谢·雅·叶尔帕季耶夫斯基、瓦·伊·谢美夫斯基等。人民社会党提出"全部国家政权应归人民",即归从无产者到资产阶级知识分子的全体劳动者,主张对地主土地进行赎买和实行土地国有化,但不触动份地和经营"劳动经济"的私有土地。在俄国1905—1907年革命趋于低潮时,该党赞同立宪民主党的路线,六三政变后,因没有群众基础,实际上处于瓦解状态。第一次世界大战期间,持社会沙文主义立场。二月革命后,该党开始恢复组织。1917年6月,同劳动派合并为劳动人民社会党。这个党代表富农利益,积极支持资产阶级临时政府,十月革命后参加反革命阴谋活动和武装叛乱,1918年后不复存在。——22。

36　社会革命党是俄国最大的小资产阶级政党。该党是1901年底—1902年初由南方社会革命党、社会革命人联合会、老民意党人小组、社会主义土地同盟等民粹派团体联合而成的。成立时的领导人有马·安·纳坦松、叶·康·布列什柯-布列什柯夫斯卡娅、尼·谢·鲁萨诺夫、维·米·切尔诺夫、米·拉·郭茨、格·安·格尔舒尼等,正式机关报是《革命俄国报》(1901—1904年)和《俄国革命通报》杂志(1901—1905年)。社会革命党人的理论观点是民粹主义和修正主义思想的折中混合物。他们否认无产阶级和农民之间的阶级差别,抹杀农民内部的矛盾,否认无产阶级在资产阶级民主革命中的领导作用。在土地问题上,社会革命党人主张消灭土地私有制,按照平均使用原则将土地交村社支配,发展各种合作社。在策略方面,社会革命党人采用了社会民主党人进行群众性鼓动的方法,但主要斗争方法还是搞个人恐怖。为了进行恐怖活动,该党建立了事实上脱离该党中央的秘密战斗组织。

　　在1905—1907年俄国第一次革命中,社会革命党曾在农村开展焚烧地主庄园、夺取地主财产的所谓"土地恐怖"运动,并同其他政党一起参加武装起义和游击战,但也曾同资产阶级的解放社签订协议。在国家杜马中,该党动摇于社会民主党和立宪民主党之间。该党内部的不统一造成了1906年的分裂,其右翼和极左翼分别组成了人民社会党和最高纲领派社会革命党人联合会。在斯托雷平反动时期,社会革命党经历了思想上、组织上的严重危机。在第一次世界大战期间,社会革命党的大多数领导人采取了社会沙文主义的立场。1917年二月革命后,社会革命党中央实行妥协主义和阶级调和的政策,党的领导人亚·费·克伦斯基、尼·德·阿夫克森齐耶夫、切尔诺夫等参加了资产阶级临时政府。七月事变时期该党公开转向资产阶级方面。社会革命党中央的妥协政策造成党的分裂,左翼于1917年12月组成了一个独立政党——左派社会革命党。十月革命后,社会革命党人(右派和中派)公开进行反苏维埃的活动,在国内战争时期进行反对苏维埃政权的武装斗争,对共产党和苏维埃政权的领导人实行个人恐怖。内战结束后,他们在"没有共产党人参加的苏维埃"的口号下组织了一系列叛乱。1922

年,社会革命党彻底瓦解。——22。

37 最高纲领派是 1904 年在社会革命党内部形成的一个小资产阶级半无
政府主义的恐怖集团,1906 年 10 月在芬兰奥布市召开成立大会,组成
最高纲领派社会革命党人联合会。最高纲领派无视资产阶级民主革命
这一阶段,坚持立即实行社会革命党的最高纲领,即在实行土地社会化
的同时实行工厂社会化。最高纲领派认为劳动农民是革命的主要动
力,同时声明,在革命运动中起决定作用的是"有主动精神的少数人",
而斗争的主要手段是个人恐怖。

　　1917 年,在恐怖行动接连失败和大批人员遭到逮捕以后,最高纲
领派的组织开始瓦解。1917 年 10 月,最高纲领派在莫斯科召开第二
次代表会议,恢复了自己的组织,十月革命胜利后,最高纲领派参加了
苏维埃和全俄中央执行委员会,但不久即告分裂,一些人走上了反对苏
维埃政权的道路,另一些人承认布尔什维克的纲领,并于 1920 年 4 月
的代表会议上通过了加入俄国共产党(布)的决议。——22。

38 十月十七日同盟分裂发生在 1906 年秋季。1906 年 8 月 24 日(9 月 6
日),沙皇政府公布了关于设立战地法庭的通告并宣布要取消它在革命
高潮期间作出的所有让步。十月十七日同盟的首领亚·伊·古契柯夫
当即表示无保留地同意政府的政策(参看注 14)。古契柯夫的这一表
态,遭到了同盟内一部分成员的反对,他们担心政府的政策会把资产阶
级中的动摇分子推向革命阵营。同盟创始人之一、同盟中央委员会在
莫斯科的代表德·尼·希波夫以及若干情绪偏左的同盟成员(米·
亚·斯塔霍维奇等)退出了同盟。——27。

39 《社会民主党人报》(《Социал-Демократ》)是俄国社会民主工党中央委
员会的秘密机关报,1906 年 9 月 17 日(30 日)—11 月 18 日(12 月 1
日)在彼得堡出版,共出了 7 号。该报由俄国社会民主工党第四次(统
一)代表大会选出的清一色的孟什维克编辑部(费·伊·唐恩、尔·马
尔托夫、亚·马尔丁诺夫、彼·巴·马斯洛夫、亚·尼·波特列索夫)编
辑,实际上是孟什维克的派别机关报。——28。

40 《无产者报》(《Пролетарий》)是俄国布尔什维克的秘密报纸,于1906年8月21日(9月3日)—1909年11月28日(12月11日)出版,共出了50号。该报由列宁主编,在不同时期参加编辑部的有亚·亚·波格丹诺夫、约·彼·戈尔登贝格、约·费·杜勃洛文斯基等。该报的头20号是在维堡排版送纸型到彼得堡印刷的,为保密起见,报上印的是在莫斯科出版。由于秘密报刊出版困难,从第21号起移至国外出版(第21—40号在日内瓦、第41—50号在巴黎出版)。该报是作为俄国社会民主工党莫斯科委员会和彼得堡委员会的机关报出版的,在头20号中有些号还同时作为莫斯科郊区委员会、彼尔姆委员会、库尔斯克委员会和喀山委员会的机关报出版,但它实际上是布尔什维克的中央机关报。该报共发表了100多篇列宁的文章和短评。该报第46号附刊上发表了1909年6月在巴黎举行的《无产者报》扩大编辑部会议的文件。斯托雷平反动时期,该报在保存和巩固布尔什维克组织方面起了卓越的作用。根据俄国社会民主工党中央委员会1910年一月全会的决议,该报停刊。——28。

41 特卡乔夫主义是俄国民粹主义中的一个接近朗基主义的派别,以革命民粹派思想家彼·尼·特卡乔夫为代表。特卡乔夫主义认为政治斗争是革命的必要前提,但对人民群众的决定性作用估计不足;主张由少数革命者组织密谋团体和采用恐怖手段去夺取政权,建立新国家,实行有益于人民的革命改革。与巴枯宁主义不同,特卡乔夫主义主张革命胜利后必须利用国家;认为人民不能进行独立的革命创造,只有自觉的少数能够借助国家彻底地和逐步地改革整个制度,实现社会革命的理想。——28。

42 指非党工人代表大会。召开非党工人代表大会的主张是帕·波·阿克雪里罗得于1905年夏首次提出的,得到了其他孟什维克的支持。这一主张概括起来说就是召开各种工人组织的代表大会,在这个代表大会上建立社会民主党人、社会革命党人和无政府主义者都参加的合法的"广泛工人政党"。这实际上意味着取消俄国社会民主工党而代之以非党的组织。召开非党工人代表大会的主张也得到了社会革命党人、无政府主义者以及立宪民主党人和黑帮工人组织(祖巴托夫分子等)的赞同。1907年俄国社会民主工党第五次(伦敦)代表大会谴责了这种主张(参看《苏联共产党代表大会、代表会议和中央全会决议汇编》1964年人民出版社版第1分册第201—202页)。与布尔什维克一起反对召开非党工人代表大会的有波兰和拉脱维亚社会民主党人。列宁对孟什维克召开非党工人代表大会思想的批判,见《革命界的小市民习气》、《孟什维主义的危机》、《知识分子斗士反对知识分子的统治》、《气得晕头转向(关于工人代表大会问题)》(本卷和本版全集第15卷)等文。——30。

43　指俄国社会民主工党第二次代表大会。

俄国社会民主工党第二次代表大会于1903年7月17日(30日)—8月10日(23日)召开。7月24日(8月6日)前,代表大会在布鲁塞尔开了13次会议。后因比利时警察将一些代表驱逐出境,代表大会移至伦敦,继续开了24次会议。

代表大会是《火星报》筹备的。列宁为代表大会起草了一系列文件,并详细拟定了代表大会的议程和议事规程。出席代表大会的有43名有表决权的代表,他们代表着26个组织(劳动解放社、《火星报》组织、崩得国外委员会和中央委员会、俄国革命社会民主党人国外同盟、国外俄国社会民主党人联合会以及俄国社会民主党的20个地方委员会和联合会),共有51票表决权(有些代表有两票表决权)。出席代表大会的有发言权的代表共14名。代表大会的成分不一,其中有《火星报》的拥护者,也有《火星报》的反对者以及不坚定的动摇分子。

列入代表大会议程的问题共有20个:1.确定代表大会的性质。选举常务委员会。确定代表大会的议事规程和议程。组织委员会的报告和选举审查代表资格和决定代表大会组成的委员会。2.崩得在俄国社会民主工党内的地位。3.党纲。4.党的中央机关报。5.代表们的报告。6.党的组织(党章问题是在这项议程下讨论的)。7.区组织和民族组织。8.党的各独立团体。9.民族问题。10.经济斗争和工会运动。11.五一节的庆祝活动。12.1904年阿姆斯特丹国际社会党代表大会。13.游行示威和起义。14.恐怖手段。15.党的工作的内部问题:(1)宣传工作,(2)鼓动工作,(3)党的书刊工作,(4)农民中的工作,(5)军队中的工作,(6)学生中的工作,(7)教派信徒中的工作。16.俄国社会民主工党对社会革命党人的态度。17.俄国社会民主工党对俄国各自由主义派别的态度。18.选举党的中央委员会和中央机关报编辑部。19.选举党总委员会。20.代表大会的决议和记录的宣读程序,以及选出的负责人和机构开始行使自己职权的程序。有些问题没有来得及讨论。

列宁被选入代表大会常务委员会,主持了多次会议,几乎就所有问题发了言。他还是纲领委员会、章程委员会和代表资格审查委员会的委员。

代表大会要解决的最重要的问题是:批准党纲、党章以及选举党的中央领导机关。列宁及其拥护者在大会上同机会主义者展开了坚决的斗争。代表大会否决了机会主义分子要按照西欧各国社会民主党的纲领的精神来修改《火星报》编辑部制定的纲领草案的一切企图。大会先逐条讨论和通过党纲草案,然后由全体代表一致通过整个纲领(有1票弃权)。在讨论党章时,会上就建党的组织原则问题展开了尖锐的斗争。由于得到了反火星派和"泥潭派"(中派)的支持,尔·马尔托夫提出的为不坚定分子入党大开方便之门的党章第1条条文,以微弱的多数票为大会所通过。但是代表大会还是基本上批准了列宁制定的党章。

大会票数的划分起初是:火星派33票,"泥潭派"(中派)10票,反火星派8票(3名工人事业派分子和5名崩得分子)。在彻底的火星派(列宁派)和"温和的"火星派(马尔托夫派)之间发生分裂后,彻底的火星派暂时处于少数地位。但是,8月5日(18日),7名反火星派分子(2名工人事业派分子和5名崩得分子)因不同意代表大会的决议而退出了大会。在选举中央机关时,得到反火星派分子和"泥潭派"支持的马尔托夫派(共7人)成为少数派,共有20票(马尔托夫派9票,"泥潭派"10票,反火星派1票),而团结在列宁周围的20名彻底的火星派分子成为多数派,共有24票。列宁及其拥护者在选举中取得了胜利。代表大会选举列宁、马尔托夫和格·瓦·普列汉诺夫为中央机关报《火星报》编委,格·马·克尔日扎诺夫斯基、弗·威·林格尼克和弗·亚·

诺斯科夫为中央委员会委员,普列汉诺夫为党总委员会委员。从此,列宁及其拥护者被称为布尔什维克(俄语多数派一词音译),而机会主义分子则被称为孟什维克(俄语少数派一词音译)。

俄国社会民主工党第二次代表大会具有重大的历史意义。列宁说:"布尔什维主义作为一种政治思潮,作为一个政党而存在,是从1903年开始的。"(见本版全集第39卷第4页)——30。

44　崩得分子即崩得的成员。崩得是立陶宛、波兰和俄罗斯犹太工人总联盟的简称,1897年9月在维尔诺成立。参加这个组织的主要是俄国西部各省的犹太手工业者。崩得在成立初期曾进行社会主义宣传,后来在争取废除反犹太特别法律的斗争过程中滑到了民族主义立场上。在1898年俄国社会民主工党第一次代表大会上,崩得作为只在专门涉及犹太无产阶级问题上独立的"自治组织",加入了俄国社会民主工党。在1903年俄国社会民主工党第二次代表大会上,崩得分子要求承认崩得是犹太无产阶级的唯一代表。在代表大会否决了这个要求之后,崩得退出了党。根据1906年俄国社会民主工党第四次(统一)代表大会决议,崩得重新加入了党。从1901年起,崩得是俄国工人运动中民族主义和分离主义的代表。它在党内一贯支持机会主义派别(经济派、孟什维克和取消派),反对布尔什维克。第一次世界大战期间,崩得分子采取社会沙文主义立场。1917年二月革命后,崩得支持资产阶级临时政府。1918—1920年外国武装干涉和国内战争时期,崩得的领导人同反革命势力勾结在一起,而一般的崩得分子则开始转变,主张同苏维埃政权合作。1921年3月崩得自行解散,部分成员加入俄国共产党(布)。——30。

45　《同志报》(《Товарищ》)是俄国资产阶级报纸(日报),1906年3月15日(28日)—1907年12月30日(1908年1月12日)在彼得堡出版。该报打着"无党派"的招牌,实际上是左派立宪民主党人的机关报。参加该报工作的有谢·尼·普罗柯波维奇和叶·德·库斯柯娃。孟什维克也为该报撰稿。从1908年1月起《我们时代报》代替了《同志报》。——33。

46　这里是指瓦·瓦·希日尼亚科夫。他是无题派的成员,而该派自命为西欧的"批判社会主义"即伯恩施坦主义的拥护者,所以列宁称他为伯恩施坦派。

伯恩施坦主义是德国社会民主党人爱·伯恩施坦的修正主义思想体系,产生于19世纪末20世纪初。伯恩施坦的《社会主义的前提和社会民主党的任务》(1899年)一书是对伯恩施坦主义的全面阐述。伯恩施坦主义在哲学上否定辩证唯物主义和历史唯物主义,用庸俗进化论和诡辩论代替革命的辩证法;在政治经济学上修改马克思主义的剩余价值学说,竭力掩盖帝国主义的矛盾,否认资本主义制度的经济危机和政治危机;在政治上鼓吹阶级合作和资本主义和平长入社会主义,传播改良主义和机会主义思想,反对马克思主义的阶级斗争学说,特别是无产阶级革命和无产阶级专政的学说。伯恩施坦主义得到德国社会民主党右翼和第二国际其他一些政党的支持。在俄国,追随伯恩施坦主义的有合法马克思主义者、经济派等。——34。

47 在俄国社会民主工党第四次(统一)代表大会上,布尔什维克和孟什维克就对待国家杜马的态度问题分别提出了决议案。两个决议案均交给代表大会选出的专门委员会讨论。孟什维克的决议案是格·瓦·普列汉诺夫起草的,它的第5条谈到国家杜马对军队的革命化影响时说:"……在俄国土地上将第一次看到由沙皇亲自促成的、为法律所承认的、从民族内部产生的新政权……"等等。这一条引起了委员会中布尔什维克委员的强烈反对,于是孟什维克删去了"由沙皇亲自促成的、为法律所承认的"这几个字。孟什维克的这一决议案后来为代表大会批准。这件事列宁在《关于俄国社会民主工党统一代表大会的报告》中曾提到过(见本版全集第13卷)。——35。

48 《我们的生活报》(《Наша Жизнь》)是俄国自由派的报纸(日报),多数撰稿人属于解放社的左翼。1904年11月6日(19日)—1906年7月11日(24日)断断续续地在彼得堡出版。——35。

49 一双鞋子还没有穿破出自英国作家威·莎士比亚的悲剧《哈姆雷特》。丹麦王后在国王死去一个月后就嫁给了国王的弟弟。王子哈姆雷特在独白中责备她"在送葬的时候所穿的那双鞋子还没有破旧"就改了嫁

（第 1 幕第 2 场）。——35。

50　但愿你们拉也拉不完这句话出自俄罗斯民间故事《十足的傻瓜》。傻瓜
伊万努什卡经常说些不合时宜的话，因此而挨揍。一次，他看到农民在
脱粒，叫喊道："你们脱三天，只能脱三粒！"为此他挨了一顿打。傻瓜回
家向母亲哭诉，母亲告诉他："你应该说，但愿你们打也打不完，运也运
不完，拉也拉不完！"第二天，傻瓜看到人家送葬，就叫喊道："但愿你们
运也运不完，拉也拉不完！"结果又挨了一顿打。——35。

51　此处引自俄国作家伊·安·克雷洛夫的寓言《狐狸和驴子》：平素对狮
子诚惶诚恐的驴子，有一天对狐狸扬扬得意地说，它随其他野兽把衰老
得奄奄一息的狮子踢了个痛快，让它也晓得驴蹄的厉害。——36。

52　《首都邮报》（«Столичная Почта»）是俄国一家日报，1906 年 10 月—
1908 年 2 月在彼得堡出版。起初是左派立宪民主党人的报纸，1907 年
2 月起成为劳动团的论坛。1908 年 2 月被沙皇政府查封。——38。

53　《维堡宣言》即第一届国家杜马代表在杜马被解散后发表的号召书《人
民代表致人民书》。号召书是由一部分国家杜马代表于 1906 年 7 月
9—10 日（22—23 日）在维堡市召开的会议上通过的。参加这次会议
的杜马代表约 200 人，其中多数是立宪民主党人。号召书是帕·
尼·米留可夫起草的，通过前曾经会议选出的一个六人委员会（立宪民
主党人费·费·科科什金和马·莫·维纳维尔，孟什维克诺·尼·饶
尔丹尼亚和 С.Д.贾帕里泽，劳动派伊·瓦·日尔金和 С.И.邦达列夫）
修订。号召书的主要内容是号召人民对沙皇政府进行"消极抵抗"，在
召集新杜马以前不纳税，不出壮丁，不承认未经杜马批准而签订的债
款。立宪民主党想用这些办法把群众革命运动纳入和平的轨道。但是
到 1906 年 9 月，立宪民主党召开第四次代表大会时，立宪民主党人就
已公开反对实行"消极抵抗"，背弃了《维堡宣言》的号召。1906 年 7 月
16 日（29 日）沙皇政府对号召书签名者起诉。1907 年 12 月 12—18 日
（25—31 日）圣彼得堡高等法院特别法庭审理此案，分别判处 167 名签
名者以 3 个月监禁。——38。

54 指立宪民主党第四次代表大会。

立宪民主党第四次代表大会是1906年9月24—28日(10月7—11日)在芬兰赫尔辛福斯举行的。大会主要讨论了立宪民主党的策略路线,对第一届国家杜马中的立宪民主党党团的活动表示赞同。大会以89票对53票通过了反对实行《维堡宣言》的决议。——39。

55 《北极星》杂志(《Полярная Звезда》)是俄国立宪民主党右翼的机关刊物(周刊),1905年12月15日(28日)—1906年3月19日(4月1日)在彼得堡出版,总共出了14期。主编为彼·伯·司徒卢威。参加编辑工作的有尼·亚·别尔嘉耶夫、亚·索·伊兹哥耶夫等。1906年4月改称《自由和文化》杂志。——43。

56 指1906年7月在俄国掀起的工人罢工、农民暴动和士兵与水兵大规模武装起义(斯维亚堡、喀琅施塔得和雷瓦尔)的浪潮。——43。

57 《俄国财富》杂志(《Русское Богатство》)是俄国科学、文学和政治刊物。1876年创办于莫斯科,同年年中迁至彼得堡。1879年以前为旬刊,以后为月刊。1879年起成为自由主义民粹派的刊物。1892年以后由尼·康·米海洛夫斯基和弗·加·柯罗连科领导,成为自由主义民粹派的中心,在其周围聚集了一批政论家,他们后来成为社会革命党、人民社会党和历届国家杜马中的劳动派的著名成员。在1893年以后的几年中,曾同马克思主义者展开理论上的争论。为该杂志撰稿的也有一些现实主义作家。1906年该杂志逐渐成为劳动人民社会党的机关刊物。1914—1917年3月以《俄国纪事》为刊名出版。1918年被查封。——45。

58 《我们的事业》杂志(《Наше Дело》)是俄国孟什维克的刊物(周刊),1906年9月24日(10月7日)—11月25日(12月8日)在莫斯科出版,共出了10期。积极参加该杂志工作的有尼·瓦连廷诺夫(尼·弗·沃尔斯基)、彼·巴·马斯洛夫、涅·切列万宁(费·安·利普金)等。杂志拥护在第二届杜马选举中同立宪民主党达成协议的主张,宣传召开"工人代表大会"的思想。接替《我们的事业》杂志的是1907年1月19日

(2月2日)—2月24日(3月9日)出版的《生活事业》杂志。——45。

59　这里说的是1906年9月17日(30日)《社会民主党人报》第1号社论
《民族革命和我们的任务》。社论说："有一个时期曾在党内占优势的
'多数派'实质上是党内的保守成分。它的布朗基主义反映了俄国革命
第一阶段的不成熟性。""少数派""则竭力促进从依靠无产阶级先进力
量的知识分子的地下革命斗争向全民族的革命的必然转变……孟什
维克实质上是党内的进步派。"这种议论实际是以后泛滥起来的取消主
义的萌芽。——47。

60　这里说的非常法颁布以前德国社会民主党纲领是指1875年通过的德
国社会主义工人党纲领,即哥达纲领。这个纲领规定"争取用一切合法
手段建立自由国家和社会主义社会"。

　　非常法(反社会党人非常法)即《反社会民主党企图危害治安法》,
是德国俾斯麦政府从1878年10月21日起实行的镇压工人运动的反
动法令。这个法令规定取缔德国社会民主党和一切进步工人组织,查
封工人刊物,没收社会主义书报,并可不经法律手续把革命者逮捕和驱
逐出境。在反社会党人非常法实施期间,有1000多种书刊被查禁,
300多个工人组织被解散,2000多人被监禁和驱逐。在工人运动的压
力下,反社会党人非常法于1890年10月1日被废除。——48。

61　指维·韦·波尔土加洛夫在1906年10月3日(16日)《同志报》第77
号上发表的《是阶级为了党呢,还是党为了阶级?》一文。波尔土加洛夫
在这篇文章里谈论布尔什维克和孟什维克之间关于是召开党代表大会
还是召开广泛的工人代表大会这个问题的斗争,表示完全同意孟什维
克即他所说的"现实派马克思主义者"的观点。——49。

62　《火星报》(《Искра》)是第一个全俄马克思主义的秘密报纸,由列宁创
办。创刊号于1900年12月在莱比锡出版,以后各号的出版地点是慕
尼黑、伦敦(1902年7月起)和日内瓦(1903年春起)。参加《火星报》编
辑部的有:列宁、格·瓦·普列汉诺夫、尔·马尔托夫、亚·尼·波特列
索夫、帕·波·阿克雪里罗得和维·伊·查苏利奇。编辑部的秘书起

初是因·格·斯米多维奇,1901年4月起由娜·康·克鲁普斯卡娅担任。列宁实际上是《火星报》的主编和领导者。他在《火星报》上发表了许多文章,阐述有关党的建设和俄国无产阶级的阶级斗争的基本问题,并评论国际生活中的重大事件。

《火星报》在国外出版后,秘密运往俄国翻印和传播。《火星报》成了团结党的力量、聚集和培养党的干部的中心。在俄国许多城市成立了俄国社会民主工党列宁火星派的小组和委员会。1902年1月在萨马拉举行了火星派代表大会,建立了《火星报》俄国组织常设局。

《火星报》在建立俄国马克思主义政党方面起了重大的作用。在列宁的倡议和亲自参加下,《火星报》编辑部制定了党纲草案,筹备了俄国社会民主工党第二次代表大会。这次代表大会宣布《火星报》为党的中央机关报。

根据俄国社会民主工党第二次代表大会的决议,《火星报》编辑部改由列宁、普列汉诺夫、马尔托夫三人组成。但是马尔托夫坚持保留原来的六人编辑部,拒绝参加新的编辑部,因此《火星报》第46—51号是由列宁和普列汉诺夫二人编辑的。后来普列汉诺夫转到了孟什维主义的立场上,要求把原来的编辑都吸收进编辑部,列宁不同意这样做,于1903年10月19日(11月1日)退出了编辑部。《火星报》第52号是由普列汉诺夫一人编辑的。1903年11月13日(26日),普列汉诺夫把原来的编辑全部增补进编辑部以后,《火星报》由普列汉诺夫、马尔托夫、阿克雪里罗得、查苏利奇和波特列索夫编辑。因此,从第52号起,《火星报》变成了孟什维克的机关报。人们将第52号以前的《火星报》称为旧《火星报》,而把孟什维克的《火星报》称为新《火星报》。

1905年5月第100号以后,普列汉诺夫退出了编辑部。《火星报》于1905年10月停刊,最后一号是第112号。——51。

63 《曙光》杂志(《Заря》)是俄国马克思主义的科学政治刊物,由《火星报》编辑部编辑,1901—1902年在斯图加特出版,共出了4期(第2、3期为合刊)。第5期已准备印刷,但没有出版。杂志宣传马克思主义,批判民粹主义和合法马克思主义、经济主义、伯恩施坦主义等机会主义思潮。——51。

64　尔·马尔托夫在 1906 年出版的《俄国的政党》这本小册子里把资产阶级政党称为"自由主义民主派"政党。——51。

65　《马尔托夫和切列万宁在资产阶级报刊上的言论》这本小册子于 1906 年 10 月在彼得堡出版。1912 年 6 月沙皇当局发现了它,决定予以没收和销毁,但小册子早就全部散发出去了。——54。

66　《新路报》(《Новый Путь》)是左派立宪民主党的日报,于 1906 年 8 月 15 日(28 日)—11 月 3 日(16 日)在莫斯科出版。参加该报工作的有叶·德·库斯柯娃、谢·尼·普罗柯波维奇、坦(弗·格·博哥拉兹)等人。——54。

67　指在《土地根本法法案》上签名的 33 名国家杜马代表(主要是劳动派)。这 33 名代表于 1906 年 6 月 6 日(19 日)向第一届国家杜马提交《土地基本法》草案——通称"33 人法案"。法案是在社会革命党人直接参与下制定的,代表了他们关于土地问题的观点。"33 人法案"提出的主要要求是:立即完全废除土地私有制,没收地主土地,宣布所有公民都有使用土地的平等权利,实行村社使用土地的原则,按照消费份额和劳动份额平均重分土地。"33 人法案"遭到立宪民主党人的激烈反对。他们甚至不同意把它作为材料转交给杜马土地委员会。在 1906 年 6 月 8 日(21 日)杜马会议上,该法案以 78 票对 140 票被否决。——58。

68　指 1903 年 9 月 13—20 日召开的德国社会民主党德累斯顿代表大会。代表大会通过了有条件地允许党员为资产阶级报刊撰稿的决议。——59。

69　《处世之道》是俄国作家伊·谢·屠格涅夫 1878 年写的一首散文诗。在散文诗里,一个老奸巨猾之徒如此阐发自己的处世哲学:如果你想加害对方,那你就"斥责对方具有你感到自己身上存在的那种缺点或恶行。你要显得义愤填膺……并且痛加斥责!"——61。

70　古代西亚、南欧一带国家流行一种习俗,在自己极度悲伤或哀悼亲人时,就将灰撒在自己头上,扯碎自己的衣裳。这种习俗在基督教圣经、荷马史诗《伊利亚特》以及古罗马诗人奥维狄乌斯《变形记》中都有所反映。——68。

71 这是列宁为1906年11月10日(23日)《无产者报》第7号上发表的无署名文章《社会民主党和选举运动》写的附言。《社会民主党和选举运动》一文作者是谁尚未查明。

　　《附言》引用了尔·马尔托夫关于准备选举运动问题的一封信中的一段话。该信的主要内容和列宁在信上作的批注,见《列宁文稿》人民出版社版第12卷第378—379页。——69。

72 这里说的是俄国作家伊·安·克雷洛夫的一则寓言《天鹅、狗鱼和虾》。寓言说,天鹅、狗鱼和虾拉一辆大车,天鹅向天上飞、狗鱼向水里拉、虾则向后退。结果大车原地不动,无法前进。——71。

73 《社会民主党和选举协议》这本小册子于1906年10月下半月写成,11月由前进出版社在彼得堡出版。1912年6月,小册子在克拉斯诺亚尔斯克被警察发现。同年沙皇政府的出版委员会和彼得堡高等法院决定予以没收和销毁。1913年1月30日(2月12日),留存的小册子在彼得堡市政府印刷所里被销毁。——72。

74 《眼睛报》(《Око》)是俄国自由派资产阶级的报纸(日报),1906年8月6日(19日)—10月31日(11月13日)在彼得堡出版,共出了50号。该报的前身是依次接替出版的《俄罗斯报》、《评论报》和《二十世纪报》。——72。

75 指左派立宪民主党人在立宪民主党第四次代表大会上的失败。左派立宪民主党人(主要是该党外省组织的代表)在大会上提出的维护《维堡宣言》的决议案,被代表大会否决。关于这次代表大会,见注54。——76。

76 指载于1906年9月28日(10月11日)《同志报》第73号上的B.哥卢别夫的文章《论立宪民主党的任务》。文章说,立宪民主党是"将军多而士兵和教官少"。——77。

77 四原则选举制是包括有四项要求的民主选举制的简称,这四项要求是:

普遍的、平等的、直接的和无记名投票的选举权。——77。

78　此处和本卷第 82 页脚注中的《立宪民主党通报》都是指《人民自由党通报》。

　　　《人民自由党通报》(《Вестник Партии Народной Свободы》)是俄国立宪民主党的机关刊物(周刊),根据立宪民主党第二次代表大会的决议于 1906 年 2 月 22 日(3 月 7 日)在彼得堡创刊。该刊由立宪民主党中央委员会直接领导,编辑兼出版者是该党中央委员会副主席弗·德·纳波柯夫。该刊于 1908 年 2 月 3 日(16 日)停刊,1917 年二月资产阶级民主革命后复刊,十月革命后被查封。——81。

79　盖得派是 19 世纪 80 年代至 20 世纪初法国社会主义运动中以茹·盖得为首的一个派别,基本成员是 19 世纪 70 年代末期团结在盖得创办的《平等报》周围的进步青年知识分子和先进工人。1879 年组成了法国工人党。1880 年 11 月在勒阿弗尔代表大会上制定了马克思主义纲领。在米勒兰事件上持反对加入资产阶级内阁的立场。1901 年与其他反入阁派一起组成法兰西社会党。盖得派为在法国传播马克思主义作出过重要贡献。1905 年法兰西社会党与饶勒斯派的法国社会党合并为统一的法国社会党(工人国际法国支部)。第一次世界大战爆发后,盖得和相当大一部分盖得派分子转到了社会沙文主义方面,盖得、马·桑巴参加了法国政府。1920 年,以马·加香为首的一部分左翼盖得派分子在建立法国共产党方面起了重要作用。——85。

80　饶勒斯派是 19 世纪末 20 世纪初法国社会主义运动中以让·饶勒斯为首的右翼改良派。饶勒斯派以要求"批评自由"为借口,修正马克思主义基本原理,宣传无产阶级同资产阶级的阶级合作。他们认为社会主义的胜利不会通过无产阶级同资产阶级的阶级斗争而取得,这一胜利将是民主主义思想繁荣的结果。他们还赞同蒲鲁东主义关于合作社的主张,认为在资本主义条件下合作社的发展有助于逐渐向社会主义过渡。在米勒兰事件上,饶勒斯派竭力为亚·埃·米勒兰参加资产阶级内阁的背叛行为辩护。1902 年,饶勒斯派成立了改良主义的法国社会党。1905 年该党和盖得派的法兰西社会党合并成统一的法国社会党

（工人国际法国支部）。第一次世界大战期间，在法国社会党领导中占优势的饶勒斯派采取了社会沙文主义立场，公开支持帝国主义战争。——85。

81　《党悟的俄罗斯》(《Сознательная Россия»)是俄国社会革命党的合法文集，由维·米·切尔诺夫主编，于1906年秋在彼得堡出版，共出了4集。从第3集起，刊名下添加了《当代问题文集》的字样。——88。

82　这是有关俄国社会民主工党第二次代表会议的一组文献。

俄国社会民主工党第二次代表会议（第一次全国代表会议）于1906年11月3—7日（16—20日）在芬兰塔墨尔福斯举行。出席会议的有32名有表决权的代表，其中孟什维克11名，崩得7名，布尔什维克6名，波兰王国和立陶宛社会民主党5名，拉脱维亚边疆区社会民主党3名。孟什维克在代表会议上占了多数。中央委员和中央机关报《社会民主党人报》编辑部成员出席会议，有发言权。代表会议的议程是：选举运动；党代表大会；工人代表大会；同黑帮和大暴行作斗争；游击行动。

关于第二届国家杜马选举运动问题，代表会议听取了4个报告。列宁和波兰王国和立陶宛社会民主党代表阿·瓦尔斯基的报告维护布尔什维克的策略，反对同立宪民主党结成联盟。尔·马尔托夫和崩得分子拉·阿布拉莫维奇的报告维护孟什维克的策略，主张同立宪民主党结成联盟。经过两天讨论，代表会议以18票（孟什维克和崩得）对14票（布尔什维克、波兰王国和立陶宛社会民主党、拉脱维亚边疆区社会民主党）通过了孟什维克的《关于俄国社会民主工党在选举运动中的策略》决议案。对此，列宁以14名代表的名义作为《特别意见》提出了布尔什维克的选举运动纲领（见本卷第98—100页）。列宁还在会上批评了中央委员会提交代表会议批准的孟什维克的选举纲领草案，对它提出了许多修正意见。在布尔什维克的压力下，代表会议通过了关于对选举纲领草案的修正案的决议。代表会议还通过了孟什维克提出的、吸收了列宁修改意见的《关于各地的选举运动的统一的决议》（见本卷第124页）。关于召开党代表大会的问题，列宁坚持必须召开党的紧

急代表大会,会议则通过了不迟于 1907 年 3 月 15 日(28 日)召开党的
例行代表大会的决议。代表会议不顾布尔什维克的要求,没有讨论工
人代表大会的问题,而通过了一个《关于召开工人代表大会鼓动范围问
题的决议》。议程上的其他问题因时间关系均未讨论。列宁在《论同立
宪民主党的联盟》、《同立宪民主党化的社会民主党人的斗争和党的纪
律》(见本卷第 107—120、121—125 页)等文中对这次代表会议作了分
析和评论。——94。

83 布尔什维克的这个决议案是列宁报告的基础。后来这一决议案作为波
兰社会民主党、拉脱维亚边疆区社会民主党、圣彼得堡、莫斯科、中部工
业地区和伏尔加河流域的代表的《特别意见》提交俄国社会民主工党全
国代表会议(见本卷第 98—100 页)。——94。

84 指列宁写的社会民主党杜马党团宣言布尔什维克草案。这一草案稍加
删节写入了《关于我们杜马党团的宣言》一文(见本版全集第 13 卷)。
——97。

85 指 1906 年 8 月底—9 月初召开的崩得第七次代表大会通过的《关于策
略的决议》。——98。

86 锡安社会党(锡安社会主义工人党)是俄国小资产阶级的犹太民族主义
组织,于 1904 年成立。在一般政治问题上,锡安社会党人要求在普遍、
平等、直接和无记名投票的选举基础上召开立宪会议,在第一届国家杜
马选举时坚持抵制策略。但锡安社会党人认为,犹太无产阶级的主要
任务是为取得自己的领土并建立自己的民族国家而斗争。锡安社会党
人的民族主义活动模糊了犹太工人的阶级意识,给工人运动带来很大
危害。1908 年 10 月,社会党国际局决定不再同锡安社会党往来。
1917 年二月革命后,锡安社会党同犹太社会主义工人党合并为犹太社
会主义统一工人党。——100。

87 指俄国 1861 年废除农奴制的改革。这次改革是由于沙皇政府在军事
上遭到失败、财政困难和反对农奴制的农民起义不断高涨而被迫实行

的。沙皇亚历山大二世于1861年2月19日(3月3日)签署了废除农奴制的宣言,颁布了改革的法令。这次改革共"解放了"2 250万地主农民,但是地主土地占有制仍然保存下来。在改革中,农民的土地被宣布为地主的财产,农民只能得到法定数额的份地,并要支付赎金。赎金主要部分由政府以债券形式付给地主,再由农民在49年内偿还政府。根据粗略统计,在改革后,贵族拥有土地7 150万俄亩,农民则只有3 370万俄亩。改革中地主把农民土地割去了⅕,甚至⅖。

在改革中,旧的徭役制经济只是受到破坏,并没有消灭。农民份地中最好的土地以及森林、池塘、牧场等都留在地主手里,使农民难以独立经营。在签订赎买契约以前,农民还对地主负有暂时义务。农民为了赎买土地交纳的赎金,大大超过了地价。仅前地主农民交给政府的赎金就有19亿卢布,而转归农民的土地按市场价格仅值5亿多卢布。这就造成了农民经济的破产,使得大多数农民还像以前一样,受着地主的剥削和奴役。但是,这次改革仍为俄国资本主义经济的发展创造了有利的条件。——105。

88 指格·瓦·普列汉诺夫的《论策略和不策略的信》(共五封)(见《普列汉诺夫全集》1926年俄文版第15卷第91—145页)。这些书信规定了孟什维克对国家杜马的策略。——109。

89 指俄国社会民主工党杜马党团宣言。

俄国社会民主工党杜马党团宣言是帕·波·阿克雪里罗得起草的,得到了孟什维克把持的中央委员会的批准。宣言由第一届国家杜马代表С.Д.贾帕里泽以社会民主党党团名义在1906年6月16日(29日)杜马第28次会议上宣读。宣言全文收入了《列宁全集》俄文第3版第9卷《附录》。由列宁起草的宣言的布尔什维克草案在制定宣言过程中被否决。——113。

90 指费·伊·罗季切夫1906年6月13日(26日)在第一届国家杜马第26次会议上的演说。——114。

91 指1906年11月14日(27日)《言语报》第216号"关于国家杜马选举"

栏内刊载的人民自由党彼得堡委员会1906年11月12日(25日)会议的消息。委员会的一名委员报告说："地方上普遍存在着反政府的情绪,居民们尽管受到恐吓和压制,但在选举时还是会立即投反对党候选人的票以表示自己的不满。如果说在某些地方还存在某种危险,那就是从左面来的,并且仅仅是在左派能够拟定自己候选人名单的地方。在其他地方,党的胜利是确定无疑的。"——115。

92 指1906年11月1日(14日)《同志报》第102号社论和叶·德·库斯柯娃的文章《论格·瓦·普列汉诺夫的一封信》。社论和文章都对该报前一天登载的格·瓦·普列汉诺夫的《给觉悟工人的一封公开信》表示赞同,并提出"必须立即把'不妥协'摆到适当位置上","整个俄国民主派"要"不分政党"地团结起来。——118。

93 指1906年11月15日(28日)《世纪报》第46号就俄国社会民主工党第二次代表会议(第一次全国代表会议)发表的社论。社论说:"但另一方面,社会民主党所进行的鼓动和对其他左派政党的批评显然不应超出善意论战的范围,不应把背叛人民等等之类的指控加诸它们,因为这些指控实质上将会堵塞达成协议的一切道路。"

　　《世纪报》(«Век»)是俄国左派立宪民主党人的报纸,1906年1月—1907年1月在莫斯科断断续续地出版。——118。

94 指1906年11月15日(28日)《言语报》第217号登载的《资产阶级民主派和社会民主党》一文(署名Л.Н.)。该文针对1906年10月20日(11月2日)《社会民主党人报》第4号上的《第二届杜马》一文写道:"必须协商到底和不再拿幻想来安慰自己。必须彻底肯定,社会民主党根本不可能把'资产阶级民主派'和杜马推动到什么地方去。'资产阶级民主派'是到杜马去**立法**的……而不是到杜马去干革命的。"——118。

95 《信条》是经济派于1899年写的一个文件。它极其鲜明地反映了经济派的观点。《信条》的作者叶·德·库斯柯娃当时是国外俄国社会民主党人联合会成员。

　　列宁在西伯利亚流放地收到他姐姐安·伊·乌里扬诺娃-叶利扎

罗娃从彼得堡寄来的《信条》之后,于1899年8月在米努辛斯克专区叶尔马科夫斯克村召集被流放的马克思主义者开会讨论了经济派的这个文件和他起草的《俄国社会民主党人抗议书》(见本版全集第4卷)。与会者17人一致通过并签署了这个《抗议书》,所以也称17人抗议书。《抗议书》引用了《信条》的全文。——118。

96　指《社会民主党人日志》。

　　《社会民主党人日志》(《Дневник Социал-Демократа》)是格·瓦·普列汉诺夫创办的不定期刊物,1905年3月—1912年4月在日内瓦出版,共出了16期。1916年在彼得格勒复刊,仅出了一期。在第1—8期(1905—1906年)中,普列汉诺夫宣扬极右的孟什维克机会主义观点,拥护社会民主党和自由派资产阶级联盟,反对无产阶级和农民联盟,谴责十二月武装起义。在第9—16期(1909—1912年)中,普列汉诺夫反对主张取消秘密党组织的孟什维克取消派,但在基本的策略问题上仍站在孟什维克立场上。1916年该杂志出版的第1期里则明显地表达了普列汉诺夫的社会沙文主义观点。——118。

97　指载于1906年10月31日(11月13日)《同志报》第101号的格·瓦·普列汉诺夫的《给觉悟工人的一封公开信》。列宁对这封信的评论,见《〈社会民主党和选举运动〉一文附言》(本卷第69—71页)。——122。

98　这个决议即俄国社会民主工党第二次代表会议(第一次全国代表会议)通过的《关于各地的选举运动的统一的决议》。文中用黑体排印的字句是列宁对孟什维克原决议案提出的修正。——124。

99　在第一届国家杜马选举中,俄国社会民主工党阿尔马维尔委员会违反俄国社会民主工党第四次(统一)代表大会关于禁止同资产阶级政党结成联盟的决定,向选民发出如下号召:"请投票选举劳动的代表——社会民主党人。在万不得已时请投票选举不右于立宪民主党(人民自由党)的候选人。"——126。

100　《浪潮报》(《Волна》)是布尔什维克的合法报纸(日报),1906年4月26

日(5月9日)—5月24日(6月6日)在彼得堡出版,共出了25号。该
报从第9号起实际上由列宁领导。参加编辑工作的有瓦·瓦·沃罗夫
斯基和米·斯·奥里明斯基,撰稿人有阿·瓦·卢那察尔斯基、伊·
伊·斯克沃尔佐夫-斯捷潘诺夫等。该报刊登过27篇列宁的文章和短
评,其中有不少是作为社论发表的。《浪潮报》屡遭沙皇政府的迫害,最
终被查封。从1906年5月26日(6月8日)起,布尔什维克出版了合法
日报《前进报》以代替《浪潮报》。——126。

101 《阿尔马维尔无产者报》(《Армавирский Пролетарий》)是俄国社会民主
工党阿尔马维尔委员会的秘密机关报,1906—1907年出版。——126。

102 涤罪所亦译炼狱,按天主教教义,是生前有一般罪愆的灵魂在升入天堂
以前接受惩戒、洗刷罪过的地方。通过涤罪所是经历艰苦磨难的譬喻。
——127。

103 《俄罗斯新闻》(《Русские Ведомости》)是俄国报纸,1863—1918年在莫
斯科出版。它反映自由派地主和资产阶级的观点,主张在俄国实行君
主立宪,撰稿人是一些自由派教授。至19世纪70年代中期成为俄国
影响最大的报纸之一。80—90年代刊登民主主义作家和民粹主义者
的文章。1898年和1901年曾经停刊。从1905年起成为右翼立宪民
主党人的机关报。1917年二月革命后支持资产阶级临时政府。十月
革命后被查封。——127。

104 《把谁选入国家杜马?》这张传单是在第二届杜马选举前写的,最初由
《无产者报》编辑部作为该报第8号的附刊在维堡印发,1906年在彼得
堡印了三次(一次是全文,两次有删节)。俄国社会民主工党伊万诺沃-
沃兹涅先斯克委员会、科斯特罗马委员会、哈尔科夫委员会、鄂毕小组
以及拉脱维亚边疆区社会民主党中央委员会都印发过这个传单的删节
本。——129。

105 工商党是俄国大工商业资本家和金融资本家的政党,1905年11月由
格·亚·克列斯托夫尼科夫、亚·伊·柯诺瓦诺夫、弗·巴·里亚布申

斯基等在莫斯科建立。1906年2月5—6日该党举行第一次代表大会,克列斯托夫尼科夫当选为该党主席。该党拥护10月17日宣言,要求建立强有力的政权来镇压革命运动,反对召集立宪会议,反对实行八小时工作制和罢工自由,主张保留地主土地占有制。在选举第一届国家杜马时,工商党和十月党人结成联盟。1906年底,工商党瓦解,多数成员加入十月党。——129。

106　参议院(执政参议院)是沙皇俄国最高国家机关,参议员由沙皇从高级官员中任命。参议院是根据彼得一世的诏令于1711年开始设立的,当时是管辖立法和国家管理事务的最高机关。从19世纪上半叶起,随着政府各部的成立,参议院成为最高司法机关和监察机关。根据1864年的法院章程,参议院是最高上诉审级。参议院还负责颁布法令并有法律解释权,它对法律的解释(即所谓参议院说明)和法律本身具有同样的强制性。十月革命后,1917年11月22日(12月5日),参议院被苏维埃政权撤销。——137。

107　指载于1906年11月24日(12月7日)《同志报》第122号上的格·瓦·普列汉诺夫的信《关于选举协议问题。给〈同志报〉一个读者的公开答复》。斐·拉萨尔1863年写过一本题为《给筹备莱比锡全德工人代表大会的中央委员会的公开答复》的小册子。因此列宁把普列汉诺夫同拉萨尔讽刺地相比拟,称他为"准拉萨尔"。——138。

108　诺兹德列夫是俄国作家尼·瓦·果戈理的小说《死魂灵》中的一个惯于信口开河、吹牛撒谎的无赖地主。当他的谎言被当面揭穿时,他也满不在乎,我行我素。——138。

109　像熊那样帮忙意为帮倒忙,出典于俄国作家伊·安·克雷洛夫的寓言《隐士和熊》。寓言说,一个隐士和熊做朋友,熊热心地抱起一块大石头为醉睡的隐士驱赶鼻子上的一只苍蝇,结果把他的脑袋砸成了两半。——139。

110　著名的巴黎协议是指1904年11月在巴黎代表会议上通过的关于同专

制制度进行斗争的"基本原则和要求"的协议。参加这次代表会议的有社会革命党、波兰社会党、格鲁吉亚社会联邦党、亚美尼亚革命联盟、波兰民族同盟、芬兰积极抵抗党、解放社等的代表。

俄国社会民主工党总委员会召开的有俄国社会民主工党和各民族社会民主主义组织的代表参加的会议认为，同动摇不定的和不彻底的资产阶级民主派签订协议是不可能的，决定拒绝参加巴黎代表会议。——144。

111　《劳动呼声报》(《Голос Труда》)是俄国孟什维克的合法机关报(日报)，1906年6月21日(7月4日)接替《信使报》在彼得堡开始出版，同年7月7日(20日)停刊，共出了16号。——147。

112　《现代评论》杂志(《Отклики Современности》)是俄国孟什维克的合法刊物，1906年3—6月在彼得堡出版，共出了5期。——147。

113　指布尔什维克提交俄国社会民主工党第四次(统一)代表大会的决议草案《民主革命的目前形势》(见本版全集第12卷)。——148。

114　指俄国社会民主工党第三次代表大会《关于武装起义的决议》(见本版全集第10卷)。——150。

115　指布尔什维克提交俄国社会民主工党第四次(统一)代表大会的决议草案《武装起义》(见本版全集第12卷)。——151。

116　指1905年12月20日(1906年1月2日)《人民自由报》第5号的一篇文章。该文说："俄国革命不是持续几个月，而是要持续若干年。它在这段时间内能够明确勾画出自己的道路。必须直言不讳地指出，这条道路既不会通向武装起义，也不会通向临时政府。我们不要闭眼不看现实。"

《人民自由报》(《Народная Свобода》)是俄国的政治文学报纸，立宪民主党机关报，1905年12月15日(28日)—1905年12月21日(1906年1月3日)在彼得堡出版，共出了6号。编辑为帕·尼·米留可夫和约·弗·盖森。《人民自由报》的前身是1905年12月在彼得堡出版的

《自由人民报》。——152。

117　伊万·费多罗维奇·施邦卡是俄国作家尼·瓦·果戈理的中篇小说《伊万·费多罗维奇·施邦卡和他的姨妈》中的主人公,一个庸俗懦弱的小地主。——153。

118　指俄国作家伊·安·克雷洛夫的寓言《橡树下的猪》。寓言说,一只肥猪吃饱了橡实睡足了觉,用鼻子来拱橡树的根。它不会抬头往上看,不知道橡实是橡树上长的,却说,让橡树枯死好了,我要的是橡实。——156。

119　指1849年5月在德国德累斯顿、莱茵普鲁士、普法尔茨、巴登等地爆发的人民起义。这场革命民主运动是在保卫法兰克福议会制定的帝国宪法的口号下进行的。起义于1849年7月被普鲁士军队镇压下去。参看恩格斯的《德国的革命和反革命》第17、18、19节(《马克思恩格斯文集》第2卷)。——156。

120　指1871年3月18日巴黎工人武装起义。起义结果是建立了历史上第一个无产阶级专政的政府——巴黎公社。——156。

121　1902年4月,比利时工人宣布总罢工,以支持工人党、自由党和民主党的代表在议会提出的普选权要求。参加罢工的有30多万工人,工人游行示威遍及全国。可是在议会否决了选举改革法案、军队开枪镇压示威者之后,工人党的机会主义领导者埃·王德威尔得等人在自由派资产阶级"盟友"的压力下取消了总罢工。——157。

122　列宁指的是马克思《哲学的贫困。答蒲鲁东先生的〈贫困的哲学〉》一书第2章第1节(见《马克思恩格斯文集》第1卷)。——157。

123　工人思想派是俄国的经济派团体,以出版《工人思想报》得名。该报于1897年10月—1902年12月先后在彼得堡、柏林、华沙和日内瓦等地出版,共出了16号。工人思想派宣传机会主义观点,反对工人阶级的政治斗争,把工人阶级的任务局限于经济性质的改良。工人思想派反对建立马克思主义的无产阶级政党,主张成立工联主义的合法组织。

它贬低革命理论的意义,认为社会主义意识可以从自发运动中产生。

列宁在《俄国社会民主党中的倒退倾向》和《怎么办?》(见本版全集第4卷和第6卷)等著作中批判了工人思想派的观点。

阿基莫夫派是俄国经济主义的代表人物、极端机会主义者弗·彼·阿基莫夫(马赫诺韦茨)的拥护者。——160。

124 白俄罗斯格罗马达(白俄罗斯社会主义格罗马达)是小资产阶级民族主义政党,1902年成立(当时称白俄罗斯革命格罗马达),1903年12月在维尔诺举行第一次代表大会而最终形成。该党借用波兰社会党的纲领作为自己的纲领,要求白俄罗斯边疆区实行自治并在维尔诺设立地方议会,把地主、皇族和寺院的土地转归地方公有,允许西北边疆地区各民族实行民族文化自治。该党的多数成员代表白俄罗斯农村资产阶级的利益,但也有一些成员代表劳动农民的利益。在1905—1907年俄国革命时期,该党采取资产阶级改良主义的策略。随着这次革命的失败,该党滑向资产阶级自由主义立场。1907年初,该党正式宣布解散,它的成员们开始进行合法的资产阶级民族主义活动,出版了合法报纸《我们的田地报》(1906—1915年)。第一次世界大战期间,留在德军占领区的格罗马达分子鼓吹在德国的保护下"复兴"白俄罗斯。1917年俄国二月革命后,白俄罗斯社会主义格罗马达恢复组织,支持资产阶级临时政府的政策。1917年7月,该党右翼领袖参加了白俄罗斯拉达。十月社会主义革命后,该党分裂,它的一部分成员进行反革命活动,一部分成员转向苏维埃政权方面。——162。

125 指1906年9月初俄国社会民主工党彼得堡委员会召集的彼得堡各区工人大会通过的《关于"工人代表大会"的决议》(载于1906年9月8日《无产者报》第3号)。这个决议的第2条指出:争取召开非党工人代表大会的鼓动"实际上对抹杀无产阶级和小生产者之间差别的小资产阶级派别("劳动团"、"劳动人民社会党"、社会革命党等等)以及无产阶级的真正敌人("乌沙科夫派"以及诸如此类的分子)最有利"。——164。

126 《前进报》(《Вперед》)是第一个布尔什维克报纸,俄国社会民主工党多数派委员会常务局的机关报(周报),1904年12月22日(1905年1月4

日)——1905年5月5日(18日)在日内瓦出版,共出了18号。列宁是该报的领导者,《前进报》这一名称也是他提出的。该报编辑部的成员是列宁、瓦·瓦·沃罗夫斯基、米·斯·奥里明斯基和阿·瓦·卢那察尔斯基。娜·康·克鲁普斯卡娅任编辑部秘书,负责全部通信工作。列宁在《俄国社会民主工党分裂简况》一文中写道:"《前进报》的方针就是旧《火星报》的方针。《前进报》为了捍卫旧《火星报》,正在同新《火星报》进行坚决的斗争。"(见本版全集第9卷第217页)《前进报》发表过列宁的40多篇文章。而评论1905年1月9日事件和俄国革命开始的第4、5两号报纸几乎完全是列宁编写的。《前进报》创刊后,很快就博得了各地方党委会的同情,被承认为它们的机关报。《前进报》在反对孟什维克、创建新型政党、筹备召开俄国社会民主工党第三次代表大会方面起了卓越作用。第三次代表大会决定委托中央委员会创办名为《无产者报》的新的中央机关报,《前进报》因此停办。——167。

127　指1904年在日内瓦出版的小册子《我们组织内的工人和知识分子》,署名:"一工人"。帕·波·阿克雪里罗得为它写了序言。小册子反对列宁的建党组织计划,同时又不得不承认,孟什维克的"民主制"实质上是为了争夺党内的领导地位。列宁在《寓言喂不了夜莺》一文(见本版全集第9卷)里详细地评述了这本小册子。——169。

128　《新生活报》(《Новая Жизнь》)是俄国布尔什维克的第一个合法报纸,实际上是俄国社会民主工党的中央机关报。1905年10月27日(11月9日)——12月3日(16日)在彼得堡出版。正式编辑兼出版者是诗人尼·明斯基,出版者是女演员、布尔什维克玛·费·安德列耶娃。从1905年11月第9号起,该报由列宁直接领导。参加编辑部的有:列宁、弗·亚·巴扎罗夫、亚·亚·波格丹诺夫、瓦·瓦·沃罗夫斯基、米·斯·奥里明斯基、阿·瓦·卢那察尔斯基和彼·彼·鲁勉采夫。马·高尔基参加了《新生活报》的工作,并且在物质上给予很大帮助。《新生活报》发表过列宁的14篇文章。该报遭到沙皇政府当局多次迫害,在28号中有15号被没收。1905年12月2日(15日)该报被政府当局查封。最后一号即第28号是秘密出版的。——169。

129　新《火星报》是指第 52 号以后的《火星报》。关于《火星报》，见注 62。
——169。

130　指尤·拉林在俄国社会民主工党第四次（统一）代表大会第 15 次会议
上的书面声明。拉林写道："在 12 月里，发生了社会民主党屈服于无产
阶级自发情绪的情形，而这种情绪的传播者就是布尔什维克同志们。
因此，当时整个少数派，我也在内，并不是**按孟什维克的方式**行事的，并
不是像遵循自觉的政治考虑的社会民主党人应当的那样行事。"（见
《俄国社会民主工党第四次（统一）代表大会。记录》1959 年俄文版第
235 页）——170。

131　列宁指的是发表在 1906 年 12 月 7 日（20 日）《无产者报》第 9 号上的
《孟什维主义的危机》一文（见本卷第 147—171 页）。——172。

132　指俄国社会民主工党中央委员会全体委员一致通过的关于召开党的第
四次代表大会《告所有党组织和全体工人社会民主党人书》。这份号召
书发于 1905 年 11 月 10 日（23 日）《新生活报》第 9 号（参看《苏联共
产党代表大会、代表会议和中央全会决议汇编》1964 年人民出版社版
第 1 分册第 114—117 页）。——172。

133　指俄国社会民主工党第一次代表会议。
　　俄国社会民主工党第一次代表会议于 1905 年 12 月 12—17 日
（25—30 日）在芬兰塔墨尔福斯举行。根据俄国社会民主工党中央委
员会发表的告全党书，布尔什维克原计划于 1905 年 12 月 10 日（23 日）
提前召开第四次代表大会，以研究全俄十月总罢工后出现的革命形势
和基层党组织强烈要求解决的布尔什维克和孟什维克两派统一的问
题。但是，由于铁路罢工以及十二月武装起义已经开始，许多组织不可
能派出代表。在这种情况下，已经到会的代表遂改开布尔什维克代表
会议。
　　出席代表会议的有 26 个组织的 41 名代表。列宁当选为会议主
席。埃·李·古列维奇（斯米尔诺夫）作为孟什维克正式代表出席了会
议。代表会议的议程是：各地方的报告；关于目前形势的报告；中央委

员会的组织工作报告;关于俄国社会民主工党两部分的统一;关于党的改组;土地问题;关于国家杜马。

列宁在代表会议上作了关于目前形势和关于土地问题的报告。代表会议主张恢复党的统一,根据平等原则合并双方负责实际工作的中央机构和中央机关报,合并平行的地方组织。代表会议委托统一的中央委员会召开统一代表大会。

代表会议通过了关于党的改组的决议,建议广泛实行选举制和民主集中制原则,认为只有在遇到无法克服的实际障碍时才允许不实行这一原则。代表会议通过了关于在即将举行的代表大会上修改土地纲领的决议。代表会议还通过了关于抵制第一届国家杜马的决议,这个决议是由列宁、列·波·克拉辛、斯大林、梅利西托夫、叶·米·雅罗斯拉夫斯基组成的委员会制定的。

由于莫斯科武装起义已在进行,根据列宁的建议,会议匆促结束工作,以便代表们回到各地参加起义。

这次代表会议的决议发表于 1905 年 12 月 29、30、31 日(1906 年 1 月 11、12、13 日)《评论报》第 21、22、23 号和 1906 年 1 月 4 日(17 日)《青年俄罗斯报》第 1 号,并由中央委员会印成了单页。——172。

134　《人道报》(《L'Humanité》)是法国日报,由让·饶勒斯于 1904 年创办。该报起初是法国社会党的机关报,在第一次世界大战期间为法国社会党极右翼所掌握,采取了社会沙文主义立场。1918 年该报由马·加香领导后,反对法国政府武装干涉苏维埃俄国的帝国主义政策。在法国社会党分裂和法国共产党成立后,从 1920 年 12 月起,该报成为法国共产党中央机关报。——173。

135　《俄国论坛报》(《La Tribune Russe》)是俄国社会革命党在国外的刊物,1904 年 1 月—1909 年 12 月和 1912 年 10 月—1913 年 7 月在巴黎用法文出版。1904 年每月出版两次,以后每月出版一次。——173。

136　《新时代》杂志(《Die Neue Zeit》)是德国社会民主党的理论刊物,1883—1923 年在斯图加特出版。1890 年 10 月前为月刊,后改为周刊。1917 年 10 月以前编辑为卡·考茨基,以后为亨·库诺。1885—1895

年间,杂志发表过马克思和恩格斯的一些文章。恩格斯经常关心编辑部的工作,帮助它端正办刊方向。为杂志撰过稿的还有威·李卜克内西、保·拉法格、格·瓦·普列汉诺夫、罗·卢森堡、弗·梅林等国际工人运动活动家。《新时代》杂志在介绍马克思主义基本理论、宣传俄国1905—1907年革命等方面做了有益的工作。随着考茨基转到机会主义立场,1910年以后,《新时代》杂志成了中派分子的刊物。第一次世界大战期间,杂志持中派立场,实际上支持社会沙文主义者。——175。

137　卡·考茨基的《俄国革命的动力和前途》一文是对格·瓦·普列汉诺夫的一份调查表的答复。普列汉诺夫在调查表里提出了三个问题:(1)俄国革命的一般性质如何? 我们这里是面临资产阶级革命还是面临社会主义革命?(2)社会民主党应持怎样的观点来对待按自己的方式争取政治自由的资产阶级民主派?(3)社会民主党在杜马选举中应采取怎样的策略,以便完全立足于阿姆斯特丹决议,利用资产阶级反对党的力量来反对我们的旧制度? 调查表也发给了茹·盖得、埃·王德威尔得等人。

　　　考茨基的这篇文章在俄国社会民主工党内引起了一场大讨论。除列宁这篇文章外,尔·马尔托夫、普列汉诺夫、涅·切列万宁、列·达·托洛茨基也都写了文章。斯大林为考茨基这篇文章的格鲁吉亚文版写了序言(见《斯大林全集》第2卷第3—13页)。——175。

138　指格·瓦·普列汉诺夫的《给工人们的一封信》(载于1906年5月20日(6月2日)《信使报》第4号)。普列汉诺夫在信里说:"哥列梅金先生所以仇恨杜马,不是因为资产阶级在其中占多数,而是因为在其中占多数的资产阶级为所有的人要求自由,为农民要求土地。"(见《普列汉诺夫全集》1926年俄文版第15卷第90页)——177。

139　在载于1906年3月20日《党内消息报》第2号的土地委员会提交代表大会的土地纲领草案中,彼·巴·马斯洛夫草案有关这个问题的条文是:"私有主土地(大地产)转归大的地区自治组织所有。应当转让的地块面积的最低额,由地区人民代表会议规定。"(见《俄国社会民主工党第四次(统一)代表大会。记录》1959年俄文版第562页)马斯洛夫在俄国社会民主工党第四次(统一)代表大会第5次会议上作的土地问题报告,对这个问题作了如下解释:"草案作者使用'转让'土地而不使用'没收'土地的字眼,是容许有这样的可能:可以给地主留下一块份地,就像给农民的一样,或者可以给予、也可以不给予一笔生活必需的不大的款子,就像农民们在农民协会代表大会上计划的那样。'转让'一词作为比'没收'一词包括更广概念的词,也用于最高纲领之中。无论如何,提交给大家的各纲领草案之间的原则差别并不在于这个词。"(同上书,第57—58页)——178。

140　指卡·考茨基的小册子《社会革命》(1902年)中的一个论点。考茨基在谈到如何剥夺剥夺者时说:"剥夺是采取赎买还是没收方式来实现?对原来的所有主是否应给以补偿? 这是一个今天无法回答的问题。我们并不是负有完成这一发展使命的人。现在也还不具备可以决定必须采取哪种答案的任何条件。尽管如此,仍有一系列理由足以说明,无产阶级政权将力求选择赎买的办法,选择向资本家和土地所有者支付补偿的办法。"——178。

141　列宁指的是发表在1906年《人民社会党评论》文集第2集(第2分册)上的阿·瓦·彼舍霍诺夫《赎买问题》一文。
　　　　《人民社会党评论》文集(《Народно-Социалистическое Обозрение》)是俄国劳动人民社会党的机关刊物,1906—1907年在彼得堡出版,共出了11集。——178。

142　《现代生活》杂志(《Современная Жизнь》)是俄国孟什维克的刊物,1906年4月—1907年3月在莫斯科出版。为杂志撰稿的除格·瓦·普列汉诺夫外还有尔·马尔托夫、帕·波·阿克雪里罗得等人。——179。

143　指发表在1906年9月8日(21日)《无产者报》第3号上的《波兰通讯》和发表在10月29日(11月11日)、11月10日(23日)《无产者报》第6号、第7号上的《拉脱维亚社会民主党论游击斗争》等文。——186。

144　《人民报》(《Volkszeitung》)是崩得的合法机关报(日报),1906年2月

19 日（3 月 4 日）—1907 年 8 月 19 日（9 月 1 日）在维尔诺用依地文出版。——186。

145 指俄国社会民主工党第二次代表会议（第一次全国代表会议）的决议《对中央委员会提出的选举纲领草案的修正案》（参看《苏联共产党代表大会、代表会议和中央全会决议汇编》1964 年人民出版社版第 1 分册第 175 页）。——188。

146 赫罗斯特拉特是公元前 4 世纪希腊人。据传说，他为了扬名于世，在公元前 356 年纵火焚毁了被称为世界七大奇观之一的以弗所城阿尔蒂米斯神殿。后来，赫罗斯特拉特的名字成了不择手段追求名声的人的通称。——189。

147 20 号是薪俸的代称。旧俄官吏每月 20 日领取薪金。——192。

148 指俄国执政参议院在第二届杜马选举前颁布的对 1905 年 12 月 11 日（24 日）国家杜马选举法的解释。通过这些解释，参议院在这个选举法的规定之外，又剥夺了数万名工人、农民的选举权。列宁称这种解释是"斯托雷平对'宪法实质'的绝妙的说明"（见本卷第 195 页）。——194。

149 指沙皇政府内务部 1906 年 12 月 12 日（25 日）颁布的条例。根据这个条例，市政管理委员会和地方自治局只应把选票发给"那些注过册的"即政府承认是合法的"追求政治目的的社团及其分支机构的主持人或理事会"。因此，根据新条例，只有黑帮政党能领到选票。

在杜马选举头一阶段即复选人的选举中，一张选票上要写许多人的姓名，为了避免书写错误而造成废票，当时俄国采取了不限数量地发选票给参加竞选的各政党，由它们填上自己的候选人名单，然后分发给选民去投票的做法。实行上述条例后，没有注册的政党就得通过其他办法弄到选票。——194。

150 巴拉莱金是俄国作家米·叶·萨尔蒂科夫－谢德林的讽刺作品《温和谨慎的人们》和《现代牧歌》中的人物，一个包揽词讼、颠倒黑白的律师，自由主义空谈家、冒险家和撒谎家。巴拉莱金这个名字后来成为空谈、撒谎、投机取巧、出卖原则的代名词。——195。

151 帕宁娜伯爵夫人民众文化馆群众大会是在第一届国家杜马提出对沙皇演说的答词之后召开的。约有3 000人出席大会,其中大部分是工人。从立宪民主党到布尔什维克的各个政党的代表都在大会上讲了话。列宁化名卡尔波夫在大会上发表演说,这是他第一次在国内群众大会上公开讲话。列宁在演说中揭露了立宪民主党靠牺牲人民利益同专制政府搞交易的政策,批驳了企图为立宪民主党开脱它同沙皇政府秘密勾结的罪责的立宪民主党发言人尼·瓦·沃多沃佐夫和H.A.奥戈罗德尼科夫,也批驳了为同立宪民主党结成联盟进行辩护的人民社会党人韦·亚·米雅柯金和孟什维克费·伊·唐恩(别尔先涅夫)。大会以绝大多数票通过了列宁提出的决议案。这次大会后,政府因《浪潮报》和《号召报》刊登了关于大会的报导和大会通过的决议而对他们的编辑进行追究,宣布要对5月9日大会的参加者起诉,并且禁止再举行群众大会。——196。

152 指发表在1906年12月14日(27日)《同志报》第139号上的格·瓦·普列汉诺夫的《是说清楚的时候了(给编辑部的信)》。普列汉诺夫在这篇文章里就立宪民主党人拒绝接受他提出的"全权杜马"的口号写道:"如此坚决维护杜马**半权**思想的党,实在应当自称人民**半自由**党",然而,无产阶级应当"利用立宪民主党对人民半自由的企求,作为达到人民自由的手段之一"(见《普列汉诺夫全集》1926年俄文版第15卷第338—339页)。——196。

153 俄国人民联合总会是黑帮联合组织,在1906年10月于基辅召开的黑帮组织第三次代表大会上成立。俄罗斯人民同盟在这个联合组织中起领导作用。——197。

154 绝顶聪明的鮈鱼出典于俄国作家米·叶·萨尔蒂科夫-谢德林的同名讽刺故事。故事说,一条鮈鱼感到处处有丧生的危险,便常常东躲西藏,提心吊胆地度日,而却自以为绝顶聪明。——198。

155　指法兰克福议会的议员们。

　　　法兰克福议会是德国 1848 年三月革命以后召开的全德国民议会，1848 年 5 月 18 日在美因河畔法兰克福正式开幕。法兰克福议会的选举由各邦自行办理，代表中资产阶级自由派占多数。由于自由派的怯懦和动摇以及小资产阶级左派的不坚定和不彻底，法兰克福议会害怕接管国家的最高权力，没有成为真正统一德国的机构，最后变成了一个没有实际权力，只能导致群众离开革命斗争的纯粹的争论俱乐部。直至 1849 年 3 月 27 日，议会才通过了帝国宪法，而这时反动势力已在奥地利和普鲁士得胜。法兰克福议会制定的宪法尽管很保守，但毕竟主张德国统一，有些自由主义气味，因此普鲁士、奥地利、巴伐利亚等邦纷纷宣布予以拒绝，并从议会召回自己的代表。留在议会里的小资产阶级左派不敢领导已经兴起的人民群众保卫宪法的斗争，于 1849 年 5 月 30 日把法兰克福议会迁至持中立立场的符腾堡的斯图加特。6 月 18 日，法兰克福议会被符腾堡军队解散。——198。

156　指德国民族自由党。

　　　德国民族自由党是 1866 年由分裂出来的进步党右翼组成的，起初是普鲁士资产阶级的政党，1871 年起成为全德资产阶级的政党。民族自由党是容克-资产阶级联盟的支柱之一。它的纲领规定实行公民平等和资产阶级的民主自由。但是随着时间的推移，在德国工人运动加强的情况下，该党不再为这些要求而斗争，仅满足于奥·俾斯麦的不彻底的改革。它积极支持殖民扩张和军备竞赛以及镇压工人运动的政策，在 1914—1918 年第一次世界大战期间力求实现德国垄断组织的掠夺纲领。1918 年德国十一月革命后，该党不复存在。在它的基础上成立了德国人民党。——198。

157　强化警卫和非常警卫都是沙皇俄国政府镇压革命运动的特别措施。在宣布实施强化警卫或非常警卫的地方，行政长官有特别权力颁布强制执行的决定，禁止集会（包括私人集会），查封报刊，不按法律程序进行逮捕、监禁、审判等等。1906 年，俄国曾有 27 个省、州处于非常警卫状态之中。——201。

158 《解放》杂志(《Освобождение》)是俄国自由派资产阶级反对派的机关刊物(双周刊),1902年6月18日(7月1日)—1905年10月5日(18日)先后在斯图加特和巴黎出版,共出了79期。编辑是彼·伯·司徒卢威。该杂志反映资产阶级的立宪和民主要求,在资产阶级知识分子和地方自治人士中影响很大。1903年至1904年1月,该杂志筹备成立了俄国资产阶级自由派的秘密组织解放社。解放派和立宪派地方自治人士一起构成了1905年10月成立的立宪民主党的核心。——205。

159 《工人政党的任务和农民》一文是应萨马拉布尔什维克的请求为布尔什维克的合法报纸《萨马拉河湾报》写的。列宁在手稿的标题前写了附言:"授予编辑部以改写文章和更改标题的权利。如发表,请寄我几份。"文章由列宁从彼得堡寄往《萨马拉河湾报》编辑部,但在寄送途中被宪兵截获。直到1927年12月,手稿才在萨马拉省宪兵局的档案材料里发现。——208。

160 解放社是俄国资产阶级知识分子和地方自治自由派人士的秘密政治联合组织,由在国外出版的《解放》杂志筹备,于1904年1月在彼得堡成立,领导人是伊·伊·彼特龙凯维奇和尼·费·安年斯基。解放社的纲领包括实行立宪君主制和普选制,保护"劳动群众利益"和承认各民族的自决权。1905年革命开始后,它又要求将一部分地主土地强制转让并分给少地农民,实行八小时工作制,并主张参加布里根杜马选举。1905年10月立宪民主党成立以后,解放社停止活动。解放社的左翼没有加入立宪民主党,另外组成了伯恩施坦主义的无题派。——209。

161 指和平革新党,见注31。——210。

162 指1906年12月18日(31日)《人民报》第235号刊登的《从莫斯科经特维尔到彼得堡》一文以及1906年12月13日(26日)和1906年12月27日(1907年1月9日)《我们的论坛》周刊第1期和第3期刊登的《论策略问题》、《不受欢迎的调解。关于〈同志报〉怎样把立宪民主党人同社会民主党人联合起来以及由此产生的结果的纪事》、《谈谈协议问题》等文。在这些文章里,崩得分子批评了格·瓦·普列汉诺夫采取的容许同立宪民主党结成联盟的立场。

《我们的论坛》周刊(《Наша Трибуна»)是崩得的刊物,1906 年 12 月—1907 年 3 月在维尔诺出版。共出了 12 期。——214。

163 彼特鲁什卡是俄国作家尼·瓦·果戈理的小说《死魂灵》中的主角乞乞科夫的跟丁。他爱看书,但不想了解书的内容,只对字母总会拼出字来感兴趣。——220。

164 是就是,不是就不是,除此以外,都是鬼话! 一语出自圣经《新约全书·马太福音》第 5 章,是耶稣在传道时告诫门徒的话。恩格斯也曾在《反杜林论》第 1 章《概论》里用它来比喻形而上学的思想方法(见《马克思恩格斯文集》第 9 卷第 24 页)。——222。

165 指 1906 年 12 月 14 日(27 日)、15 日(28 日)和 17 日(30 日)《同志报》第 139、140、142 号上发表的伊·瓦·日尔金的文章《谈谈选举》。

1906 年 12 月 13 日(26 日)《同志报》第 138 号还登载了劳动派首领之一斯·瓦·阿尼金同记者谈话的摘要。阿尼金认为"在选举之前,各明显的反对派集团和政党必须最广泛地团结起来"。他把立宪民主党也算做这样的政党。——230。

166 指帕·尼·米留可夫在 1906 年 11 月 11 日(24 日)《言语报》第 214 号上发表的署名米·的文章《批评者还是竞争者?》。这篇文章是因人民社会党组织者之一韦·亚·米雅柯金在 1906 年 10 月的《俄国财富》杂志上著文批评立宪民主党而写的。——230。

167 这是《无产者报》对列宁在俄国社会民主工党彼得堡组织全市和省代表会议上的报告的报道。

俄国社会民主工党彼得堡组织全市和省代表会议于 1907 年 1 月 6 日(19 日)在芬兰泰里约基召开。出席代表会议的有 70 名有表决权的代表(布尔什维克 42 名,孟什维克 28 名)和一些有发言权的代表(孟什维克中央委员会和中央机关报的代表 4 名,俄国社会民主工党彼得堡委员会和布尔什维克的《无产者报》代表各 1 名以及其他代表)。彼得堡委员会曾决定,代表会议代表的选举必须在党员讨论了是否应当与立宪民主党人签订协议的问题之后进行。在审查代表资格时发现有些分区违反了这一决定(这些分区选出的主要是孟什维克)。代表会议宣布这些人的代表资格无效。代表会议还以多数票否决了中央委员会代表提出的按现有的选区把代表会议分为两部分(市代表会议和省代表会议)的提案,因为这个提案是要制造孟什维克在代表会议上的优势。孟什维克随后退出了代表会议,从而在选举前夕分裂了彼得堡党组织。留下来的代表决定继续开会。在代表会议上列宁作了关于在杜马选举中的选举协议问题的报告。代表会议讨论了这个报告,确认布尔什维克在俄国社会民主工党第二次代表会议(第一次全国代表会议)上提出的《特别意见》(见本卷第98—100页)是正确的。代表会议拒绝同立宪民主党人结成联盟,通过了向社会革命党和劳动派建议在选举期间签订协议的决议,条件是他们要拒绝同立宪民主党的任何联合。

　　列宁在《社会民主党和杜马选举》、《"你会听到蠢人的评判……"(社会民主党政论家札记)》这两本小册子中和《彼得堡工人政党的选举运动》、《彼得堡社会民主党的选举运动》、《31个孟什维克的抗议书》等文中(见本卷第248—271、272—290、241—247、291—299、305—309页)对彼得堡代表会议的工作作了详细的阐述。——232。

168　指发表在1906年12月8日(21日)《前进报》第1号上的文章《论普列汉诺夫最近的一篇文章》。

　　《前进报》是俄国社会民主工党外高加索组织(多数是孟什维克组织)区域委员会的合法机关报(日报),用格鲁吉亚文在梯弗利斯出版,共出了28号。1906年12月8—9日(21—22日)出第1—2号,1907年1月26日(2月8日)—3月16日(29日)出第1—26号。该报后被沙皇政府查封。——234。

169　没有共和派的共和国是指1870年建立的法兰西第三共和国。这个共和国由保皇派掌握实权,它的头两任总统——阿·梯也尔和帕·莫·麦克马洪都是保皇派分子。俄国作家米·叶·萨尔蒂科夫-谢德林在他的随笔《在国外》里把它称做"没有共和派的共和国"。——237。

170　勃朗峰在法国、意大利两国交界处,高4 810米,是阿尔卑斯山脉最高峰,也是欧洲第一高峰。——238。

171　《彼得堡工人政党的选举运动》一文作为社论发表在布尔什维克的合法机关报《通俗言语周报》第1号(1907年1月14日(27日))上。《通俗言语周报》在彼得堡出版,共出了3号。——241。

172　《社会民主党和杜马选举》这本小册子于1907年1月在彼得堡由新杜马出版社交合法的布尔什维克事业印刷所印刷,由俄国社会民主工党彼得堡委员会分发,印数4 300册。小册子于1912年被沙皇政府查禁。——248。

173　这里的尼古拉·尼古拉耶维奇、伊万·伊万诺维奇和下面的伊万·伊万内奇、西多尔·西多雷奇等都是虚拟的人名,相当于汉语中的张三、李四。——250。

174　利德瓦尔案件是指1906年瑞典大奸商埃·莱·利德瓦尔和沙皇俄国副内务大臣弗·约·古尔柯利用饥荒盗窃公款的案件。利德瓦尔在古尔柯的帮助下,同俄国政府签订了一项合同,规定在1906年10—12月为俄国南方饥荒省份提供1 000万普特黑麦。利德瓦尔从古尔柯那里支取了80万卢布的国家预付款,然后向古尔柯及其他官员行贿。结果,直到12月中旬,运到火车站的黑麦还不到100普特。这一盗窃国库和利用饥荒进行投机的罪行被揭露后,沙皇政府不得不把案件提交法庭审理。沙皇政府在1907年10月演出了一场审讯古尔柯的闹剧。但是古尔柯除被撤职外,未受其他处分。然而,这一案件有助于揭露沙皇政府的反人民政策,因而在第二届国家杜马选举中对右派政党不利。——266。

175　指沙皇政府策划的一出审判滑稽剧。第一届国家杜马代表、立宪民主党人米·雅·赫尔岑施坦于1906年7月18日(31日)被黑帮暗杀。沙皇政府采取一切措施包庇凶手。侦查被有意拖延,以至多次延期开庭。1907年4月3日(16日),案件被终止。——266。

176　《"你会听到蠢人的评判……"（社会民主党政论家札记）》这本小册子是
　　　　1907 年 1 月在彼得堡由新杜马出版社交合法的布尔什维克事业印刷
　　　　所印刷的。1912 年小册子被沙皇政府查禁。小册子的标题引自俄国
　　　　诗人亚·谢·普希金的十四行诗《致诗人》。诗中说："诗人啊！……你
　　　　会听到蠢人的评判和冷漠的群俗的嘲笑，但你要坚定、镇静而沉
　　　　毅。"——272。

177　《今日报》(«Сегодня»)是俄国自由派资产阶级的报纸（每天出版的晚
　　　　报），1906 年 8 月—1908 年 1 月在彼得堡出版。列宁称它是低级趣味
　　　　的报纸。——272。

178　可是评判者是些什么人呢？这句话出自俄国作家亚·谢·格里鲍耶陀
　　　　夫的喜剧《智慧的痛苦》，是剧中主角——具有先进自由思想的贵族青
　　　　年恰茨基的一句台词（见该剧第 2 幕第 5 场）。当官僚法穆索夫指责他
　　　　不识时务、不肯谋求功名禄时，他用这句话作了有力的反诘，指出那
　　　　些思想陈腐、荒淫无耻的贵族、农奴主根本没有资格评断是非。后来人
　　　　们常引用这句话来反驳混淆是非、颠倒黑白的批评。——272。

179　《祖国土地报》(«Родная Земля»)是俄国的一家周报，持与劳动派相近的
　　　　立场，1907 年 1 月 8 日(20 日)—4 月 16 日(29 日)在彼得堡出版，立宪民
　　　　主党人为该报撰稿。该报共出了 15 号，后被沙皇政府查禁。——272。

180　见俄国作家米·叶·萨尔蒂科夫-谢德林的随笔《在国外》。其中写道，
　　　　1876 年春他在法国听到一些法国自由派人士在热烈地谈论大赦巴黎
　　　　公社战士的问题。他们一致认为大赦是公正而有益的措施，但在结束
　　　　这个话题时，不约而同地都把食指伸到鼻子前，说了一声"mais"（即"但
　　　　是"），就再也不说了。于是谢德林恍然大悟：原来法国人所说的"但是"
　　　　就相当于俄国人所说的"耳朵不会高过额头"，意思是根本不可能有这
　　　　样的事情。——276。

181　这里说的是伊·谢·屠格涅夫的中篇小说《阿霞》和尼·加·车尔尼雪
　　　　夫斯基的文章《赴约会的俄国人》。

小说《阿霞》写的是德国少女阿霞和俄国贵族恩·恩·恋爱的故事。阿霞爱上了恩·恩·，恩·恩·心里也爱阿霞。但当阿霞公开主动地向他表露爱情时，他却犹豫起来，拒绝了阿霞。事后他悔恨不已。等到第二大他上门求婚时，阿霞已离去。车尔尼雪夫斯基在《赴约会的俄国人》一文中指出恩·恩·这个形象是"多余的人"，徒有幻想，并不准备付诸实行。——278。

182 奥勃洛摩夫是俄国作家伊·亚·冈察洛夫的长篇小说《奥勃洛摩夫》的主人公，他是一个怠惰成性、害怕变动、终日耽于幻想、对生活抱消极态度的地主。——280。

183 出典于俄国作家尼·瓦·果戈理的小说《伊万·伊万诺维奇和伊万·尼基佛罗维奇吵架的故事》。伊万·伊万诺维奇和伊万·尼基佛罗维奇（伊万·伊万内奇和伊万·尼基佛雷奇）是小说中的主人公。这两个地主本是莫逆之交，竟为一支猎枪的争端而反目。伊万·尼基佛罗维奇骂伊万·伊万诺维奇是"一只真正的公鹅"（"公鹅"在俄语中喻狂妄自大的蠢人）。伊万·伊万诺维奇则捣毁了伊万·尼基佛罗维奇的鹅舍。为此，两人打了十几年的官司。在一次市长举行的宴会上，朋友们按照当地通行的调解习惯，设法将他们俩推到一起，使他们握手言和。但是这一努力没有成功。——280。

184 指一些党派团体在 1906 年 7 月第一届国家杜马解散后发表的几个号召书：以国家杜马劳动团委员会和社会民主党党团的名义发出的《告陆海军书》；由社会民主党国家杜马党团委员会、劳动团委员会、全俄农民协会、俄国社会民主工党中央委员会、社会革命党中央委员会、全俄铁路工会和全俄教师联合会签署的《告全国农民书》；由社会民主党国家杜马党团委员会、劳动团委员会、俄国社会民主工党中央委员会、社会革命党中央委员会、波兰社会党中央委员会、崩得中央委员会签署的《告全体人民书》。这些号召书都强调武装起义的必要性。——286。

185 指 1905 年 12 月 6 日（19 日）莫斯科工人代表苏维埃第四次全体会议根据布尔什维克的提议通过的《告全体工人、士兵和公民书》。这个呼吁

书号召举行政治总罢工和武装起义。签署这个呼吁书的有:莫斯科工
人代表苏维埃、俄国社会民主工党莫斯科委员会、俄国社会民主工党莫
斯科小组和莫斯科郊区组织、社会革命党莫斯科委员会。——288。

186 指俄国左派立宪民主党人报纸《世纪报》编辑部和工商业职员"团结就
是力量"工会为弄清选民对各政党的态度而作的调查。

《世纪报》编辑部在 1907 年 1 月 6 日(19 日)该报第 4 号上刊载了
一份印有参加选举的政党名单的调查表。读者可在表上标出他打算在
即将到来的选举中投哪个政党的票,然后把调查表剪下寄回编辑部。
1907 年 1 月 9 日(22 日)《世纪报》第 5 号以《我们的调查》为题发表了
这次征求意见的结果:1 523 人中有 765 人支持立宪民主党人,407 人
支持社会民主党人,127 人支持社会革命党人,支持其他政党和团体的
为数不多。

1906 年 11 月,"团结就是力量"工会在自己的会员中散发了
15 000 张类似的征求意见表。截至 1906 年 12 月 9 日(22 日)收到的
1 907 份答复中,有 996 人支持立宪民主党人,633 人支持社会民主党
人,95 人支持社会革命党人,剩下的不多票数为其他政党获得。

工商业职员"团结就是力量"工会是 1905 年 10 月未经官方许可在
莫斯科建立的。1906 年 7 月,该工会取消了章程中关于罢工的条款始
被允许注册,它的活动才合法化。由于沙皇政府不断地进行镇压,该工
会会员人数由 1905 年 10 月的 3 000 人减少到 1906 年 10 月的 900 人。
1906 年 12 月,该工会被沙皇政府解散。——289。

187 俄狄浦斯是希腊神话中的人物。他猜中了狮身人面怪物斯芬克斯出的
谜语,使之跳崖而死。——303。

188 《彼得堡的选举和 31 个孟什维克的伪善面目》这本小册子写于 1907 年
1 月 20 日(2 月 2 日),由新杜马出版社在彼得堡刊印,俄国社会民主工
党彼得堡委员会分发,印数 3 000 册。因为这本小册子的出版,孟什维
克的中央委员会决定成立党的法庭来审判列宁。这一决定引起了一些
党组织的强烈反对。1907 年 2 月上半月召开的彼得堡组织 234 名布
尔什维克会议和此后不久召开的社会民主党彼得堡(市区和郊区)组织

代表会议第 3 次会议一致支持列宁。3 月底,党的法庭第一次开庭,列宁在法庭上宣读了辩护词,揭露了孟什维克的分裂活动和机会主义政策,把对自己的审判变成了对孟什维克的审判(见《就彼得堡的分裂以及因此设立党的法庭问题向俄国社会民主工党第五次代表大会的报告》一文,本版全集第 15 卷)。中央委员会不得不认输而停止审判。——310。

189　《俄罗斯报》(《Русь》)是俄国自由派资产级的日报,1903 年 12 月在彼得堡创刊。该报的编辑兼出版者是阿·阿·苏沃林。在 1905 年革命时期,该报接近立宪民主党,但是采取更加温和的立场。1905 年 12 月 2 日(15 日)被查封。以后曾用《俄罗斯报》、《评论报》、《二十世纪报》、《眼睛报》、《新俄罗斯报》等名称断断续续地出版。1910 年停刊。——327。

190　《国家报》(《Страна》)是俄国民主改革党的机关报(日报),1906 年 2 月 19 日(3 月 4 日)—1907 年在彼得堡出版。——327。

191　《店员呼声报》(《Голос Приказчика》)是俄国店员工会的报纸(周报),1906 年 4—10 月在彼得堡出版,共出了 14 号,其中第 3、6、12 号被没收。该报把团结工商业职员的力量、争取改善他们的经济状况和政治地位作为自己的任务,号召职员支持工人反对企业主的斗争,对立宪民主党持批评态度。1906 年 11 月彼得堡高等法院判决该报停刊。——331。

192　《彼得堡工人选民团的选举》一文最初载于 1907 年 1 月 25 日(2 月 7 日)《无产者报》第 12 号,后又发表于 1907 年 1 月 30 日(2 月 12 日)《通俗言语周报》第 3 号。两个文本不尽相同,而以后者较完整。《列宁全集》俄文第 3 版第 10 卷按《通俗言语周报》刊印了这篇文章,同时在脚注中注明了一个文本的差异。——340。

193　民族民主党是波兰地主和资产阶级的民族主义政党,成立于 1897 年,领导人是罗·德莫夫斯基、济·巴利茨基、弗·格拉布斯基等。该党提出"阶级和谐"、"民族利益"的口号,力图使人民群众屈服它的影响,并把人民群众拖进其反动政策的轨道。在1905—1907年俄国第一次革命期间,该党争取波兰王国自治,支持沙皇政府,反对革命。该党在波兰不择手段地打击革命无产阶级,直到告密、实行同盟歇业和进行暗杀。俄国社会民主工党第五次代表大会曾通过一个专门决议,强调必须揭露民族民主党人的反革命黑帮面目。在第一次世界大战时期,该党无条件支持协约国,期望波兰王国同德、奥两国占领的波兰领土合并,在俄罗斯帝国的范围内实现自治。1919年该党参加了波兰联合政府,主张波兰同西方列强结盟,反对苏维埃俄国。——341。

194 《交易所新闻》(《Биржевые Ведомости》)即《交易所小报》(《Биржевка》),是俄国资产阶级温和自由派报纸,1880年在彼得堡创刊。起初每周出两次,后来出四次,从1885年起改为日报,1902年11月起每天出两次。这个报纸的特点是看风使舵,趋炎附势,没有原则。1905年该报成为立宪民主党人的报纸,曾改用《自由人民报》和《人民自由报》的名称。从1906年起,它表面上是无党派的报纸,实际上继续代表资产阶级利益。1917年二月革命后,攻击布尔什维克党和列宁。1917年10月底因进行反苏维埃宣传被查封。——356。

195 《观察周报》(《Зрение》)是布尔什维克的合法报纸,1907年在俄国第二届国家杜马选举运动时期于彼得堡出版。参加该报工作的有列宁和瓦·瓦·沃罗夫斯基。该报总共出了两号:1月25日(2月7日)出第1号,印数11 000份;2月4日(17日)出第2号,印数25 000份。两号共刊登了列宁的4篇文章。根据彼得堡出版委员会的命令,两号报纸均被没收。彼得堡高等法院勒令该报停刊。——358。

196 本栏中的"—"号表示在立宪民主党所得票数与左派联盟对半分的情况下,黑帮也不能得到的复选人名额,本栏中的"+"号则表示在同样情况下有可能被黑帮夺得的复选人名额。——363。

197 《电讯报》(《Телеграф》)是俄国自由派资产阶级的报纸(日报),1907年1月20日(2月2日)—2月18日(3月3日)在彼得堡出版,共出了26号——364。

198　《劳动报》(《Труд》)是俄国布尔什维克的报纸(周报),1907 年在彼得堡出版。——365。

199　蒲鲁东派是以法国无政府主义者皮·约·蒲鲁东为代表的小资产阶级社会主义流派——蒲鲁东主义的拥护者。蒲鲁东主义产生于 19 世纪40 年代,它从小资产阶级立场出发批判资本主义所有制,把小商品生产和交换理想化,幻想使小资产阶级私有制永世长存。主张建立"人民银行"和"交换银行",认为它们能帮助工人购置生产资料,使之成为手工业者,并能保证他们"公平地"销售自己的产品。蒲鲁东主义反对任何国家和政府,否定任何权威和法律,宣扬阶级调和,反对政治斗争和暴力革命。马克思在《哲学的贫困》(参看《马克思恩格斯全集》第 1 版第 4 卷)等著作中,对蒲鲁东主义作了彻底批判。列宁称蒲鲁东主义为不能领会工人阶级观点的"市侩和庸人的痴想"。蒲鲁东主义被资产阶级的理论家们广泛利用来鼓吹阶级调和。——374。

200　马克思主义奠基人对 1848—1849 年德国革命的一些最重大问题的观点,是在恩格斯的著作《德国的革命和反革命》(见《马克思恩格斯文集》第 2 卷)中阐述的。这部著作以一组文章的形式发表于 1851 年 10 月25 日—1852 年 10 月 23 日的《纽约每日论坛报》,署名卡·马克思,因此当时人们把它作为马克思的著作。直到 1913 年马克思和恩格斯的通信发表之后,才知道这部著作是恩格斯写的。列宁在这里说的就是这部著作。——376。

201　布伦坦诺主义是 19 世纪 70 年代德国资产阶级经济学家、讲坛社会主义学派的主要代表人物之一路·布伦坦诺所倡导的改良主义学说,是资产阶级对马克思主义进行歪曲的一个变种。它宣扬资本主义社会里的"社会和平"以及不通过阶级斗争克服资本主义社会矛盾的可能性,认为可以通过组织工会和进行工厂立法来解决工人问题,调和工人和资本家的利益,实现社会平等。列宁称布伦坦诺主义是一种只承认无产阶级的非革命的"阶级"斗争的自由派资产阶级学说(参看本版全集第 35 卷第 229—230 页)。——377。

202 司徒卢威主义即合法马克思主义,是 19 世纪 90 年代出现在俄国自由派知识分子中的一种思想政治流派,主要代表人物是彼·伯·司徒卢威。司徒卢威主义利用马克思经济学说中能为资产阶级所接受的个别论点为俄国资本主义的发展作论证。在批判小生产的维护者民粹派的同时,司徒卢威赞美资本主义,号召人们"承认自己的不文明并向资本主义学习",而抹杀资本主义的阶级矛盾。司徒卢威主义者起初是社会民主党的暂时同路人,后来彻底转向资产阶级自由主义。到 1900 年《火星报》出版时,司徒卢威主义作为思想流派已不再存在。——377。

203 桑巴特主义是自由派资产阶级的一个思想流派,因德国资产阶级庸俗经济学家韦·桑巴特得名。桑巴特在其活动初期是个涂上了薄薄一层马克思主义色彩的社会自由主义的活动家,后来成为资本主义的辩护士。列宁曾指出,桑巴特之流"利用马克思的术语,引证马克思的个别论点,伪造马克思主义,从而用布伦坦诺主义偷换了马克思主义"(见本版全集第 12 卷第 303 页)。——377。

204 这句话出自格·瓦·普列汉诺夫的《再论我们的处境(给 X 同志的信)》一文(载于 1905 年 12 月《社会民主党人日志》第 4 期)。普列汉诺夫在这篇文章里说:"不合时宜地发动起来的政治罢工导致了莫斯科、索尔莫沃、巴赫姆特等地的武装起义。在这些起义中我们的无产阶级表现得强大、勇敢和具有献身精神。但是他们的力量总还不足以取得胜利。这种情况本来是不难预见到的。因此本来就用不着拿起武器。"(见《普列汉诺夫全集》1926 年俄文版第 15 卷第 12 页)——377。

205 1905 年 11 月,格·瓦·普列汉诺夫在《我们的处境》一文中写道:"只是得到左轮手枪或匕首是不够的,还需要学会使用它们。70 年代的革命家们在这方面是行家,我们的同志们还远不及他们。我们必须尽快填补自己革命**教育**中的这一空白。善于使用武器应成为我们中间拥有武器者理所当然地自豪的事情和尚未得到武器者羡慕的事情。"(见《普列汉诺夫全集》1926 年俄文版第 13 卷第 352 页)——378。

206 指马克思在 1870 年 9 月 6—9 日写的《国际工人协会总委员会关于普

法战争的第二篇宣言》(见《马克思恩格斯文集》第 3 卷)。——378。

207 套中人是俄国作家安·巴·契诃夫的同名小说的主人公别利科夫的绰号。此人对一切变动担惊害怕,忧心忡忡,一天到晚总想用一个套子把自己严严实实地包起来。后被喻为因循守旧、害怕变革的典型。——379。

208 指 1907 年 2 月 7 日(20 日)《言语报》第 31 号刊登的短评《第二届国家杜马》。——383。

209 民族自治派是指俄国第二届国家杜马中的波兰代表。——383。

210 法穆索夫是俄国作家亚·谢·格里鲍耶陀夫的喜剧《智慧的痛苦》中的人物,是一个位居要津的贵族官僚,极端仇视进步思想,为人专横暴虐而又卑鄙无耻。——385。

211 这句话引自恩格斯 1891 年写的《德国的社会主义》一文(见《马克思恩格斯文集》第 4 卷)。恩格斯在《卡·马克思〈1848 年至 1850 年的法兰西阶级斗争〉一书导言》(同上书)中再次提出了这一论点。——387。

212 《艰苦劳动》周刊(《Тернии Труда》)是俄国布尔什维克的合法刊物,1906 年 12 月 24 日(1907 年 1 月 6 日)—1907 年 1 月 6 日(19 日)在彼得堡出版,共出了 3 期。头两期刊载了列宁的《政治形势和工人阶级的任务》和《各资产阶级政党和工人政党是怎样对待杜马选举的?》两篇文章(见本卷第 201—207 页和第 227—231 页)。根据彼得堡高等法院的决定,该刊被禁止出版。——390。

213 指载于 1907 年 1 月 6 日(19 日)《艰苦劳动》周刊第 3 期的《彼得堡存在着黑帮危险吗?》一文。该文对各选区的居民成分作了详细的分析。——393。

214 萨拉托夫和下诺夫哥罗德是第二届国家杜马选举第一阶段中左派联盟获得胜利的两个地方。萨拉托夫选出的 80 名复选人中,左派 65 人,立宪民主党 15 人;下诺夫哥罗德选出的 80 名复选人中,左派 39 人,立宪民主党 38 人,十月党 3 人。——396。

215 《我们的世界》杂志(《Наш Мир》)是俄国孟什维克的周刊,1907年1—
2月在彼得堡出版,共出了4期。——397。

216 指1907年2月11日(24日)《无产者报》第13号刊登的彼得堡市莫斯
科区第二届国家杜马选举的总结报告。报告说:莫斯科区工人选民团
初选人选举结果是:在22个工厂中选出了10名社会革命党人,3名社
会民主党人,5名社会民主党的同情者,3名无党派人士,另有1名派别
不详。在多数情况下,这种失败并不出乎意料,因为社会民主党在莫斯
科区的工作基础较差,而社会革命党则认为该区是它的堡垒之一。"但
是,社会民主党在某些工厂的失败,只能归咎于孟什维克关于要同立宪
民主党结成联盟的鼓动。社会民主党候选人在孟什维克影响特别大的
列奇金工厂落选,就是这方面的一个有代表性的例子。一些工人回答
该厂社会民主党人为什么没有当选这个问题时直截了当地说,他们所
以选社会革命党人,是因为不愿意选'立宪民主党人'。尽管据孟什维
克计算,这个工厂除同情者外,单是党员就有250名左右,但是孟什维
克总共只得了94票(包括没有提出自己候选人的布尔什维克的10
票),而社会革命党候选人却得了500票。"——398。

217 这是《无产者报》关于列宁在社会民主党彼得堡(市区和郊区)组织代表
会议上的报告和总结发言的报道。

社会民主党彼得堡(市区和郊区)组织代表会议于1907年2月举
行。出席代表会议的代表全是布尔什维克,其中有表决权的27人,有
发言权的14人。代表会议的议程是:即将举行的彼得堡市国家杜马代
表的选举和工人选民团;杜马运动和社会民主党的杜马策略;代表大会
运动,即党代表大会的筹备;彼得堡组织的改组;尼·列宁案的审判(指
孟什维克的中央委员会就列宁发表自己的小册子《彼得堡的选举和31
个孟什维克的伪善面目》一事对他追究责任);对分裂出去的孟什维克
的态度;彼得堡的书刊鼓动工作。

代表会议在讨论了第一个问题以后,指定了两名国家杜马代表候
选人,并且选出了负责起草给工人初选人、复选人和代表的委托书的委
员会。

　　列宁就第二个问题作了报告,代表会议同意了列宁的报告。代表会议还批准了彼得堡委员会草拟的彼得堡组织的组织结构基本原则。

　　关于孟什维克的中央委员会审判列宁的问题,代表会议完全支持列宁,认为孟什维克应对彼得堡社会民主党组织在第二届国家杜马选举前夕的分裂负责,谴责了中央委员孟什维克费·伊·唐恩的分裂活动。代表会议决定组织一个监督党的刊物的委员会,并且派遣彼得堡组织的代表参加《无产者报》和《前进报》编辑部。会上还选出了出席一些布尔什维克组织的代表会议的代表,这个会议将制定提交俄国社会民主工党第五次代表大会的纲领。——409。

218　在讨论列宁的报告的过程中,曾涉及下述问题:社会民主党是否应当只在战斗关头(起义和罢工)同革命民主派达成协议,"在这种时候是否需要建立共同的统一的革命组织"。——413。

人 名 索 引

A

阿·——见戈尔德曼，列夫·伊萨科维奇。

阿克雪里罗得，帕维尔·波里索维奇（Аксельрод，Павел Борисович 1850—
1928）——俄国孟什维克领袖之一。19 世纪 70 年代是民粹派分子。1883
年参与创建劳动解放社。1900 年起是《火星报》和《曙光》杂志编辑部成
员。这一时期在宣传马克思主义的同时，也在一系列著作中把资产阶级民
主制和西欧社会民主党议会活动理想化。1903 年在俄国社会民主工党第
二次代表大会上是《火星报》编辑部有发言权的代表，属火星派少数派，会
后是孟什维主义的思想家。1905 年提出召开广泛的工人代表大会的取消
主义观点。1906 年在党的第四次（统一）代表大会上代表孟什维克作了关
于国家杜马问题的报告，宣扬无产阶级同资产阶级实行政治合作的机会主
义思想。斯托雷平反动时期和新的革命高涨年代是取消派的思想领袖，参
加孟什维克取消派《社会民主党人呼声报》编辑部。1912 年加入"八月联
盟"。第一次世界大战期间表面上是中派，实际持社会沙文主义立场；曾参
加齐美尔瓦尔德代表会议和昆塔尔代表会议，属于右翼。1917 年二月革
命后任彼得格勒苏维埃执行委员会委员，支持资产阶级临时政府。十月革
命后侨居国外，反对苏维埃政权，鼓吹武装干涉苏维埃俄国。——29—
30、47、49、155、162、167、174、183、184。

阿列克辛斯基，伊万·巴甫洛维奇（Алексинский，Иван Павлович 1872—
1945）——俄国国立莫斯科大学外科医学教授，地方自治运动活动家，第一
届国家杜马弗拉基米尔省代表；立宪民主党人，后转向人民社会党。——
76、77。

阿尼金，斯捷潘·瓦西里耶维奇（Аникин，Степан Васильевич 1869—

1919)——俄国劳动派分子,第一届国家杜马萨拉托夫省代表,杜马中劳动团领袖之一。曾为《俄国财富》杂志撰稿,1908 年底是《豪言壮语》杂志编辑之一。后脱离政治活动。——230。

安年斯基,尼古拉·费多罗维奇(Анненский, Николай Федорович 1843 — 1912)——俄国政论家,经济学家和统计学家。19 世纪 80 — 90 年代领导喀山和下诺夫哥罗德省地方自治局的统计工作,1896 — 1900 年任彼得堡市政管理委员会统计处处长,主持编辑了许多统计著作。曾为《事业》和《祖国纪事》等杂志撰稿,担任过《俄国财富》杂志编委。90 年代是自由主义民粹派代表人物。1903 — 1905 年是资产阶级自由派组织"解放社"的领导人之一。1906 年参与组织人民社会党,是该党领导人之一。——44、231、298。

奥尔洛夫,阿列克谢·费多罗维奇(Орлов, Алексей Федорович 1786 — 1861)——俄国国务活动家和外交家,公爵。曾参与镇压十二月党人起义。1844 — 1856 年任宪兵团名誉团长,1856 — 1860 年任国务会议和大臣委员会主席。反对废除农奴制。——387。

奥尼普科,费多尔·米哈伊洛维奇(Онипко, Федор Михайлович 1880 — 1938)——俄国劳动派分子,第一届国家杜马斯塔夫罗波尔省农民代表,杜马中劳动团的组织者之一。曾编辑 1906 年在彼得堡发行的劳动派报刊《劳动俄罗斯报》,参加 1906 年 7 月的喀琅施塔得起义,并因此被捕,被判处流放西伯利亚。流放途中逃往国外。1917 年二月革命后回国,5 月被选入全俄农民代表苏维埃。十月革命后在苏维埃机关工作。——105。

B

巴达姆申,加里夫·谢拉泽特(Бадамшин, Гариф Серазет 生于 1865 年)——俄国左派立宪民主党人,第一届和第二届国家杜马喀山省代表。曾在劳动派提交第一届杜马审议的"33 人土地法案"上签名。——76。

白里安,阿里斯蒂德(Briand, Aristide 1862 — 1932)——法国国务活动家,外交家;职业是律师。19 世纪 80 年代参加法国社会主义运动,1898 年加入法国独立社会党人联盟,一度属社会党左翼;1902 年参加改良主义的法国社会党,同年被选入议会。1906 年参加资产阶级政府,任教育部长,因此被开除出社会党;后同亚·米勒兰、勒·维维安尼等人一起组成独立社会党人集团(1911年取名"共和社会党")。1909—1911年任"三叛徒(白里安、米勒兰、维维安尼)内阁"的总理。1910年宣布对铁路实行军管,残酷镇压铁路工人的罢工。1913年任总理,1915—1917年、1921—1922年任总理兼外交部长,1924年任法国驻国际联盟代表。1925年参与签订洛迦诺公约。1925—1931年任外交部长。1931年竞选总统失败后退出政界。——58。

鲍古查尔斯基(**雅柯夫列夫,瓦西里·雅柯夫列维奇**)(Богучарский(Яковлев, Василий Яковлевич)1861—1915)——俄国革命运动史学家。早年同情民意党人,19世纪90年代倾向合法马克思主义,后来成为自由派资产阶级的积极活动家。1902—1905年积极参加自由派资产阶级的《解放》杂志的工作。1905年退出该杂志,参与出版半立宪民主党、半孟什维克的《无题》周刊和《同志报》。1906—1907年在弗·李·布尔采夫的参与下出版《往事》杂志。杂志刊登了一些俄国革命运动方面的资料,1908年被查封。因《往事》杂志案,1909年被驱逐出境,1913年回国。1914—1915年任自由经济学会的学术秘书。写有许多有关19世纪俄国革命运动史方面的著作,编辑出版了大量有价值的资料,其中篇幅最大的是官方资料汇编《19世纪的俄国国事罪》(1906)。——224、297—298。

倍倍尔,奥古斯特(Bebel, August 1840—1913)——德国工人运动和国际工人运动活动家,德国社会民主党和第二国际的创建人和领袖之一,马克思和恩格斯的朋友和战友;旋工出身。19世纪60年代前半期开始参加政治活动,1867年当选为德国工人协会联合会主席,1868年该联合会加入第一国际。1869年与威·李卜克内西共同创建了德国社会民主工党(爱森纳赫派),该党于1875年与拉萨尔派合并为德国社会主义工人党,后又改名为德国社会民主党。多次当选国会议员,利用国会讲坛揭露帝国政府反动的内外政策。1870—1871年普法战争期间持国际主义立场,在国会中投票反对军事拨款,支持巴黎公社,为此曾被捕和被控叛国,断断续续在狱中度过近六年时间。在反社会党人非常法施行时期,领导了党的地下活动和议会活动。90年代和20世纪初同党内的改良主义和修正主义进行斗争,反对伯恩施坦及其拥护者对马克思主义理论的歪曲和庸俗化。是出色的政论家和演说家,对德国和欧洲工人运动的发展有很大影响。马克思和恩格斯高度评价了他的活动。——157。

比克尔曼,约瑟夫·梅纳西耶维奇(Бикерман, Иосиф Менассиевич 生于1867年)——俄国自由派政论家和社会活动家,在政治观点上接近人民社会党。曾为《俄国财富》杂志和自由派资产阶级的《日报》撰稿,编辑由他1908年创办的《豪言壮语》杂志。十月革命后侨居国外。——399。

彼舍霍诺夫,阿列克谢·瓦西里耶维奇(Пешехонов, Алексей Васильевич 1867—1933)——俄国社会活动家和政论家。19世纪90年代为自由主义民粹派分子。《俄国财富》杂志撰稿人,1904年起为该杂志编委;曾为自由派资产阶级的《解放》杂志和社会革命党的《革命俄国报》撰稿。1903—1905年为解放社成员。小资产阶级政党"人民社会党"的组织者(1906)和领袖之一,该党同劳动派合并后(1917年6月),参加劳动人民社会党中央委员会。1917年二月革命后任彼得格勒工兵代表苏维埃执行委员会委员,同年5—8月任临时政府粮食部长,后任预备议会副主席。十月革命后反对苏维埃政权,参加了反革命组织"俄罗斯复兴会"。1922年被驱逐出境,成为白俄流亡分子。——23、44、45、46—47、48、52、88、285。

彼特龙凯维奇,伊万·伊里奇(Петрункевич, Иван Ильич 1843—1928)——俄国地主,地方自治运动活动家。19世纪70年代末开始参加地方自治运动。解放社的组织者和主席(1904—1905),立宪民主党创建人之一,该党中央委员会主席(1909—1915)和中央机关报《言语报》出版人。曾参加1904—1905年地方自治人士代表大会。第一届国家杜马代表。十月革命后为白俄流亡分子。——177、331。

俾斯麦,奥托·爱德华·莱奥波德(Bismarck, Otto Eduard Leopold 1815—1898)——普鲁士和德国国务活动家和外交家。普鲁士容克的代表。曾任驻彼得堡大使(1859—1862)和驻巴黎大使(1862),普鲁士首相(1862—1872、1873—1890),北德意志联邦首相(1867—1871)和德意志帝国首相(1871—1890)。1870年发动普法战争,1871年支持法国资产阶级镇压巴黎公社。主张在普鲁士领导下"自上而下"统一德国。曾采取一系列内政措施,捍卫容克和大资产阶级的联盟。1878年颁布反社会党人非常法。由于内外政策遭受挫折,于1890年3月去职。——14、157、198。

毕希纳,弗里德里希·卡尔·克里斯蒂安·路德维希(Büchner, Friedrich
　　Karl Christian Ludwig 1824—1899)——德国生理学家和哲学家,庸俗唯
　　物主义代表人物,资产阶级改良主义者;职业是医生。1852年起任蒂宾根
　　大学法医学讲师。认为自然科学是世界观的基础,但不重视辩证法,力图
　　复活机械论的自然观和社会观。主要著作有《力和物质》(1855)、《人及其在
　　自然界中的地位》(1869)、《达尔文主义和社会主义》(1894)等。——375。

卞尼格先,鲁道夫(Bennigsen, Rudolf 1824—1902)——德国政治活动家,民
　　族自由党右翼领袖。1873—1883年和1887—1898年为帝国国会议员。
　　无条件地支持俾斯麦的内外政策,拥护反社会党人非常法,是垄断资本利
　　益的维护者。——157。

别尔嘉耶夫,尼古拉·亚历山德罗维奇(Бердяев, Николай Александрович
　　1874—1948)——俄国宗教哲学家。学生时代参加社会民主主义运动。
　　19世纪90年代末曾协助基辅的工人阶级解放斗争协会,因协会案于1900
　　年被逐往沃洛格达省。早期倾向合法马克思主义,试图将马克思主义同新
　　康德主义结合起来;后转向宗教哲学。1905年加入立宪民主党。斯托雷
　　平反动时期是宗教哲学流派"寻神说"的代表人物之一。曾参与编撰《路
　　标》文集。十月革命后创建"自由精神文化学院"。1921年因涉嫌"战术中
　　心"案而被捕,后被驱逐出境。著有《自由哲学》、《创造的意义》、《俄罗斯的
　　命运》、《新中世纪》、《论人的奴役与自由》、《俄罗斯思想》等。——15。

波别多诺斯采夫,康斯坦丁·彼得罗维奇(Победоносцев, Константин
　　Петрович 1827—1907)——俄国国务活动家。1860—1865年任莫斯科大
　　学法学教授。1868年起为参议员,1872年起为国务会议成员,1880—1905
　　年任俄国正教会最高管理机构——正教院总监。给亚历山大三世和尼古
　　拉二世讲授过法律知识。一贯敌视革命运动,反对资产阶级改革,维护极
　　权专制制度,排斥西欧文化,是1881年4月29日巩固专制制度宣言的起
　　草人。80年代末势力减弱,沙皇1905年10月17日宣言颁布后引退。
　　——16。

波尔土加洛夫,维克多·韦尼阿米诺维奇(Португалов, Виктор Вениами-
　　нович 生于1874年)——俄国立宪民主党政论家,曾为《萨拉托夫小报》、
　　《同志报》和《斯摩棱斯克通报》撰稿。十月革命后移居国外,加入波·维·

萨文柯夫的反革命侨民组织,参加白俄流亡分子的报刊工作。

义和革命,组织并领导四季社以及其他秘密革命团体。在从事革命活动的50多年间,有30余年是在狱中度过的。1871年巴黎公社时期被反动派囚禁在凡尔赛,缺席当选为公社委员。憎恨资本主义制度,但不懂得组织工人革命政党和依靠广大群众的重要意义,认为只靠少数人密谋,组织暴动,即可推翻旧社会,建立新社会。——380。

C

策杰尔包姆,尤·奥·——见马尔托夫,尔·。

车尔尼雪夫斯基,尼古拉·加甫里洛维奇(Чернышевский, Николай Гаврилович 1828—1889)——俄国革命民主主义者和空想社会主义者,作家,文学评论家,经济学家,哲学家;俄国社会民主主义先驱之一,俄国19世纪60年代革命运动的领袖。1853年开始为《祖国纪事》和《同时代人》等杂志撰稿,1856—1862年是《同时代人》杂志的领导人之一,发扬别林斯基的民主主义批判传统,宣传农民革命思想,是土地和自由社的思想鼓舞者。因揭露1861年农民改革的骗局,号召人民起义,于1862年被沙皇政府逮捕,入狱两年,后被送到西伯利亚服苦役。1883年解除流放,1889年被允许回家乡居住。著述很多,涉及哲学、经济学、教育学、美学、伦理学等领域。在哲学上批判了贝克莱、康德、黑格尔等人的唯心主义观点,力图以唯物主义精神改造黑格尔的辩证法。对资本主义作了深刻的批判,认为社会主义是由整个人类发展进程所决定的,但作为空想社会主义者,又认为俄国有可能通过农民村社过渡到社会主义。所著长篇小说《怎么办?》(1863)和《序幕》(约1867—1869)表达了社会主义理想,产生了巨大的革命影响。——264、278。

D

狄慈根,约瑟夫(Dietzgen, Joseph 1828—1888)——德国社会民主党人,哲学家,制革工人。曾参加1848年革命,革命失败后流亡国外。漂泊美国和欧洲20年,一面做工,一面从事哲学研究。1869年回到德国,结识了前来德国访友的马克思,积极参加德国社会民主党的工作。1884年再度去美国,曾主编北美社会主义工人党机关报《社会主义者报》。在哲学上独立地得

出了辩证唯物主义的结论,尖锐地批判了哲学唯心主义和庸俗唯物主义,
捍卫了认识论中的唯物主义反映论,同时也夸大人类知识的相对性,把物
质和意识混为一谈。主要著作有《人脑活动的实质》(1869)、《一个社会主
义者在认识论领域中的漫游》(1887)、《哲学的成果》(1887)等。1919 年在
斯图加特出版了《狄慈根全集》(共三卷)。——374。

杜尔诺沃,彼得·尼古拉耶维奇(Дурново, Петр Николаевич 1845 — 1915)
　　——俄国国务活动家,反动分子。1872 年起在司法部门任职,1881 年转到
　　内务部。1884 — 1893 年任警察司司长,1900 — 1905 年任副内务大臣,
　　1905 年 10 月—1906 年 4 月任内务大臣,残酷镇压俄国第一次革命。1906
　　年起为国务会议成员。——329。

杜林,欧根·卡尔(Dühring, Eugen Karl 1833—1921)——德国哲学家和经
　　济学家。毕业于柏林大学,当过见习法官,1863—1877 年为柏林大学非公
　　聘讲师。70 年代起以“社会主义改革家”自居,反对马克思主义,企图创立
　　新的理论体系。在哲学上把唯心主义、庸俗唯物主义和实证论混合在一
　　起;在政治经济学方面反对马克思的劳动价值学说和剩余价值学说;在社
　　会主义理论方面以资产阶级改良主义精神阐述自己的社会主义体系,反对
　　科学社会主义。他的思想得到部分德国社会民主党人的支持。恩格斯在
　　《反杜林论》一书中系统地批判了他的观点。主要著作有《国民经济学和社
　　会主义批判史》(1871)、《国民经济学和社会经济学教程》(1873)、《哲学教
　　程》(1875)等。——375。

杜能,约翰·亨利希(Thünen, Johann Heinrich 1783—1850)——德国经济学
　　家,农业经济专家,大地主。鼓吹阶级调和,否认劳动与资本之间的对抗性
　　矛盾。写有农业经济和地租理论方面的著作。

多列尔,弗拉基米尔·菲力波维奇(Доррер, Владимир Филиппович 1862 —
　　1909)——俄国伯爵,库尔斯克省贵族代表,黑帮组织“俄罗斯人民同盟”组
　　织者之一,第三届国家杜马库尔斯克省代表。——198。

E

恩格斯,弗里德里希(Engels, Friedrich 1820—1895)——科学共产主义创始
　　人之一,世界无产阶级的领袖和导师,马克思的亲密战友。——141、161、

369、375、387。

尔·姆·（P.M.）——《我国的实际情况》一文的作者。该文毫不掩饰地宣扬经济派的机会主义观点。——163。

G

戈尔德曼，列夫·伊萨科维奇（阿·）（Гольдман, Лев Исаакович（А.）1877—1939）——1893年参加俄国革命运动，曾在维尔诺和明斯克工人小组中进行宣传工作，1897年9月参加崩得成立大会。1900年出国，在国外参加《火星报》组织。1901年初在慕尼黑会见列宁，讨论在俄国建立《火星报》印刷所的计划。1901年5月在基什尼奥夫创办秘密印刷所，印刷《火星报》和社会民主党的其他出版物。1902年3月被捕，后流放西伯利亚。1905年从流放地逃往日内瓦，加入孟什维克，担任孟什维克《火星报》编辑部秘书。1905年代表孟什维克参加俄国社会民主工党彼得堡委员会，在党的第四次（统一）代表大会上当选为中央委员。1907年在乌拉尔工作，后被捕，1911年流放西伯利亚。1917年二月革命后任伊尔库茨克苏维埃主席和孟什维克中央委员会委员。1921年起脱离政治活动，从事经济工作和编辑出版工作。——401。

格列杰斯库尔，尼古拉·安德列耶维奇（Гредескул, Николай Андреевич 生于1864年）——俄国法学家和政论家，教授，立宪民主党人。1905年参加《世界报》的出版工作，同年12月在该报因发表"反政府"性质的文章遭到查封后被捕。1906年流放阿尔汉格尔斯克省。流放期间缺席当选为第一届国家杜马代表，回到彼得堡后任国家杜马副主席。第一届国家杜马解散后，因在维堡宣言上签名，再次被捕入狱。刑满出狱后，为立宪民主党的《言语报》和其他一些资产阶级自由派报刊撰稿。1916年退出立宪民主党。1917年二月革命后参加资产阶级的《俄罗斯意志报》的出版工作。十月革命后在列宁格勒一些高等院校任教。1926年出版了自己的回忆录《俄国今昔》，书中肯定了十月革命及其成果。——42、330、399。

格罗曼，弗拉基米尔·古斯塔沃维奇（Громан, Владимир Густавович 1874—1940）——俄国社会民主党人，孟什维克。是提交俄国社会民主工党第四次（统一）代表大会的土地纲领草案起草人之一；曾参加孟什维克的《我们

的事业》杂志的编辑工作。斯托雷平反动时期是取消派分子。1917 年二
月革命起在彼得格勒工兵代表苏维埃工作,任粮食委员会主席。1918 年
任北方粮食管理局主席,1919 年任国防委员会全俄疏散委员会委员,1920
年任帝国主义战争和国内战争对俄国国民经济造成的损失考察委员会主
席;后从事经济计划方面的工作,曾任国家计划委员会主席团委员和中央
统计局局务委员。1931 年因进行反革命活动被判刑。——46、337。

葛伊甸,彼得・亚历山德罗维奇(Гейден, Петр Александрович 1840 —
　　1907)——俄国伯爵,大地主,地方自治运动活动家,十月党人。1895 年起
　　是普斯科夫省的县贵族代表、自由经济学会主席。1904 — 1905 年积极参
　　加地方自治运动。打着自由主义的幌子,力图使资产阶级和地主联合起来
　　对付日益增长的革命运动。1905 年 10 月 17 日沙皇宣言颁布后,公开转
　　向反革命营垒,是十月党的组织者之一。在第一届国家杜马中领导右派代
　　表集团。杜马解散后是和平革新党的组织者之一。——197。

古尔柯,弗拉基米尔・约瑟福维奇(Гурко, Владимир Иосифович 1863 —
　　1927)——俄国国务活动家。1902 年起任内务部地方局局长,1906 年起任
　　副内务大臣。在第一届国家杜马中反对土地法案,维护农奴主-地主的利
　　益。在哥列梅金政府中起过重要作用。后因同盗用公款一事有牵连,根据
　　参议院判决被解职。1912 年当选为国务会议成员。敌视十月革命,反对
　　苏维埃政权,后流亡国外。——267、322、325、329、330。

古尔维奇,费・伊・——见唐恩,费多尔・伊里奇。

古契柯夫,亚历山大・伊万诺维奇(Гучков, Александр Иванович 1862 —
　　1936)——俄国大资本家,十月党的组织者和领袖。1905 — 1907 年革命期
　　间支持政府镇压工农。1907 年 5 月作为工商界代表被选入国务会议,同
　　年 11 月被选入第三届国家杜马;1910 年 3 月 — 1911 年 3 月任杜马主席。
　　第一次世界大战期间是中央军事工业委员会主席和国防特别会议成员。
　　1917 年 3 — 5 月任临时政府陆海军部长。同年 8 月参与策划科尔尼洛夫
　　叛乱。十月革命后反对苏维埃政权,1918 年起为白俄流亡分子。——13、
　　14 — 15、26、39、79 — 80。

果戈理,尼古拉・瓦西里耶维奇(Гоголь, Николай Васильевич 1809 — 1852)
　　——俄国作家,俄国批判现实主义文学的奠基人之一。在《钦差大臣》

(1836)、《死魂灵》(1842)等作品中展现了一幅农奴制俄国地主和官吏生活与习俗的丑恶画面。抨击专制农奴制的腐朽,同情人民群众的悲惨命运,以色彩鲜明的讽刺笔调描绘庸俗、残暴和欺诈的世界。但是他的民主主义是不彻底的,幻想通过人道主义、通过道德的改进来改造社会,后期更陷入博爱主义和宗教神秘主义。1847年发表《与友人书信选》,宣扬君主制度,为俄国专制制度辩护,这本书在别林斯基《给果戈理的信》中受到严厉的批判。——138。

H

哈布斯堡王朝(Habsburg)——神圣罗马帝国皇朝(1273—1806,有间断)、西班牙王朝(1516—1700)、奥地利皇朝(1804—1867)和奥匈帝国皇朝(1867—1918)。——376。

赫尔岑施坦,米哈伊尔·雅柯夫列维奇(Герценштейн,Михаил Яковлевич 1859—1906)——俄国经济学家,莫斯科农学院教授,第一届国家杜马代表,立宪民主党领袖之一,该党土地问题理论家。第一届国家杜马解散后,在芬兰被黑帮分子杀害。——266、316。

霍亨索伦王朝(Hohenzollern)——勃兰登堡选帝侯世家(1415—1701),普鲁士王朝(1701—1918)和德意志皇朝(1871—1918)。——376。

K

考茨基,卡尔(Kautsky,Karl 1854—1938)——德国社会民主党和第二国际的领袖和主要理论家之一。1875年加入奥地利社会民主党,1877年加入德国社会民主党。1881年与马克思和恩格斯相识后,在他们的影响下逐渐转向马克思主义。从19世纪80年代到20世纪初写过一些宣传和解释马克思主义的著作:《卡尔·马克思的经济学说》(1887)、《土地问题》(1899)等。但在这个时期已表现出向机会主义方面摇摆,在批判伯恩施坦时作了很多让步。1883—1917年任德国社会民主党理论刊物《新时代》杂志主编。曾参与起草1891年德国社会民主党纲领(爱尔福特纲领)。1910年以后逐渐转到机会主义立场,成为中派领袖。第一次世界大战前夕提出超帝国主义论,大战期间打着中派旗号支持帝国主义战争。1917年参与建立德国独立社会民主党,1922 年拥护该党右翼与德国社会民主党合并。
1918 年后发表《无产阶级专政》等书,攻击俄国十月革命,反对无产阶级专
政。——2、3、10、175、176、177 — 178、179、180 — 181、182 — 184、220 —
221、222 — 223、224 — 225、226。

科科什金,费多尔·费多罗维奇(Кокошкин, Федор Федорович 1871 — 1918)——
俄国法学家和政论家,立宪民主党创建人和领袖之一,该党中央委员。第
一届国家杜马莫斯科省代表。1907 年起是《俄罗斯新闻》、《法学》杂志和
《俄国思想》杂志等自由派报刊撰稿人。1917 年二月革命后在临时政府中
任部长。十月革命后反对苏维埃政权。——355、356。

科斯特罗夫——见饶尔丹尼亚,诺伊·尼古拉耶维奇。

科特利亚列夫斯基,谢尔盖·安德列耶维奇(Котляревский, Сергей Андре-
евич 1873 — 1940)——俄国教授,政论家,立宪民主党创建人之一,该党中
央委员。第一届国家杜马萨拉托夫省代表。1917 年二月革命后在临时政
府宗教事务部门担任领导职务。十月革命后参加过多种反革命组织。
1920 年因"战术中心"案受审,被判处五年缓期监禁。后在莫斯科大学工
作,是苏联法学研究所成员。——209。

克列孟梭,若尔日(Clemenceau, Georges 1841 — 1929)——法国国务活动家。
第二帝国时期属左翼共和派。1871 年巴黎公社时期任巴黎第十八区区
长,力求使公社战士与凡尔赛分子和解。1876 年起为众议员,80 年代初成
为激进派领袖,1902 年起为参议员。1906 年 3 — 10 月任内务部长,1906
年 10 月—1909 年 7 月任总理。维护大资产阶级利益,镇压工人运动和民
主运动。第一次世界大战期间是沙文主义者。1917—1920 年再度任总
理,在国内建立军事专制制度,积极策划和鼓吹经济封锁和武装干涉苏维
埃俄国。1919—1920 年主持巴黎和会,参与炮制凡尔赛和约。1920 年竞
选总统失败后退出政界。——58。

克留柯夫,费多尔·德米特里耶维奇(Крюков, Федор Дмитриевич 1870 —
1920)——俄国政论作家,劳动派分子。第一届国家杜马顿河州代表,在杜
马中加入劳动团。曾参与组织人民社会党,为自由派资产阶级的《北方通
报》杂志和《俄国财富》杂志以及《俄罗斯新闻》、《祖国之子报》和《彼得堡
报》撰稿。——44。

克鲁舍万,帕维尔·亚历山德罗维奇(Крушеван, Павел Александрович 1860—1909)——俄国政论家,黑帮报纸《比萨拉比亚人报》的出版人和反犹太主义报纸《友人报》的编辑,1903年基什尼奥夫反犹大暴行的策划者,黑帮组织"俄罗斯人民同盟"的领导人之一,第二届国家杜马基什尼奥夫市代表。——95、386、387。

库格曼,路德维希(Kugelmann, Ludwig 1828—1902)——德国社会民主主义者,医生,马克思和恩格斯的朋友。曾参加德国1848—1849年革命。1865年起为第一国际会员,是国际洛桑代表大会(1867)和海牙代表大会(1872)的代表。曾协助马克思出版和传播《资本论》。1862—1874年间经常和马克思通信,反映德国情况。马克思给库格曼的信1902年第一次发表于德国《新时代》杂志,1907年被译成俄文出版,并附有列宁的序言。——373、376、377、378、381、382。

库斯柯娃,叶卡捷琳娜·德米特里耶夫娜(Кускова, Екатерина Дмитриевна 1869—1958)——俄国社会活动家和政论家,经济派代表人物。19世纪90年代中期在国外接触马克思主义,与劳动解放社关系密切,但在伯恩施坦主义影响下,很快走上修正马克思主义的道路。1899年所写的经济派的纲领性文件《信条》,受到以列宁为首的一批俄国马克思主义者的严厉批判。1905—1907年革命前夕加入自由派的解放社。1906年参与出版半立宪民主党、半孟什维克的《无题》周刊,为左派立宪民主党人的《同志报》撰稿。呼吁工人放弃革命斗争,力图使工人运动服从自由派资产阶级的政治领导。十月革命后反对苏维埃政权。1921年进入全俄赈济饥民委员会,同委员会中其他反苏维埃成员利用该组织进行反革命活动。1922年被驱逐出境。——118、138、181、224、264—265、335。

库特列尔,尼古拉·尼古拉耶维奇(Кутлер, Николай Николаевич 1859—1924)——俄国立宪民主党领袖之一。曾任财政部定额税务司司长,1905—1906年任土地规划和农业管理总署署长。第二届和第三届国家杜马代表,立宪民主党土地纲领草案的起草人之一。1917年二月革命后与银行界和工业界保持密切联系,代表俄国南部企业主的利益参加了工商业部下属的各个委员会。十月革命后在财政人民委员部和国家银行管理委员会工作。——264、267、282、325、329—330、331。

L

拉林,尤·(卢里叶,米哈伊尔·亚历山德罗维奇)(Ларин, Ю.(Лурье,
Михаил Александрович) 1882—1932)——1900 年参加俄国社会民主主
义运动,在敖德萨和辛菲罗波尔工作。1904 年起为孟什维克。1905 年是
俄国社会民主工党彼得堡孟什维克委员会委员。1906 年进入党的统一的
彼得堡委员会;是党的第四次(统一)代表大会有表决权的代表。维护孟什
维克的土地地方公有化纲领,支持召开"工人代表大会"的取消主义思想。
党的第五次(伦敦)代表大会波尔塔瓦组织的代表。斯托雷平反动时期和
新的革命高涨年代是取消派领袖之一,参加了"八月联盟"。第一次世界大
战期间是中派分子。1917 年二月革命后领导出版《国际》杂志的孟什维克
国际主义派。1917 年 8 月加入布尔什维克党。在彼得格勒参加十月武装
起义。十月革命后主张成立有孟什维克和社会革命党人参加的联合政府。
在苏维埃和经济部门工作,曾任最高国民经济委员会主席团委员、国家计
划委员会主席团委员等职。1920—1921 年工会问题争论期间先后支持布
哈林和托洛茨基的纲领。——147、148、149、150、151—153、154—155、
156—157、158—159、160、161—162、163、164、165—167、168、169、170、
171、172、173、174、199、235、292、338。

拉萨尔,斐迪南(Lassalle, Ferdinand 1825—1864)——德国工人运动活动家,
小资产阶级社会主义者,德国工人运动中的机会主义——拉萨尔主义的代
表人物。积极参加德国 1848 年革命。曾与马克思和恩格斯有过通信联
系。1863 年 5 月参与创建全德工人联合会,并当选为联合会主席。在联
合会中推行拉萨尔主义,把德国工人运动引上了机会主义道路。宣传超阶
级的国家观点,主张通过争取普选权和建立由国家资助的工人生产合作社
来解放工人。曾同俾斯麦勾结并支持在普鲁士领导下"自上而下"统一德
国的政策。在哲学上是唯心主义者和折中主义者。——138。

朗格,弗里德里希·阿尔伯特(Lange, Friedrich Albert 1828—1875)——德
国哲学家和经济学家,新康德主义创始人之一。1870 年起任苏黎世大学
教授,1872 年起任马堡大学教授。拥护生理学唯心主义,歪曲唯物主义,
认为唯物主义作为研究自然界的方法是有效的,作为一种哲学理论是站不

住脚的,并必然导致唯心主义。企图用把"自在之物"变成主观概念的办法排除康德的二元论。在以资产阶级自由派观点所写的著作中,歪曲工人运动的实质,站在社会达尔文主义立场上,把生物学规律搬用于人类社会,拥护马尔萨斯的人口过剩律,把资本主义看做是人类社会"自然的和永恒的"制度。主要著作有《工人问题及其在目前和将来的意义》(1865)、《唯物主义史及当代对唯物主义意义的批判》(1866)等。——375。

雷米,莱昂(Remy,Léon)——法国社会党人。——173。

李卜克内西,威廉(Liebknecht,Wilhelm 1826—1900)——德国工人运动和国际工人运动活动家,德国社会民主党的创建人和领袖之一,马克思和恩格斯的朋友和战友。积极参加德国1848年革命,革命失败后流亡国外,在国外结识马克思和恩格斯,接受了科学共产主义思想。1850年加入共产主义者同盟。1862年回国。第一国际成立后,成为国际的革命思想的热心宣传者和国际的德国支部的组织者之一。1868年起任《民主周报》编辑。1869年与倍倍尔共同创建了德国社会民主工党(爱森纳赫派),任党的中央机关报《人民国家报》编辑。1875年积极促成爱森纳赫派和拉萨尔派的合并。在反社会党人非常法施行期间与倍倍尔一起领导党的地下工作和斗争。1890年起任党的中央机关报《前进报》主编,直至逝世。1867—1870年为北德意志联邦国会议员,1874年起多次被选为德意志帝国国会议员,利用议会讲坛揭露普鲁士容克反动的内外政策。因革命活动屡遭监禁。是第二国际的组织者之一。——213—214、215、216、217、219。

李嘉图,大卫(Ricardo,David 1772—1823)——英国经济学家,资产阶级古典政治经济学最著名的代表人物。早年从事证券交易所活动,后致力于学术研究。1819年被选为下院议员。在资产阶级反对封建残余的斗争中维护资产阶级的利益,坚持自由竞争原则,要求消除妨碍资本主义生产发展的一切限制。在经济理论上发展了亚当·斯密的价值论,对商品价值决定于生产商品所耗费的劳动时间的原理作了比较透彻的阐述与发展,奠定了劳动价值学说的基础,并在这一基础上着重论证了资本主义的分配问题,发现了工人、资本家、土地所有者之间经济利益上的对立,从而初步揭示了阶级矛盾和阶级斗争的经济根源。但是由于资产阶级立场、观点、方法的限制,把资本主义生产方式看做是永恒的唯一合理的生产方式,在理论上留下了不少破绽和错误,为后来的庸俗政治经济学所利用。主要著作有《政治经济学和赋税原理》(1817)、《论对农业的保护》(1822)等。——375。

李沃夫,尼古拉·尼古拉耶维奇(Львов, Николай Николаевич 1867 — 1944)——俄国大地主,地方自治人士。1893—1900 年是萨拉托夫省的贵族代表,1899 年起任该省地方自治局主席。1904—1905 年地方自治机关代表大会的参加者,解放社的创建人之一。1906 年为立宪民主党中央委员,但因在土地问题上与立宪民主党人有意见分歧而退党,后为和平革新党的组织者之一。第一届、第三届和第四届国家杜马代表。在第三届和第四届杜马中是进步派领袖之一,1913 年任杜马副主席。1917 年为地主同盟的领导成员。国内战争时期在白卫军中当新闻记者,后为白俄流亡分子。——209—210、211、212、279、282。

利德瓦尔,埃里克·莱昂纳德(Lidvall, Erik Leonard)——大投机商和骗子,瑞典国民。1906 年曾向坦波夫、奔萨等饥荒省份供应粮食。由于报上揭露了俄国副内务大臣弗·约·古尔柯从国家资金中拨给他一笔巨款并参与其投机活动,以致舆论大哗,沙皇政府被迫将古尔柯提交参议院审讯,但案件后来被暗中压了下去。——266、329、364。

列宁,弗拉基米尔·伊里奇(**乌里扬诺夫,弗拉基米尔·伊里奇**;列宁,尼·)(Ленин, Владимир Ильич; Ленин, Н.) 1870—1924)——9、10、28、29、44、47、53、54—55、56、57、101、109、139、142、165、167、168、169、182、194、197、235、343、370、386。

列宁,尼·——见列宁,弗拉基米尔·伊里奇。

列维茨基(**策杰尔包姆**),弗拉基米尔·奥西波维奇(Левицкий(Цедербаум), Владимир Осипович 生于 1883 年)——俄国社会民主党人,孟什维克。19世纪 90 年代末参加革命运动,在德文斯克崩得组织中工作。1906 年初是俄国社会民主工党彼得堡统一委员会委员;彼得堡组织出席党的第四次(统一)代表大会的代表。在第二届国家杜马选举期间主张同立宪民主党结盟。斯托雷平反动时期和新的革命高涨年代是取消派领袖之一;加入孟什维克中央,在关于取消党的"公开信"上签了名;编辑《我们的曙光》杂志并为《社会民主党人呼声报》、《复兴》杂志以及其他孟什维克取消派定期报刊撰稿。炮制了"不是领导权,而是阶级的政党"的"著名"公式。第一次世界大战期间是社会沙文主义者，支持护国派极右翼集团。敌视十月革命，反对苏维埃政权。1920 年因"战术中心"案受审。后从事写作。——318、320。

罗季切夫，费多尔·伊兹迈洛维奇（Родичев, Федор Измаилович 1853 — 1932）——俄国地主，地方自治运动活动家，立宪民主党领袖之一，该党中央委员。1904—1905 年地方自治机关代表大会的参加者。第一届至第四届国家杜马代表。1917 年二月革命后任临时政府芬兰事务委员。十月革命后为白俄流亡分子。——109、114、156、331。

罗曼诺夫王朝（Романовы）——俄国皇朝（1613—1917）。——15、16、387。

洛日金，谢尔盖·瓦西里耶维奇（Ложкин, Сергей Васильевич 生于 1868 年）——俄国地方自治局医生，左派立宪民主党人，第一届国家杜马维亚特卡省代表。曾在劳动派提交第一届杜马审议的"33 人土地法案"上签名。——76。

M

马尔托夫，尔·（策杰尔包姆，尤利·奥西波维奇）（Мартов, Л.（Цедербаум, Юлий Осипович）1873—1923）——俄国孟什维克领袖之一。1895 年参与组织彼得堡工人阶级解放斗争协会。1896 年被捕并流放图鲁汉斯克三年。1900 年参与创办《火星报》，为该报编辑部成员。在俄国社会民主工党第二次代表大会上是《火星报》组织的代表，领导机会主义少数派，反对列宁的建党原则；从那时起成为孟什维克中央机关的领导成员和孟什维克报刊的编辑。曾参加党的第五次（伦敦）代表大会的工作。斯托雷平反动时期和新的革命高涨年代是取消派分子，编辑《社会民主党人呼声报》，参与组织"八月联盟"。第一次世界大战期间是中派分子，参加齐美尔瓦尔德代表会议和昆塔尔代表会议。曾参加孟什维克组织委员会国外书记处，为书记处编辑机关刊物。1917 年二月革命后领导孟什维克国际主义派。十月革命后反对镇压反革命和解散立宪会议。1919 年当选为全俄中央执行委员会委员，1919—1920 年为莫斯科苏维埃代表。1920 年 9 月侨居德国。参与组织第二半国际，在柏林创办和编辑孟什维克杂志《社会主义通报》。——43、51、53、54、55 — 56、57、58 — 59、60、62、64、69、70、71、72、76、77、

92、101、122、166、199、292、339、375。

案是立宪民主党土地纲领的基础。1907—1911年为国务会议成员。1905—1908年任莫斯科大学副校长,1908—1911年任莫斯科大学校长。1917年二月革命后任临时政府国民教育部长。十月革命后一度侨居国外,但很快回国,并同苏维埃政权合作,在高等院校任教。写有许多经济问题方面的著作。主要著作有《爱尔兰的地租》(1895)、《古典学派经济学家学说的价值的概念》(1901)、《政治经济学讲义教程》第1编(1914)等。——177。

梅利古诺夫,谢尔盖·彼得罗维奇(Мельгунов,Сергей Петрович 1880—1956)——俄国历史学家和政论家,立宪民主党活动家。曾为立宪民主党一些中央机关报刊以及《俄罗斯新闻》撰稿。1913年起是自由派资产阶级史学杂志《往事之声》编辑之一。十月革命后侨居国外,担任白俄流亡分子报刊的编辑工作。——175。

梅林,弗兰茨(Mehring,Franz 1846—1919)——德国工人运动活动家,德国社会民主党左翼领袖和理论家之一,历史学家和政论家,德国共产党创建人之一。19世纪60年代末起是资产阶级民主主义政论家,1877—1882年持资产阶级自由主义立场,后向左转化,逐渐接受马克思主义。曾任民主主义报纸《人民报》主编。1891年加入德国社会民主党,担任党的理论刊物《新时代》杂志撰稿人和编辑,1902—1907年任《莱比锡人民报》主编,反对第二国际的机会主义和修正主义,批判考茨基主义。第一次世界大战爆发后坚决谴责帝国主义战争和社会沙文主义者的背叛政策;是国际派(后改称斯巴达克派和斯巴达克联盟)的组织者和领导人之一。1918年参加建立德国共产党的准备工作。欢迎俄国十月革命,撰文驳斥对十月革命的攻击,维护苏维埃政权。在研究德国中世纪史、德国社会民主党史和马克思主义史方面作出重大贡献,在整理出版马克思、恩格斯和拉萨尔的遗著方面也做了大量工作。主要著作有《莱辛传奇》(1893)、《德国社会民主党史》(1897—1898)、《马克思传》(1918)等。——213。

米勒兰,亚历山大·埃蒂耶纳(Millerand,Alexandre Étienne 1859—1943)——法国政治家和国务活动家,法国社会党和第二国际的机会主义代表人物。1885年起多次当选议员。原属资产阶级激进派,90年代初参加法国社会主义运动,领导运动中的机会主义派。1898年同让·饶勒斯等人组成法国独立社会党人联盟。1899 年参加瓦尔德克-卢梭内阁,任工商业部长,是有史以来社会党人第一次参加资产阶级政府,列宁把这个行动斥之为"实践的伯恩施坦主义"。1904 年被开除出法国社会党,此后同阿·白里安、勒·维维安尼等前社会党人一起组成独立社会党人集团(1911 年取名为"共和社会党")。1909—1915 年先后任公共工程部长和陆军部长,竭力主张把帝国主义战争进行到底。俄国十月革命后是武装干涉苏维埃俄国的策划者之一。1920 年 1—9 月任总理兼外交部长,1920 年 9 月—1924 年 6 月任法兰西共和国总统。资产阶级左翼政党在大选中获胜后,被迫辞职。1925 年和 1927 年当选为参议员。——58。

米留可夫,帕维尔·尼古拉耶维奇(Милюков, Павел Николаевич 1859—1943)——俄国立宪民主党领袖,俄国自由派资产阶级思想家,历史学家和政论家。1886 年起任莫斯科大学讲师。90 年代前半期开始政治活动,1902 年起为资产阶级自由派的《解放》杂志撰稿。1905 年 10 月参与创建立宪民主党,后任该党中央委员会主席和中央机关报《言语报》编辑。第三届和第四届国家杜马代表。第一次世界大战期间为沙皇政府的掠夺政策辩护。1917 年二月革命后任第一届临时政府外交部长,推行把战争进行到"最后胜利"的帝国主义政策;同年 8 月积极参与策划科尔尼洛夫叛乱。十月革命后同白卫分子和武装干涉者合作。1920 年起为白俄流亡分子,在巴黎出版《最新消息报》。著有《俄国文化史概要》、《第二次俄国革命史》及《回忆录》等。——15、40—41、157、230、264、267、297、298、300、304、319、320、330、337、354、364、365—366、370、371、386、394、396。

米雅柯金,韦涅季克特·亚历山德罗维奇(Мякотин, Венедикт Александрович 1867—1937)——俄国人民社会党领袖之一,历史学家和政论家。1893 年为《俄国财富》杂志撰稿人,1904 年起为杂志编委。1905—1906 年是资产阶级知识分子组织"协会联合会"的领导人之一。敌视十月革命,反对苏维埃政权。1918 年是反革命组织"俄罗斯复兴会"的创建人之一,同年流亡国外。——44。

姆·(M.)——俄国孟什维克,俄国社会民主工党彼得堡委员会委员。——401。

穆罗姆采夫,谢尔盖·安德列耶维奇(Муромцев, Сергей Андреевич 1850—

1910)——俄国立宪民主党创建人和领袖之一,法学家和政论家。1877年起任莫斯科大学罗马法教授。1879—1892年任自由派资产阶级的《法学通报》杂志编辑。1897年开始从事地方自治活动。曾参加1904—1905年地方自治机关代表大会。1906年为第一届国家杜马代表和杜马主席。1908—1910年从事政论活动。——156、159。

N

纳波柯夫,弗拉基米尔·德米特里耶维奇(Набоков, Владимир Дмитриевич 1869—1922)——俄国立宪民主党创建人和领袖之一,法学家和政论家。1901年起编辑自由派资产阶级的法学刊物《法学》和《法律学报》杂志。曾参加1904—1905年地方自治机关代表大会,并加入解放社。立宪民主党的《人民自由党通报》杂志和《言语报》编辑兼出版人。第一届国家杜马代表。1917年二月革命后任临时政府办公厅主任。十月革命后反对苏维埃政权,参加了白卫分子成立的所谓克里木边疆区政府,任司法部长。1920年起流亡柏林,参与出版右派立宪民主党人的《舵轮报》。—— 264、282、364。

尼古·约—斯基——见约尔丹斯基,尼古拉·伊万诺维奇。

尼古拉二世(**罗曼诺夫**)(Николай II(Романов) 1868—1918)——俄国最后一个皇帝,亚历山大三世的儿子。1894年即位,1917年二月革命时被推翻。1918年7月17日根据乌拉尔州工兵代表苏维埃的决定在叶卡捷琳堡被枪决。——18、103、114、143、194。

P

帕尔乌斯(**格尔方德,亚历山大·李沃维奇**)(Парвус(Гельфанд, Александр Львович) 1869—1924)——生于俄国,19世纪80年代移居国外。90年代末起在德国社会民主党内工作,属该党左翼;曾任《萨克森工人报》编辑。写有一些世界经济问题的著作。20世纪初参加俄国社会民主工党的工作,为《火星报》撰稿。俄国社会民主工党第二次代表大会后支持孟什维克的组织路线。1905年回到俄国,曾担任彼得堡工人代表苏维埃执行委员会委员,为孟什维克的《开端报》撰稿;同托洛茨基一起提出"不断革命论",

主张参加布里根杜马,坚持同立宪民主党人搞交易。斯托雷平反动时期脱离俄国社会民主工党,后移居德国。第一次世界大战期间是社会沙文主义者和德国帝国主义的代理人。1915 年起在柏林出版《钟声》杂志。1918 年脱离政治活动。——169。

蒲鲁东,皮埃尔·约瑟夫(Proudhon, Pierre-Joseph 1809 －1865)——法国政论家,经济学家,社会学家,小资产阶级思想家,无政府主义理论的创始人之一。1840 年出版《什么是财产?》一书,从小资产阶级立场出发批判大资本主义所有制,幻想使小私有制永世长存。主张由专门的人民银行发放无息贷款,帮助工人购置生产资料,使他们成为手工业者,再由专门的交换银行保证劳动者"公平地"销售自己的劳动产品,而同时又不触动生产工具和生产资料的资本主义所有制。认为国家是阶级矛盾的主要根源,提出和平"消灭国家"的空想主义方案,对政治斗争持否定态度。1846 年出版《经济矛盾的体系,或贫困的哲学》,阐述其小资产阶级的哲学和经济学观点。马克思在《哲学的贫困》一书中对该书作了彻底的批判。1848 年革命时期被选入制宪议会后,攻击工人阶级的革命发动,赞成 1851 年 12 月 2 日的波拿巴政变。——157、163、380。

普利什凯维奇,弗拉基米尔·米特罗范诺维奇(Пуришкевич, Владимир Митрофанович 1870— 1920)——俄国大地主,黑帮反动分子,君主派。1900 年起在内务部任职,1904 年为维·康·普列韦的内务部特别行动处官员。1905 年参与创建黑帮组织"俄罗斯人民同盟",1907 年退出同盟并成立了新的君主派反革命组织"米迦勒天使长同盟"。第二届、第三届和第四届国家杜马代表,因在杜马中发表歧视异族和反犹太人的演说而臭名远扬。第一次世界大战期间鼓吹把战争进行到"最后胜利"。1917 年二月革命后主张恢复君主制。十月革命后竭力反对苏维埃政权,是 1917 年 11 月初被揭露的军官反革命阴谋的策划者。——198。

普列汉诺夫,格奥尔吉·瓦连廷诺维奇(Плеханов, Георгий Валентинович 1856—1918)——俄国早期的马克思主义理论家,后来成为孟什维克和第二国际机会主义领袖之一。19 世纪 70 年代参加民粹主义运动,是土地和自由社成员及土地平分社领导人之一。1880 年侨居瑞士,逐步同民粹主义决裂。1883 年在日内瓦创建俄国第一个马克思主义团体——劳动解放

社。翻译和介绍了马克思和恩格斯的许多著作,对马克思主义在俄国的传
播起了重要作用;写过不少优秀的马克思主义著作,批判民粹主义、合法马
克思主义、经济主义、伯恩施坦主义、马赫主义。20世纪初是《火星报》和
《曙光》杂志编辑部成员。曾参与制定俄国社会民主工党纲领草案和参加
党的第二次代表大会的筹备工作。在代表大会上是劳动解放社的代表,属
火星派多数派,参加了大会常务委员会,会后逐渐转向孟什维克。1905—
1907年革命时期反对列宁的民主革命的策略,后来在孟什维克和布尔什
维克之间摇摆。在俄国社会民主工党第四次(统一)代表大会上作了关于
土地问题的报告,维护马斯洛夫的孟什维克方案;在国家杜马问题上坚持
极右立场,呼吁支持立宪民主党人的杜马。斯托雷平反动时期和新的革命
高涨年代反对取消主义,领导孟什维克护党派。第一次世界大战期间持社
会沙文主义立场。1917年二月革命后支持资产阶级临时政府。对十月革
命持否定态度,但拒绝支持反革命。最重要的理论著作有《社会主义和政
治斗争》(1883)、《我们的意见分歧》(1885)、《论一元论历史观的发展》
(1895)、《唯物主义史论丛》(1896)、《论个人在历史上的作用》(1898)、《没
有地址的信》(1899—1900),等等。——30、34—35、47、62、64、69—70、
71、92、101、108—109、118—119、138、139—140、141—145、155、166、167、
174、175、176、177、179—180、181—182、183、184、189—190、196、197、
214、215、216、218—219、220、221、222、223—224、225—226、233、234、
235、236、238、239、264、265、292、293、335、377—378、380、381、382、410。

普列韦,维亚切斯拉夫·康斯坦丁诺维奇(Плеве, Вячеслав Константинович
1846—1904)——俄国国务活动家。1881年起任警察司司长,1884—1894
年任枢密官和副内务大臣。1902年4月任内务大臣兼宪兵团名誉团长。
掌权期间,残酷地镇压了波尔塔瓦省和哈尔科夫省的农民运动,破坏了许
多地方自治机关;鼓动在俄国边疆地区推行反动的俄罗斯化政策。为了诱
使群众脱离反对专制制度的斗争,促进了日俄战争的爆发;出于同一目的,
多次策划蹂躏犹太人的暴行,鼓励祖巴托夫政策。1904年7月15日(28
日)被社会革命党人刺死。——83。

普罗柯波维奇,谢尔盖·尼古拉耶维奇(Прокопович, Сергей Николаевич
1871—1955)——俄国经济学家和政论家。曾参加国外俄国社会民主党

人联合会,是经济派的著名代表人物,伯恩施坦主义在俄国最早的传播者
之一。1904 年加入资产阶级自由派解放社,为该社骨干分子。1905 年为
立宪民主党中央委员。1906 年参与出版半立宪民主党、半孟什维克的《无
题》周刊,为左派立宪民主党人的《同志报》积极撰稿。1917 年 8 月任临时
政府工商业部长,9—10 月任粮食部长。1921 年在全俄赈济饥民委员会
工作,同反革命地下活动有联系。1922 年被驱逐出境。—— 118、138、
156、163、176、181、214、224、225、235、236、238、264、265。

Q

契尔金,瓦西里·加甫里洛维奇(X.)(Чиркин, Василий Гаврилович(X.)
1877—1954)——俄国工人。1903 年参加革命运动,1904 年底参加孟什维
克。支持召开"工人代表大会"的取消主义思想;是孟什维克出席俄国社会
民主工党第五次(伦敦)代表大会的代表。1906 年起积极参加工会运动。
多次被捕和流放。斯托雷平反动时期是取消派分子。第一次世界大战期
间是社会沙文主义者。1917 年二月革命后是全俄苏维埃第一次和第二次
代表大会代表。1918 年脱离孟什维克,1920 年加入布尔什维克。后在工
会和经济部门担任负责工作。——346。

切尔诺夫,维克多·米哈伊洛维奇(Чернов, Виктор Михайлович 1873—
1952)——俄国社会革命党领袖和理论家之一。1902—1905 年任社会革
命党中央机关报《革命俄国报》编辑。曾撰文反对马克思主义,企图证明马
克思的理论不适用于农业。第一次世界大战期间持社会沙文主义立场,曾
参加齐美尔瓦尔德代表会议和昆塔尔代表会议。1917 年 5—8 月任临时
政府农业部长,对夺取地主土地的农民实行残酷镇压。敌视十月革命。
1918 年 1 月任立宪会议主席;曾领导反革命的萨马拉立宪会议委员会,参
与策划反苏维埃叛乱。1920 年流亡国外,继续反对苏维埃政权。在他的
理论著作中,主观唯心主义和折中主义同修正主义和民粹派的空想混合在
一起;企图以资产阶级改良主义的"结构社会主义"对抗科学社会主义。
——88、298。

切列万宁,涅·(利普金,费多尔·安德列耶维奇)(Череванин, Н.(Липкин,
Федор Андреевич) 1868—1938)——俄国政论家,"马克思的批评家",后为

孟什维克领袖之一,取消派分子。俄国社会民主工党第四次(统一)代表大
会和第五次(伦敦)代表大会的参加者,取消派报刊撰稿人,16个孟什维克
关于取消党的"公开信"的起草人之一。1912年反布尔什维克的八月代表
会议后是孟什维克领导中心——组委会成员。第一次世界大战期间是社
会沙文主义者。1917年是孟什维克中央机关报《工人报》编辑之一和孟什
维克中央委员会委员。敌视十月革命。——46—47、48、49、53、54、57—
59、60、64、70、72、77、92、122、238、292、409。

R

饶尔丹尼亚,诺伊·尼古拉耶维奇(科斯特罗夫)(Жордания, Ной Никола-
евич(Костров)1869—1953)——俄国社会民主党人。19世纪90年代开
始政治活动,加入格鲁吉亚第一个社会民主主义团体"麦撒墨达西社",领
导该社的机会主义派。1903年在俄国社会民主工党第二次代表大会上是
有发言权的代表,属火星派少数派,会后为高加索孟什维克的领袖。1905
年编辑孟什维克的《社会民主党人报》(格鲁吉亚文),反对布尔什维克在资
产阶级民主革命中的策略。第一届国家杜马代表,社会民主党党团领袖。
1907—1912年为俄国社会民主工党中央委员(代表孟什维克)。斯托雷平
反动时期和新的革命高涨年代形式上参加孟什维克护党派,实际上支持取
消派。1914年为托洛茨基的《斗争》杂志撰稿。第一次世界大战期间是社
会沙文主义者。1917年二月革命后任梯弗利斯工人代表苏维埃主席。
1918—1921年是格鲁吉亚孟什维克政府主席。1921年格鲁吉亚建立苏
维埃政权后成为白俄流亡分子。——101。

日尔金,伊万·瓦西里耶维奇(Жилкин, Иван Васильевич 1874—1958)——
俄国新闻工作者,劳动派领袖之一。曾任《乌拉尔人报》编辑、《星期周报》
秘书,为《圣彼得堡新闻》和左派立宪民主党人的《我们的生活报》和《同志
报》撰稿。1906年作为萨拉托夫省的农民代表被选进第一届国家杜马。
杜马解散后,因在维堡宣言上签名被判处三个月监禁。刑满后不再积极从
事政治活动,为各种资产阶级报刊撰稿。十月革命后在苏维埃机关工作,
1925年起从事新闻工作。——208、209、210、211、230。

S

萨尔蒂科夫-谢德林,米哈伊尔·叶夫格拉福维奇(**萨尔蒂科夫,米·叶·;谢德林**)(Салтыков-Щедрин, Михаил Евграфович (Салтыков, М. Е., Щедрин) 1826—1889)——俄国讽刺作家,革命民主主义者。1848年因发表抨击沙皇制度的小说被捕,流放七年。1856年初返回彼得堡,用笔名"尼·谢德林"发表了《外省散记》。1863—1864年为《同时代人》杂志撰写政论文章,1868年起任《祖国纪事》杂志编辑,1878年起任主编。60—80年代创作了《一个城市的历史》、《戈洛夫廖夫老爷们》等长篇小说,批判了俄国的专制农奴制,刻画了地主、沙皇官僚和自由派的丑恶形象。——236—237、276。

司徒卢威,彼得·伯恩哈多维奇(Струве, Петр Бернгардович 1870—1944)——俄国经济学家,哲学家,政论家,合法马克思主义主要代表人物,立宪民主党领袖之一。19世纪90年代编辑合法马克思主义者的《新言论》杂志和《开端》杂志。1896年参加第二国际第四次代表大会。1898年参加起草《俄国社会民主工党宣言》。在1894年发表的第一部著作《俄国经济发展问题的评述》中,在批判民粹主义的同时,对马克思的经济学说和哲学学说提出"补充"和"批评"。20世纪初同马克思主义和社会民主主义彻底决裂,转到自由派营垒。1902年起编辑自由派资产阶级刊物《解放》杂志,1903年起是解放社的领袖之一。1905年起是立宪民主党中央委员,领导该党右翼。1907年当选为第二届国家杜马代表。第一次世界大战爆发后鼓吹俄国的帝国主义侵略扩张政策。十月革命后敌视苏维埃政权,是邓尼金和弗兰格尔反革命政府成员,后逃往国外。——15、40、41、50、156、181、224、238、239、282。

斯米尔诺夫(Смирнов)——俄国民粹派分子。——399。

斯托雷平,彼得·阿尔卡季耶维奇(Столыпин, Петр Аркадьевич 1862—1911)——俄国国务活动家,大地主。1884年起在内务部任职。1902年任格罗德诺省省长。1903—1906年任萨拉托夫省省长,因镇压该省农民运动受到尼古拉二世的嘉奖。1906—1911年任大臣会议主席兼内务大臣。1907年发动"六三政变",解散第二届国家杜马,颁布新选举法以保证地

主、资产阶级在杜马中占统治地位,残酷镇压革命运动,大规模实施死刑,
开始了"斯托雷平反动时期"。实行旨在摧毁村社和培植富农的土地改革。
1911 年被社会革命党人 Д.Г.博格罗夫刺死。——15、83、119、143、157、
195、196、197、210、211、227、276、279、297、298、300、304、319、329——330、
337、354、355、356、357、359、364、365、366、369、370、371、386、387、391、
394、396、411、412。

T

塔格—因——见特罗伊茨基,А.Г.。

坦(**博哥拉兹,弗拉基米尔·格尔曼诺维奇**)(Тан(Богораз, Владимир
Германович) 1865—1936)——俄国民粹派政论作家,民族志学家和语言
学家。19 世纪 80 年代参加民意党人运动,1889—1898 年流放西伯利亚;
从流放地回来后,加入合法马克思主义者的《开端》和《生活》等杂志编辑
部。1905 年参与建立农民协会,1906 年参与组织人民社会党,为接近劳动
派立场的《祖国土地报》撰稿。第一次世界大战期间是护国派分子。1921
年起任彼得格勒一些高等院校的教授。北方民族研究工作的发起人之一
和北方民族文字的创立者之一。是最早的楚科奇语教科书、词典和语法的
编写者。——272、283、296。

唐恩(**古尔维奇**),费多尔·伊里奇(Дан(Гурвич),Федор Ильич 1871—
1947)——俄国孟什维克领袖之一;职业是医生。1894 年参加社会民主主
义运动,加入彼得堡工人阶级解放斗争协会。1896 年 8 月被捕,监禁两年
左右,1898 年流放维亚特卡省,为期三年。1901 年夏逃往国外,加入《火星
报》柏林协助小组。1902 年作为《火星报》代办员参加了俄国社会民主工
党第二次代表大会的筹备会议,会后再次被捕,流放东西伯利亚。1903 年
9 月逃往国外,成为孟什维克。俄国社会民主工党第四次(统一)代表大会
和第五次(伦敦)代表大会及一系列代表会议的参加者。斯托雷平反动时
期和新的革命高涨年代在国外领导取消派,编辑取消派的《社会民主党人
呼声报》。第一次世界大战期间是社会沙文主义者。1917 年二月革命后
任彼得格勒苏维埃执行委员会委员和第一届中央执行委员会主席团委员,
支持资产阶级临时政府。十月革命后反对苏维埃政权,1922 年被驱逐出

境,在柏林领导孟什维克进行反革命活动。1923 年参与组织社会主义工
人国际。同年被取消苏联国籍。——61、178、298、301、311、317、399。

特鲁别茨科伊,叶夫根尼·尼古拉耶维奇(Трубецкой, Евгений Николаевич
1863—1920)——俄国资产阶级自由派思想家,宗教哲学家,公爵。曾先
后任基辅大学和莫斯科大学法哲学教授,为俄国唯心主义者的纲领性文集
《唯心主义问题》(1902)和《俄罗斯新闻》等出版物撰稿。1906 年以前是立
宪民主党人,1906 年是君主立宪派政党"和平革新党"的组织者之一。在
沙皇政府镇压 1905—1907 年革命和建立斯托雷平体制的过程中起过重
要作用。第一次世界大战期间主张将战争进行到最后胜利。十月革命后
反对苏维埃政权,邓尼金的骨干分子。写有一些宗教神秘主义的哲学著
作。——13、14。

特罗伊茨基,А. Г.(塔格—因)(Троицкий, А. Г.(Таг—ин))——俄国统计学
家。1905 年加入社会革命党左派(1906 年组成最高纲领派)。1907 年起
脱离政治活动。1917 年二月革命后重新加入最高纲领派,但不久即与其
决裂,加入社会革命党。十月革命后一度是俄共(布)党员;1921 年退党,
并脱离政治活动。曾在一些苏维埃机关做统计工作。——88。

梯尔柯娃,阿里阿德娜·弗拉基米罗夫娜(韦尔格日斯基,阿·)(Тыркова,
Ариадна Владимировна(Вергежский, А.)生于 1869 年)——俄国立宪民主
党政论家。1906 年进入立宪民主党中央委员会。曾任由该党资助的圣彼
得堡出版局局长,为《言语报》等报刊撰稿。十月革命后侨居国外,进行敌
视苏维埃政权的宣传。——41、266。

屠格涅夫,伊万·谢尔盖耶维奇(Тургенев, Иван Сергеевич 1818—1883)——
俄国作家,对俄罗斯文学语言的发展作出重大贡献。他的作品反映了 19
世纪 30—70 年代俄国社会的思想探索和心理状态,揭示了俄国社会生活
的特有矛盾,塑造了一系列"多余人"的形象;这些"多余人"意识到贵族制
度的必然灭亡,但对于改变这一制度又束手无策。在俄国文学中第一次描
写了新一代的代表人物——平民知识分子。反对农奴制,但寄希望于亚历
山大二世,期望通过"自上而下"的改革使俄国达到渐进的转变,主张在俄
国实行立宪君主制。——61、278。

W

瓦·瓦·希—科夫——见希日尼亚科夫,瓦西里·瓦西里耶维奇。

瓦季莫夫,维·(**波德维茨基,维克多·瓦季莫维奇**)(Вадимов, В.
(Подвицкий, Виктор Вадимович)约生于 1881 年)——俄国右派社会革命
党人。1906 年在社会革命党《觉悟的俄罗斯》文集上发表文章。1914 年为
《勇敢思想报》撰稿。十月革命后反对苏维埃政权。——88。

瓦连廷诺夫,尼·(**沃尔斯基,尼古拉·弗拉基斯拉沃维奇**)(Валентинов, Н.
(Вольский, Николай Владиславович) 1879 — 1964)——俄国孟什维克,新
闻工作者,马赫主义哲学家。1898 年参加革命运动。俄国社会民主工党
第二次代表大会后站在布尔什维克一边,1904 年底转向孟什维克,编辑孟
什维克的《莫斯科日报》,参加孟什维克的《真理》、《我们的事业》和《生活事
业》等杂志的工作,为资产阶级的《俄罗斯言论报》撰稿。斯托雷平反动时
期是取消派分子。在土地问题上,维护土地地方公有化。在哲学上,用马
赫和阿芬那留斯的主观唯心主义观点来修正马克思主义。列宁在《唯物主
义和经验批判主义》一书中批评了他的哲学观点。十月革命后在最高国民
经济委员会的《工商报》任副编辑,后在苏联驻巴黎商务代表处工作。1930
年侨居国外。主要著作有《马克思主义的哲学体系》(1908)、《马赫和马克
思主义》(1908)等。——46。

瓦西里耶夫,Н.В.(Васильев, Н.В. 1857 — 1920)——俄国孟什维克;职业是
医生。1878 年因参加罢工被流放,不久从流放地逃往瑞士。在伦敦住过
一段时间,结识了马克思。曾积极参加瑞士的社会民主主义运动。1905
年回国。第二届国家杜马选举期间采取极右的孟什维克立场。第一次世
界大战期间是护国派分子。1917 年加入孟什维克统一派。十月革命后在
消费合作总社工作。——219、233、235、236、237、238、338、339、410。

王德威尔得,埃米尔(Vandervelde, Émile 1866 — 1938)——比利时政治活动
家,比利时工人党领袖,第二国际的机会主义代表人物。1885 年加入比利
时工人党,90 年代中期成为党的领导人。1894 年起多次当选为议员。
1900 年起任第二国际常设机构——社会党国际局主席。第一次世界大战
爆发后成为社会沙文主义者,是大战期间欧洲国家中第一个参加资产阶级

政府的社会党人。1918 年起历任司法大臣、外交大臣、公共卫生大臣、副
首相等职。俄国 1917 年二月革命后到俄国鼓吹继续进行战争。敌视俄国
十月革命,支持武装干涉苏维埃俄国。曾积极参加重建第二国际的活动,
1923 年起是社会主义工人国际书记处书记和常务局成员。——157。

韦尔格日斯基,阿·——见梯尔柯娃,阿里阿德娜·弗拉基米罗夫娜。

维纳维尔,马克西姆·莫伊谢耶维奇(Винавер, Максим Моисеевич 1862 或
1863—1926)——俄国立宪民主党创建人之一,该党中央委员;职业是律
师。1906 年 1 月在立宪民主党第二次代表大会上作关于党的策略问题的
报告,该报告被大会作为党的宣言通过。曾参与编辑自由派资产阶级的
《法律学报》杂志,积极参加成立律师协会的活动。1906 年当选为第一届
国家杜马代表。十月革命后反对苏维埃政权,参加白卫分子成立的所谓克
里木边疆区政府,任对外联络部长。1919 年流亡巴黎,领导立宪民主党巴
黎委员会,为白俄流亡分子主办的《欧洲论坛》杂志和《最新消息报》撰稿。
——331。

维诺格拉多夫,帕维尔·加甫里洛维奇(Виноградов, Павел Гаврилович
1854—1925)——俄国历史学家,彼得堡科学院院士(1914 年起)。1884 年
起任莫斯科大学教授。1902 年到英国,1903 年起任牛津大学教授。在政
治观点上倾向立宪民主党人。从自由派资产阶级立场出发来看待 1905—
1907 年革命,这种立场反映在他发表于 1905 年 8 月 5 日《俄罗斯新闻》上
的《政治书信》中。1908 年回到莫斯科大学。敌视十月革命和苏维埃政
权。十月革命后转入英国国籍。大部分著作研究英国中世纪史,著有《英
国中世纪社会史研究》(1887)、《英国中世纪的领地》(1911)等。——15。

维特,谢尔盖·尤利耶维奇(Витте, Сергей Юльевич 1849—1915)——俄国国
务活动家。1892 年 2—8 月任交通大臣,1892—1903 年任财政大臣,1903
年 8 月起任大臣委员会主席,1905 年 10 月—1906 年 4 月任大臣会议主
席。在财政、关税政策、铁路建设、工厂立法和鼓励外国投资等方面采取了
一系列措施,促进了俄国资本主义的发展。同时力图通过对自由派资产阶
级稍作让步和对人民群众进行镇压的手段来维护沙皇专制制度。1905—
1907 年革命期间派军队对西伯利亚、波罗的海沿岸地区、波兰以及莫斯科
的武装起义进行了镇压。——195、329。

维维安尼，勒奈（Viviani，René 1863—1925）——法国政治活动家；职业是律师。19世纪80年代加入共和社会主义者同盟，后成为独立社会党人。1893年起多次当选议员。1898年加入法国独立社会党人联盟。1902年参加改良主义的法国社会党。1906年退出社会党，同亚·米勒兰和阿·白里安等人组成独立社会党人集团（1911年取名为"共和社会党"）。1906—1910年先后在克列孟梭内阁和白里安内阁任劳工部长。1913—1914年任教育部长。1914年6月任总理兼外交部长，1914—1915年组成"神圣同盟"内阁。1915—1917年任司法部长。1920—1921年为法国驻国际联盟代表，1921—1922年出席华盛顿会议。——58。

沃·——见沃伊京斯基，弗拉基米尔·萨韦利耶维奇。

沃多沃佐夫，瓦西里·瓦西里耶维奇（Водовозов，Василий Васильевич 1864—1933）——俄国经济学家和自由主义民粹派政论家。1904年起任《我们的生活报》编委，1906年为左派立宪民主党人的《同志报》撰稿。第二届国家杜马选举期间参加劳动派。1912年在立宪民主党人、人民社会党人和孟什维克取消派撰稿的《生活需要》杂志上发表文章。1917年参加《往事》杂志编辑部，并为自由派资产阶级的《日报》撰稿。敌视十月革命。1926年移居国外，参加白卫报刊的工作。——267、330、337、354、364、365、366。

沃伊京斯基，弗拉基米尔·萨韦利耶维奇（沃·）（Войтинский，Владимир Савельевич（В.）1885—1960）——1905年初参加俄国布尔什维克，在彼得堡和叶卡捷琳诺斯拉夫做党的工作。1909年春因布尔什维克军事组织案被判处苦役。1917年二月革命后成为孟什维克。1917年10月参加克伦斯基—克拉斯诺夫叛乱，和克拉斯诺夫一起被捕，获释后流亡国外。——401、402。

X

希波夫，德米特里·尼古拉耶维奇（Шипов，Дмитрий Николаевич 1851—1920）——俄国大地主，地方自治人士，温和自由派分子。1893—1904年任莫斯科省地方自治局主席。1904年11月是地方自治人士非正式会议主席。1905年11月是十月党的组织者之一，该党中央委员会主席。1906年退出十月党，成为和平革新党领袖之一；同年被选为国务会议成员。

1911 年脱离政治活动。敌视十月革命。1918 年是白卫组织"民族中心"的领导人。——27、197。

希日尼亚科夫,瓦西里·瓦西里耶维奇(瓦·瓦·希—科夫)(Хижняков,Василий Васильевич(В.В.Х—ов) 1871—1949)——俄国自由派资产阶级政治活动家,人民社会党党员。1903—1905 年是解放社的创建人之一和该社成员。1905—1907 年革命期间追随孟什维克知识分子的所谓"超党"派,为《我们的生活报》和《无题》周刊撰稿。1903—1910 年任自由经济学会秘书。1917 年任临时政府内务部副部长。十月革命后在苏维埃合作社系统工作,并从事写作。——33、35、36。

谢德林——见萨尔蒂科夫-谢德林,米哈伊尔·叶夫格拉福维奇。

谢杰尔尼科夫,季莫费·伊万诺维奇(Седельников,Тимофей Иванович 1876—1930)——俄国劳动派分子;职业是土地测量员。第一届国家杜马奥伦堡省代表,在杜马中加入劳动团。杜马解散后,在萨拉托夫、辛比尔斯克和彼尔姆等省当土地测量员。1918 年 12 月加入俄共(布)。1921 年起任农业人民委员部部务委员。——44、46—67、196。

Y

叶尔帕季耶夫斯基,谢尔盖·雅柯夫列维奇(Елпатьевский,Сергей Яков-левич 1854—1933)——俄国作家和政论家;职业是医生。19 世纪 80 年代初因参加民意党被流放东西伯利亚三年,后为《俄国财富》杂志领导人之一,曾为《俄罗斯新闻》撰稿。1906 年参与组织人民社会党。1905—1907 年革命后是取消派分子,反对布尔什维克党。——44。

伊格纳季耶夫,阿列克谢·巴甫洛维奇(Игнатьев,Алексей Павлович 1842—1906)——俄国国务活动家,骑兵将军,伯爵。1859—1885 年在军队供职。1885—1896 年先后任伊尔库茨克和基辅总督。1896 年被任命为国务会议成员。1896—1905 年在法律局工作,曾任国家保安委员会和宗教问题委员会主席。维护君主专制政权,主张严厉镇压革命运动,反对召开国家杜马。被社会革命党人杀死。——18。

伊兹哥耶夫(兰德),亚历山大·索洛蒙诺维奇(Изгоев(Ланде),Александр Соломонович 1872—1935)——俄国政论家,立宪民主党思想家。早年是合法马克思主义者,一度成为社会民主党人,1905 年转向立宪民主党。曾为立宪民主党的《言语报》、《南方札记》和《俄国思想》杂志撰稿,参加过《路标》文集的工作。十月革命后为颓废派知识分子的《文学通报》杂志撰稿。因进行反革命政论活动,于 1922 年被驱逐出境。——15、156、181、224。

约尔丹斯基,尼古拉·伊万诺维奇(尼古·约—斯基)(Иорданский, Николай Иванович(Ник. И—ский) 1876 — 1928)——1899 年参加俄国社会民主主义运动。1903 年俄国社会民主工党第二次代表大会后是孟什维克。1904 年为孟什维克《火星报》撰稿人,1905 年进入彼得堡苏维埃执行委员会。1906 年是党的第四次(统一)代表大会有发言权的代表、俄国社会民主工党统一的中央委员会(孟什维克的)代表。斯托雷平反动时期接近孟什维克护党派。第一次世界大战期间支持战争。1917 年二月革命后是临时政府派驻西南方面军多个集团军的委员。1921 年加入俄共(布)。1922 年在外交人民委员部和国家出版社工作,1923 — 1924 年任驻意大利全权代表。1924 年起从事写作。——199、292。

Z

祖勃琴科,加·Л.(Зубченко, Г. Л. 生于 1859 年)——俄国农民,乡长,追随过立宪民主党。第一届国家杜马基辅省代表。曾在劳动派提交第一届杜马审议的"33 人土地法案"上签名。——76。

左尔格,弗里德里希·阿道夫(Sorge, Friedrich Adolph 1828 — 1906)——美国工人运动和国际工人运动活动家,马克思和恩格斯的学生和战友。生于德国,参加过德国 1848—1849 年革命。革命失败后先后流亡瑞士、比利时和英国,1852 年移居美国。在美国积极宣传马克思主义,是纽约共产主义俱乐部(1857 年创立)和美国其他一些工人组织和社会主义组织的领导人之一。第一国际成立后,积极参加国际的活动,是第一国际美国各支部的组织者。1872 年第一国际总委员会从伦敦迁至纽约后,担任总委员会总书记,直到 1874。1876 年参加北美社会主义工人党的创建工作,领导了党内马克思主义者对拉萨尔派的斗争。与马克思和恩格斯长期保持通信联系。90 年代从事美国工人运动史的研究和写作,著有《美国工人运动》一书以及一系列有关美国工人运动史的文章,主要发表在德国社会民主党理论刊物《新时代》杂志上。晚年整理出版了他与马克思和恩格斯等人的书信集。1907年书信集俄译本出版,并附有列宁的序言。列宁称左尔格为第一国际的老战士。——369。

————

X.——见契尔金,瓦西里·加甫里洛维奇。

文 献 索 引

［阿克雪里罗得，帕·波·《俄国社会民主工党杜马宣言》］（［Аксельрод, П. Б. Думская декларация РСДРП］. — В кн.: Стенографические отчеты ［Государственной думы］. 1906 год. Сессия первая. Т. II. Заседания 19 — 38 (с 1 июня по 4 июля). Спб., гос. тип., 1906, стр. 1403 — 1405. (Государственная дума)) —— 97、113。

—《评一条短评》（По поводу одной заметки. Письмо в редакцию. — «Социал-Демократ», Спб., 1906, №1, 17 сентября, стр. 7) —— 29 — 30、47、49。

—《人民杜马和工人代表大会》（Народная дума и рабочий съезд. Изд. «Искры». Женева, тип. партии, 1905. 15 стр. (РСДРП)) —— 47。

［阿尼金，斯·瓦·《同记者谈话的摘要》］（［Аникин, С. В. Выдержки из интервью］. — «Товарищ», Спб., 1906, №138, 13 (26) декабря, стр. 2. Под общ. загл.: Партийные представители о соглашениях) —— 230。

埃斯佩罗夫，П.《莫斯科选举复选人》（Эсперов, П. Москва выбирает выборщиков. — «Биржевые Ведомости». Вечерний выпуск, Спб., 1907, №9720, 29 января, стр. 3) —— 356。

鲍古查尔斯基，瓦·《现在回心转意还不晚!》（Богучарский, В. Одумайтесь — пока еще не поздно! — «Товарищ», Спб., 1907, №167, 17 (30) января, стр. 1 — 2) —— 297 — 298。

彼舍霍诺夫，阿·瓦·《当前的主题。我们的纲领（它的梗概和范围）》（Пешехонов, А. В. На очередные темы. Наша платформа (ее очертания и размеры). — «Русское Богатство», Спб., 1906, №8, август, стр. 178 — 206) —— 45、285 — 286。

—《革命——适得其反》（Революция наоборот. — «Народно-Социалистическое Обозрение». Вып. 1. Спб., 1906, стр. 10 — 30) —— 88。

——《国内生活大事记》(载于 1906 年 7 月《俄国财富》杂志第 7 期)(Хроника внутренней жизни. — «Русское Богатство», Спб., 1906, №7, июль, стр. 164—181)——47。

——《国内生活大事记》(载于 1906 年 9 月《俄国财富》杂志第 9 期)(Хроника внутренней жизни. — «Русское Богатство», Спб., 1906, №9, сентябрь, стр. 154—175)——45。

——《赎买问题》(Вопрос о выкупе. — «Народно-Социалистическое Обозрение». Вып.2.Спб., 1906, стр.1—17)——178。

彼特龙凯维奇,伊·伊·《俄国的农业危机和政治形势》(Petrunkewitsch, J.J. Die Agrarkrisis und die politische Lage Rußlands. — In: Zur Agrarbewegung in Rußland.Nach dem Russischen bearbeitet und eingeleitet von B. Braude.Leipzig, Teutonia, 1907, S.7—35)——177。

波尔土加洛夫,维·《是阶级为了党呢,还是党为了阶级?》(Португалов, В. Кгасс для партии или партия для класса? — «Товарищ», Спб., 1906, №77,3(16)октября, стр.1.)——49。

布留索夫,瓦·雅·《献给亲近的人》(Брюсов, В.Я.Близким)——286。

车尔尼雪夫斯基,尼·《赴约会的俄国人》(Чернышевский, Н. Русский человек на rendez-vous)——278。

——《亨·查·凯里〈就政治经济问题致美利坚合众国总统的信〉》(«Политико-экономические письма к президенту Американских Соединенных Штатов»Г.Ч.Кэри)——264。

恩格斯,弗·《德国的革命和反革命》(Энгельс, Ф. Революция и контрреволюция в Германии.Август 1851 г.—сентябрь 1852 г.)——376。

——《德国的社会主义》(Социализм в Германии. Около 24 октября и конец декабря 1891 г.)——387。

——《反杜林论(欧根·杜林先生在科学中实行的变革)》(德文版)(Engels, F.Herrn Eugen Dührings Umwälzung der Wissenschaft.3-te durchgesehene und vermehrte Auflage.Stuttgart, Dietz, 1894.XX, 354 S.)——375。

——《反杜林论》(俄文版)——见恩格斯,弗·《哲学。政治经济学。社会主义》。

——[《给弗·阿·左尔格的信》](1884 年 3 月 7 日)([Der Brief an F. A. Sorge].7.März 1884.—In: Briefe und Auszüge aus Briefen von Joh.Phil. Becker, Jos.Dietzgen,Friedrich Engels,Karl Marx und A.an F.A.Sorge u. Andere.Stuttgart,Dietz,1906,S.193—195. Unterschrift:F.E.)——369。

——《[卡·马克思〈1848 年至 1850 年的法兰西阶级斗争〉一书]导言》(Введение[к работе К. Маркса «Классовая борьба во Франции с 1848 по 1850 г.»].6 марта 1895 г.)——387。

——《哲学。政治经济学。社会主义》(Философия. Политическая экономия. Социализм. (Переворот в науке, произведенный Дюрингом). Пер. с 3-го немецкого издания.Спб.,Яковенко,1904.XXIV,478,II стр.)——375。

尔·姆·《我国的实际情况》(Р. М. Наша действительность. (Рабочее движение, самодержавие, общество с его слоями[дворянство, крупная и мелкая буржуазия, крестьяне и рабочие] и общественная борьба).—В кн.: Отдельное приложение к «Рабочей Мысли» [№9]. Изд. петербургского «Союза». Пб., тип. Киршбаума, сентябрь 1899, стр. 3—16)——163。

冈察洛夫,伊·亚·《奥勃洛摩夫》(Гончаров, И. А. Обломов)——280。

哥卢别夫,B.《论立宪民主党的任务》(Голубев, В. К задачам партии к.-д.— «Товарищ»,Спб.,1906,№73,28 сентября(11 октября),стр.2)——77。

格里鲍耶陀夫,亚·谢·《智慧的痛苦》(Грибоедов, А. С. Горе от ума)——272、283、385。

格列杰斯库尔,尼·安·《转折》(Гредескул, Н. А. Перелом.—«Речь»,Спб., 1906,№180,3(16)октября,стр.1—2)——42。

古契柯夫,亚·伊·《答叶·尼·特鲁别茨科伊公爵》(Гучков, А. И. Ответ князю Е. Н. Трубецкому.—«Русские Ведомости»,М.,1906,№224,10 сентября,стр.2)——13—15、18。

果戈理,尼·瓦·《死魂灵》(Гоголь, Н. В. Мертвые души)——138。

——《伊万·费多罗维奇·施邦卡和他的姨妈》(Иван Федорович Шпонька и его тетушка)——158。

——《伊万·伊万诺维奇和伊万·尼基佛罗维奇吵架的故事》(Повесть о том, как поссорился Иван Иванович с Иваном Никифоровичем)——280。

考茨基,卡·《俄国革命的动力和前途》(载于《新时代》杂志第 25 年卷 (1906—1907)第 1 册第 9 期和第 10 期)(Kautsky,K. Triebkräfte und Aussichten der russischen Revolution.—«Die Neue Zeit», Stuttgart, 1906—1907, Jg. 25, Bd. I, N 9, S. 284 — 290; N 10, S. 324 — 333)——175—185、220—226。

——《俄国革命的动力和前途》(1907 年莫斯科新时代出版社版)(Каутский, К. Движущие силы и перспективы русской революции. Пер. с немецкого. («Neue Zeit», No No 9 и 10. 25. Jg., Bd. I). Под ред. и с предисл. Н. Ленина. М., «Новая эпоха», 1907. 32 стр.)——175、220—226。

——《俄国革命的前途》(Die Aussichten der russischen Revolution.—«Vor-wärts», Berlin, 1906, N 23, 28. Januar, S. 1. Unterschrift: K. K.)——3。

——《社会改良》(Общественные реформы. Пер. с немецкого. М., «Колокол», 1905. 237 стр. (Первая б-ка, No 2))——178。

——《社会革命》(Социальный переворот. На другой день… С двумя прило-жениями. Пер. с нем. Карпова, под ред. Н. Ленина. Спб., 1905. 82, 104 стр. (Б-ка Малых, No No 57—58))——2、10—11。

——《社会革命》(第 1 编:社会改良和社会革命)(Die soziale Revolution. I. So-zialreform und soziale Revolution. Berlin, Expedition der Buchhandlung «Vorwärts», 1902. 56 S.)——178。

——《社会革命》(第 2 编:社会革命后的第二天)(Die soziale Revolution. II. Am Tage nach der sozialen Revolution. Berlin, Expedition der Buchhand-lung «Vorwärts», 1902. 48 S.)——178。

科科什金,费·《反对派面临的危险》(Кокошкин, Ф. Опасность, угрожающая оппозиции.—«Русские Ведомости», М., 1907, No 22, 28 января, стр. 3)——355、356。

克雷洛夫,伊·安·《好奇的人》(Крылов, И. А. Любопытный)——275。

——《狐狸和驴子》(Лисица и Осел)——36。

——《天鹅、狗鱼和虾》(Лебедь, Щука и Рак)——71。

——《橡树下的猪》(Свинья под Дубом)——156。

库格曼,路·[《给卡·马克思的信》](1871 年 4 月 15 日)(Kugelmann, L.

[Der Brief an K.Marx].15.April 1871)——381。

库斯柯娃,叶·《论格·瓦·普列汉诺夫的一封信》(Кускова, Е.К письму Г.В.Плеханова.—«Товарищ», Спб., 1906, №102, 1(14) ноября, стр.2) ——118。

—《这将如何告终?》(Чем это кончится? —«Товарищ», Спб., 1907, №161, 10(23) января, стр.1)——264。

拉林,尤·《广泛的工人党和工人代表大会》(Ларин, Ю. Широкая рабочая партия и рабочий съезд.[М.], «Новый мир», [1907]. 95 стр.)——147— 171、172、173、199、235、292。

—[《致俄国社会民主工党第四次(统一)代表大会常务委员会的书面声明》 (Письменное заявление в бюро IV(Объединительного) съезда РСДРП].— В кн.: Протоколы Объединительного съезда РСДРП, состоявшегося в Стокгольме в 1906 г.М., тип.Иванова, 1906, стр.197)——170。

拉萨尔,斐·《给筹备莱比锡全德工人代表大会的中央委员会的公开答复》 (Лассаль, Ф.Гласный ответ Центральному Комитету общего германского рабочего конгресса в Лейпциге. Спб., Врублевский, 1906. 65 — 98 стр.) ——138。

雷米,莱·《社会革命党和选举》(Remy, L.Le parti socialiste-revolutionnaire et les élections. —«L'Humanité», Paris, 1906, N 974, 17 decembre, p.2. Sous le titre général: En Russie)——173。

李卜克内西,威·《不要任何妥协,不要任何选举协议!》(德文版) (Liebknecht, W. Kein Kompromiß! Kein Wahlbündniß! Hrsg. im Auftrage von Genossen Berlins und Umgebung. Berlin, Expedition der Buchhandlung«Vorwärts», 1899. 32 S.)——213。

—《不要任何妥协,不要任何选举协议!》(俄文版)(Либкнехт, В. Никаких компромиссов, никаких избирательных соглашений! Пер.с немецкого Д. Лещенко.С предисл. Н. Ленина. Спб., «Новая дума», 1907. 64 стр.)—— 213—219。

[列宁,弗·伊·]《把谁选入国家杜马?》([Ленин, В.И.]Кого выбирать в Государственную думу? [Приложение к №8 «Пролетария»]. [1906])

——197、290。

—《彼得堡的选举和机会主义的危机》(Выборы в Петербурге и кризис оппортунизма.—«Пролетарий», [Выборг], 1907, №12, 25 января, стр. 1. На газ. место изд.: М.)——398。

—《彼得堡选举的意义》(Значение выборов в Петербурге.—«Пролетарий», [Выборг], 1907, №13, 11 февраля, стр. 1—2. На газ. место изд.: М.)——383。

—《杜马的解散和无产阶级的任务》(Роспуск Думы и задачи пролетариата. М., «Новая волна», 1906. 16 стр. Перед загл. авт.: Н. Ленин)——170。

—《俄国社会民主党人抗议书》(Протест российских социал-демократов. С послесл. от ред. «Рабочего Дела». Изд. Союза русских социал-демократов. Женева, тип. «Союза», 1899. 15 стр. (РСДРП. Оттиск из №4—5 «Рабочего Дела»))——235、264。

—[《俄国社会民主工党杜马宣言的布尔什维克草案》]([Большевистский проект думской декларации РСДРП].—«Эхо», Спб., 1906, №1, 22 июня, стр. 2—3, в ст.: [Ленин, В. И.] По поводу декларации нашей думской фракции)——113。

—《告选民书草案》(Проект обращения к избирателям.—«Пролетарий», [Выборг], 1906, №8, 23 ноября, стр. 1. На газ. место изд.: М.)——107、113。

—《各资产阶级政党和工人政党是怎样对待杜马选举的?》(Как относятся к выборам в Думу партии буржуазные и партия рабочая? —«Тернии Труда», Спб., 1906, №2, 31 декабря, стр. 1—2)——283。

—《关于俄国社会民主工党统一代表大会的报告》(Доклад об Объединительном съезде РСДРП. Письмо к петербургским рабочим. М.—Спб., тип. «Дело», 1906. 111 стр. Перед загл. авт.: Н. Ленин)——10。

—[《关于"工人代表大会"(短评)》]([О «рабочем съезде». Заметка].—«Пролетарий», [Выборг], 1906, №1, 21 августа, стр. 8. На газ. место изд.: М.)——29。

—《关于莫斯科选举的初步材料》(Предварительные данные о московских выборах.—«Зрение», Спб., 1907, №2, 4 февраля, стр. 4)——355、358。

—《关于武装起义的决议[俄国社会民主工党第三次代表大会通过]》

（Резолюция о вооруженном восстании,［принятая на III съезде РСДРП].—В
кн.:Третий очередной съезд Росс.соц.-дем.рабочей партии.Полный текст
протоколов. Изд. ЦК. Женева, тип. партии, 1905, стр. XVII—XVIII.
（РСДРП). Под общ. загл.: Главнейшие резолюции) —— 150 — 151、
169、239。

—《关于游击行动》（О партизанских выступлениях.О партизанских действиях.
［Резолюция,принятая на IV (Объединительном) съезде РСДРП].—В
кн.: Протоколы Объединительного съезда РСДРП, состоявшегося в
Стокгольме в 1906 г. М., тип. Иванова, 1907, стр. 417 — 418, в отд.:
Приложение II.Постановления и резолюции съезда) —— 10、20。

—《进一步,退两步（我们党内的危机)》（Шаг вперед, два шага назад.
（Кризис в нашей партии). Женева, тип. партии, 1904. VIII, 172 стр.
（РСДРП).Перед загл.авт.:Н.Ленин)——168。

—《论党的改组》（О реорганизации партии.—«Новая Жизнь»,Спб.,1905,
№9,10 ноября,стр.2 — 3;№13,15 ноября,стр.2;№14,16 ноября,стр.2.
Подпись:Н.Ленин)——169。

—《论抵制》（О бойкоте.—«Пролетарий»,［Выборг],1906,№1,21 августа,
стр.2 — 3.На газ.место изд.:М.)——55、56、292。

—《论同立宪民主党的联盟》（О блоках с кадетами.—«Пролетарий»,
［Выборг],1906,№8,23 ноября,стр.2 — 5.На газ. место изд.:М.)——
139、142、385、386。

—《孟什维主义的危机》（Кризис меньшевизма.—«Пролетарий»,［Выборг],
1906,№9,7 декабря,стр.2—7.На газ.место изд.:М.)——172、173。

—《民主革命的目前形势》（Современный момент демократической революю-
ции.［Проект резолюции к IV (Объединительному) съезду РСДРП].—
«Партийные Известия»,［Спб.],1906,№2,20 марта,стр.5 — 6.Под общ.
загл.:Проект резолюций. К Объединительному съезду Российской социал-
демократической рабочей партии)——148。

—《31 个孟什维克的抗议书》（Протест 31-го меньшевика.—«Пролетарий»,
［Выборг],1907,№12,25 января,стр.4.На газ.место изд.:М.)——404。

—《社会革命党的孟什维克》(Эсеровские меньшевики.—«Пролетарий»,
[Выборг],1906,№4,19 сентября,стр.3 — 6.На газ.место изд.:М.)——
44、163。

—《社会民主党和社会革命党在圣彼得堡工人选民团选举中的斗争》
(Борьба с.-д. и с.-р. на выборах в рабочей курии в С.-Петербурге.—
«Простые Речи»,Спб.,1907,№3,30 января,стр.4)——343。

—《社会民主党在民主革命中的两种策略》(Две тактики социал-демок-
ратии в демократической революции. Изд. ЦК РСДРП. Женева, тип.
партии,1905. VIII, 108 стр.(РСДРП).Перед загл. авт.: Н. Ленин)——
53、167、182、370。

—《谈最近的事件》(К событиям дня.—«Пролетарий»,[Выборг],1906,
№1,21 августа,стр.3 — 4.На газ.место изд.:М.)——1。

—[《提交俄国社会民主工党统一代表大会的策略纲领》]([Тактическая
платформа к Объединительному съезду РСДРП. Проект резолюций к
Объединительному съезду РСДРП].—«Партийные Известия»,[Спб.],
1906,№2,20 марта,стр.5—9)——10、148、151。

—《无产者的漂亮示威和某些知识分子的拙劣议论》(О хороших демонстра-
циях пролетариев и плохих рассуждениях некоторых интеллигентов.—
«Вперед»,Женева,1905,№1,4 января(22 декабря 1904 г.),стр.2 — 3)
——169。

—《武装起义》[提交俄国社会民主工党第四次(统一)代表大会的决议草
案](Вооруженное восстание.[Проект резолюции к IV(Объединительному)
съезду РСДРП].—«Партийные Известия»,[Спб.],1906,№2,20 марта,
стр. 6. Под общ. загл.: Проект резолюции к Объединительному съезду
Российской социал-демократической рабочей партии)——151。

—《新的政变在酝酿中!》(Готовится новый государственный переворот! —
«Пролетарий»,[Выборг],1906,№5,30 сентября,стр.1 — 2.На газ. место
изд.:М.)——194。

—《以波兰社会民主党、拉脱维亚边疆区社会民主党、圣彼得堡、莫斯科、中
部工业地区和伏尔加河流域的代表名义向[俄国社会民主工党全国]代

表会议提出的特别意见》(Особое мнение, внесенное на[Всероссийскую] конференцию[РСДРП] от имени делегатов с.-д. Польши, Латышского края, С.-Петербурга, Москвы, Центрально-Промышленной области и Поволжья. —«Пролетарий», [Выборг], 1906, №8, 23 ноября, стр. 2. На газ. место изд. : М.) —— 107、111、123、124、275、288、292、306。

—《游击性战斗行动》(Партизанские боевые выступления. [Проект резолюции к IV (Объединительному) съезду РСДРП]. —«Партийные Известия», [Спб.], 1906, №2, 20 марта, стр. 6 — 7. Под общ. загл. : Проект резолюции. К Объединительному съезду Российской социал-демократической рабочей партии.) —— 10。

—《游击战争》(Партизанская война. —«Пролетарий», [Выборг], 1906, №5, 30 сентября, стр. 3 — 5. На газ. место изд. : М.) —— 20、28。

—《在彼得堡选举中如何投票? (彼得堡的选举是否有黑帮胜利的危险?)》(Как голосовать на выборах в Петербурге? (Есть ли опасность победы черносотенцев на выборах в Петербурге?). —«Зрение», Спб., 1907, №1, 25 января, стр. 1 — 2) —— 358。

—《在彼得堡选举中如何投票? (关于黑帮危险的鬼话对谁有利?)》(Как голосовать на выборах в Петербурге? (Кому выгодны сказки о черносотенной опасности?). —«Зрение», Спб., 1907, №2, 4 февраля, стр. 1 — 2. Подпись: Н. Ленин) —— 361。

—《怎么办?》(Что делать? Наболевшие вопросы нашего движения. Stuttgart, Dietz, 1902. VII, 144 стр. После загл. авт. : Н. Ленин) —— 165。

—《政治危机和机会主义策略的破产》(Политический кризис и провал оппортунистической тактики. —«Пролетарий», [Выборг], 1906, №1, 21 августа, стр. 2 — 6. На газ. место изд. : М.) —— 47。

列维茨基, 弗·《选举中的彼得堡无产阶级》(Левицкий, В. Петербургский пролетариат на выборах. —«Наш Мир», Спб., 1907, №1, 28 января, стр. 5 — 7. На №1 дата: 28 января 1906 г.) —— 397。

—[《1907年1月19日在涅梅季剧院进步选民大会上的演说》(简要报道)] ([Выступление на собрании прогрессивных избирателей в театре

——《给路·库格曼的信》(1867 年 12 月 7 日)(Письмо Л. Кугельману. 7 декабря 1867 г.—Там же, стр. 30—31)——373。

——《给路·库格曼的信》(1868 年 3 月 6 日)(Письмо Л. Кугельману. 6 марта 1868 г.—Там же, стр. 35—36)——373、375。

——《给路·库格曼的信》(1868 年 7 月 11 日)(Письмо Л. Кугельману. 11 июля 1868 г.—Там же, стр. 42—45)——374。

——《给路·库格曼的信》(1868 年 12 月 5 日)(Письмо Л. Кугельману. 5 декабря 1868 г.—Там же, стр. 48—50)——373、375。

——《给路·库格曼的信》(1868 年 12 月 12 日)(Письмо Л. Кугельману. 12 декабря 1868 г.—Там же, стр. 50—51)——373。

——《给路·库格曼的信》(1869 年 3 月 3 日)(Письмо Л. Кугельману. 3 марта 1869 г.—Там же, стр. 54—56)——376。

——《给路·库格曼的信》(1871 年 4 月 12 日)(Письмо Л. Кугельману. 12 апреля 1871 г.—Там же, стр. 88—89)——377、378—381、382。

——《给路·库格曼的信》(1871 年 4 月 17 日)(Письмо Л. Кугельману. 17 апреля 1871 г.—Там же, стр. 89—90)——381、382。

——《国际工人协会总委员会关于普法战争的第二篇宣言》(Второе воззвание Генерального совета Международного Товарищества Рабочих о франко-прусской войне. 9 сентября 1870 г.)——377—378、379、380、381、382。

——《危机和反革命》(Кризис и контрреволюция. 11, 12, 13 и 15 сентября 1848 г.)——184。

——《哲学的贫困》(Нищета философии. Ответ на «Философию нищеты» г-на Прудона. Первая половина 1847 г.)——157。

——《致路·库格曼书信集》(Письма к Л. Кугельману. С предисл. редакции «Neue Zeit». Пер. с немецкого М. Ильиной под ред. и с предисл. Н. Ленина. Спб., [«Новая дума»], 1907. XI, 96 стр.)——373—382。

——《致路·库格曼医生书信集》(Marx, K. Briefe an Dr. L. Kugelmann.—«Die Neue Zeit», Stuttgart, 1901—1902, Jg. 20, Bd. 2, N 1, S. 26—32; N 2, S. 60—64; N 3, S. 91—96; N 4, S. 125—128; N 6, S. 188—192; N 7, S. 221—224; N 12, S. 381—384; N 13, S. 412—416; N 15, S. 472—480; N 17, S.

541—544;N 19,S.604—608,N 25,S.797—800）——373。

—《资本论》（俄文版第 1 卷）（Капитал. Критика политической экономии, т.
I.1867 г.）——374、375。

—《资本论》（俄文版第 3 卷上下册）（Капитал. Критика политической эконо-
мии, т. III, ч.1—2.1894 г.）——375。

马克思,卡 • 和恩格斯,弗 •《时评（三）》（Маркс, К. и Энгельс, Ф. Третий
международный обзор. С мая по октябрь.1 ноября 1850 г.）——376。

［马斯洛夫,彼 •《土地纲领草案》］（［Маслов, П. Проект аграрной прог-
раммы].—«Партийные Известия», [Спб.], 1906, №2, 20 марта, стр. 12.
Под общ. загл.: Проекты аграрной программы к предстоящему съезду）
——178。

麦 •——见麦迭姆,弗 • 。

麦迭姆,弗 •《谈谈协议问题》（Медем, В. К вопросу о соглашениях.—«Наша
Трибуна», Вильно, 1906, №3, 27 декабря, стлб. 1—7）——214、233—
234、292—293。

—《选举运动的纲领》（Платформа избирательной кампании.—«Фолькс-
цейтунг», Вильно, 1906, №208, 16（29）ноября, стр. 2. Подпись: М. На
еврейском яз.）——186—190、193。

曼努伊洛夫,亚 • 阿 •《土地问题及其经济上的解决办法》（Мануилов, А. А.
Die Agrarfrage und ihre ökonomische Lösung.—In: Zur Agrarbewegung
in Rußland. Nach dem Russischen bearbeitet und eingeleitet von B.
Braude. Leipzig, Teutonia, 1907, S.37—80）——177。

梅利古诺夫,谢 •《团结就是力量》（Мельгунов, С. Единение—сила.—
«Товарищ», Спб., 1906, №136, 10(23)декабря, стр.2）——175—176。

梅林,弗 •《德国社会民主党史》（四卷本）（Меринг, Ф. История германской
социал-демократии. Пер. со 2-го нем. изд. М. Е. Ландау. Спб.—М., Гранат,
1906—1907.4 т.）

第 1 卷（Т.1.До революции 1848 г.[Спб.], 1906.397 стр.）——213。

第 2 卷（Т.2.До прусского конституционного конфликта(1862 г.). М.,
1906.387 стр.）——213。

第 3 卷(Т.3.До франко-прусской войны.М.,1906.416 стр.)——213。

第 4 卷(Т.4.До выборов 1903 года.М.,1907.400 стр.)——213。

梅[奇],弗·《〈我们的事业〉杂志第 1 期》(М[еч], В. «Наше Дело» №1.—
«Современная Жизнь», [М.], 1906, сентябрь—октябрь, стр. 254 — 255, в
отд.: Критика и библиография. Под общ. загл.: Периодическая печать.
Среди журналов)——178—180。

[米留可夫,帕·尼·]《批评者还是竞争者?》([Милюков,П.Н.]Критик или
конкурент? —«Речь», Спб., 1906, №214, 11(24)ноября, стр. 2. Подпись:
М.)——230—231。

——《我同彼·阿·斯托雷平的"协议"》(Мое «соглашение» с П.А.Столы-
пиным. (Ответ «Слову» и В.В.Водовозову).—«Речь», Спб., 1907, №19, 24
января(6 февраля), стр.1)——354、364—365。

涅克拉索夫,尼·阿·《一时的骑士》(Некрасов, Н. А. Рыцарь на час)——
239—240。

帕尔乌斯《社会民主党和国家杜马》(Парвус. Социал-демократия и Государ-
ственная дума.—«Искра», [Женева], 1905, №110, 10 сентября, стр. 1—
2)——169。

[普列汉诺夫,格·《关于俄国革命的性质和俄国社会党人应采取的策略调查
表》]([Plechanow, G. Der Fragebogen über den Charakter der russischen
Revolution und die Taktik, die von den russischen Sozialisten zu befolgen
ist].—«Die Neue Zeit», Stuttgart, 1906 — 1907. Jg. 25, Bd. I, N 10, S. 331,
im Art.: K. Kautsky. Triebkräfte und Aussichten der russischen Revo-
lution)——175—176、179、180、181、182、183、220—226。

普列汉诺夫,格·瓦·《给觉悟工人的一封公开信》(Плеханов, Г.В.Открытое
письмо к сознательным рабочим.—«Товарищ», Спб., 1906, №101, 31
октября(13 ноября), стр. 2. Под общ. загл.: Г. В. Плеханов об
избирательных соглашениях)——64、69—70、92、101、118—119、122、
199、214、233—236、292、335。

——《〈工人事业〉杂志编辑部指南》(Vademecum для редакции «Рабочего
Дела».Сборник материалов, изданный группой «Освобождение труда». С

предисл. Г. Плеханова. Женева, тип. Группы старых народовольцев, 1900. II, 67 стр.) —— 235、265。

—《共同的灾难》(«Общее горе». —«Дневник Социал-Демократа», [Женева], 1906, №6, август, стр. 1—12) —— 70、118、119、142。

—《关于党的非常代表大会》(О чрезвычайном партийном съезде. —«Социал-Демократ», Спб., 1906, №1, 17 сентября, стр. 6) —— 30、47、62、71、167。

—《关于选举协议问题。给〈同志报〉一个读者的公开答复》(К вопросу об избирательных соглашениях. Гласный ответ одному из читателей «Товарища». —«Товарищ», Спб., 1906, №122, 24 ноября (7 декабря), стр. 2) —— 138—145、168、189—190、196、199、218—219、233—237、292、335、409—410。

—《论策略和不策略的信》(第一封信) (Письма о тактике и о бестактности. Письмо первое. —«Курьер», Спб., 1906, №4, 20 мая (2 июня), стр. 2—3; №5, 21 мая (3 июня), стр. 2—3) —— 35、109。

—《论策略和不策略的信》(附《右倾表现在哪里?"正统思想"又表现在哪里?》一文) (Письма о тактике и о бестактности. С прилож. статьи: «Где же правая сторона и где ‹ортодоксия›?». [Прилож. к журн. «Дневник»]. Б. м., Малых, [1906]. 69 стр.) —— 109、177、216。

—《是说清楚的时候了(给编辑部的信)》(Пора объясниться. (Письмо в редакцию). —«Товарищ», Спб., 1906, №139, 14 (27) декабря, стр. 2—4) —— 196、235、237—238、239、292。

—《我们的处境》(Наше положение. —«Дневник Социал-Демократа», [Женева], 1905, №3, ноябрь, стр. 1—23) —— 378。

—[《向非俄国的社会民主党人请教关于俄国革命的性质和俄国社会民主党人应采取的策略的几个问题》] ([Вопросы к нерусским социал-демократам о характере русской революции и о тактике, которой должны держаться русские социал-демократы]. —В кн.: Каутский, К. Движущие силы и перспективы русской революции. Пер. с немецкого. («Neue Zeit», №№9 и 10. 25. Jg., Bd. I). Под ред. и с предисл. Н. Ленина. М., «Новая эпоха»,1907,стр.29)——220—226。

——《再论我们的处境》(给 X 同志的信)(Еще о нашем положении.(Письмо к товарищу Х.).—«Дневник Социал-Демократа»,[Женева],1905,№4, декабрь,стр.1—12)——377—378、379—380、381、382。

普罗柯波维奇,谢·尼·《西欧工人运动。批判性研究的尝试。第 1 卷。德国和比利时》(Прокопович, С. Н. Рабочее движение на Западе. Опыт критического исследования. Т. I. Германия и Бельгия. Спб., Пантелеев, 1899.II,212,120 стр.)——163。

普希金,亚·谢·《致诗人》(Пушкин, А.С.Поэту)——272。

契诃夫,安·巴·《套中人》(Чехов, А.П.Человек в футляре)——379。

切尔诺夫,维·《是组织革命还是分散革命?》(Чернов, В. Организация или распыление революции? —«Сознательная Россия».Вып.2.Спб.,1906,стр. 1—21)——88。

切列万宁,涅·《关于尔·马尔托夫的信》(Череванин, Н. По поводу письма Л. Мартова. (Письмо в редакцию).—«Товарищ», Спб., 1906, №86, 13 (26)октября,стр.4,в отд.:Из жизни партий)——57—58、60、72、77。

——莫斯科,1906 年 9 月 24 日。(Москва, 24 сентября 1906 г.—«Наше Дело», М., 1906, №1, [24 сентября], стр.1—7)——46、47、48、49、53、 57—59、60、64、70、72、92、122、292、409—410。

日尔金,伊·《谈谈选举》(载于 1906 年 12 月 14 日(27 日)《同志报》第 139 号和 12 月 15 日(28 日)第 140 号)(Жилкин, И. К выборам.—«Товарищ», Спб.,1906,№139,14(27)декабря,стр.4;№140,15(28)декабря,стр.2) ——230。

——《谈谈选举》(载于 1906 年 12 月 17 日(30 日)《同志报》第 142 号)(К выборам.—«Товарищ»,Спб.,1906,№142,17(30)декабря,стр.1—2)—— 208—209、211、230。

萨尔蒂科夫-谢德林,米·叶·《绝顶聪明的鲥鱼》(Салтыков-Щедрин, М. Е. Премудрый пескарь)——198、380。

——《温和谨慎的人们》(В среде умеренности и аккуратности)——195。

——《现代牧歌》(Современная идиллия)——195。

—《年青的笔杆子》(Молодое перо)——61。

瓦季莫夫,维·《附言》(Вадимов, В. Postscriptum. (По поводу одной«досадной описки»). —«Сознательная Россия». Вып. I. Спб. , 1906 , стр. 42 — 46)——88。

—《谈谈最高纲领和最低纲领问题》(К вопросу о программе-максимум и программе-минимум. (Е. Таг—ин. Принципы трудовой теории). [Рецензия]. —«Сознательная Россия». Вып. I. Спб. , 1906 , стр. 26 — 42) ——88。

瓦西里耶夫,Н.В.《怎么办?》(给编辑部的信)(Васильев, Н. В. Что делать? (Письмо в редакцию). —«Товарищ», Спб. , 1906 , №142 , 17 (30) декабря, стр. 2)——219、235 — 238、410。

[希日尼亚科夫,瓦·瓦·]《谈话》([Хижняков, В. В.] Разговор. —«Товарищ», Спб. , 1906 , №66 , 20 сентября (3 октября), стр. 1 — 2. Подпись: В. В. Х—ов)——33 — 36。

一工人《我们组织内的工人和知识分子》(Рабочий. Рабочие и интеллигенты в наших организациях. С предисл. П. Б. Аксельрода. Изд. РСДРП. Женева, тип. партии, 1904. 56 стр. (РСДРП))——168 — 169。

伊兹哥耶夫,亚·索·《"左派联盟"》(Изгоев, А. С. «Левый блок». —«Речь», Спб. , 1907 , №28 , 3 (16) февраля, стр. 2)——403。

尤金,И.《时局及其任务》(Юдин, И. Настоящий момент и его задачи. —«Наша Трибуна», Вильно, 1906 , №1 , 13 декабря, стр. 1 — 7)——311。

*　　　　*　　　　*

《阿尔马维尔无产者报》(1906 年 10 月第 1 号)(«Армавирский Пролетарий», 1906 , №1 , октябрь)——126 — 127。

《阿姆斯特丹国际社会党代表大会》(1904 年 8 月 14 — 20 日)(Internationaler Sozialistenkongreß zu Amsterdam. 14 bis 20. August 1904. Berlin, Expedition der Buchhandlung «Vorwärts», 1904. 78 S.)——21、222、224。

[《巴黎协议》]([Парижское соглашение]. —«Листок «Освобождения»», Париж, 1904 , №17 , 19 ноября (2 декабря), стр. 1 — 2, в протоколе конференции оппозиционных и революционных организаций Российского государства)

——144。

《北极星》杂志(圣彼得堡)(«Полярная Звезда»,Спб.)——43。

《比利时工人党章程》(Устав Бельгийской рабочей партии.—В кн.:Ларин,Ю.
Широкая рабочая партия и рабочий съезд.[М.],«Новый мир»,[1907],
стр.73—79,в отд.:Приложение 2)——163。

《彼得堡存在着黑帮危险吗?》(Существует ли черносотенная опасность в Пе-
тербурге? —«Тернии Труда»,Спб.,1907,№3,6 января,стр.1—3)
——393。

《彼得堡的选举》(Выборы в Петербурге.—«Речь»,Спб.,1907,№33,9(22)
февраля,стр.2—3)——390、395。

[《彼得堡市工人大会的决议》]([Резолюция собрания рабочих г.Петербурга].—
«Пролетарий»,[Выборг],1906,№3,8 сентября,стр.5,в отд.:Из партии.
На газ.место изд.:М.)——164。

[《彼得堡市工人复选人的候选人名单(俄国社会民主工党彼得堡委员会提
出)》](载于 1907 年 2 月 1 日(14 日)《同志报》第 180 号)([Список
кандидатов в выборщики от рабочих г. Петербурга, выдвинутый
Петербургским комитетом РСДРП].—«Товарищ»,Спб.,1907,№180,1
(14) февраля, стр. 5, в отд.: К выборам в Государственную думу)
——402。

[《彼得堡市工人复选人的候选人名单(俄国社会民主工党彼得堡委员会提
出)》](载于 1907 年 2 月 2 日(15 日)《言语报》第 27 号)([Список
кандидатов в выборщики от рабочих г. Петербурга, выдвинутый
Петербургским комитетом РСДРП].—«Речь»,Спб.,1907,№27,2(15)
февраля, стр. 4. Под общ. загл.: Выборы выборщиков от рабочих г.
Петербурга)——402。

《波兰通讯》(Из Польши.—«Пролетарий»,[Выборг],1906,№3,8 сентября,
стр.4—5.На газ.место изд.:М.)——186。

《不受欢迎的调解。关于〈同志报〉怎样把立宪民主党人同社会民主党人联合
起来以及由此产生的结果的纪事》(Непрошенное посредничество.
Повесть о том, как «Товарищ» объединял кадетов с эсдеками и что из

этого вышло.—«Наша Трибуна», Вильно, 1906, №1, 13 декабря, стр. 14—17. Подпись: Д. Э.)——214、233—234、292—293。

《布尔什维克在全俄代表会议上提出的决议案》——见列宁, 弗·伊《以波兰社会民主党、拉脱维亚边疆区社会民主党、圣彼得堡、莫斯科、中部工业地区和伏尔加流域的代表名义向[俄国社会民主工党全国]代表会议提出的特别意见》。

《从莫斯科经特维尔到彼得堡》(Из Москвы через Тверь в Петербург.—«Фольксцейтунг», Вильно, 1906, №235, 18 (31) декабря, стр. 1. На еврейском яз.)——214、233—234、292。

"党的生活"(载于1906年10月4日(17日)《同志报》第78号)(Из жизни партий.—«Товарищ», Спб., 1906, №78, 4(17) октября, стр. 3)——44、47。

"党的生活"(载于1906年10月6日(19日)《同志报》第80号)(Из жизни партий.—«Товарищ», Спб., 1906, №80, 6(19) октября, стр. 3)——48。

《党内消息报》[圣彼得堡](«Партийные Известия», [Спб.], 1906, №2, 20 марта, стр. 5—9, 9—11, 12)——10、148、151、178。

《德国工人党纲领》(Programm der deutschen Arbeiterpartei.—In: Protokoll des Vereinigungskongresses der Sozialdemokraten Deutschlands, abgehalten zu Gotha vom 22. bis 27. Mai 1875. Leipzig, Genossenschaftsbuchdruckerei, 1875, S. 3—4)——48。

《德国社会民主党德累斯顿代表大会会议记录》(1903年9月13—20日)(Protokoll über die Verhandlungen des Parteitages der Sozialdemokratischen Partei Deutschlands. Abgehalten zu Dresden vom 13. bis 20. September 1903. Berlin, Expedition der Buchhandlung «Vorwärts», 1903. 448 S.)——59。

《德国社会民主党哥达合并代表大会会议记录》(1875年5月22—27日)(Protokoll des Vereinigungskongresses der Sozialdemokraten Deutschlands, abgehalten zu Gotha vom 22. bis 27. Mai 1875. Leipzig, Genossenschaftsbuchdruckerei, 1875. 88 S.)——48。

《帝国法令公报》(柏林)(«Reichs-Gesetzblatt», Berlin, 1878, N 34, S. 351—358)——48。

《第二届杜马》(Вторая дума.—«Социал-Демократ», Спб., 1906, №4, 20 октября, стр.1—2)——64。

《第二届国家杜马》(Государственная дума второго созыва.—«Речь», Спб., 1907, №31, 7(20) февраля, стр.3)——383。

《第一届国家杜马 33 人土地法案》　　见《土地基本法草案[由 33 个国家杜马代表提出]》。

《第一届国家杜马 104 人土地法案》——见《[土地法]基本条例草案[由 104 个国家杜马代表提出]》。

《电讯报》(圣彼得堡)(«Телеграф», Спб., 1907, №6, 26 января(8 февраля), стр.4)——364。

《店员呼声报》(圣彼得堡)(«Голос Приказчика», Спб.)——331。

《斗争报》(里加—布鲁塞尔—彼得格勒)(«Zihņa», [Riga—Bruxelles—Petrograd])——5。

　　—[Riga], 1906, N 47, 23 augustâ, S.[7].——5。

《[对俄国社会民主工党中央委员会提出的选举纲领草案的]修正案[俄国社会民主工党全国代表会议通过]》(Поправка[к проекту избирательной платформы, предложенному Центральным Комитетом РСДРП, принятая на Всероссийской конференции РСДРП].—«Пролетарий», [Выборг], 1906, №8, 23 ноября, стр.2—3. На газ. место изд.: М.)——112、188。

《俄国报刊》(载于 1906 年 9 月 28 日(10 月 11 日)《同志报》第 73 号)(Русская печать.—«Товарищ», Спб., 1906, №73, 28 сентября(11 октября), стр.2)——45、53、59。

《俄国报刊》(载于 1906 年 10 月 12 日(25 日)《同志报》第 85 号)(Русская печать.—«Товарищ», Спб., 1906, №85, 12(25)октября, стр.3)——54。

《俄国财富》杂志(圣彼得堡)(«Русское Богатство», Спб., 1906, №7, июль, стр. 164—181)——45、47。

　　—1906, №8, август, стр.178—206.——45、285。

　　—1906, №9, сентябрь, стр.154—175.——45。

《俄国论坛报》(巴黎)(«La Tribune Russe», Paris)——173。

[《"俄国人民联合会"总会……》]([Главная управа «объединенного русского

народа»...].—«Товарищ»,Спб.,1906,№131,5(18)декабря,стр.4,в отд.:
Из жизни партий)——197。

[《俄国社会民主工党彼得堡代表会议 31 个代表关于出席代表会议的组织的
　代表名额不合乎规定的声明(在 1907 年 1 月 6 日(19 日)代表会议上提
　出)》]([Заявление 31 члена петербургской конференции РСДРП о
　неправильном представительстве организации на конференции,внесенное
　на заседании конференции 6(19)января 1907 г.].—В листовке:Почему
　мы были вынуждены оставить конференцию? (Заявление 31 члена
　конференции,внесенное в ЦК).[Спб.,1907],стр.4 — 5)—— 248、260、
　293 — 294。

[《俄国社会民主工党彼得堡代表会议 31 个代表关于拒绝参加代表会议工作
　的声明(在 1907 年 1 月 6 日(19 日)代表会议上提出)》]([Заявление 31
　члена петербургской конференции РСДРП об отказе участвовать в
　работах конференции,внесенное на заседании конференции 6(19)января
　1907 г.].—Там же,стр.5)—— 248、293 — 294。

[《俄国社会民主工党彼得堡代表会议 31 个代表关于拒绝参加讨论和表决把
　代表会议分为两个会议问题的声明(在 1907 年 1 月 6 日(19 日)代表会
　议上提出)》]([Заявление 31 члена петербургской конференции РСДРП
　об отказе участвовать в обсуждении вопроса о разделении конференции на
　две секции и в голосованиях,внесенное на заседании конференции 6(19)
　января 1907 г.].—Там же,стр.5)—— 248、260、293 — 294。

[《俄国社会民主工党彼得堡组织代表会议关于国家杜马选举运动问题的章
　程》]([Устав конференции петербургской организации РСДРП по
　вопросам избирательной кампании в Государственную думу. Листовка.
　Спб.,декабрь 1906].1 стр.Гектограф)—— 250 — 251、254。

《俄国社会民主工党第二次(例行)代表大会》(记录全文)(Второй очередной
　съезд Росс.соц.-дем. рабочей партии. Полный текст протоколов. Изд. ЦК.
　Женева,тип.партии,[1904].397,II стр.(РСДРП))—— 48、49、142。

《[俄国社会民主工党第三次代表大会]关于武装起义的决议》——见列宁,
　弗·伊·《关于武装起义的决议[俄国社会民主工党第三次代表大会通

过]》。

《俄国社会民主工党第三次(例行)代表大会》(记录全文)(Третий очередной съезд Росс. соц.-дем. рабочей партии. Полный текст протоколов. Изд. ЦК. Женева, тип. партии, 1905. XXIX, 401 стр.)——150、169、239。

[《俄国社会民主工党第五次代表大会议程草案(1907 年 1 月 31 日(2 月 13 日)俄国社会民主工党中央委员会拟定)》]([Проект порядка дня V съезда РСДРП, выработанный ЦК РСДРП 31 января(13 февраля)1907 г.].—«Товарищ», Спб., 1907, №181, 2(15) февраля, стр. 5, в отд.: Из жизни партий)——409。

《俄国社会民主工党杜马宣言》——见阿克雪里罗得,帕·波·《俄国社会民主工党杜马宣言》。

《俄国社会民主工党纲领(党的第二次代表大会通过)》(Программа Россий-ской соц.-дем. рабочей партии, принятая на Втором съезде партии.—В кн.: Второй очередной съезд Росс. соц.-дем. рабочей партии. Полный текст протоколов. Изд. ЦК. Женева, тип. партии, [1904], стр. 1 — 6. (РСДРП))——48、49、142。

《俄国社会民主工党涅瓦区谢米扬尼科夫分区联合机构的工作报告》(Отчет Семянниковского подрайонного союза Невского района РСДРП. От 15 ноября по 15 января 1907 г.—«Пролетарий», [Выборг], 1907, №12, 25 января, стр. 6 — 7. На газ. место изд.: М.)—— 346 — 347、348 — 352、398、404。

《[俄国社会民主工党全国代表会议]关于俄国社会民主工党在选举运动中的策略的决议》(Резолюции [Всероссийской конференции РСДРП] о тактике РСДРП в избирательной кампании.—«Пролетарий», [Выборг], 1906, №8, 23 ноября, стр. 1 — 2. Под общ. загл.: Всероссийская конферен-ция РСДРП. На газ. место изд.: М.)—— 107、117、123、138、270、311、312。

《俄国社会民主工党统一代表大会的决定和决议》(Постановления и резолюции Объединительного съезда Российской социал-демократической рабочей партии. [Листовка]. [Спб.], тип. ЦК, [1906]. 4 стр. (РСДРП))

——71、178。

《俄国社会民主工党选举纲领》(Избирательная платформа Российской социал-демократической рабочей партии. [Листовка]. Б. м., тип. ЦК РСДРП, [1906].2 стр.(РСДРП))——274。

《俄罗斯报》(圣彼得堡)(«Русь», Спб.)——327。

《俄罗斯新闻》(莫斯科)(«Русские Ведомости», М.)——127、159。

　　—1906, №224, 10 сентября, стр.2.——13—15、18。

　　—1907, №22, 28 января, стр.3.——355、356。

《2月7日的选举》(Выборы 7 февраля.—«Речь», Спб., 1907, №31, 7 (20) февраля, стр.2)——386。

《反社会民主党企图危害治安法》(Gesetz gegen die gemeingefährlichen Bestrebungen der Sozialdemokratie. Vom 21. Oktober 1878.—«Reichs-Gesetzblatt», Berlin, 1878, N 34, S. 351—358)——48。

《告陆海军书》(К армии и флоту. От социал-демократической фракции и Трудовой группы Государственной думы. 12 июля 1906 г. [Листовка]. Спб., тип. ЦК РСДРП, 1906. 2 стр.)——286—287、288。

《告全体工人和社会民主党人选民书》[传单](Ко всем рабочим и социал-демократическим избирателям. [Листовка. Спб., 1907]. 6 стр. (РСДРП). Подпись: Исполнительный орган выделившейся части общегородской петербургской конференции РСДРП)——401。

[《告全体工人和社会民主党人选民书》(宣言摘要)]([Ко всем рабочим и социал-демократическим избирателям. Отрывки из воззвания исполнительного органа меньшевистской части общегородской петербургской конференции РСДРП].—«Речь», Спб., 1907, №26, 1 (14) февраля, стр. 4, в отд.: Из жизни партий)——395、401。

《告全体工人、士兵和公民书》(Ко всем рабочим, солдатам и гражданам! [Воззвание, принятое IV пленумом Московского Совета рабочих депутатов]. [Листовка]. [М., 6(19) декабря 1905]. 1 стр. Подпись: Московский Совет рабочих депутатов, Московский комитет РСДРП, Московская группа РСДРП, Московская окружная организация РСДРП, Московский комитет партии соц.-рев.)——288。

《告全体人民书》(Ко всему народу.[Воззвание от комитета социал-демократической фракции Государственной думы, комитета Трудовой группы Государственной Думы, Центрального Комитета РСДРП, центрального комитета партии социалистов-революционеров, центрального комитета Польской социалистической партии (ППС), центрального комитета Всеобщего еврейского союза в Литве, Польше и России(Бунда)]. Июль 1906 г. [Листовка]. Б. м., тип. ЦК РСДРП, июль 1906. 1 стр.)—— 286、288。

《告圣彼得堡全体工人和全体公民书》[传单](Ко всем рабочим и всем гражданам С.-Петербурга.[Листовка].[Спб., позднее 6 января 1907].2 стр. (РСДРП). Подпись: Петербургский комитет РСДРП, Исполнительный орган конференции петербургской организации РСДРП)—— 242—246、248、260—261、262、272、274—275、283、287、290、294、298、311、312、313、314、335—337、371。

《告选民书》(К избирателям. [Листовка]. Изд. Армавирского комитета РСДРП.Ноябрь 1906)——127。

《给各党组织的信》[第一封信](Письмо к партийным организациям.[Письмо 1-е]. [Листовка]. Б. м., [ноябрь 1904]. 4 стр. (Только для членов партии))——169。

《给各党组织的信》[第四封信](Письмо к партийным организациям.[No4].14 июля 1906 г.[Листовка].[Спб., 1906].5 стр. (РСДРП). Подпись: ЦК РСДРП)——47、63、169、409。

《给各党组织的信》[第五封信](Письмо к партийным организациям. No5. 29 июля 1906 г. [Листовка]. Б. м., тип. ЦК РСДРП, [1906]. 4 стр. (РСДРП).Подпись:ЦК РСДРП)——47。

《给执政参议院的命令[关于重审国家杜马机构]》[1906 年 2 月 20 日(3 月 5 日)](Указ правительствующему Сенату [о пересмотре учреждения Государственной думы. 20 февраля (5 марта) 1906 г.].—«Правительственный Вестник», Спб., 1906, No41, 21 февраля (6 марта), стр. 2)

——16。

《给执政参议院的命令〔关于改组国务会议〕》〔1906年2月20日（3月5日）〕（Указ правительствующему Сенату〔о переустройстве Государственного совета.20 февраля（5 марта）1906 г.〕.—«Правительственный Вестник»，Спб.，1906，№41，21 февраля（6 марта），стр.1—2）——16。

《给执政参议院的命令〔关于修改与补充国家杜马的选举条例〕》〔1905年12月11日（24日）〕（Указ правительствующему Сенату〔об изменениях и дополнениях в положении о выборах в Государственную думу.11（24）декабря 1905 г.〕.—«Правительственный Вестник»，Спб.，1905，№268，13（26）декабря，стр.1）——16、18、102、103、139、194、195、201、227、275—276、384、385、394。

《工人代表苏维埃宣言》——见《告全体工人、士兵和公民书》。

《工人思想报》（〔圣彼得堡—柏林—华沙—日内瓦〕）（«Рабочая Мысль»，〔Спб.—Берлин—Варшава—Женева〕）——163。

《〈工人思想报〉〔第9号〕增刊》（彼得堡）（Отдельное приложение к«Рабочей Мысли»〔№9〕. Изд. петербургского «Союза». Пб.，тип. Киршбаума，сентябрь 1899.36 стр.）——163。

《关于崩得第七次代表大会的通知》（Извещение о VII съезде Бунда.Женева，тип.Бунда，сентябрь 1906.17 стр.（Всеобщий еврейский рабочий союз в Литве，Польше и России（Бунд）））——31、98。

《关于〔彼得堡市〕莫斯科区活动的总结报告》（Отчет о деятельности Московского района〔г. Петербурга〕.—«Пролетарий»，〔Выборг〕，1907，№13，11 февраля，стр. 7，в отд.：Хроника. На газ. место изд.：М.）——398、404—405。

《关于策略》〔崩得第七次代表大会通过的决议〕（О тактике.〔Резолюция，принятая на VII съезде Бунда〕.—В кн.：Извещение о VII съезде Бунда. Женева，тип. Бунда，сентябрь 1906，стр. 9 — 11.（Всеобщий еврейский рабочий союз в Литве，Польше и России（Бунд）））——98。

《关于当前对国家杜马的策略的决议》（Резолюция о тактике по отношению к Г〔осударственной〕думе в настоящий момент.〔Листовка〕. Б. м.，тип. ЦК

РСДРП, [1906].2 стр.(РСДРП))——47、63—64、101、145、238、409。

《关于对国家杜马的态度》[俄国社会民主工党第四次(统一)代表大会通过的决议](Об отношении к Государственной думе. [Резолюция, принятая на IV (Объединительном) съезде РСДРП].—В кн.: Протоколы Объединительного съезда РСДРП, состоявшегося в Стокгольме в 1906 г. М., тип. Иванова, 1907, стр. 414 — 416, в отд.: Приложение II. Постановления и резолюции съезда)——35、55、69、71、92—93、123—124、126、159。

《关于对国家杜马的态度》[孟什维克在俄国社会民主工党第四次(统一)代表大会上提出的决议草案初稿](Об отношении к Государственной думе. [Первоначальный проект резолюции, внесенный меньшевиками на IV (Объединительном)съезде РСДРП])——35。

《[关于对国家杜马的态度的]决议(俄国社会民主工党中央委员会拟定)》(Резолюция [об отношении к Государственной думе], выработанная Центральным Комитетом РСДРП.—«Вперед», Спб., 1906, №2, 27 мая, стр.2)——47、63—64、101、145、238、409。

《关于对农民运动的态度》[俄国社会民主工党第四次(统一)代表大会通过的决议](Об отношении к крестьянскому движению. [Резолюция, принятая на IV (Объединительном) съезде РСДРП].—В кн.: Протоколы Объединительного съезда РСДРП, состоявшегося в Стокгольме в 1906 г. М., тип. Иванова, 1907, стр. 413 — 414, в отд.: Приложение II. Постановления и резолюции съезда)——84。

《关于对资产阶级政党的态度》[俄国社会民主工党第四次(统一)代表大会通过的决议](Об отношении к буржуазным партиям. [Резолюция, принятая на IV(Объединительном)съезде РСДРП].—Там же, стр.419)——21。

《关于夺取政权和参加临时政府》[全俄党的工作者第一次代表会议决议](О завоевании власти и участии во временном правительстве. [Резолюция первой общерусской конференции партийных работников].—В кн.: Первая общерусская конференция партийных работников. Отдельное приложение к №100«Искры». Женева, тип. партии, 1905, стр.23 — 24. (РСДРП))——183。

536 列宁全集 第十四卷

[《关于俄国社会民主工党党员人数》]([О числе членов РСДРП]. —«Товарищ», Спб., 1906, №84, 11(24) октября, стр. 4, в отд.: Из жизни партий)——63。

《关于俄国社会民主工党第四次代表大会的召开》(告所有党组织和全体工人社会民主党人书)(К созыву 4-го съезда РСДРП. Ко всем партийным организациям и ко всем рабочим социал-демократам.—«Новая Жизнь», Спб., 1905, №9, 10 ноября, стр. 2)——172。

[《关于俄国社会民主工党在选举运动中的策略》](1906 年 11 月 6 日(19 日)崩得代表团在俄国社会民主工党全国代表会议上提出的决议草案)]([О тактике РСДРП в избирательной кампании. Проект резолюции, внесенной делегацией Бунда на Всероссийской конференции РСДРП 6(19) ноября 1906 г.]. Рукопись)——98。

《关于革命的时局和无产阶级的任务》[孟什维克向俄国社会民主工党第四次(统一)代表大会提出的决议草案](О современном моменте революции и задачах пролетариата. [Проект резолюции меньшевиков к IV (Объединительному) съезду РСДРП].—«Партийные Известия», [Спб.], 1906, №2, 20 марта, стр. 9. Под общ. загл.: Проект резолюций, к предстоящему съезду, выработанный группой «меньшевиков» с участием редакторов «Искры»)——148。

[《关于各地的选举运动的统一》(俄国社会民主工党全国代表会议决议)]([Об единстве избирательной кампании на местах. Резолюция Всероссийской конференции РСДРП].—«Пролетарий», [Выборг], 1906, №8, 23 ноября, стр. 2. На газ. место изд.: М.)——123—124、260—261。

《[关于国家杜马和国务会议机构变动的]诏书》(Манифест[об изменении учреждения Государственной думы и Государственного совета]. 20 февраля(5 марта) 1906 г.—«Правительственный Вестник», Спб., 1906, №41, 21 февраля(6 марта), стр. 1)——16。

《关于国家杜马选举条例》(Инструкция о выборах в Государственную думу.—«Речь», Спб., 1906, №240, 12(25) декабря, стр. 3)——194、196、197、198、199。

[《关于人民自由党彼得堡省委员会会议的报道》]([Отчет о заседании петер-
бургского губернского комитета партии народной свободы].—«Речь»,
Спб.,1906,№216,14（27）ноября, стр. 3. Под общ. загл.: К выборам в
Государственную думу)——115、127、140。

[《关于社会革命党、劳动团、人民社会党和孟什维克的代表同立宪民主党人
的一次会议的报道》]（载于 1907 年 1 月 19 日（2 月 1 日）《同志报》第
169 号 ）([Сообщение о совещании представителей с.-р., Трудовой
группы, н.-с. и меньшевиков с кадетами. 18（31）января 1907 г.].—
«Товарищ», Спб., 1907,№169, 19 января（1 февраля）, стр. 4, в отд.:
Вечерние известия)——302、310。

[《关于社会革命党、劳动团、人民社会党和孟什维克的代表同立宪民主党人
的一次会议的报道》]（载于 1907 年 1 月 19 日（2 月 1 日）《言语报》第 15
号)([Сообщение о совещании представителей с.-р., Трудовой группы, н.-
с. и меньшевиков с кадетами. 18（31）января 1907 г.].—«Речь», Спб.,
1907,№15,19 января（1 февраля）, стр. 4, в отд.: Из жизни партий)——
302—303、310。

[《关于同资产阶级政党的联盟》（俄国社会民主工党全国代表会议决议)]
([О блоках с буржуазными партиями. Резолюция Всероссийской
конференции РСДРП].—«Пролетарий», [Выборг], 1906, №8, 23
ноября, стр. 2. На газ. место изд.: М.)——107、111—112、117、121、122—
123、124、137、188—189、199、217、292、311。

[《关于同左派政党达成协议问题的决议（俄国社会民主工党彼得堡组织代表
会议通过)》（1907 年 1 月 6 日（19 日))]([Резолюция по вопросу о
соглашениях с левыми партиями, принятая конференцией петербургской
организации РСДРП. 6（19）января 1907 г.].—В листовке: Ко всем
рабочим и всем гражданам С.-Петербурга.[Спб., позднее 6 января 1907],
стр.1.(РСДРП))——242—246、248、261、262、272、275、283、287、290、
294、298、311、312、313、314、335—337、371。

[《关于选举运动的口号》（俄国社会民主工党全国代表会议决议)]([О
лозунгах в избирательной кампании. Резолюция Всероссийской конфе-

ренции РСДРП].—«Пролетарий», [Выборг], 1906, №8, 23 ноября, стр. 2. На газ. место изд. : М.)——116、117。

[《关于1907年1月21日(2月3日)诺贝尔民众文化馆竞选大会的报道》]([Отчет о предвыборном собрании в народном доме Нобеля 21 января (3 февраля) 1907 г.].—«Речь», Спб., 1907, №19, 24 января (6 февраля), стр. 4, в отд. : Предвыборные собрания)——398—399。

[《关于1907年1月22日(2月4日)捷尼舍夫学校礼堂的立宪民主党人竞选大会的报道》]([Отчет о предвыборном собрании кадетов в зале Тенишевского училища 22 января (4 февраля) 1907 г.].—«Речь», Спб., 1907, №19, 24 января (6 февраля), стр. 4, в отд. : Предвыборные собрания)——330。

《观察周报》(圣彼得堡)(«Зрение», Спб.)——390。

—1907, №1, 25 января, стр. 1—2.——358。

—1907, №2, 4 февраля, стр. 1—2, 4.——355、358、361。

《国家报》(圣彼得堡)(«Страна», Спб.)——327。

《[国家杜马的]速记记录》(第1卷)(Стенографические отчеты [Государственной думы]. 1906 год. Сессия первая. Т. I. Заседания 1—18 (с 27 апреля по 30 мая). Спб., гос. тип., 1906. XXII, 866 стр. (Государственная дума))——76、77、156、159、210、211、285。

《[国家杜马的]速记记录》(第2卷)(Стенографические отчеты [Государственной думы]. 1906 год. Сессия первая. Т. II. Заседания 19—38 (с 1 июня по 4 июля). Спб., гос. тип., 1906. 867—2013 стр. (Государственная дума))——77、97、113、114、156、210、211、285—286。

《国家杜马对沙皇演说的答词》(Ответ Государственной думы на тронную речь.—«Речь», Спб., 1906, №66, 6 (19) мая, стр. 2)——42、111。

《国家杜马和社会民主党》(Государственная дума и социал-демократия. [Спб., «Пролетарское дело»], 1906. 32 стр.)——66—67。

《[国家杜马选举]一览表前言》(Предисловие к таблицам: [Выборы в Государственную думу. Избрание выборщиков. Составлено на основании газетных сведений, а также сообщений, поступивших в центральный комитет к.-д.

的报告进行辩论》(简要报道)〕(〔Прения по докладу В. И. Ленина на конференции петербургской организации по вопросу о думской кампании и думской тактике. Краткий газетный отчет〕.—«Пролетарий», 〔Выборг〕, 1907, №14, 4 марта, стр. 1—2, в ст.: Третья сессия конференции спб. с.-д. организации. На газ. место изд.: М.)——413。

《决议(崩得第七次代表大会通过)》(Резолюции, принятые на VII съезде Бунда.—В кн.: Извещение о VII съезде Бунда. Женева, тип. Бунда, сентябрь 1906, стр. 5—16. (Всеобщий еврейский рабочий союз в Литве, Польше и России (Бунд)))——31。

《决议(〔人民自由党第四次〕代表大会通过)》(Резолюции, принятые 〔IV〕 съездом 〔партии народной свободы〕.—«Речь», Спб., 1906, №177, 29 сентября (12 октября), стр. 2)——39、42。

《觉悟的俄罗斯》文集(«Сознательная Россия». Вып. 1. Спб., 1906, стр. 26—42, 42—46, 101—105)——88。

—Вып. 2. Спб., 1906, стр. 1—21.——88。

《拉脱维亚社会民主党论游击斗争》(载于1906年10月29日《无产者报》第6号)(Латышская социал-демократия о партизанской борьбе.—«Пролетарий», 〔Выборг〕, 1906, №6, 29 октября, стр. 4—5. Подпись: Латышский социал-демократ. На газ. место изд.: М.)——186。

《拉脱维亚社会民主党论游击斗争》(载于1906年11月10日《无产者报》第7号)(Латышская социал-демократия о партизанской борьбе.—«Пролетарий», 〔Выборг〕, 1906, №7, 10 ноября, стр. 3—5. Подпись: Б. На газ. место изд.: М.)——186。

《浪潮报》(圣彼得堡)(«Волна», Спб., 1906, №14, 11 мая, стр. 1—2)——126。

《劳动报》(圣彼得堡)(«Труд», Спб.)——365。

《劳动呼声报》(圣彼得堡)(«Голос Труда», Спб.)——147。

《劳动(人民社会)党纲领》(Программа трудовой (народно-социалистической) партии. (Подлежит утверждению учредительного съезда партии).—«Народно-Социалистическое Обозрение». Вып. 1. Спб., 1906, стр. 1—14)——23、44。

[《劳动(人民社会)党组织委员会的构成》]([Состав организационного коми-
тета трудовой (народно-социалистической) партии].—«Народно-Социа-
листическое Обозрение».Вып.1.Спб.,1906,стр.16)——44、272。

《立宪民主党第四次代表大会总结摘要》(Из итогов четвертого съезда к.-д.
партии.—«Сознательная Россия». Вып. I. Спб., 1906, стр. 101 — 105, в
отд.:Отклики)——88。

《立宪民主党纲领(1905 年 10 月 12 — 18 日建党大会制定)》(Программа
конституционно-демократической партии, выработанная учредительным
съездом партии 12—18 октября 1905 г.[Листовка].Б.м.,[1905].1 стр.)
——217。

《论策略问题》(К вопросам тактики.—«Наша Трибуна», Вильно,1906, №1,13
декабря,стр.9 — 11.Подпись:Г.Р.Ф.)——214、233—234、292—293。

《论俄国的土地运动》(Zur Agrarbewegung in Rußland. Nach dem Russischen .
bearbeitet und eingeleitet von B. Braude. Leipzig, Teutonia, 1907. 96 S.)
——177。

《论普列汉诺夫最近的一篇文章》(По поводу последней статьи Плеханова.—
«Цин», Тифлис, 1906, №1,8 (21) декабря. На грузинском яз.)——234、
292—293。

《论选举协议》(Об избирательных соглашениях.—«Социал-Демократ»,Спб.,
1906,№5,27 октября,стр.1—2)——64、70—71、92。

《论选举运动》(Об избирательной кампании.—«Социал-Демократ»,Спб.,
1906,№3,13 октября,стр.1—2)——64。

《孟什维克和同立宪民主党的协议》(Меньшевики и соглашения с кадета-
ми.—«Пролетарий»,[Выборг],1906, №9,7 декабря, стр. 6 — 8. На газ.
место изд.:М.)——166。

《"孟什维克"派及〈火星报〉编辑向本次代表大会提出的决议草案》(Проект
резолюций к предстоящему съезду,выработанный группой«меньшевиков»
с участием редакторов«Искры»—«Партийные Известия»,[Спб.],1906,
№2,20 марта,стр.9—11)——148。

米塔瓦(载于 1906 年 9 月 9 日(22 日)《新时报》第 10952 号)(Митава.—

«Новое Время», Спб., 1906, №10952, 9（22）сентября, стр. 1, в отд.: Телеграммы наших корреспондентов）——5。

米塔瓦（载于 1906 年 9 月 12 日（25 日）《新时报》第 10955 号）（Митава.— «Новое Время», Спб., 1906, №10955, 12（25）сентября, стр. 2, в отд.: Телеграммы наших корреспондентов）——5。

《民族革命和我们的任务》（Национальная революция и наши задачи.—«Социал-Демократ», Спб., 1906, №1, 17 сентября, стр. 1—3）—— 30—31、47、48、49—51、63。

莫斯科, 3 月 27 日。（Москва, 27 марта.—«Наша Жизнь», Спб., 1906, №405, 28 марта（10 апреля）, стр. 3. Под общ. загл.: Выборы）——361、362。

莫斯科, 10 月 10 日。［社论］（Москва, 10 октября.［Передовая］.—«Новый Путь», М., 1906, №46, 10 октября, стр. 1）——54、55。

莫斯科, 11 月 15 日。［社论］（Москва, 15 ноября.［Передовая］.—«Век», М., 1906, №46, 15 ноября, стр. 1）——118。

《莫斯科委员会关于游击战争的决议》（Резолюция Москов［ского］к［омите］та о партизанской войне.—«Пролетарий», ［Выборг］, 1906, №5, 30 сентября, стр. 7—8. На газ. место изд.: М.）——20。

《［尼古拉二世］致国务会议和国家杜马的贺词》（Приветственное слово ［Николая II］ Государственному совету и Государственной думе.— «Правительственный Вестник», Спб., 1906, №94, 28 апреля（11 мая）, стр. 1）——42。

［《评弗·伊·列宁的传单〈把谁选入国家杜马?〉》］（［Заметка о листовке В. И. Ленина «Кого выбирать в Государственную думу?»］.—«Товарищ», Спб., 1906, №131, 5（18）декабря, стр. 4, в отд.: Из жизни партий）——197、290。

《评论》文集（圣彼得堡）（«Отклики». Сборник II. Спб., 1907, стр. 28—36）——339。

《评时局》（К характеристике момента.—«Социал-Демократ», Спб., 1906, №1, 17 сентября, стр. 3—4）——51、52、64。

［《评〈同志报〉上 Г. И. 日尔金的短评〈生活的篇章〉》］（［О заметке Г. И.

Жилкина«Странички жизни»в газете«Товарищ».]. —«Речь», Спб., 1907, №14, 18(31) января, стр.2, в отд. : Печать) —— 298。

《前进报》（柏林）(«Vorwärts», Berlin, 1906, N 23, 28. Januar. S. 1) —— 3。

《前进报》（日内瓦）(«Вперед», Женева) —— 167、182。

—1905, №1, 4 января(22 декабря 1904), стр.2 — 3. —— 169。

《前进报》（圣彼得堡）(«Вперед», Спб., 1906, №2, 27 мая, стр.2) —— 47、64、101、145、238、409。

《前进报》（梯弗利斯）(«Цин», Тифлис, 1906, №1, 8 (21) декабря. На грузинском яз.) —— 234、292 — 293。

《请注意,俄国社会民主工党党员们!》(Вниманию членов РСДРП! Первый опыт. (К вопросу о проведении с.-д. кандидатов в Думу). —«Волна», Спб., 1906, №14, 11 мая, стр.1 — 2. Подпись: Петр Ал.) —— 126。

《全俄党的工作者第一次代表会议》(Первая общерусская конференция партийных работников. Отдельное приложение к №100«Искры». Женева, тип. партии, 1905. 31 стр. (РСДРП)) —— 183。

《人道报》（巴黎）(«L'Humanité», Paris, 1906, N 974, 17 decembre, p. 2) —— 173。

《人民报》(«Volkszeitung») —— 见《人民报》(«Фольксцейтунг»)。

《人民报》（维尔诺）(«Фольксцейтунг», Вильно, 1906, №208, 16 (29) ноября, стр.2. На еврейском яз.) —— 186 — 190、193。

—1906, №235, 18(31) декабря, стр.1. На еврейском яз. —— 214、233 — 234、292 — 293。

《人民代表致人民书》(Народу от народных представителей. [Выборгское воззвание. Июль 1906 г.]. [Листовка]. Б. м., 1906. 1 стр.) —— 38、39、40、41、42、196、197。

《人民社会党评论》文集（第 1 分册）(«Народно-Социалистическое Обозрение». Вып.1. Спб., 1906, стр.10 — 30, 1 — 14, 16) —— 23、44、88、272。

—第 2 分册(Вып.2. Спб., 1906, стр.1 — 17) —— 178。

《人民自由报》（圣彼得堡）(«Народная Свобода», [Спб.], 1905, №5, 20 декабря(2 января), стр.1) —— 152。

《人民自由党提交国家杜马的出版法草案》(Законопроект о печати, вносимый партией народной свободы в Государственную думу.—«Речь», Спб., 1906, №75, 17 (30) мая, стр. 4; №76, 18 (31) мая, стр. 5)—— 77、105、111、210。

《人民自由党通报》杂志(圣彼得堡)(«Вестник Партии Народной Свободы», Спб., 1906, №5, 28 марта, стлб. 318—320)——82。

—1906, №7, 19 апреля, стлб. 545—546.——81。

《沙皇尼古拉二世的演说》——见《尼古拉二世致国务会议和国家杜马的贺词》。

《社会党策略的国际准则》(Internationale Regeln der sozialistischen Taktik. [Die Resolution des Internationalen Sozialistenkongresses zu Amsterdam].—In: Internationaler Sozialistenkongreß zu Amsterdam. 14. bis 20. August 1904. Berlin, Expedition der Buchhandlung «Vorwärts», 1904, S. 31—32)—— 21、221—222、224。

[《社会革命党彼得堡委员会的决议》]([Постановление Петербургского комитета партии с.-р.].—«Речь», Спб., 1907, №15, 19 января (1 февраля), стр. 4, в отд.: Из жизни партий)——302—303。

《社会革命党彼得堡委员会的决议》([1907年]1月16日)(Резолюция пет [ербургского] ком[итета] партии с.-р. 16 января[1907 г.].—«Товарищ», Спб., 1907, №170, 20 января(2 февраля), стр. 5, в отд.: Из жизни партий) ——312、346。

《社会革命党第一次代表大会记录》(Протоколы первого съезда партии социалистов-революционеров. Изд. ЦК п. с.-р. Б. м., тип. партии социалистов-революционеров, 1906. 368 стр. (Партия социалистов-революционеров)) ——23、172。

《社会革命党纲领和组织章程(党的第一次代表大会批准)》(Программа и организационный устав партии социалистов-революционеров, утвержденные на первом партийном съезде. Изд. центрального комитета п. с.-р. Б. м., тип. партии соц.-рев., 1906. 32 стр. (Партия социалистов-революционеров)) ——44。

—1905，№4，декабрь，стр.1—12.——377—378、379、380—381、382。

—1906，№6，август，стр.1—12.——70、119、142。

[《社会民主党人、社会革命党人和无党派人士初选人大会的决议（1907 年 1 月 28 日（2 月 10 日）））》]（[Резолюция собрания уполномоченных социал-демократов，эсеров и беспартийных. 28 января（10 февраля）1907 г.].—«Товарищ»，Спб.，1907，№178，30 января（12 февраля），стр.4. Под общ. загл.：Совещания уполномоченных от рабочих）——400。

圣彼得堡，12 月 20 日。[社论]（载于 1905 年 12 月 20 日（1 月 2 日）《人民自由报》第 5 号）（С.-Петербург，20-го декабря .[Передовая].—«Народная Свобода»，[Спб.]，1905，№5，20 декабря（2 января），стр.1）——152。

圣彼得堡，11 月 1 日。[社论]（载于 1906 年 11 月 1 日（14 日）《同志报》第 102 号）（С.-Петербург，1 ноября .[Передовая].—«Товарищ»，Спб.，1906，№102，1（14）ноября，стр.1）——118。

圣彼得堡，11 月 25 日。[社论]（载于 1906 年 11 月 25 日（12 月 8 日）《言语报》第 226 号）（С.-Петербург，25 ноября .[Передовая].—«Речь»，Спб.，1906，№226，25 ноября（8 декабря），стр.1—2）——144—145、292。

圣彼得堡，12 月 13 日。[社论]（载于 1906 年 12 月 13 日（26 日）《言语报》第 241 号）（С.-Петербург，13-го декабря.[Передовая].—«Речь»，Спб.，1906，№241，13（26）декабря，стр.1）——196、197、228。

圣彼得堡，1 月 14 日。[社论]（载于 1907 年 1 月 14 日（27 日）《言语报》第 11 号）（С.-Петербург，14 января.[Передовая].—«Речь»，Спб.，1907，№11，14（27）января，стр.1）——269、270—271、272、289、295、301、317、336、345。

圣彼得堡，1 月 15 日。《黑帮危险和协议》（载于 1907 年 1 月 15 日（28 日）《祖国土地报》第 2 号）（С.-Петербург，15 января. Черносотенная опасность и соглашения.—«Родная Земля»，Спб.，1907，№2，15（28）января，стр.1）——272—289、296。

《谁之罪：是形势还是立场？》（Кто виноват：ситуация или позиция？ —«Социал-Демократ»，Спб.，1906，№3，13 октября，стр.3—5）——65—68。

《12 月 11 日法令》——见《给执政参议院的命令[关于修改与补充国家杜马的选举条例]》。

《世纪报》(莫斯科)(«Век»，M.)——127。

　　—1906，№46，15 ноября，стр.1.——118。

　　—1907，№5，9 января，стр.4.——289。

《收据》(Kwihtes.—«Zihṇa»，[Riga]，1906，N 47，23 augustâ，S.[7])——5。

《首都邮报》(圣彼得堡)(«Столичная Почта»，Спб.)——38。

《曙光》杂志(斯图加特)(«Заря»，Stuttgart)——51。

[《谈谈十月十七日党内在联盟问题上的派别》]([O течениях в партии 17

　　октября по вопросу о блоках].—«Товарищ»，Спб.，1906，№131，5(18)

　　декабря，стр.4，в отд.：Из жизни партий)——197。

《通俗言语周报》(圣彼得堡)(«Простые Речи»，Спб.，1907，№3，30 января，

　　стр.4)——343。

《同志报》(圣彼得堡)(«Товарищ»，Спб.)——34、38、54、61、72、127、138、214、

　　215、219、229、231、261、265、298、327、337—338、389、391。

　　—1906，№66，20 сентября(3 октября)，стр.1—2.——33—36。

　　—1906，№73，28 сентября(11 октября)，стр.2.——45、53、59、77。

　　—1906，№77，3(16)октября，стр.1.——49。

　　—1906，№78，4(17)октября，стр.3.——44、47。

　　—1906，№80，6(19)октября，стр.3.——48。

　　—1906，№81，7(20)октября，стр.2.——53、54、55、56、57、59、60、64、69、70、

　　72、77、92、101、122、199、292。

　　—1906，№84，11(24)октября，стр.4.——63。

　　—1906，№85，12(25)октября，стр.3.——54。

　　—1906，№86，13(26)октября，стр.2，4.——57—58、60、72、77。

　　—1906，№101，31 октября(13 ноября)，стр.2.——64、69—70、92、101、

　　118—119、122、199、214、233—236、292、335。

　　—1906，№102，1(14)ноября，стр.1，2.——118。

　　—1906，№122，24 ноября(7 декабря)，стр.2.——138—145、168、189、196、

　　199、218—219、233—237、292、335、409—410。

　　—1906，№131，5(18)декабря，стр.2，4.——197、210、290。

　　—1906，№136，10(23)декабря，стр.2.——175—176。

—1906,№138,13(26)декабря,стр.2.——230。

—1906,№139,14(27)декабря,стр.2—4.——196、230、235、238、239、292。

—1906,№140,15(28)декабря,стр.2.——230。

—1906,№142,17(30)декабря,стр.1—2.——208—209、211、219、230、235—238、410。

—1906,№150,28 декабря(10 января 1907),стр.4.——238—239。

—1907,№161,10(23)января,стр.1.——264。

—1907,№167,17(30)января,стр.1—2.——297—298。

—1907,№168,18(31)января,стр.3.——297—298。

—1907,№169,19 января(1 февраля),стр.4.——302、310。

—1907,№170,20 января(2 февраля),стр.4,5.——310—321、346。

—1907,№177,28 января(10 февраля),стр.2.——395、396。

—1907,№178,30 января(12 февраля),стр.4.——399、400。

—1907,№180,1(14)февраля,стр.5.——402。

—1907,№181,2(15)февраля,стр.5.——409。

—1907,№187,9(22)февраля,стр.2.——391。

[《〈同志报〉编辑部为尔·马尔托夫〈谈谈"左派联盟"问题〉一文写的序言》]（[Предисловие редакции《Товарища》к статье Л. Мартова《К вопросу《о блоке левых》》].—《Товарищ》,Спб.,1906,№81,7(20)октября,стр.2)——60。

《[土地法]基本条例草案[由 104 个国家杜马代表提出]》（Проект основных положений[земельного закона,внесенный 104 членами Государственной думы].—В кн.:Стенографические отчеты[Государственной думы].1906 год.Сессия первая.Т.I.Заседания 1—18(с 27 апреля по 30 мая).Спб.,гос. тип.,1906,стр.560—562.(Государственная дума))——285。

《土地纲领[俄国社会民主工党第四次(统一)代表大会通过]》（Аграрная программа,[принятая на IV (Объединительном)съезде РСДРП].—В листовке:Постановления и резолюции Объединительного съезда Россий- ской социал-демократической рабочей партии.[Спб.],тип.ЦК,[1906], стр.1.(РСДРП))——178。

《土地基本法草案[由 33 个国家杜马代表提出]》(Проект основного земель-
ного закона,[внесенный 33 членами Государственной думы].—В кн.:
Стенографические отчеты[Государственной думы].1906 год.Сессия
первая.Т.Ⅱ.Заседания 19—38(с 1 июня по 4 июля).Спб.,гос.тип.,1906,
стр.1153—1156.(Государственная дума))——76、285—286。

[《退出俄国社会民主工党彼得堡代表会议的代表(31 人)关于同资产阶级政
党结成联盟的决议》]([Резолюция выделившейся части(31)петербург-
ской конференции РСДРП о блоках с буржуазными партиями].—
«Речь»,Спб.,1907,№10,13(26)января,стр.4,в отд.:Из жизни партий)
——261。

[《退出俄国社会民主工党彼得堡市代表会议的代表的执行机关向工人和社
会民主党选民发表的宣言》]([Воззвание к рабочим и социал-демократи-
ческим избирателям исполнительного органа выделившейся части обшего-
родской Петербургской конференции РСДРП].—«Товарищ»,Спб.,
1907,№170,20 января(2 февраля),стр.5,в отд.:Из жизни партий)——
310—321。

《维堡宣言》——见《人民代表致人民书》。

《为什么我们要退出代表会议?(出席代表会议的 31 个代表致中央委员会的
声明)》(Почему мы были вынуждены оставить конференцию?(Заявление
31 члена конференции,внесенное в ЦК).[Спб.,1907].8 стр.)——248、
257、260、293、305—309、404。

《我们的调查》(Наша анкета.—«Век»,М.,1907,№5,9 января,стр.4)
——289。

《我们的论坛》周刊(维尔诺)(«Наша Трибуна»,Вильно,1906,№1,13 дека-
бря,стр.1—7,9—11,14—17)——214、233—234、292—293、311。

—1906,№3,27 декабря,стлб.1—7.——214、233—234、292—293。

《我们的生活报》(圣彼得堡)(«Наша Жизнь»,Спб.)——35。

—1906,№405,28 марта(10 апреля),стр.3.——361、362。

《我们的世界》杂志(圣彼得堡)(«Наш Мир»,Спб.,1907,№1,28 января,стр.
5—7,14.На №1 дата:28 января 1906 г.)——397、398、404、405。

Спб.,1907,№16,20 января(2 февраля),стр.2)——310。

《新路报》(莫斯科)(«Новый Путь»,М.)——54、72。

——1906,№46,10 октября,стр.1.——54、55。

《新生活报》(圣彼得堡)(«Новая Жизнь»,Спб.,1905,№9,10 ноября,стр.2—3)——169、172。

——1905,№13,15 ноября,стр.2;№14,16 ноября,стр.2.——169。

《新时报》(圣彼得堡)(«Новое Время»,Спб.)——337—338。

——1906,№10952,9(22)сентября,стр.1.——5。

——1906,№10955,12(25)сентября,стр.2.——5。

《新时代》杂志(斯图加特)(«Die Neue Zeit»,Stuttgart)——373、377。

——1901—1902,Jg.20,Bd.2,N 1,S.26—32;N 2,S.60—64;N 3,S.91—96;N 4,S.125—128;N 6,S.188—192;N 7,S.221—224;N 12,S.381—384;N 13,S.412—416;N 15,S.472—480;N 17,S.541—544;N 19,S.604—608;N 25,S.797—800.——373。

——1906—1907,Jg.25,Bd.I,N 9,S.284—290;N 10,S.324—333.——175—185、220—226。

《〈新时代〉杂志编辑部序言[为卡·马克思〈致路·库格曼书信集〉一书而写]》(Предисловие редакции«Neue Zeit»[к книге К.Маркса«Письма к Л.Кугельману».—В кн.:Маркс,К.Письма к Л.Кугельману.С предисл. редакции«Neue Zeit».Пер.с немецкого М.Ильиной под ред.и с предисл. Н.Ленина.Спб.,[«Новая дума»],1907,стр.1—7)——373、377。

《信使报》(圣彼得堡)(«Курьер»,Спб.,1906,№4,20 мая(2 июня),стр.2—3;№5,21 мая(3 июня),стр.2—3)——35、109。

《信条》(Credo.—В кн.:[Ленин,В.И.]Протест российских социал-демократов.С послесл.от ред.«Рабочего Дела».Изд.Союза русских социал-демократов.Женева,тип.«Союза»,1899,стр.1—6.(РСДРП.Оттиск из №4—5«Рабочего Дела»))——118、235、236、264—265。

《宣言》(1905 年 10 月 17 日(30 日))(Манифест.17(30)октября 1905 г.—«Правительственный Вестник»,Спб.,1905,№222,18(31)октября,стр.1)——13、26、102、103、195、196。

《选举纲领草案(俄国社会民主工党中央委员会提出)》(Проект избира-
тельной платформы, предложенный Центральным Комит[етом] РСДРП.—
«Социал-Демократ», Спб., 1906, №6, 3 ноября, стр. 1—2. На газете дата:
3 октября 1906 г.)——97、112—113、188、270。

《选举算术》(Избирательная арифметика.—«Товарищ», Спб., 1906, №131, 5
(18)декабря, стр. 2. Подпись: Избиратель)——197、210。

《言语报》(圣彼得堡)(«Речь», Спб.)——12、72、127、198、261、272、297—
298、327、391。

—1906, №66, 6(19)мая, стр. 2.——42、111。

—1906, №75, 17(30)мая, стр. 4; №76, 18(31)мая, стр. 5.——77、105、
111、210。

—1906, №89, 2(15)июня. Приложение и №89 «Речи». Государственная
дума, стр. 4.——77、105、111、210、217。

—1906, №175, 27 сентября(10 октября), стр. 2.——45—46、58、60。

—1906, №176, 28 сентября(11 октября), стр. 3.——41。

—1906, №177, 29 сентября(12 октября), стр. 2.——39、42。

—1906, №180, 3(16)октября, стр. 1—2.——42。

—1906, №214, 11(24)ноября, стр. 2.——230—231。

—1906, №216, 14(27)ноября, стр. 3.——115、127、140。

—1906, №217, 15(28)ноября, стр. 2.——118。

—1906, №226, 25 ноября(8 декабря), стр. 1—2.——144—145、292。

—1906, №227, 26 ноября(9 декабря), стр. 2.——145、292。

—1906, №240, 12(25)декабря, стр. 3.——194、196、197、198、199。

—1906, №241, 13(26)декабря, стр. 1.——196、197、228。

—1907, №8, 11(24)января, стр. 1.——261—262、263、269、270、271、289、
295、301、338、345。

—1907, №9, 12(25)января, стр. 2.——266。

—1907, №10, 13(26)января, стр. 4.——261。

—1907, №11, 14(27)января, стр. 1.——269、270—271、272、289、295、301、
317、336、345。

—1907,№14,18(31)января,стр.1,2.——298。

—1907,№15,19 января(1 февраля),стр.4.—— 302—303、310。

—1907,№16,20 января(2 февраля),стр.2.—— 310。

—1907,№19,24 января(6 февраля),стр.1,4. —— 330、354、364—365、398、399。

—1907,№26,1(14)февраля,стр.4.——395、401。

—1907,№27,2(15)февраля,стр.4.——402。

—1907,№28,3(16)февраля,стр.2.——403。

—1907,№31,7(20)февраля,стр.2,3.——383、386。

—1907,№33,9(22)февраля,стр.2—3.——390、395。

《〈言语报〉谈协议》(«Речь» о соглашениях.—«Товарищ»,Спб.,1907,№168,18(31)января,стр.3)——297。

《眼睛报》(圣彼得堡)(«Око»,Спб.)——72。

《1903 年工厂视察员报告汇编》(Свод отчетов фабричных инспекторов за 1903 год.Спб.,тип.Киршбаума,1906.XVI,208 стр.(М-во торговли и пром-сти. Отдел пром-сти))——164。

《1906 年在斯德哥尔摩举行的俄国社会民主工党统一代表大会记录》(Протоколы Объединительного съезда РСДРП,состоявшегося в Стокгольме в 1906 г.М.,тип.Иванова,1907.VI,420 стр.)——10、20、21、34—35、55、69、71、84、92—93、123—124、126、159、170、178、179、257、293。

[《1907 年 1 月 16 日社会革命党彼得堡委员会的决议的说明》]([Примечание к резолюции петербургского комитета партии с.-р. от 16 января 1907 г.].—«Товарищ»,Спб.,1907,№170,20 января(2 февраля),стр.5,в отд.:Из жизни партий)——312、313。

《应该作出决定！》(Решение нужно! —«Товарищ»,Спб.,1907,№168,18(31)января,стр.3.Подпись:Беспартийный)——298。

《拥有个别代表名额的各城市的国家杜马选举》(Выборы в Государственную думу в городах с отдельным представительством.—«Вестник Партии Народной Свободы»,Спб.,1906,№7,19 апреля,стлб.545—546)——81。

《游击行动》(Партизанские выступления.—«Социал-Демократ»,Спб.,1906,

《组织章程［俄国社会民主工党第四次（统一）代表大会通过］》（Организа-
ционный устав,［принятый на IV（Объединительном）съезде РСДРП］.—
В кн.: Протоколы Объединительного съезда РСДРП, состоявшегося в
Стокгольме в 1906 г. М., тип. Иванова, 1907, стр. 419 — 420. в отд.:
Приложение 11. Постановления и резолюции съезда） 257、293。

《祖国土地报》（圣彼得堡）（«Родная Земля»,Спб.）——274、327。
—1907,№2,15(28)января,стр.1.——272—288、296。

年　表

(1906 年 9 月—1907 年 2 月)

1906 年

1906 年 9 月—1907 年 2 月

列宁侨居在芬兰库奥卡拉"瓦萨"别墅,领导布尔什维克的工作;经常会见布尔什维克的各机关刊物编辑部成员、俄国社会民主工党彼得堡委员会和其他委员会的代表。

编辑布尔什维克的秘密报纸《无产者报》;审阅各地寄来的文章和通讯稿,并为发表这些稿件做准备工作。

领导群众性的工人报纸《前进报》的工作,这份报纸由《无产者报》编辑部在维堡秘密出版。

9 月 30 日(10 月 13 日)

列宁的文章《新的政变在酝酿中!》(社论)、《游击战争》、《俄国政党分类尝试》和短评《关于游击战争的问题》发表在《无产者报》第 5 号上。

9 月 30 日(10 月 13 日)以后

阅读劳动团成员向国家杜马提出的土地改革法案。

9 月 30 日(10 月 13 日)—12 月初

在库奥卡拉"瓦萨"别墅同扬·安·别尔津-季耶美利斯相识。在同他谈话时,向他了解拉脱维亚边疆区社会民主党的活动和游击斗争的情况;请他翻译《斗争报》和拉脱维亚边疆区社会民主党的其他刊物上的文章。

9 月—1907 年 3 月 1 日(14 日)

阅读尼·安·鲍罗廷的小册子《从数字看国家杜马》,在《立宪民主党和劳动派》一文中引用了这本小册子中的材料。

10 月初

写《评〈社会民主党人报〉第 1 号》一文。

10 月 11 日和 28 日（10 月 24 日和 11 月 10 日）之间

写《关于召开党的紧急代表大会》一文。

10 月 13 日（26 日）以后

写小册子《马尔托夫和切列万宁在资产阶级报刊上的言论》。

10 月 14 日（27 日）

俄国社会民主工党库尔斯克委员会通过决议,支持列宁关于召开下一届党的代表大会的建议,反对格·瓦·普列汉诺夫关于召开非党工人代表大会的建议。

10 月 18 日（31 日）

列宁的《事后聪明的俄国激进派!》一文发表在布尔什维克的合法杂志《生活通报》第 12 期上。

10 月 18 日（31 日）以后

在萨·谢·扎克的《农民和土地国有化》一书上作批注。

10 月 29 日（11 月 11 日）

列宁的《谈谈立宪民主党代表大会的结果》（社论）和《革命界的小市民习气》两篇文章发表在《无产者报》第 6 号上。

10 月下半月

写小册子《社会民主党和选举协议》。

10 月

列宁的小册子《马尔托夫和切列万宁在资产阶级报刊上的言论》在彼得堡由无产阶级事业出版社出版。

11 月 2 日（15 日）

出席在塔墨尔福斯召开的俄国社会民主工党第二次代表会议（"第一次全国代表会议"）的预备会议,商定代表会议的工作程序。

11 月 3 日（16 日）以前

在《俄国社会民主工党中央委员会提出的选举纲领草案》的传单上作批注。该草案刊登在 11 月 3 日（16 日）《社会民主党人报》第 6 号上。

11 月 3 日（16 日）

在俄国社会民主工党第二次代表会议（"第一次全国代表会议"）第一次

会议上被选入主席团;就代表会议的日程问题发言;支持费·埃·捷尔任斯基关于讨论在地方党组织中如何同崩得合并的问题的建议。列宁指出,实际上地方组织并没有进行合并,所有这一切给地方组织的工作带来了损害,对党不应隐瞒已经出现的情况。

11月3日—7日(16日—20日)

在代表会议休会期间主持布尔什维克派会议;同布尔什维克代表座谈各地方党组织的工作;在同伏尔加河流域代表、《萨马拉河湾报》编辑部撰稿人 A.波格丹诺夫(A.伏尔加斯基)谈话时,了解布尔什维克在农民中间进行工作的情况。

11月4日(17日)

在代表会议上作关于第二届国家杜马选举运动问题的报告和总结发言。

11月6日(19日)

在代表会议上批判孟什维克提出的认为可以同立宪民主党结成选举联盟的选举纲领草案;不同意代表会议通过的孟什维克的《关于俄国社会民主工党在选举运动中的策略》决议案,以波兰社会民主党、拉脱维亚边疆区社会民主党、圣彼得堡、莫斯科、中部工业地区和伏尔加河流域的14名代表的名义,向代表会议提出特别意见——布尔什维克的选举纲领。列宁强调,党应当在选举运动中保持组织上和思想上的独立性,只有在非常必要的情况下,才允许同那些承认武装起义、为建立共和国而进行斗争的政党达成协议。

在代表会议上辩论时发言,主张召开党的紧急代表大会;批判崩得分子支持立宪民主党内阁和支持孟什维克策略的错误立场。

11月7日(20日)

就召开"工人代表大会"问题发言。

对《关于各地的选举运动的统一的决议》提出修正案,代表会议通过了这一修正案。

11月10日(23日)以前

读尔·马尔托夫的《关于准备选举运动问题》一信,并作批注;在《〈社会民主党和选举运动〉一文附言》中引用了马尔托夫的信。

11月10日(23日)

列宁的《关于召开党的紧急代表大会》、《历史是怎样写的……》和《〈社会民主党和选举运动〉一文附言》发表在《无产者报》第 7 号上。

11 月 15 日（28 日）和 1907 年 1 月 15 日（28 日）之间

以《在西方和我国的选举协议》为题,向彼得堡涅瓦区谢米扬尼科夫分区的工人作演讲。

11 月 16 日（29 日）以前

分别同前来库奥卡拉看望他的叶·米·雅罗斯拉夫斯基和伊·克·拉拉扬茨谈话,他们参加了将在塔墨尔福斯召开俄国社会民主工党布尔什维克军事和战斗组织第一次代表会议的筹备工作。列宁在同他们谈话中赞扬了召开代表会议的想法,同他们讨论军事工作中的具体问题,并指示他们:在采取任何比较重大的措施时都必须让布尔什维克中央知道。

在布尔什维克军事和战斗组织第一次代表会议的筹备会议上说,军事战斗工作中存在某些脱离全党工作的倾向,建议组织局邀请党内较大的布尔什维克组织的代表同军事和战斗组织的代表一起参加第一次代表会议。

收到召开军事和战斗组织第一次代表会议的组织局的信,信中邀请列宁参加代表会议的工作。

致函俄国社会民主工党布尔什维克军事和战斗组织第一次代表会议的组织者,感谢他们的邀请,说明自己对会议的肯定态度,认为代表会议非常重要,赞成代表会议的议事日程,同时提醒要避免通过背离布尔什维克基本路线的决议。

11 月 22 日（12 月 5 日）

同俄国社会民主工党军事和战斗组织第一次代表会议的参加者马·尼·利亚多夫和伊·阿·萨美尔（柳比奇）谈代表会议的总结问题。

11 月 22 日（12 月 5 日）以后

委派马·尼·利亚多夫去乌拉尔,领导布尔什维克参加第二届国家杜马选举运动的工作以及组织俄国社会民主工党第五次代表大会代表的选举工作。

11 月 23 日（12 月 6 日）

列宁的《告选民书草案》（社论）、《论同立宪民主党的联盟》、《同立宪民主党化的社会民主党人的斗争和党的纪律》、《阿尔马维尔社会民主党人是怎样进行选举运动的?》等文章发表在《无产者报》第 8 号上。

列宁写的传单《把谁选入国家杜马?》作为《无产者报》第 8 号的附刊在维堡印发。

11 月 23 日(12 月 6 日)以后

拉脱维亚边疆区社会民主党中央委员会以传单形式用拉脱维亚文出版列宁的《告选民书草案》,题为《我们的选举纲领》。

11 月 29 日(12 月 12 日)

一些鼓动员向彼得堡委员会的布尔什维克成员提出成立鼓动员委员会的建议,并希望委托列宁领导这一委员会。

11 月 30 日(12 月 13 日)以前

参加编辑莫斯科枢纽站俄国社会民主工党铁路局机关报《铁路员工报》第 1 号,该报在芬兰由《无产者报》印刷厂印出。第 1 号报纸刊登了列宁撰写的《以波兰社会民主党、拉脱维亚边疆区社会民主党、圣彼得堡、莫斯科、中部工业地区和伏尔加河流域的代表名义向俄国社会民主工党全国代表会议提出的特别意见》。

11 月 30 日(12 月 13 日)以后

同俄国社会民主工党莫斯科铁路区委员会委员 Л.Г.哈宁交谈,了解党在莫斯科铁路工人中间的工作情况。

11 月底—12 月初

校阅卡·考茨基的《俄国革命的动力和前途》小册子的俄译本,并为小册子写序言。小册子的俄译本于 1906 年 12 月底在莫斯科出版。

11 月

列宁的小册子《社会民主党和选举协议》在彼得堡由前进出版社出版。

11 月以后

阅读米·斯·奥里明斯基写的关于一些民意党人的回忆录。同作者谈话时,向他提出许多批评意见。

秋天

建议将阿·伊·斯维杰尔斯基派到拉脱维亚社会民主党中央委员会去工作,以便同拉脱维亚布尔什维克建立更加密切的联系。这一建议被布尔什维克中央所接受。

在库奥卡拉"瓦萨"别墅同第一届国家杜马代表、劳动派分子季·伊·谢杰尔尼科夫就第二届国家杜马的选举运动问题进行谈话。

阅读1906年8月出版的马·尼·利亚多夫的《俄国社会民主工党历史》第1册并给予肯定的评价。

1906年秋天—1907年上半年

在库奥卡拉"瓦萨"别墅居住期间,经常会见工人布尔什维克C.B.马尔柯夫,马尔柯夫受彼得堡委员会的委派,把报纸和必要的材料带给列宁,并把列宁的文章和信件带回彼得堡。

12月7日(20日)

列宁的《新的参议院说明》(社论)和《孟什维主义的危机》两篇文章发表在《无产者报》第9号上。

12月10日(23日)

写《无产阶级及其在俄国革命中的同盟者》一文。

12月14日(27日)

写《政府伪造杜马和社会民主党的任务》一文。

12月17日和31日(12月30日和1907年1月13日)之间

写《各资产阶级政党和工人政党是怎样对待杜马选举的?》一文。

12月20日(1907年1月2日)

列宁的《政府伪造杜马和社会民主党的任务》(社论)、《谈谈崩得机关报上的一篇文章》、《工人代表大会和同社会革命党的合并(短评)》、《无产阶级及其在俄国革命中的同盟者》等文章发表在《无产者报》第10号上。

12月24日(1907年1月6日)

列宁的《政治形势和工人阶级的任务》一文作为社论发表在布尔什维克的《艰苦劳动》周刊第1期上。

12月24日—1907年1月6日(1月6日—19日)

在彼得堡参加布尔什维克的合法刊物《艰苦劳动》周刊的出版工作。该刊共出版3期,均被警察没收。

12月27日(1907年1月9日)以后

列宁为威·李卜克内西的小册子《不要任何妥协,不要任何选举协议!》

的俄译本写序言。该译本于 1907 年上半年在彼得堡出版。

12 月 28 日（1807 年 1 月 10 日）

列宁应萨马拉布尔什维克的请求，写《工人政党的任务和农民》一文，并将该文由彼得堡寄往萨马拉布尔什维克的合法报纸《萨马拉河湾报》编辑部。

12 月 31 日（1907 年 1 月 13 日）

列宁的《各资产阶级政党和工人政党是怎样对待杜马选举的?》一文作为社论发表在布尔什维克的《艰苦劳动》周刊第 2 期上。

12 月底

列宁的妹妹玛·伊·乌里扬诺娃到库奥卡拉列宁这里度新年。

12 月下半月—1907 年初

列宁同列·波·克拉辛和亚·亚·波格丹诺夫一起签署 1906 年度党的经费收支情况的初步报告。

1906 年底

同俄国社会民主工党彼得堡委员会委员扬·安·别尔津-季耶美利斯交谈，询问波罗的海沿岸地区的革命运动和里加布尔什维克组织的工作。

1906 年

读马克思的小册子《论犹太人问题》，并在关于国家摆脱宗教和关于信仰自由等文字下面作标记。

读马克思的小册子《路易·波拿巴的雾月十八日》，重点标出下列各处:关于无产阶级在 19 世纪革命中的作用、关于无产阶级和农民的联盟、关于资产阶级自由的局限性、关于在社会主义革命中摧毁资产阶级国家机器。

读卡·考茨基的小册子《爱国主义、战争和社会民主党》，重点标出下列各处:关于很难确定一个民族是否要进行进攻或防御战的问题、关于个人和民族必须服从无产阶级国际解放斗争的任务、关于只有在国家利益同无产阶级利益相一致的情况下保卫祖国才能成为社会民主党的义务。

校阅恩格斯的小册子《行动中的巴枯宁主义者》的俄译本。

不早于 1906 年

读恩格斯的《行动中的巴枯宁主义者》等文章，重点标出下列各处:关于对 18 世纪法国唯物主义文献的高度评价、关于俄国资本主义的发展和俄国村社的意义，等等。

读亚·伊·丘普罗夫教授的小册子《论土地改革问题》并作批注。

读卡·考茨基的《天主教会和社会民主党》一书并作批注。

读罗莎·卢森堡的《总罢工、政党和工会》一书并作批注。

1906 年—1907 年上半年

对在国外购买武器的布尔什维克马·马·李维诺夫和亚·西·沙波瓦洛夫作指示。

1907 年

年初

同来自彼得堡的扬·安·别尔津-季耶美利斯交谈，询问彼得堡市代表会议的筹备情况和彼得堡地下工作的条件。

1 月 6 日（19 日）

作为莫斯科区环形分区和萨波日内分区选出的代表，参加在维堡省泰里约基举行的俄国社会民主工党彼得堡组织代表会议。

被选入代表会议主席团；在辩论关于批准委托书问题时，就第二届国家杜马选举中达成选举协议问题作报告。代表会议反对同立宪民主党结成联盟，并根据列宁的提议通过决议：在选举期间向社会革命党人和劳动派建议订立协议，条件是他们拒绝同立宪民主党实行任何形式的联合。

1 月 6 日和 14 日（19 日和 27 日）之间

写《彼得堡工人政党的选举运动》一文。这篇文章作为社论发表在 1907 年 1 月 14 日（27 日）布尔什维克的《通俗言语周报》第 1 号上。

1 月 7 日（20 日）

列宁的《普列汉诺夫和瓦西里耶夫》一文发表在《无产者报》第 11 号上。

1 月 13 日—14 日（26 日—27 日）

写小册子《社会民主党和杜马选举》。这一小册子于 1907 年 1 月在彼得堡由新杜马出版社出版。

1 月 15 日（28 日）

写小册子《"你会听到蠢人的评判……"（社会民主党政论家札记）》。

1 月 16 日(29 日)

警察司通知彼得堡保安处,在库奥卡拉列宁的寓所经常举行有很多人参加的会议。

1 月 18 日(31 日)

写《彼得堡社会民主党的选举运动》一文。

1 月 19 日(2 月 1 日)以前

在孟什维克的传单《为什么我们要退出代表会议?（出席代表会议的 31 个代表致中央委员会的声明)》上作批注,并统计数字。

1 月 19 日(2 月 1 日)

写《步步下降》一文。

1 月 19 日或 20 日(2 月 1 日或 2 日)

写《31 个孟什维克的抗议书》一文。

1 月 20 日(2 月 2 日)

写小册子《彼得堡的选举和 31 个孟什维克的伪善面目》。

1 月 20 日和 2 月 15 日(2 月 2 日和 28 日)之间

在库奥卡拉"瓦萨"别墅会见来自高加索的谢·阿·捷尔-彼得罗相(卡莫)。

1 月 21 日(2 月 3 日)

列宁的《彼得堡社会民主党的选举运动》一文发表在《通俗言语周报》第 2 号上。

1 月 23 日和 28 日(2 月 5 日和 10 日)之间

列宁的小册子《彼得堡的选举和 31 个孟什维克的伪善面目》在彼得堡由新杜马出版社出版。

　　由于列宁发表了小册子《彼得堡的选举和 31 个孟什维克的伪善面目》,孟什维克中央委员会向党的法庭对列宁提出控告。孟什维克通过这种手段,千方百计破坏布尔什维克的威信,妄想将列宁开除出党。但是,2 月上半月召开的、有 234 名布尔什维克参加的彼得堡组织会议完全支持列宁,并确认,彼得堡组织在第二届国家杜马选举前夕出现分裂应归咎于孟什维克。

1 月 25 日(2 月 7 日)

列宁的《在彼得堡选举中如何投票?（彼得堡的选举是否有黑帮胜利的

危险?)》一文作为社论发表在《观察周报》第 1 号上。

列宁的《彼得堡的选举和机会主义的危机》(社论)、《步步下降》和《31 个孟什维克的抗议书》等三篇文章发表在《无产者报》第 12 号上。

1 月 30 日(2 月 12 日)

列宁的《彼得堡工人选民团的选举》和《社会民主党和社会革命党在圣彼得堡工人选民团选举中的斗争》两篇文章发表在《通俗言语周报》第 3 号上。

1 月底

在俄国社会民主工党彼得堡全市代表会议分裂部分(31 个孟什维克)的执行机关签署的号召书《致全体工人和社会民主党选民书》上作批注。

1 月下半月—2 月上半月

同曾经在俄国社会民主工党沃罗涅日委员会工作过的 И.В.绍罗夫就筹备即将召开的俄国社会民主工党第五次代表大会问题和武装起义问题进行交谈。

1 月

列宁的《社会民主党和杜马选举》和《"你会听到蠢人的评判……"(社会民主党政论家札记)》两本小册子在彼得堡由新杜马出版社出版。

在库奥卡拉"瓦萨"别墅同帕·格·达乌盖谈话,同意他用俄文出版约·狄慈根著作的计划。

1 月—2 月

在尼·亚·罗日柯夫的《俄国革命的命运》(1907 年圣彼得堡版)一书中作批注,指出作者对于社会民主党历史无知。

2 月初

起草在孟什维克策划的所谓党的法庭上的辩护词,揭露孟什维克在俄国社会民主工党彼得堡组织中的分裂活动。这一辩护词得到有 234 名布尔什维克参加的彼得堡组织会议、彼得堡(市区和郊区)社会民主党组织代表会议以及彼得堡布尔什维克的许多区的和工厂的会议的支持。

2 月 1 日和 11 日(14 日和 24 日)之间

在俄国社会民主工党彼得堡委员会印发的载有第二届国家杜马复选人候选名单的传单上写批语,在人名旁边加注"孟"和"布"字样,表明候选人所属的派别。列宁在《彼得堡工人选民团的选举总结》一文中使用了这一材料。

2月4日(17日)以前

写关于立宪民主党人同彼·阿·斯托雷平进行谈判的文章。这篇文章发表在布尔什维克的报纸《劳动报》上(载有该文的报纸没有找到)。

2月4日(17日)

列宁的《在彼得堡选举中如何投票?(关于黑帮危险的鬼话对谁有利?)》、《关于莫斯科选举的初步材料》和《政治上的利德瓦尔事件》等文章发表在《观察周报》第2号上。

写《彼得堡选举的意义》一文。该文发表在1907年2月11日(24日)《无产者报》第13号上。

2月5日(18日)

写马克思致路·库格曼书信集俄译本序言。这本小册子经列宁校订后于1907年在彼得堡出版。

2月7日(20日)

写《第二届杜马和第二次革命浪潮》一文。

2月9日(22日)

写《彼得堡选举的总结》一文。

当选为彼得堡市莫斯科区左翼党派联盟参加第二届国家杜马代表选举的复选人。

2月11日(24日)

列宁的《第二届杜马和第二次革命浪潮》(社论)、《彼得堡选举的意义》、《彼得堡工人选民团的选举总结》、《关于南俄工人选民团选举的一些资料》和《谈谈彼得堡市莫斯科区第二届杜马选举的总结》等文章发表在《无产者报》第13号上。

2月13日(26日)

在俄国社会民主工党彼得堡委员会的会议上宣读孟什维克执行局的声明。声明中说,彼得堡委员会的孟什维克委员们认为,在对列宁进行审判之前,他们不能参加委员会的会议,因为彼得堡委员会宣布拥护列宁。为了回答这一声明,彼得堡委员会通过如下决议:"彼得堡委员会在听取了31个孟什维克的声明以后,提请中央委员会注意孟什维克进行的破坏活动,并认为中央委员会必须阻止这种破坏活动。如果中央委员会不采取措施,这将意味着它准许分裂。"

2月14日(27日)以前

在彼得堡(市区和郊区)社会民主党组织代表会议第三次会议上,作关于杜马运动和社会民主党杜马策略问题的报告和总结发言。

《列宁全集》第二版第 14 卷编译人员

译文校订：张　舆　　高叔眉　　孙　岷　　孔令钊　　蒋素琴
资料编写：丁世俊　　张瑞亭　　郭值京　　刘方清　　王丽华　　刘彦章
　　　　　王锦文
编　　辑：杨祝华　　钱文干　　江显藩　　许易森　　李桂兰　　李京洲
　　　　　刘京京
译文审订：徐立群　　屈洪

《列宁全集》第二版增订版编辑人员

翟民刚　　李京洲　　高晓惠　　张海滨　　赵国顺　　任建华　　刘燕明
孙凌齐　　李桂兰　　门三姗　　韩　英　　侯静娜　　彭晓宇　　李宏梅
武锡申　　戢炳惠　　曲延明

审　　定：韦建桦　　顾锦屏　　王学东

本卷增订工作负责人：李桂兰　　赵国顺　　孙凌齐

责任编辑：郇中建
装帧设计：石笑梦
版式设计：周方亚
责任校对：杜凤侠

图书在版编目(CIP)数据

列宁全集.第14卷/(苏)列宁著；中共中央马克思恩格斯列宁斯大林著作编译局编译.
—2版(增订版)-北京：人民出版社，2017.3(2024.7重印)
ISBN 978-7-01-017097-8
Ⅰ.①列… Ⅱ.①列… ②中… Ⅲ.①列宁著作-全集 Ⅳ.①A2
中国版本图书馆 CIP 数据核字(2016)第 316476 号

书　　名	**列宁全集** LIENING QUANJI 第十四卷	
编 译 者	中共中央马克思恩格斯列宁斯大林著作编译局	
出版发行	人 民 出 版 社	
	(北京市东城区隆福寺街 99 号　邮编 100706)	
邮购电话	(010)65250042　65289539	
经　　销	新华书店	
印　　刷	北京新华印刷有限公司	
版　　次	2017 年 3 月第 2 版增订版　2024 年 7 月北京第 2 次印刷	
开　　本	880 毫米×1230 毫米 1/32	
印　　张	18.625	
插　　页	4	
字　　数	488 千字	
印　　数	3,001—6,000 册	
书　　号	ISBN 978-7-01-017097-8	
定　　价	46.00 元	

ISBN 978-7-01-017097-8

9 787010 170978 >